为了中华
为了世界——许嘉璐论文化

下

许嘉璐 著

中国社会科学出版社

文化建设与发展

这个世界需要"对话"※

地　点：孔子学院总部
主持人：梁枢（《光明日报》"国学版"主编）

主持人：许先生好！首先感谢您拨冗接受我们的专访。在这次尼山论坛筹备过程中，国学版有幸参与了其中的部分工作，如报道"世界文明对话日座谈会"，以专栏方式发表论及中西文明比较性分析的一系列文章等。论坛的筹备工作，从渐次展开的每一个环节，到过程中表现出来的每一个细节，都在向人们传达着一个十分强烈的信息：这次论坛将是一次真正意义上的"对话"，一场由中国人主办的不同文明、不同文化之间的对话。"对话"是首届尼山论坛的"核心词"。不仅如此，在时下各种各样的"论坛"中，"对话"也将成为代表与彰显尼山论坛的特色。作为这次论坛的发起者和领导者，您能否向我们的读者展示一下您关于"对话"的理念。

※　原载 2010 年 9 月 23 日《光明日报》。

一

许嘉璐：近年来，我有计划地与佛、道、基督、犹太各教代表人物进行交流；我还曾和伊斯兰、神道以及婆罗门等教人士面对面地畅谈过。我之所以愿意和儒家之外的各种文明及其宗教进行交流，是基于以下想法：近三百年来，世界进入了文明多元化跟一元化这两种主张和趋向并存并激烈博弈的时代；自20世纪之末经济全球化加速推进以来，这一博弈日益凸显。这一比拼的结果，将决定着人类未来的命运。

工业革命之前，那时的不同文明对话，只是局部的，线性的，自发的，主要的形式是贸易、传教和战争。工业革命以后，不同文明之间对话的方式与性质有了根本性的变化。例如18、19世纪欧洲自视为世界中心，"殖民运动"挟裹着基督福音向世界各地强行撒播和渗透；延至20世纪，美国接替了欧洲"世界中心"的角色，继续推行世界文明的一元化。而面对一波又一波的一元化浪潮，近三百年来，弱势国家和地区只能不自愿地、被迫地承受着自己的传统被扼杀、摒弃、遗忘的残酷现实。

这种一元化的趋向在全世界范围内展现出巨大的能量，并且它也必然地影响到那个时代的思想家们。这种一元化给当时的思想家带来了什么？从制度设计到宗教信仰，再到对价值尺度、终极真理的哲学思考，这种一元化的趋向被这样那样地全盘接受下来，形成"一元主义"的思维方式。

然而，文明有着超出思想家们想象的伟大与顽强。文明一元化在实施强大压力的同时，也自然孕育并激发出坚持传统、抵制文明移植的巨大力量。从 20 世纪末起，一元化的趋向在一定程度上开始被文明多元化的呼声减速了。遍布全世界呼唤多元化的声音，是由西方发起的经济全球化和科技现代化的强大趋势辩证地催生的。物极必反，当推行一元化的力度接近极致时，它的对立面就出现了。

主持人：当这一情景进入到思想家的视野之中，必然会掀起波澜。

许嘉璐：今天越来越多的人认识到，多元化是人类文明的本质属性。多元之间的接触、碰撞、妥协和相互吸收是各种文明进步的巨大动力。只有多元，各种文明才能获得相互接触、欣赏、吸取这样一种自身发展的外动力，以适应、维护并促进不断演变前进的社会生活和世界形势。换言之，如果文明单一，或虽内部多元，而缺少和外部足够的接触，则这种文明必然要渐渐衰微，乃至消亡。如果着眼整个世界，则可以预计，文明的单一化也将预示人类的停滞、倒退、灭亡。

但是，潜在于人民意识中的对多元文明的需求以及学界一波又一波的论证、呼吁、抗争，在现实中，其力量至今仍是微弱的。应该看到，文明有着拒绝异质者的本能，所以"一元主义"为了实现自己想象中的情景，就要诉诸刀枪，虽然平时主要是靠人人喜闻乐用的文化形式和物质产品。人类要达到彻底摆脱两百多年的桎梏，消除忘却民族智慧、失去自我、无所适从、灵魂空荡之苦，将是个极其漫长、复杂的过程。

所以我说，文明的一元化与多元化这两种理论和实践是一场长期的博弈。明智者，当前必须向人们揭示文明多元化的必要和必然，以抵消相反理论和实践的影响；然后，经过若干年代的努力，脱下铠甲，打开心锁，让良知战胜贪婪，让文明跨越边界，使世界真正成为友善、包容、和睦、幸福的家园。

人类需要的那种坦诚的、善意的、意在求得相互了解、理解的交流，现在通常称之为"对话"。这个世界需要对话。这种对话，往往从学者开始。因为学者的思考有着比政治家、企业家、军事家更为宏阔的知识背景（历史的、哲学的、文化的等）和更为深刻的对历史和社会走向的关怀。人民是文明的创造者，是文明多元化最有力的推动者，是历史的主人。智者的言论可以作用于人心。只要真正渴望人类和谐的人们坚持不懈地奋斗下去，世界一定会有不同文明和谐共存共荣的一天。

二

主持人：您充分论证了文明对话的必要性；即将召开的尼山论坛也将有力地推动不同文明之间的交流与理解。但由此也让我有一个问题想请教：诚如您所言，文明对话本身是博弈的产物，加之长期以来"一元化"思维定式的影响，作为博弈的对手，对话如何可能？

许嘉璐：从人类社会发展史和思想史所揭示的规律看，如果能够超越意识形态和国家、民族、地区、社群之间在物质利益方面的矛盾这一狭小的视野——这当然不能妨碍了人类共同追求的正义和平等的原则——来审视当代世界的特征，那么，所有的国家、民族、地区和社群，也就是全人类，不管是发达国家还是发展中国家，霸权国家还是后殖民国家，也不管是富豪还是贫民、强势群体还是弱势群体，所面临的困惑和痛苦有着相当的一致性。

　　工业化极大地扩大了人类的视野和知识范围，极大地提高了人们物质生活的便利和质量，但是它造成了人与自然的对立，人与人、人群与人群的对立，人身与人心的对立，现在与未来的对立，现象和本质的对立。可以这样说，这些对立凝聚成了这样两个很少有人思考，但却极为现实的问题中：什么是幸福？人类将走向什么样的终点？现实中的种种对立在生活中就体现为科技发展的加速度、追求财富的欲望之不可节制与人的心灵需要一定的沉静和信仰、人类不仅需要物质更需要自我认识的精神之间的尖锐矛盾。这一矛盾所引起的人之个体和群体精神的迷茫，仇恨的莫名，社会的断裂，危机的频发，已经向人类显示了可怕的未来。因此，不同文明间的对话，不应该只是被文明一元化所折磨的弱势国家、民族、地区和社群的需要，其实也是发达国家、霸权者、富豪和强势群体的内在需求，虽然他/它们未必真正认识到了这一点。获得不同文明对话成果之益的，将是整个人类。

三

　　主持人：我了解到，尼山论坛是第一次由中国人主办的世界文明论坛。这是否意味着，在文明的问题上，我们有了更多的话语权？

　　许嘉璐：基督教和伊斯兰教的对话已经在世界上举行过好几次。在美国、西班牙、新加坡，都举行过。而在这些对话当中，我们没有话语权，没有咱们人参加。只有在马德里那次会，人家两家对话，我们是列席。当时学诚法师就作为列席代表团的代表，做了个简短的发言。发言讲佛家的理念，人家没听过，没见过，非常欢迎。这让我想到，世界上应该有中国的声音。应该让世界了解中华文化的核心是什么。怎么办呢？中国办论坛！论坛把朋友请进来，同时也可以让文化走出去。

中华文明在世界不同文明的对话中应该而且必然有所作为，有所贡献。这是因为，中华民族向以极大包容、注重和谐、酷爱和平著称；我们有着保证了中华民族独树一帜地保持几千年一统和稳定的文明因素和丰富经验。中华文明的内涵，的确有许多可以作为其他文明的参考，用来补充、纠正、制衡现在统治着全人类的西方文明，以便人类在未来共同创造出能够真正促进自身进步，保障地球安宁与和谐的新文明。例如中华文明把对道德伦理的无止境的提升作为最高的追求；视自身为宇宙的一员，以"我"与"他"为同体，提倡体现无疆大爱的"仁"；虽然自古没有形成崇拜人格神的全民宗教，但是仍然有所敬畏，"畏天命、畏大人、畏圣人之言"，等等。尼山文明论坛通过对话所要追求的，也正是中华文明里天下为一体的理念所早已反复论证并为历史所证明了的真理。

主持人：您说过，多元化是人类文明、文化的本质属性，而中国传统文化的核心，正是充分体现这种文化本性的。那么，通过论坛发出中国的声音，同时也就意味着是在发出文化的心声。

许嘉璐：是的。

四

许嘉璐：还有一点，就是想要通过对话来推进我们的儒学研究。长期以来，我们国内学界存在着就儒学论儒学的研究倾向。而对儒学的价值，儒家文化的价值，只有在比较中才能认识。搞儒学的，应该同时研究伊斯兰教，研究基督教，应该研究婆罗门教，即印度教，应该研究神道教。这样一比较，才能看出自己老祖宗留下的东西的可贵，也看出老祖宗的毛病。这样儒学、中华文化就能往前走了。这次请来的外国学者中有不少和我对过话。我们把众多朋友请来，可以给我们的儒学研究者一个更广阔的视野，推动咱们儒学的进步。

我就想，一个民族文化的振兴，要靠民族的文化自觉。"文化自觉"这词是费孝通老先生提的。我也用这个词，但是重新界定了。概括起来，文化自觉就是一个民族要对自己的文化，有清醒的、全面的、深入的了解。也就是要了解自己民族文化的规律、内涵、走向。这样的文化自觉，首先需要知识精英来担当，由知识精英把自己的民族文化放到世界的背景、历史的背景去认识、研究、解读、散布。

主持人： 通过对话，在国际视野中提升我们的境界，推进我们的学术建设。

许嘉璐： 现在中国正在参与世界上各种对话，不同层次，不同形态，都是对话。但是不能缺的就是这种直插文化根底的哲理的对话，要引向深入。没有深入，其他的文化形态走出去，就可能是不自觉的。所以，我们要有一个高端对话的平台。

主持人： 谢谢！

危机，期盼，伦理，责任：构建人类共同新伦理[※]

当前，人类陷入了从来没有遇到过的如此广泛而深刻的危机，地球上的每个地区和国家几乎都无法幸免，所有的人都将是危机的牺牲品。这一危机已经为越来越多的人所知，引起了越来越广泛的忧虑，因此往往不需要罗列所呈现出的种种外在形态，"危机"一词即可引起几乎所有人的丰富联想和强烈共鸣。

各国的智者、技术专家、经济学家，多年来为缓解和消除这些危机提出过无数的建议、计划、技术和模型。但是，就在人们焦虑、呼吁，希望挽救人类文明、找到光明前途的同时，造成危机的种种恶行和劣迹并没有丝毫收敛和消减的迹象，甚至可以认为，从进入新的世纪以来，情况更为严重了。

危机根本性的原因在哪里？主要不在于技术发明，不在于管理模式，不在于技术创新（虽然这些举措都是很重要的），也不在于种种协议仅仅停留在口头而无实惠上，而在于无法制止道德和价值的扭曲，在于忽视了伦理道德的重要。联合国教科文组织的《章程》

[※] 2014年5月21日在第三届尼山世界文明论坛上的演讲。

指出了问题的实质:"战争起源于人之思想,故务需于人之思想中筑起保卫和平的屏障。"我想,这里的"战争"一词,指的是人类危机在层层积累之后最终爆发的极端形式;"人之思想"之所指,美国过程哲学家,密歇根伟谷的斯蒂芬·劳尔的一段话,可以被视为一种较好的解读,他说:"现代性最糟糕的部分,是沉溺于物质主义的一己私利的'道德疾病';对'消费主义'的过度迷恋;导致意识形态僵局的不成熟地将凡事都绝对化的倾向。""最大的问题是高分贝地讴歌物质生活而贬低精神生活,贬低我们的人性。"(2014年的一次对话)

如何"筑起保卫和平的屏障"?怎样医治已经侵蚀了全球的"疾病"?正如近些年在世界各地已经出现的,许多学者所指出的,各个民族正在回归古老的传统,重新回忆和温习轴心时代伟人们的教诲,反思民族的既往,认清民族、群体和自身所处的位置,思考建立现代的不同信仰下的共同道德规范。这恐怕是目前我们能找到的唯一药方。日本哲学家山胁直司(Nao YAMAHAKI)把这种共同道德规范称之为"公共(共同)善/恶伦理学"(《作为21世纪一门综合性跨学科的跨国公共哲学观念》,《第欧根尼 DIOGENES》下,2010年)。但是,我们都知道,这一目标的实现,将是长期的,艰难的,因为需要全世界形成广泛的共识,尤其需要不同信仰、不同政治体制下的决策者们具有相当程度的,超越了信仰、超越了政治的共识,找到异中之同——对人类未来负责,关怀所有人这一共性——发挥出他们特有的影响功能。然而他们中的许多人痴迷过深,其背后常常隐伏着垄断寡头和超级富豪组成的真正决策力量。即使如此,在这一过程中人们的焦虑、呼吁和抗议,并非毫无成效,尤其是各国智者的声音,将会产生巨大的影响,最终形成数十亿人趋向的大势,因为我们所坚持的,是人类的良知,是社会和历史的规律,是人心之所向。

为此,应该引起不同信仰对伦理重建这一最紧迫、最核心、最易取得共识的问题的重视,形成一个面向当下、面向世界、面向未来,寻求不同信仰下的伦理之"同"的遍及五大洲的潮流。

就信仰而言,国与国之间,民族与民族之间,人与人之间可以有着巨大的差异。如果着眼于不同信仰的基点/基要,彼此间还可能是对立的,例如有神论之与无神论,一神信仰之于多神信仰,天启神论之于自然神论。但是,两个多世纪以来人类学、宗教学、历史学和神学已经用丰富的成果告诉我们,即使是对立的双方,彼此也有相通之处,严肃的神学历史学家也已经揭示了从古到今的无数例证。同时,如果追寻到人类童年时的环境和文化背景,信仰之所以出现,"因缘"几乎是相同的,都是要解决初民对死亡的恐惧和由此而生的一系列困惑:宇宙是怎么形成的?"我"是从哪里来的?将走向哪里?"我"是谁?为什么活着?应该怎样活着?这些关于终极性的疑问是几乎所有文明和民族之所以形成信仰与宗教的出发点。而用后代的哲学术语说,这类问题其实就是宇宙观、社会观和价值观。

信仰是自由的,这种自由是信仰的本质和规律所决定的。因而任何时候、任何人都不能对人们的信仰横加干涉或强逼他人皈依某种信仰,更不应该因为信仰不同,或以信仰为借口而对他人动用野蛮手段。从另一个方面看,不同信仰间应该并可以避免发生冲突,其关键是需要大家认可彼此应该通过对话协商促进相互的了解，寻找共性，消除隔阂和误解。

　　研究人类危机的种种问题，就需重新思考如何解开人类就终极关怀所存在的困惑，这涉及几乎物质科学、人文科学的所有学科。但是，在寻找危机中的人类出路这样一个极其复杂、艰难的问题时，后者有着独特的伟大的职责。诚如俄国当代哲学家尼古拉·奥梅利琴科所说：哲学"可以扮演人类灵魂治疗师的角色"，"是人类救赎的一项条件"。（《作为一种治疗的哲学》，《第欧根尼 DIOGENES》，2010年）"而当前最为紧迫、最为可行的，是越过信仰的鸿沟，探索各民族的伦理是否具有共同性以及共性之中的个性如何保存"，因为"世界越拥挤，规范就变得越必要，这是令人遗憾的事实"（罗素：《回忆录》）。世界的规范，用我们今天的话来说，就是人类的共同伦理。伦理，是在确定信仰后由信仰所派生，用以指导社会行为的规范，是民族和族群长期生产、生活实践经验的总结，不管是通过天启的途径还是以人间圣哲为导师把它形成戒律或信条，作用是一样的。

　　伦理的共性是客观存在。既是由于人类的恐惧和困惑是相近的，也是因为"人"无一例外地处在复杂的社会关系、与自然的关系的交叉点上，因而所有不同信仰的伦理之间天然地存在着相同或相通之处。正是因为伦理的这一特性，所以欧洲的伟大哲学家们，三百多年前已经关注到应该与不同信仰下的伦理进行交流并相容。例如从莱布尼茨到罗素都对中国人的伦理称赞有加。罗素曾经到过中国，并且居住了将近一年；而莱布尼茨只是通过与到中国来传教的人士通信，搜集有关中国的材料（这些材料主要也是传教士带回欧洲的）来了解中国，而且他知道中国人的信仰和欧洲人和他的同胞有着极大的差异，例如对"善"和"神"的理解（《中国新事》）。他之注意并欣赏中国伦理，恐怕和他的"单子论"有着不可割断的关系。很可惜，后来黑格尔完全抛开了莱布尼茨；从这点来说，罗素则又正确地抛弃了黑格尔的欧洲中心论，替欧洲发现了中国。这两件事不能不令人深思：四百年前和将近一百年前的两位哲人，能够提出不同信仰下的人民在伦理方面可以相互了解、相互学习，难道不是因为他们站在时代前沿，基于自己的哲学理念，为了人类的和睦与社会的幸福、进步，因而把目光转向东方，胸怀和胆略远远超过了他们那个时代的许许多多政治家和政治学者吗？

伦理，除了不同民族和族群之间的相同或相通，亦即存在共性，当然还有着各自的特性，彼我之间不但内涵、外延有所差异，而且对社会成员约束的程度、伦理的传承渠道和方法、在历史长河中演变的情况等方面也都有很大不同。但是各自的特性并不会阻碍我们寻求共性以形成现代的共同伦理。

各个民族伦理有着同类型的源头：一个是宗教或信仰；一个是在宗教和环境双重影响和制约下所形成的习惯和风俗。这两个源头出现的时间有先后，但是对伦理的影响却是难分伯仲的。伦理，无论是神启的还是自为的，无论是自律还是他律的，也无论是成文的还是不成文的，其原始和终极的指向都是为了协调身心关系、人的社会关系，人和自然的关系，目的是使自己和其他社会成员生活稳定、安全和幸福，使种族可以延续下去——这是人类的宿命。既然终极源头相近，不同宗教和信仰的伦理中存在共性这个道理，当然是自明的。

试看亚斯贝尔斯所说的"轴心时代"的几位伟人对当时人们的劝说,都没有离开"善"和"爱",只是在不同的思想体系中用了不同的词语,例如在孔子那里更多的是用"仁"(Ren),而佛陀用的是"慈悲"(Cibei)。按照中国人的理念,我们的爱和善应该并可以广延到天地万物,而天地万物中也包含着对人类的爱和善(在这点上,与莱比尼茨、释迦牟尼很相近),于是中国人的伦理系统和网络就形成了。用这个道理去观照希伯来文化中的十戒、伊斯兰教的七戒、佛教的五戒、二十五戒、儒家的"礼"和对修身的种种提示和要求等等,我们似乎看到的是一些堂兄弟的面孔。

我们所生活的环境,早已和轴心时代有了极大差异,即使和莱布尼茨甚至罗素时代比照,也有了很大不同。我们姑且抛开学术界半个世纪以来围绕着"现代性""现代化"和"现代"这些概念的争论,只看看在社会生活中所呈现的"现代"形态和人类所遇到的种种难题,就可以得出这样的结论:现在,人类急需建立起以平等尊重、和平友爱、共同富裕、保障权利、环境友好等为基础的人类新伦理,这一伦理的最终目的很简单:我幸福,你幸福,他幸福,大家都幸福。还是罗素说得好:"如果世界要从目前濒临毁灭的状态脱颖而出,那么新的思考、新的希望、新的自由,以及对自由的新限制是必须要有的。"(《回忆录》)这一"新限制",就是我们在探求的人类新伦理。

要达到这一目标,首先必须充分认识到文明多元化的客观事实体现了文明的本质。多元,意味着各种文明始终处于平等的地位。即使我们接受"文化多样性"这一概念,也应该给以科学的定义,阐明这个概念将拒斥在多样文化中有一个预设为最优秀者凌驾于其他文化之上,被山胁直司称之为"文化帝国主义"的观念。山胁直司就此还写道:"事实上,不是文明,而是忽视文明引起了相互间的冲突。"的确,文明多元化,起码包含着对任何文明都同样重视,彼此平等、承认、尊重、包容(不是带有恩赐色彩的"宽容"),进而了解、理解,从对方那里发现自己之所缺,于是欣赏之,学习之,充实改善自己,因而也丰富了世界。

在这一可能是非常漫长的旅程中,显然地,各国的智者承担着特别沉重的责任,一方面需要用学术的工具、方式、话语和智慧,回答现实所提出的种种难题,并把我们的声音传播开来;另一方面我们需要与各种违背人类持续生存、繁衍、发展所需相悖的"理论"进行博弈。从来未经论证的民族优越论、特定民族中心论,以及三百多年来统治着人类头脑的"不成熟的将凡事都绝对化"(斯蒂芬·劳尔)的思维习惯都是实现真正的正义的障碍。

无须论证,智者之间的对话与合作,对今天的世界有着特别重要的意义。事实上,自20世纪末,在世界各地,人文社会学家和哲学家、神学家、自然科学家就着人类的未来如何摆脱"现代"的噩梦已经举行了许多次对话,引起了全世界越来越广泛的关注。现在,似乎到了应该把这类对话推向更加深入层面的时候了。我设想,今后我们可否相对聚焦于如何构建人类共同新伦理进行对话?这里面核心的问题是:人类共同新伦理包含的内容和标志性概念是什么。我们还可以由此再逐步深入到解答衡量一个国家或地区"进步""发达"和一个个体、家庭和族群安全、"幸福"的内容、标准和指数应该是怎样的，怎样测定才是真正科学的。换言之，我们的对话将提供给人们一个另类的思考角度，不再以抽象的自由、人权、民主概念为标记，不再以国家和地区的GDP，个人、家庭和族群所拥有的财富作为评价的主要的或唯一的标准和指数，至少把社会内外部关系、人和自然环境的关系以及个体的身与心的关系纳入衡量范围，而且这些项目的权重应该远远超过经济方面的指数。当然，不同国家和地区情况不一，标准和指数也相应有所不同。重要的是，在这样一个社会评价标准和指数中，已经包含了人类共同新伦理的主要内容，因为它是根据对大自然和人类自身以及社会的本质规律而构建的。

我之所以提出这一建议，是因为把用财富衡量社会和个人当作主要或唯一标准，是工业革命以后，即"现代化"社会的产物，亦即"现代性"在社会层面的具体显现。我们对启蒙思想、信仰、知识、语言和真理的反思，固然是对造成现实危机的祸根的批判，但是，如果我们给公众提供的只是信仰和伦理的概念、分析和论证，没有可供更多的人可见、可懂，可把握、可参与，并与自己的切实感受一致的公共目标，也就很难动员身受其害的无数人民，当然也就很难影响各国各地区的决策者，从而要刹住人类快速滑向万丈深渊的列车，也更加困难。

在构建人类共同新伦理的伟大事业中，中华文化将会扮演重要的角色。这是因为，中国人天人合一的宇宙观、合而不同的社会观、以仁为己任和修身齐家治国平天下的价值观，符合大自然和人类生存发展的规律，正好补充现代性的缺口，改正现代化所带来的荒谬。"尼山论坛"和全中国的学人，都十分愿意为了这一事业贡献自己的知识和力量。

2014 年 5 月 17 日晚
于日读一卷书屋

200年河东，200年河西，未来康庄[※]

这次大会的主题"东学—西学400年"是一个很有意思的议题，其中蕴含着，或者说是潜在着这样的期待：回顾400年来东学、西学的交流，在前人开辟的道路上更好地继续走下去；换言之，这种回顾是为了当下，为了世界，为了未来。正如怀特海所说，"过去的经验在客观上而非主观上就在现在的经验之中"，只有客观地、准确地、清晰地认识过去以及现在，才能知道未来的路。虽然未来将和过去、现在一样，时时转换，有所创造，但是未来的现实总是和事先的预想存在距离。既然"当下的经验才是上诉的最终法庭"，（科布、格里芬：《过程神学》，中央编译出版社1999年版，第32页），那么"现在的经验"自然是我们思考的基点。作为从事人文社会科学的学者，中国的、欧洲的和其他国家的学者，在人类空前需要寻觅解救世界危机药方之际，应该响应"世界汉学大会"基于卓见在21世纪的第二个十年里提出思考"400年"这个议题，因为它完全符合当下时代的特点和需求，很可能将对东学—西学未来的对话，也就是东西文化自

[※] 中国人民大学，2014年9月7日。

身,尤其是对中西文化越来越深入地交往起到促进的作用。

东学、西学的交流,离不开这400年在世界上发生的种种事件;何况这400年正是世界发生翻天覆地变化的时代。地域相隔的两方面学人对对方学术和文化的观察、理解和判断,也脱离不了"过去"和"现在"对我们"在客观上而非主观上"的影响。根据文化的和非文化的事件的历史情况,我们可以看到在这400年中东西交往的几次巨大变迁。

17、18世纪,就中国和欧洲之间的关系而言,除了贸易交往,由于地域特征的局限和故步自封的政策,中国还没有主动地去了解欧洲的事情,自然对欧洲文化所知甚少。欧洲方面,根据《圣经》传播福音于全世界的启示,开始有传教士进入中国。除了广为人知的利玛窦、汤若望、南怀仁等虔诚的耶稣会士,实际上,从白晋(Joachim Bouvet)、龙华民(Nicolas Longbardi)等传教士和汉学家为莱布尼茨提供的关于中国文化情况和资料看,当时传教士们对中国文化的了解已经比较深入(莱布尼茨:《中国近事》,大象出版社2005年版)。

作为与笛卡儿、斯宾诺莎并列为17世纪欧洲最伟大的哲学家,莱布尼茨是以平等的眼光和类似发现文化新大陆的兴趣看待中国的。同时,他和他的学术合作伙伴以自己所信仰的基督教教义和概念,以欧洲式的"理性思维"来理解和分析以儒家为代表的中国文化,因而其所得出的结论与实际情况不符或距离甚远,也就理所当然,不足为怪了。说到这里,或许我们还可以提到马勒博朗士这位著名的神学家、哲学家。在他那里,"以欧释中"的情况和莱布尼茨也是相近的。

这一时期，我们似乎可以称之为基本单向的、以欧释中阶段，或者可以称之为"合儒超儒"、窥测探索阶段。这一阶段大约经历了200年。

17、18世纪之交，从英国"东印度贸易联合公司"组成和对印度从经济到军事进行全面殖民统治开始，欧洲对印度的兴趣急剧上升而对中国的兴趣急剧下降。神学界和哲学界从印度教经典中发现了另类伟大的哲学以及和欧洲语言同属一个语系的印度语言，于是研究印度文化的热潮不但远远湮没了对中国文化的关注，而且为后来以黑格尔为高峰的、未经了解和研究就对中国文化加以贬斥的定式思维和舆论提供了背景和条件，也为欧洲中心论增添了火力。与此同时，印度生产的鸦片大量输入中国，为黑格尔去世前不久发生的对世界格局和走向产生巨大影响的中英鸦片战争埋下了导火索。1840年中国战败，1842年不平等的、屈辱性的《马关条约》签订，从这时起，对中国文化的殖民统治正式开始了。

一批中国文化的革命先驱型人物，经过痛苦的反思，得出了结论：对外丧权辱国，对内压榨百姓，根本就在政治制度的老朽和传统文化的荒谬。于是，大量知识分子奔赴西方，几乎是全方位地学习西方的科学、技术和人文。从西方回来的中国人虽然也有人能够在更为深入比较了中国和欧洲的文化之后，对两方面都既有批评也有肯定，例如清末的外交官陈季同（曾著《中国人的自画像》，贵州人民出版社1998年版；参考Carsten Boyer（曹伯义）《书写东西方文化差异的三位中国作家》的评价，载《世界汉学》第12卷）和人们更为熟悉的辜鸿铭；但是大多数都认为欧洲的文化一切皆好，中国则一切都不行。

与此同时,从欧洲到中国来的人也开始增多,大多数是商人和传教士。前者就是典型的殖民者,居住、活动于特定社区,没有深入中国的社会生活;后者则以"高级宗教""绝对真理"的身份,君临天下,可以说是以"文化帝国主义"的眼光看待中国,并把他们在中国的所见所思向欧洲介绍。这时的欧洲已经从两个世纪前的"闭塞"(只注意或只知道地中海周围地区的事情)状况走出来了,认识到文化的多元本性,但是却以建立在发达的工业、武器、科学和航海,加上基督教的排他主义基础上的以"文化中心"和"权威"自居,这种意识成为当时的主流和正统。

这一时期似乎可以称为点滴双向的、不平等的交流阶段,肤浅误解、崇欧抑中阶段。

这一阶段也占据了大约200年。

中国有句俗语:"三十年河东,三十年河西。"意思是"我"并没有移居,三十年前小河从西边流过,三十年后却在东边流淌。——在万事万物永远的变化之中,唯有那个"主体"依然故我。400年来就是如此。

如今第三个阶段到来了,这就是在经过了400年之后,我们正在经历的"现在"。

这个阶段大体是从第二次世界大战之后开始的。两次世界大战,尤其是人类历史上空前残酷野蛮的第二次世界大战,发人深省。智者们反思:发达的现代技术为什么在带给人们更高的物质享受的同时,也被用于掠夺和屠杀;一直被尊为绝对真理的现代观念,平等、自由、博爱,以及人权,不但没有真正得到实现,反而事与愿违。"现代性""现代主义"被深刻地质疑和批判。与此相伴而生的,是欧洲的智者们重视了人类文化的多样性，开始较为公平地看待"他者"。所谓公平，我是指他们力图摆脱欧洲中心论、文化相对主义，走向文化多元主义。例如孔汉思就把儒家思想视为人类第三个独立的宗教"河系"，称之为"哲人宗教"（孔汉思、秦家懿：《中国宗教和基督教》，三联书店1990年版）。我们姑且抛开围绕着"儒学是不是宗教"问题的争论（在这个问题上，孔汉思也贡献了许多真知灼见。如他在关于人类伦理、世界责任的许多论著中所论及的），把"第三宗教河系"说和莱布尼茨、黑格尔相比，就能够清晰地看出欧洲认识中国文化的阶段性，也可以透视出近几十年来欧洲与中国文化交流的巨大意义。

文化多元主义标志着人类对自身认识的巨大进步。似乎人类的思想正在回归到轴心时代巨人们那里，同时带来了从20世纪80年代以来，特别是从世纪之交到现在的20多年，活跃于世界多处地方的不同文明对话。这些对话所产生的影响，已经超出了人文社会领域许多学科的范围，波及国际法制定、环境保护约定、反对性别歧视等跨国事务，同时对三百年来世界性的思维定式也在悄悄地冲击着。

这个阶段刚刚起步。我相信，这样一个符合人类文化规律和时代需求的交往一定会持续下去。要让未来的路通畅无阻，就需要解决在过去几十年中东西交流所遇到的困难和问题作深入的研究。既然现在的经验是我们的基点，那么，我就想参照怀特海等过程哲学家以及哈贝马斯、孔汉思等人的卓见以及东西方众多学者的对话实践，提出一些在我看来应该予以高度关注，需要中东西学者共同研究的课题。

1. 文化"多元化"早已是不争的认识，但是在这一标题下却包含着不同的内涵。我们似乎无须再就文化是否是多元的进行论证了，但却应该清晰地分辨多元文化之间的种种关系。事实上，无论是广大民众的心理，还是一些国家当政者所实施的政策和策略，我们依然可以从中感觉到一种盲目的文化优越感和"文化帝国主义"的残留物。而如果不同文化不能真正的、完全的平等的对话，就不会有真正的心灵的沟通，当然也就不能达致彼此间的真正的和平。换句话说，在千百年来彼此隔绝、各自养成了牢不可破的风俗礼仪、宗教信仰后的今天，人们即使在理性上认识了文化应该是平等的，但在心灵深处总会有唯我独优的影子，特别是在当前个人中心主义、民族中心主义泛滥的时代。因此，现在我们开展不同文明对话时，难免遇到"荆棘和地雷"。但是，诚如保罗·尼特（Paul F. Knitter）所说，"前面有危险"并不等于"此路不通"，"危险是实际存在的，但它们是可以避免的，又是需要小心地标示出来，有时需要绕道而行。"（《一个地球 多种宗教》，宗教文化出版社2003年版，第82页）我猜想尼特的意思是，不同文化都应该培育建立在理性基础上的真正平等的意识，其中对所有宗教一视同仁是极为重要的。这个问题我在下面还要有所涉及。

和这个问题相关的是，虽然在世界层面上"文化多元性"已成最强音，但在各个文化内部（也就是在一个文化共同体如民族、国家和地区内部），不同的亚文化的平等地位也应该得到承认和保护。事实上在很多时候，这个很普通的事实常常被忽略。而没这个领域里的文化平等，国家、民族和地区也就不会有和睦、和谐、和平。

2. 语言的局限和不同语言之间的差异是东西文化

交往的巨大障碍之一。这两个问题有时是叠加的。"我们领悟的东西多于文明在语言中能够表达的东西。"（尼特，p. 28）"道可道，非常道；名可名，非常名"（《老子》第一章）、"不可言说"（佛经），说的是同一个道理。希伯来系列宗教（犹太、基督和伊斯兰）从来对他们心目中的实在本体不作具体的描述，也是因为他是超越的、先验的，"不可言说"的。

不同文化的交流不可避免地要遇到对方用来表达自己内心感受和体验的词语和民族特有的叙述方式，也就是说，对方用心领悟的东西本来就难以甚至无法表达，说出来的往往是佛教所说的"假名"；而不同文化背景的人，即其他民族、宗教和信仰的人又须越过不同语言的障蔽，当然就更难以确切理解对方。虽然已经有人指出普遍有效的宗教教义之所以为人们所接受，乃是因为它们的"自明性"，但是实际上如果越过了文化共同体的界限，还是难以自明的。利马窦、莱布尼茨这些先哲的经验就是明显的例证。在这个问题上，安乐哲有过大量论述和实践，我也曾尝试与之呼应（《卸下镣铐跳舞》，《文史哲》2009 年第 5 期）。在我看来个中道理显然，无须赘述。

3. 信仰的差异带给不同文化背景者对话的困难更为深刻。信仰不仅涉及到悠久的历史（包括形成某一宗教和信仰时的自然环境、生产生活方式）、风俗习惯，而且和哲学有着表里相糅、皮肉相连的关系。我同意孔汉思的意见，世界上的各个伟大宗教是不可化约合一的，因为其"质"不同。尽管孔汉思认为"中国的理想境界'天人合一'""正是基督教人和神一致的观念的一种表达方式"，他甚至在引用了海德格尔"道是一切"的话之后说："如果存在的'皆'为道，那么道不就等同于存在?"(《中国宗教与基督教》,p. 236、154)其实儒、道两家对"天"和"道"的理解还有其他复杂的内涵,和基督教的"天人"和"存在"并不像他所期望的那样密合。

一般来说,在就多数文化形态进行交流对话时,信仰的差异不会成为障碍;即使讨论不同的宗教和信仰,只要不是为了使对方皈依或要证明自己的宗教和信仰是唯一的真理,也不会妨碍交流的进行。我在这里所说的"带给不同文化背景者对话的困难",指的是如果要对对方的文化作深入地了解或进行交流,自然要涉及上述的天—人、道—存在等问题,涉及对善和恶的看法,这就已经涉及宗教教义和哲学了,于是难以契合,原因就在于信仰之异。

4. 到目前为止,恐怕谁也说不清每年在世界各地举行多少场不同文化间的种种对话和活动,各国之间,主要是学者和神学家之间的关系日益亲密和谐。但是似乎话题并不集中,对社会的影响并不很大。

不同文化背景的知识精英之间沟通,最终为的是尽快结束现实的冷漠无情、迷茫空虚,促进人类的和平,而不仅仅是为着学理的充实,更不是为了信仰的传播。话题碎片化(姑且这样说)则难以帮助解决当今世界的危机。这不能不说是急需认真思考的问题。

当今世界引发人们忧虑的种种问题,归根结底是那些在久经风雨之后仍然鲜活地存在于社会中、已经证明是正确的各种悠久传统文化的做人标准,也就是民族的、宗教的伦理准则,遭到了严重摧残。寻其根源,只是人心的问题:资本对利润的无限追求,促使它用刺激人的感官和欲望的办法不断推销花样翻新的"新产品",提高人们对金钱的渴望,再加上对现代社会开始时形成的基本理念的扭曲和抽象化，于是形成了中国古老典籍《尚书·大禹谟》上面说的"人心惟危，道心惟微"局面。在这样一个滚滚红尘的世界，只有重塑伦理道德，重新强调人的价值，人类的未来才有希望。

众所周知，自20世纪80年代起，欧洲一批具有很高声望的公共知识分子，开始大声疾呼建立人类公共伦理。代表人物就是我在前面提到的哈贝马斯、孔汉思、科布等人，昨天光临大会的杜维明先生也曾积极参与其中。他们的理论声音30多年来影响日益扩大，以至于联合国发表了《通向未来之桥》，并和其他有关的世界性组织先后在制订一些条约和协定时也吸收了他们的主张。可惜的是，在这一段时间里中国学者很少或没有参与其中，在涉及中国传统伦理时，主要由精通汉学的欧美学者向世界做出介绍。简言之，在那二三十年里，不同文化间对话的浪潮中基本上没有中国的浪花。讨论人类共同伦理和连带研究"世界责任"时，有着近14亿人的古老民族缺席，不能不说是世界伦理论坛的损失。而在接近世纪之交时，欧洲那批公共知识分子所掀起的波澜似乎渐渐减弱了。现在情况有了改变。从上一个十年起，中国学者参加世界性对话的机会忽然多起来了。中国人的参与和新的浪潮的重现，似乎是在接续20世纪的那个令人振奋的波澜，同时也证明，不但希伯来系列宗教之间及其和印度教之间可以坐在一起讨论不同文化在伦理上的共性，作为"哲人宗教"的中国文化，同样有这种需求，有这个条件，同样和其他文化有着很多相通之处，因而丰富了论证人类共同伦理必要性、重要性和可行性。

在东西文化交往的这个第三阶段，我们可不可以相对集中地把构建人类共同伦理作为重要议题,顺其自然地成为东—西汉学家比较广泛的关注点？世界上的事情瞬息万变,我们的研究需要紧跟上这个生生不息的世界;同时,在这个宏大视野、宏大议题下,有许多需要进一步思考研究的理论问题和实践问题。所谓实践,就是促使各国政府、政党和社会团体自觉地、实实在在地承担起"世界责任"。这也许就是科布所提倡的"超越对话"(《超越对话》,浙江大学出版社2008年版)。起步于20世纪的那批先行者的成果、经验与不足,都将是我们的宝贵财富。我们把他们手中的火炬接过来继续奔跑。

不同文化就着人类共同伦理进行研究讨论,会受到诸多挑战。的确,挑战和机遇从来是孪生姐妹,是一枚硬币的两面。对应于我在前面所列举的困难,我想提出以下几点建议,或者可以视之为"对策"吧。

1. 在研究讨论时,暂且搁置关于信仰的争执,就着不同宗教和信仰所推崇的那些"善"的伦理和习俗进行对话。例如中国的儒家是不是宗教、佛教的"空"和涅槃是不是绝对的存在、笛卡儿的二元论是耶？非耶？这类问题可以放到另一类的场合去讨论。之所以如此处理,是因为前面所说的,这类问题太多,太复杂,已经辩论了几百年尚无比较一致的认识,暂时付诸他所,并不妨碍对现实生活的观察、剖析和争辩。因为生活在贫困和苦难中的人们,以及同样遭受了苦难的地球,正在嗷嗷地等待着和谐、和睦与和平。

主要着眼于不同文化的伦理,从中寻找到人类共同的东西,似乎又回到了利玛窦、莱布尼茨的时代。但是,这第三阶段和第一阶段有着"质"的不同,我们已排除了"排他性""唯一性"和"绝对性",不同文化是在完全平等地对话。不论是对一神教、"自然神教",还是巫觋信仰,我们不再主要依靠他人转述的第二手资料,也不再以自己的信仰为标准,而是要深入到对方的文化传统和文化现实中去,以"无知"者、学习者和欣赏者的身份,把"他"视为"我",在对方的语境中去领会另一信仰的概念、心理和习俗,去发现彼此的同与异。

2. 参与者将一起研究如何应对全世界(包括宗教)所正在经受的共同威胁。今年七月我参加了韩国政府举办的一个儒学论坛,我的讲演题目是《中韩同命,携手并进,奉献世界》,意思是两国都在受着工具理性、拜物成风的折磨,应该一起应对危机,对世界有所奉献。事实上现在已经是"全球同命"了。我希望"世界汉学大会"呼吁全世界各个民族、各个伟大的宗教,明确地宣称,在个人中心、金钱至上、技术崇拜、虐待环境这类"恶"的标准所鼓动起的大潮中,谁也不能幸免;唯有形成人类共同伦理,约束自己,监督政府,制衡社会,才是唯一的出路。

我理想中的关于人类共同伦理的对话,应该不断向着"深"和"广"两方面开拓。所谓深,即虽然搁置关于信仰和宗教教义的争执,但并不等于一味回避,而是引进不同信仰的"教义",寻其根源,证共同伦理之必然。例如关于善与恶的界定、分辨。所谓广,即不仅关注群体(文化共同体)与群体的关系,而且要观照个体与个体的关系,因为后者才是与亿万人们息息相关并受到广泛关注的。只有不断向着深而广前进,未来的路才可能是无限的。

要让人类共同伦理成为全世界人民的共同向往和责任。关键是这一观念需要通过教育、宗教和社区三个系统的积极参与，传下去、扩开来。我们清醒地知道，学者的声音一般只能达到学术圈子的边界；而教育、社区和宗教则可以把我们的成果送到每个人面前。历史经验告诉我们，一种观念要成为千千万万人的内在，决定性的动力在于自己对崇高的追求，而这正是困难之处：需要时间、环境、礼仪和学习。所以，当我们看到孔汉思在《世界伦理手册》（三联书店 2012 年版）中单辟"如何实践世界伦理"一章时，也就不感到奇怪了。

3. 自古及今，所有民族的伦理，基本上都是围绕着构成我们这个世界的两大组成部分而形成、展开、延续的：一是人，二是天，或曰自然。自工业革命以来，人类就以空前的效率破坏着我们的小小地球和无限星空；后工业化时代因为技术以传统思维难以想象的速度更新、创造，在引来人们高歌欢呼的同时，对环境也在以前所未有的速度和广度疯狂地毁坏。这种毁坏原本基本上出现在率先实现工业化的国家和地区，后殖民时代到来，新兴国家出现，殖民形式变得温柔美丽，于是像亚洲、非洲的很多地方竞相克隆18、19世纪的欧洲，于是灾难也实现了"全球化"。

解决人类生存环境问题应该是人类共同伦理的重要内容。遏制物欲，蔑视奢华，敬畏天地，不同信仰和宗教都有各自的"方便法门"。在伦理的诸多方面中，可能唯有拯救地球是最容易取得广泛一致意见的。但是在其他方面，我们还需要把畅行了几百年、几乎人人知晓并且歌颂的平等、自由、博爱和人权，以及人们时常挂在嘴边的"福祉""正义"等具体化，甚至有可能还需要我们重温卢梭关于"进步"和"文明"的深刻思考。由理性概括的、抽象的伦理概念，容易并已经被一些人填进了许多与之相悖的货色,异化了。当我们回过头重新阅读古圣贤的教诲时,可以蓦然发现,无论是释迦牟尼、孔子、耶稣还是柏拉图,他们在提到那些人人欣羡的伦理时,从来不孤零零地空喊名词术语,总是把自己的理念放在一个具体的语境中呈现。语境,就是最好的解释。让我们学习他们,给予世界一些人人能够理解、欢迎、履践的语言。而这也正是我在下面所要谈到的。

4. 重新深入审视和研究"黄金律"。"己所不欲,勿施于人"(《论语·卫灵公》)、"你们愿意人怎样待你,你们也要怎样待人"(《圣经·马太福音》)一直以来被人们称之为"黄金律"/黄金法则/金律,为人所称道。但是《黄金法则》一书的作者 H. T. D. 罗斯特(Rost)说:"这是一个具有伸缩性的术语,对不同的人意味着不同的东西——它的含义还随着时间的流逝而变化。"(《黄金法则》,华夏出版社2000年版,第11页)对此,我们是否应该给以关注?是否还需要沿用这一术语?另外,有人把《马太福音》的教导称为"积极的黄金律",而把孔子对"恕"的解说称为"消极的黄金律"。这样分法是不是合适?孔子所说的"己欲立而立人,己欲达而达人"(《论语·雍也》)又该放在什么地方?怎样理解耶稣所说的"恨你们的要待他们好,咒诅你们的要为他祝福,凌辱你们的要为他祷告"?这和"以眼还眼,以牙还牙"的教诲如何协调起来?等等,等等,都有待我们深思。

5. 孔汉思坚持他很有远见地提出的"四项不可取消的规则":坚持一种非暴力与尊重生命的文化;坚持一种团结的文化和一种公平的经济秩序;坚持一种宽容的文化和一种诚信的生活;坚持一种男女之间权利

平等与伙伴关系的文化。(《全球伦理》,四川人民出版社1997年版)后来在他参与起草的1993年"世界宗教议会"《世界伦理宣言》中,简约为"不可杀人""不可偷窃""不可说谎""不可奸淫",他的这一杰出建议的精神也因此而更广为人知。从那时到现在,人类又经历了20年的历练,人们基于自己的实践和思考,基于当下的现实,对他的卓见还有没有什么补充?人类共同伦理并不是乌托邦,而是"一种从现实出发的、有望实现的远景"(《世界伦理手册》,第74页)是人类历史的必然,更是在孤岛悬崖上的唯一生路。但是,理想和现实的距离太大了。这20年来人类的灾难非但没有消减,反而更为严重了。我们是否应该探讨:如何才能让五大洲的公众看到孔汉思的四项规则有了开始落实的苗头?

6. 人类共同伦理,和世界各大宗教的戒律、启示、教导相符,可以说是世界不同文化伦理的共性或共同基础。通过我们的细化、深化、传播,特别是如果各国政府和各种组织担当起应有的责任,就将给现在乱糟糟的世界带来令人心醉的清风。但是,我们并不是弃理论研究于不顾。实际上也确实有些问题需要多视角的研究,例如,关于善、恶的起源、界定和转化,关于研究对话时的优先性:是不同文化的差异性优先,还是上亿人正在遭受的苦难优先?又如,共同伦理与国际法和本国法的关系;共同伦理和宗教、世俗的关系;在不少宗教那里,通过履践共同伦理而获"救赎"的形式;人类共同伦理对政府、社会和个人约束力;等等。

中国的"尼山论坛"创办五年来,在中国山东尼山和巴黎、纽约、北京一共举办了六次,基本上都是围绕着不同文化的伦理进行研讨和对话，得到了多方面的肯定。今年五月的尼山论坛主题即"不同信仰下的共同伦理"。现在正在策划明年在某一世界著名城市举办。在这里，我代表尼山论坛组织委员会向各位朋友，也向世界各国汉学、哲学、史学、神学、社会学等各方面学者承诺：我们一定在构建人类共同伦理的进程中，和大家一起，竭尽全力。我也希望"世界汉学大会"为此奉献力量，并且也走出国门，更亲近地、深入地、在非中华文化语境中和各国朋友一起研讨这一有着时代特色、各个文化和宗教所急需的课题，向世界展现并奉献中国人有关怎样做人、怎样处理和他人的关系的古老智慧和现代的思考。当然更欢迎有更多的各国学术组织也加入进来，大家一起构筑一条用21世纪人类的良知、对怎样做人的重新认识和对人之为人的崇高价值的歌颂铺成的康庄大道！

共同应对人类的危机※

再次来到美丽的维也纳参加这次很有意义的论坛，使我不禁想到200年前，1814年9月开始在维也纳举行的一次意义非凡的会议，即历史上有名的"维也纳会议"。众所周知，对这次会议，历史学家们的评价不一，但有一点是无可争议的，即这次会议一方面是当时的几个世界强国（英国、俄国、奥地利和普鲁士）对拿破仑战败后的欧洲土地和海上霸权进行瓜分和确认；另一方面，是对主要由法国发出的民族主义和自由主义思想进行压制，进一步巩固各国封建保守主义。虽然此后欧洲获得了几十年少有的和平稳定，但是同时也酝酿着未来更大的风暴。

那段历史，连同叱咤风云于一时的历史人物，如梅特涅、亚历山大一世、哈登堡，等等，都已经烟消云散。时隔200年，我们这些学者来到维也纳，却为着和上次维也纳会议截然不同的目的进行交流。我们没有豪华的晚宴和舞会，也不是为着某一国的利益而来钩心斗角、讨价还价，而是来共同回顾历史、展望未来，为的是中—欧人民共同厘清我们和整个地球所面

※ 2014年11月4日，维也纳。

临的危机，探讨永久和平的道路。相隔两个世纪，维也纳的两次聚会显示着历史的无情和时代流转之迅速，实在令人感慨。

中—欧文化交流的过去和未来，是一个值得各个方面学者深入研究的课题。一是因为这一历史叙事具有巨大的世界意义，二是它将是中—欧人民开辟未来的最好借鉴。在"过去"和"未来"中就包含着我们所为之付出无数精力的"现在"。中国有着几千年"以史为鉴"的传统；根据怀特海、科布和格里芬，过去实践的因果影响就存在于当下之中，我们应该面向事件的整个过程，以动态和发展的思维研究和规划现在和未来。简言之，我们既然把历史看成是一个过程，那么就不能够割断它，俗语所说的"知道了过去，就了解了现在，也就能预测未来"，是有一定道理的。同时，过程哲学还告诉我们，事件在纵向地发生、发展、终结的同时，也在横向地共生、扩展。因此我们的终极目的并不是为了哪个单一国家或人群，而是为了整个地球、为了人类全体，是为了我们的子孙万代。而且，我们研究中—欧文化交流的过去和未来，并不是要逃避现在，恰恰相反，首要的是回答当下所提出的种种难题。因为，如果人类没有了"现在"，也就没有了"未来"。单从中国的角度讲，正如尼尔·弗格森所说，"了解西方过去的成功经验，可以为曾经、当下和未来一些亟待解决的问题提供启示"。

我今年9月在北京举行的"世界汉学大会"上，发表了题为《200年河东，200年河西，未来康庄》的发言。这个题目是借用中国俗语"30年河东，30年河西"翻改的，意思是"主体"的本性并没有本质性的改变，即"主体"还是那个主体，但三十年前从"我"

的西边流淌的小河，三十年后却在"我"东边流淌了，客体在迁移、变化。400年来中—欧之间的文化交流就是如此：200年一流转。

我把近代中—欧间的文化交流分为三个阶段：前现代200年、现代200年和从当下以至无限的未来。当下只是未来的开端。

前现代阶段，中欧之间基本属于隔绝状态，只有从欧洲进入中国的传教士和旅行家在牵线搭桥。这些少数先行者对中国文化的了解自然是有限的，但是在他们心中却没有预设、没有先入为主之见。他们就像见到了一位从未谋面的和善的人，好奇、喜悦和欣赏是他们的共同反应；由他们带回欧洲的文献、资料和信息，也引起欧洲启蒙思想家们的兴趣，他们写下了不少对中国文化，特别是伦理文化的赞美之辞。

此后，小河流淌的线路变了，生活在河东岸的中国在不知不觉中变成河西岸的小村。人类历史上的一个非必然和非常规事件，即工业革命发生了。欧洲迅速崛起，原料、市场和利润促成了遍及四大洲的殖民运动；力量的强盛培育了文化中心主义和狂傲之心，欧洲兴起之路被错认为是具有普世性的规律。整个地球，在中心之外的所有地方、一旦进入殖民主义视野，就不可避免地被视为野蛮、蒙昧、落后之地。中国当然也不会成为例外。

在这个阶段的200年中，中—西（已经不限于中—欧）的交往相对频繁起来了。在欧洲文化优越论占据上风的时代，中国文化怎么可能得到接近公正的评价呢？例如黑格尔就认为，"中国的历史从本质上看是没有历史的，它只是君主覆灭的一再重复而已。任何进步都不可能从中产生"。在他看来，在孔子那里，

"思辨的哲学是一点也没有的，只有一些善良的、老练的、道德的教训，从里面我们不能获得什么特殊的东西"，孔子给予人们的，不过是任何地方都找得到的道德常识，而且可能还没有别处的道德教诲好。

显然，黑格尔是用欧洲通过文艺复兴形成的"理性"思维作为标准来认识和衡量中国的。我们不要去苛责黑格尔的治学路径和方法，例如他没有接触过《周易》等儒家经典和后代哲人所做的诠释，更不了解诸子之学及其争鸣的情况，因此他得出和莱布尼茨截然不同的结论是正常的。值得注意的是，由于他极高的学术声望和著作（例如《法哲学原理》）的广泛传播，增强了已经普遍存在的欧洲中心论观念的生命力，乃至即使在揭示人类文化多样性的声音日益响亮的今天，要人们形成各种文化应该平等的观念，接受与西方文化相异的中国文化，依然相当困难。我们不妨把黑格尔的出现算作第二个200年的开端。

经过20世纪残酷现实的洗礼，借助先进的交通和信息传输技术，人们开始质疑自己已经习惯了的物质生活和文化思维的范式，继而要解构之。这一日渐加强的思潮所提出的问题，用尼尔·弗格森的话说就是："当代的西方世界究竟怎么了？"其实，应该不分中国和欧洲、西方和东方，我们都应该问："现在的世界究竟怎么了？"这是因为，西方近300年的传统，概而言之，"现代""现代化"和"现代性""现代主义"，自由、平等、博爱，其不完美的一面日益成为造成人们不愿见到的情景和破坏人类和平、幸福的根源。自20世纪末到现在，追求"现代化"已经成为前殖民地人民的普遍愿望，而经济全球化的趋势更加速了现代性对各个民族、地区和国家原有传统文化的冲击。换句话说，整个地球都在承受着贫富差距拉大、环境恶化、资源枯竭、伦理丧失、冲突不断、"市民社会"异化解体等灾难的折磨。自然，中国也在其中，现在也正在探索摆脱这一困境的方法和路径。

在这种忧心忡忡的情势中，全世界思想界发出了两股相互呼应、先后叠加的声音。一个声音是强调人类文化的多样性，不同文化应该平等、互敬、对话，这将有助于人类文明的进步和各个民族文化的丰富和发展。一个声音是应该在"后现代主义"的基础上加强建设性，甚至出现了"建设性的后现代主义"的设想，其中心意思则是构建人类共同伦理。

在构建人类共同伦理的声浪中，我们听到了这样的话语："孔子学说的中心并非是独裁的家长制，而是真正的人道观念。""（孔子的）这种伦理观念将个人的道德与国家的兴亡密切地联系起来。""（孔子主张）人类应致力于取得与他人和大自然之间的和谐，同时对待他人应遵守的行为规范'礼'并表现内在的'仁'。""在21世纪，中国的智慧将成为共同的人类伦理的一种特别的动力源泉。"（汉斯·昆 Hans Kung：《世界宗教寻踪》）

我把汉斯·昆以及其他许多学者类似的论说看成是自莱布尼茨之后400年中—欧文化交流进入新阶段的表现。这并不是因为他们说了中国文化定型人物孔子的好话，而是因为他们着眼于世界各个伟大的宗教与信仰，从中寻找它们之间的共同点，以期推进构建人类共同伦理，由此出发，审视以前没有看或者误解的东西。这的确是值得称赞的。实际上，大概中国人，包括中国学者，意识到自己的传统和文化具有为世界做出贡献潜力的人也并不多，他们的话无疑对中国人也具有唤醒的价值；何况在他的和西方其他一些学者的论著中并不乏对中国文化的批评。

我把刚刚起步的这一潮流视为中—欧文化交流的第三阶段，是双方命运相连，相互深入认识、欣赏和学习的阶段，是携手共同解决人类和地球危机的阶段。这个阶段会持续多少年？也是200年？200年不过是短暂的一瞬，在这之后人类又将如何？我期望的是，这种出于人类本性的、符合孔子、佛陀和基督教诲的友善关系能够永续下去。

中—欧之间的文化交流对人类文化多样化语境下的未来负有特别的责任。200多年来，世界的强势文化，其根基或者说其核心，是发源于欧洲的希伯来—希腊·罗马—盎格鲁·撒克逊文化，这其中也包括了经历了马丁·路德，特别是加尔文宗教改革后形成，至今盛行于北美的基督新教文化。欧洲文化，在人类看到智慧的曙光，亦即雅斯贝尔斯所说的轴心时代之后，曾经为确立人类理性的地位和科学技术的发展做出了极大贡献，推动了历史前进的步伐。中国，作为一个文明古国，几千年来积累的东方智慧至今还存在于人们的日常生活和工作中。后现代主义和现实生活已经相当充分地揭示了现代主义的弊病，反顾中国，虽然还没有完全实现现代化，但是也遇到了与欧洲同样的危机，而且已经显露无遗。换言之，欧洲与中国发展水平不同，面临的挑战或威胁表现形态有异，但是二者的危机却是同质的。我们没有理由不紧紧地联起手来一起应对这一危机，挽救地球，挽救人类。

中国大规模地接触外部世界，先后有过两次。一次是从古印度迎来原始佛教，在经过几百年的磨合之后，形成了中国化的佛教，中国文化因此而丰富提高，国力增强，文化发达。一次是一个多世纪之前与欧洲的全面接触，随后中国发生了翻天覆地的变化。至今这一过程并没有结束，只是有了新的内涵。在我看来，这个新的内涵应该是在后现代思潮之后，接续20世纪80年代欧洲学者提出的探索人类共同伦理的议题。

人类共同伦理是当今世界人心之所急需，而人心是一切危机的主要根源。探讨这一课题，必然要使不同的宗教和信仰为了全人类的福祉心平气和地坐下来对话，要一起深入各自的元典和初始教义中，我们将在那里找到并重温先圣先哲的教诲。这样，对仍在膨胀的对利润、地位和过分舒适的生活的贪欲将有所制约。我认为，无论是一神信仰、多神信仰，还是巫觋信仰，也无论是启示性宗教、神秘性宗教还是哲人宗教，都可以为人类共同伦理贡献自己的智慧。

20年前在芝加哥举行的"世界宗教议会"发表了《世界伦理宣言》，后来联合国发布了《通向未来之路》的号召，因此我们不是从零开始。我相信，如果在中—欧学者中再次出现为构建人类共同伦理呐喊呼吁的热潮，引起社会更多人的注意，那么我就期望，作为公共知识分子，我们不能限于学理研究，也应该"超越对话"，有所行动。一种理论，只有当它成为广大民众共同的心声时，才是有力的。

让我们共同努力！

为了中华 为了世界※

2004年文化高峰论坛的首场活动,在人民大会堂小礼堂举行。不久前,全国人大常委会的委员们在这个会场底下一层的会议厅以高票通过了我国加入《保护非物质文化遗产公约》的决定。从那天起,我国成为世界上签署这一公约的第八个国家。时隔五天,我们欢聚在同一个地点,讨论所有中华文化的传入时时关心着的"全球化与中华文化"问题。这不是巧合,而是中华文化自觉地迎接全球化,以理性寻求当今世界向人类文明、向中华民族伟大文化提出的种种挑战的最佳应答方案的必然表现。

"全球化和中华文化"这个题目充满了争议。关于全球化利弊的辩论,出现在全世界的每个角落;关于中华文化存在时间的长短,同样并非众口一词;而中华文化和全球化的关系是相容相促,还是相克相毁,也是人们常常议论的内容。在这个时候,我们汇聚一堂,发表对这些问题的看法,以吸引更多的人加入到为此进行思考、研究的行列里来,就是十分必要的了。

全球化无疑是当今世界上谈论最多的话题。随着

※ 2004年9月3日在中华民族文化促进会文化高峰论坛上的讲话。

科技以前所未有的速度发展，发达国家的生产力已经远远超过了自身的需求。与此同时，生产成本提高，商业竞争日益残酷，经济衰退接二连三。这些，都催促着过剩资本和技术向着低成本地区转移，以谋取最高的利润。于是，发展中国家，主要是发达国家的前殖民地和附属国，就与资本和技术输出国两厢情愿地结成了链条关系。许多发展中国家借着这个机会经济起飞了，人民生活水平也得到了一定程度的提高。但是，伴随着资本来到这些国家的，除了地区发展不平衡、不同群体收入差距拉大、环境污染、资源破坏等物质方面的问题之外，其固有文化也受到空前的冲击。如果说这种冲击的结果只是服饰和饮食习惯的改变，某些艺术品种的式微，或者是思维方法的改变，那么这些或许正使资本、技术和文化输入国固有文化得到了应有的启发。但是，如果输入的衣食住行、风俗礼仪、艺术文学等都紧紧地包含着本民族固有的价值观，包括对待他人、对待群体、对待自然的态度不相容的东西，使人们失去了对精神崇高境界的追求，那就将是民族的灾难。而任何民族文化，从来都是一个整体、一个系统，无论是表层的衣食住行，或是中层的风俗礼仪、法律制度、宗教艺术，还是底层的人生观、价值观、伦理观、审美观，上下之间都是你中有我、我中有你、彼此贯通、圆融一体的，古今中外概莫能外。因此，人们不能小觑了以表层文化为先头部队的文化入侵。

　　经济全球化是人类社会发展的必然阶段。国际化的市场和现代通信技术为不同文化间的接触、对话和相互学习提供了绝好的环境；而任何文化，只有不断从异质文化中吸取自己所缺乏的营养，才有可能保持活力，才能成为民族发展路途中永不枯竭的动力。这样，在所有民族面前就都出现了两种可能、两个前途：要么，为了从国际资本的自由流动中分得一杯羹，唯资本输入者马首是瞻，因而固有文化日益衰微，民族活力消磨殆尽，久而久之失去了自我，沦为他人资本的附庸，多数人被边缘化，继续过着贫困线以下的生活，国家不得不承接社会动荡不已等种种苦果；要么，跃出水面看清大潮走向，反思自身，顺其势，借其力，弄潮击浪，游到理想富裕的彼岸。前者，我们已经从现实世界上看到了不知多少活生生的实例；后者，将是中华民族所选择和必然要走的道路。

  有着几千年延绵不断历史的中华文化，就是从永不消停的惊涛骇浪中走到今天的。多少次似乎将要被异质文化淹没了，却始终不曾沉沦，民族灾难之火反而炼出了新的筋骨、新的活力。但是，一百多年前开始的异质文化的冲击却不同了。过去是中华民族以发达的农耕文化迎接相对滞后的游牧文化，而19世纪农耕文化遇到的却是由工业时代的骄子——铁甲军舰和远程火炮送来的文化。这一轮的遭遇战还没有结束，对方已经把军舰和大炮换成了电视、多媒体和互联网，以及种种花样翻新、令人应接不暇的时尚商品。在这汹涌的攻势下，曾经使所有中华儿女引以为豪的传统文化能不能以其博大胸怀，兼容并蓄，取我所缺，去我所赘，以迎接中华民族更加伟大的时代呢？疑虑是不可避免的。

  人们的种种疑虑不是杞人忧天。从人类历史上看，外来文化总是具有极大的吸引力，除非民族固有文化能够消化它，吸纳其中的精华，为自身增添积极成分，使固有文化与异质文化和谐相处，否则就有可能被取而代之。现在，地球上每天就有一种语言消失，不少国家或民族的原生文化日渐凋零。正如法国学者埃德加·莫林（Edgar Morin）等人所说："最优秀的土著文化在最劣等的西方文化冲击下陷于消亡。"此时，中华儿女昨天痛苦的记忆还没有泯灭，现在又面对强势文化凌厉的攻势，因此有一百个担心的理由，我们的确不能盲目乐观。

但是我们没有失掉自信力。为什么敢于这样说？我们从文化发展的规律中看到了中华文化光明的未来，从历史上中华文化与异质文化接触、交融的经验里得到了信心，从中华民族百年来的精神骨气中受到了鼓舞。

中华文化既然定型和发展于农耕时代，人类在这个阶段里对人和人、个体和群体的关系最为关注，那时人们的生产生活与大自然的关系最为密切，从而先民们一代一代地积累并总结出了人生高下起伏、民族国家存亡盛衰以及人和自然互依共存的规律，其中当然有很多是具有普适性的。例如，中华民族以"和"为原则处理各种关系——家要和，国要和，朋友要和，人与自然之间也要和；我们还期盼稳定——家要稳定，国要稳定，生活要稳定。由小及大，于是希望民族和民族、国家和国家之间也以和为贵，关系以稳定为上。为了达到理想中的"和"与"稳"，在认识上把所有事物分为阴与阳，两者相互依存，此消彼长，物极必反，互相转化。又比如，中华民族注重自律自省，注重知与行、德与行的统一，利己与利他的统一，"己所不欲，勿施于人"。跟西方文化把人与神二分不同，与希腊文化把感性与理性对立起来不同，中华民族的主流意识把他人以为二元的事物统一起来了，"天人合一"

的观念就是这种思想的简单概括。如此等等，难道不是人类到现在为止所认识到的应该遵守的普遍规律吗？不是人类任何时候都需要的哲学吗？凡是符合人类社会发展规律和人类需要的东西都是不会自动消亡的，也是人力无法摧毁的。中华民族对待主客观世界的原则和哲学理念，是人类智慧的结晶，是人类开启未来不可或缺的宝贵遗产。英国著名历史学家汤因比（A. J. Toynbee，1889—1975）早在20世纪60年代就在他的伟大著作《历史研究》中说过："人类的选择实际上只有两个：要么共有一个世界，要么毁灭。""西方和西方化国家走火入魔地在这条充满灾难、通向毁灭的道路上你追我赶，因此它们之中任何国家都不可能有眼光和智力来解救它们自己和全人类。"我们"必须在西方以外寻找"使人类生活稳定下来这种新运动的发起者，"如果将来在中国产生出这些发起者，并不出乎意料"。"如果共产党中国能够在社会和经济的战略选择方面开辟一条新路，那么它也会证明自己有能力给全世界提供中国和世界都需要的礼物。这个礼物应该是现代西方的活力和传统中国的稳定二者恰当的结合体。"① 他认为，这种"恰当的结合"是使世界免于毁灭的唯一的良方。我要说明，汤因比并不是马克思主义者，他也没有来过中国，但是却能在中国处在"文化大革命"的混乱时代说出上面这席话，我想，这是因为他依据人类的历史，把握了社会发展的规律，没有任何偏见。

中华民族有着与异质文化打交道的丰富经验和教训。汉民族形成于汉代，是多个种族、多元文化融合

---

① ［英］阿诺德·汤因比：《历史研究》，刘北成、郭小凌译，上海人民出版社2000年版，第393—395页。

的结果。汉代之所以强大，重要原因之一就是不拒绝当时主要来自西边和北边的中原文化之外的文化。更为典型的是唐代的发展。如果没有自汉以来中原文化与四裔文化几百年的接触和相互吸收，如果没有南北朝暂时分隔期间各自与不同外来文化的彼此渗透，也就没有唐代的胸襟和气度，唐代也就不可能走到封建社会、农耕时代生产力的顶峰，不可能有当时世界上最发达的文化，甚至也不可能有尔后宋、明、清的一统和稳定。

我们也曾经咽下过故步自封的苦果。特别突出的是自明代中叶以后被迫地和主动地与外界隔绝，其结果已经是众所周知的了。应该引起我们重视的是，这种封闭性，不是封建皇帝个人因素决定的，而是当时国家周边军事形势和农耕文化自身弱点相结合的必然结果。农耕时代的生产和生活需要稳定，求稳定则重继承，这种心理走向极致就容易蔑视甚至拒绝新鲜事物，不愿变更，不敢创新。如果再加上眼睛只内向于对国家各个地区的控制，不去及时了解在更广阔的领域里发生的事情，夜郎自大，就更杜绝了外来的刺激和启发。任何民族的精神单靠固有文化的自我改进，是不能持久也不能迅速前进的。从明代中叶起，中华民族开始衰落了。在二三百年的时间里，中华文化没能在和平条件下从异质文化中吸取养分，已经虚弱之身一旦碰上异质文化用武力敲打封闭的国门——这也是人类自古以来不同文化接触的常规方式之一——就会兵败如山倒，迅速沦为侵略者的附庸。

这种丧权辱国的教训太惨痛了。但是，中华文化毕竟是博大精深，毕竟是人类历史上生命力最强的文化。帝国主义对中华民族毁灭性的刺激，激起了中华儿女极其强烈的反应，这就是我们牺牲了几千万先烈探求中华民族振兴的百年奋斗。"把我们的血肉筑成我们新的长城"，中华民族在最危难的时刻，长城成为中华儿女心目中祖国的象征。长城，集中华民族坚忍、勇敢、智慧、和谐、爱乡、爱国等品质于一身。有长城般的筋骨，岂能久居人下！"新的长城"是什么？是从沉睡中觉醒的民族的脊梁，是求解放、争独立、求和平、争发展的精神堤坝。中华文化在苦难中获得了宝贵的养料，获得了新生。

在进行艰苦卓绝的民族解放斗争的同时，我们的前辈们一直在思考中国怎样才能强大起来。我们终于明白了，要学习异质文化中一切具有生命力的、符合时代和历史需要的东西，仔细地咀嚼、消化，使之成为中华民族的血液。这样我们就能够创造出基于传统而又高于传统的中华新文化，成为振兴中华民族的精神动力。

只有信心和豪言壮语是无法抵挡低劣文化对民族精神的侵蚀的。现在，到了我们认真研究在经济全球化的大潮中怎样防止世界文化一元化的危险，中华文化应该怎样前进等问题的时候了。

我认为，为达到上述目标，首先应该唤起更多人的文化自觉。所谓文化自觉，是指洞察文化发展演变的一般规律，认识中华文化的历史经验和教训，思考中华文化的现在和未来。简言之，就是要知道：人类是从哪里来的，将要走到哪里去；中华民族来自何处，将要走向何方。

其次，应该以文化的中层为着力点，通过艺术、风俗、礼仪、法制、宗教等体现中华民族的思考和精神。由此向上，"润物细无声"地辐射到文化的表层，引导人们在日常生活中体现个性、品位和追求。中层文化还应该不忘下连底层，随时随地都渗透着中华民族对道德、伦理的崇高向往。

再次，要重视社区文化的建设。从社会学的角度看，家庭是最小的社区，是文化浸润得最细微之处；稍稍放大看，一条街道，一座居民楼，一个村庄，都是社区，这是家庭在所属单位之外与他人接触相处最切近、最经常的领域；再放大，则学校、军营、企业、机关是避开了人"私"的一面的社区；当然，一座城市也是个社区，不过比较大就是了。如果所有的社区都把文化放在重要位置上，那么每个人就都能够生活在浓郁的中华文化氛围之中。

在这里，我想多说一说学校这个特殊的社区在文化发展中所扮演的重要角色。学校是民族传承文化的主渠道，是接触异质文化、从中吸取营养的触角和基地，也是新文化的孵化器。每一个人离开父母后走向社会的第一站就是学校，那里是理性和感性结合得最密切的舞台。校园文化建设得如何，关系到从那里走到社会的各个角落中去的年青一代具有怎样的文化基因。他们作为社会文化的媒蘖，将影响到此后中华文化的面貌。校园文化承担的任务如此之重，我们不能再等待了，应该把它列为我们所关心的文化问题的第一项。文化又是这样的复杂深刻，一个学校的文化不是三年五年就能收到显著成效的，所以又急切不得，更浮躁浮夸不得。

各位专家，各位艺术家，各位朋友，中华文化是中华民族的根，世界上各个民族的文化是地球未来得以安宁幸福的支柱。马克思说过：技术的胜利，似乎是以道德的败坏为代价换来的。马克思看透了在资本主义条件下技术给人类带来的另一面。而我们，中华文化的传人，正走在社会主义的大道上，中华文化有能力不断走向辉煌。在中国这块大地上，"技术的胜利"将与道德的升华同步。将来，世界各国人民会说：中国人不但创造了自己美好的家园，而且也为人类的精神家园做出了重大贡献。

　　让世界各地所有的中华儿女携起手来保住我们的根，共同培育出中华文化的参天大树，和世界人民一道共同维护和平与幸福的支柱，造福于中华民族，造福于全人类。

全球语境中的中华文化[※]

这次论坛以"中华传统文化与香港"为题,是很有意义的。对这个问题的研究不仅仅有助于对整个中华民族这一文化共同体的认识,而且对香港未来的和谐与繁荣也有着巨大的意义。今天我们聚集在香港,当然重在对有关学理的研究——即探究中华文化和香港文化本体的内在本质、规律、沿革、二者之间的关系以及前景展望。我认为,时至今日,这种思考需要现代世界的视域并且要有关注地球和70亿众生的胸怀。

世界文化和中华文化的范式正处在又一次转向过程中,世界已经经历过了几次文化范式的转向。约略言之,从希伯来宗教和希腊—罗马哲学结合,开启了西方的中世纪;文艺复兴的启蒙运动结束了人们所说的黑暗时代,迎来了"理性"地追求真理的工业化的"现代";现在进入了经济全球化、技术信息化、社会碎片化、价值物质化的"后现代"。就在这最近一次转向的同时,学术领域关于"现代""现代化""现代性""现代主义"以及"后现代"的思考与争辩热热闹闹,至今未绝。有关上述概念的界定虽然众说纷纭,

---

[※] 2014年9月26日,中国香港。

但是在有些方面则是众口一词的，这就是：时代转向了，"现代"留给人类的社会遗产背离了，甚或可以说是背叛了启蒙时代"理性"的承诺——自由、平等、博爱和人权；世界目前经济和社会发展的趋势不可逆转，却正在走向危险的深渊。人们的分歧主要在对人类面临的危险度如何以及如何才是人类生存之路的不同见解而已。半个月前美国《国家利益》杂志网站刊登了新加坡的约恩·厄尔斯特伦题为《一个可怕的想法：全球性30年战争》的一篇文章。作者针对当前中东的乱局提出自己的担忧和分析。他说：发生在17世纪上半叶的30年战争，是"一个陷入困惑的欧洲谁有权定义伦理、规范、价值观和行为模式"的野蛮争斗，而"当今世界决定性的力量因素是形成观念的能力：定义大多数人心目中的是与非、可与不可、当与不当。换句话说，形成一个基于价值观、吸引多数人的制度——占领自己定义的道德高地！"至于与这一思潮完全相反的弗朗西斯·福山的"历史的终结和最后之人"的结论，在2008年席卷全球的金融危机之后连他自己也动摇了，究其原因，恐怕不仅仅是由美国爆发，继而席卷全球的金融危机和由此引出的种种社会冲突；核心的问题是作为"现代性"模范的美国，实际上已经失去了定义观念的能力。

就在这时，一个值得注意的事实是，中国，和几乎所有的新兴国家一样，越过了欧洲14世纪之后那段艰苦的探索、思考、论证过程，一下子跨进了"现代"的最后一班车；接着，工业化尚未完成，就糊里糊涂地被挟裹着进入了"后现代"。例如发达国家所遭遇的种种灾难在内地几乎一样不少。11天前，《人民论坛》问卷调查中心公布了内地社会心态存在的十大病症：

依次是信仰缺失、看客心态、社会焦虑、习惯性怀疑、炫富心态、审丑心理、娱乐至死、暴戾狂躁、网络依赖、自虐心态。依我看，这十大病症并不处在同一个层次上，列为众病之首的"信仰缺失"是问题的根本。信仰缺失，伦理道德从何谈起！

在此之前，中国文化经历过与欧洲不同的转向。如果我们暂且不论由殷商进入周代、文化在此定型和后来儒释道自身转折和新生的叙事（虽然我们从中可以受到文化生存发展的重要启示），中国文化的巨大转向，一次是对传统文化的彻底批判和否定，结果是思想的大解放，带来了社会、政治的大转型，帝制结束，开启了对共和、独立的艰难探索历程。这一转向也给后来留下了文化领域的许多负面后果。中国的改革开放，是又一次转向。这次与古代和近代转向之不同，即在已经不是基本上局限于华夏之族界域内（虽然此前的事件也受着外部事件的启迪和影响），而是几乎与经济全球化同步，在经济以令世界瞠目的速度发展的同时，中国文化也随着"文化全球化"的节拍跳起舞来。社会差距拉大、环境迅速恶化、人生价值扭曲、社会伦理缺失、奢靡贪婪成性同时而至。但是，自最近一次世纪之交前后开始，"后现代主义"在中国也形成了巨大的思潮，而且势头越来越大。这一思潮的特点，可以用戴维·昂莱的话说就是："认可后现代，重估现代，回收利用前现代。"（《后现代性》，第二版，第14页）

我把这种世界的和中国的情况比喻为"赛车现象"：西方，首先是欧洲那辆车起跑，接着是北美的车紧随其后，不久北美的车超越了欧洲的车；中国车启动很晚，但车型较新，迅速地跟上来。前面的车转弯，后面的车跑到那里也必须转弯；前面的车所经过的颠簸处，后车躲不过；前车在某处侧翻，后车如不减速或采取应对措施，必然也要翻车。大家只有时间之差，却没有命运之异。问题出在哪里？就出在"现代性本身就是一个脆弱不堪和远非完美的发明"（戴维·莱昂，第二版前言，p. 2）这说明，"西方的途径，就是说欧洲和北美的文化，不能再被当作标准和典范了。"（同上书，p. 141）

现在说到香港。如果用世界和中国文化转向的事实比照香港的文化历史，是否可以说，在祖国内地经历第一次转向时，香港已经基本接纳了欧洲文化，从此无意中成了中国最重要的对外窗口、中欧文化对话、相融的试验场。换言之，香港在被殖民的条件下早于内地实现了"现代化"，具备了"现代性"。我之所以说在"在被殖民的条件下"，是因为"现代"所允诺的"民主"与"平等"，在回归祖国之前的一百多年里并没有兑现；但是"现代性"的其他方面几乎都逐步实现了，尤其是社会层面和价值伦理领域。"现代化"本来就是双刃剑。到目前为止，包括香港在内的大中国全境，都在既享受着现代化的科学技术成果，也被这柄剑的另一面割伤，而且伤口不小，疼痛不轻。

所幸，中华文化源远流长，早已在亿万民众的心底形成了文化基因。以往从西方来的文化冲击势头凶猛，国人曾经阻拦甚至抗击过；后来虽然接受了宗教、技术、管理和艺术，但是这种接受是"中国式"的，即在不违背中国人原有礼仪、风俗、习惯情况下的接受，也就是在不去除中华文化基因的条件下吸收西方于己有益的元素。香港先走了一步，至今不但儒释道三教共处并荣，天主教、基督新教、伊斯兰教兼容，一些民间信仰，如关公、妈祖、土地、黄大仙等，也遍布全岛。按照西方神学家的说法，这是天启神教、自然神教、圣哲信仰（儒家）和巫觋信仰（占卜、看相）并存于一体；春节、清明、端午、中秋，仍是香港人民的重要节日；"叹早茶"，是原汁原味江南习惯，如果在家里喝茶，喝法基本上是传统的，与喝咖啡相辅相成。这些都和内地并无二致。

正是因为中华文化的基因如此牢固，所以内地近年来，尤其是进入21世纪的第二个十年，"回收利用前现代"已经成为从城乡公众到学者，到国家领导人，共同关心并参与的事情，而且这三类人渐渐趋向彼此相应与配合。只不过这种"回收"是直接回到轴心时代本民族的智慧巨人孔子、老子、孟子以及虽是外来却已经本土化了的佛陀那里，重新温习并审视他们的教导，寻其根本，淘汰其适合农耕和帝制时代，但已不适应现代的东西。例如对拜祭祖宗、先师、烈士蔚然成风，而采用的仪轨却大量吸收了欧美的；再如据对20个省的不完全统计，到目前为止，已经涌现出1600多家旨在传播传统文化的书院，既有公办的，也有民间举办的；又如，许多企业，已经把营造企业文化作为重要事项，做得红红火火；还如在山东许多地方，"乡村儒学"——学者走进村镇，为村民讲述传统文化和本地乡贤、历史，颇受欢迎，民风也在悄悄地变化。如此等等，都说明人们普遍感到祖祖辈辈遗传下来的做人处世的"伦理、规范、价值观和行为模式"最适合自己；一味追逐利润和财富，并没有给自己带来幸福。最近，北京卫视每天播放一档名为"寻找老街坊"的真人真事节目，非常受市民的欢迎。节目表现的是，已经住进宽敞楼宇，但邻里间冷漠、生疏、绝缘且彼此防范，因而感到孤独失落，于是想找回温情、平静、和谐的过去。由此看来，谁最有权"定义"人们应该怎样生活？是广大民众自己；谁最有能力"定义"道德标准？是现在依然还没有中断的祖父母或更早的前辈所留下的社会风尚。

面对着纷繁复杂、波涛汹涌的世界，人类将走向哪里？中华民族出路何在？

众所周知，20世纪80年代欧洲曾经兴起了探讨人类共同伦理的潮流，一批杰出的公共知识分子，包括许多著名的哲学家、神学家、历史学家、社会学家、心理学家，借着后现代主义和文化多元化、文化多样性学术之风，提出了后现代主义所没有顾及到的"不同文明对话"和"构建人类共同伦理"的倡议和行动。不同文明对话是方式，是信道，是过程，构建人类共同伦理是目的，是应对残酷的现实、消弭战争屠杀的远景。

哈贝马斯并不去否定"现代性"，认为现代性的潜力还没有完全发挥出来，他在认真研究当代思想演变状况后提出了"公共交往理性"、"主体间性"等一系列概念，为的是把启蒙运动旗帜上所标榜的"理性"进行改造（而不是"改换"），使人类走出困境。他的"公共交往理性"和启蒙时代的"理性"可谓截然相对。例如，他不是以自我为中心追求成功，而是推己及人寻求彼此理解；不是一味竞争零和，而是努力商谈协作（《后形而上学思想》《公共领域的结构转型》《对话伦理与真理》《交往行为理论》等）。

哈贝马斯的论著以语言艰涩著称，而与他几乎同龄的同胞孔汉思，则尽量使用简洁明快的语言表达。孔汉思在长期研究世界所有"伟大的宗教"的基础上

（《世界宗教寻踪》），开始为构建人类共同伦理呼吁奔走。他认为，在儒学、佛教、犹太教、基督教的宗教伦理中具有十分相近的要求；如果各个文明真诚对话，使共同伦理形成约束的力量，世界就可以获得和平和友爱。经他和同道者的努力，1993年在芝加哥举行的世界宗教议会通过了《世界共同伦理》的决议，2001年联合国发布了《通往未来之路》（杰出人士小组报告：《跨越分裂，文明间对话，联合国报告》）。"构建共同伦理"一时间形成了欧洲学界的热潮。现在，虽然这一讨论的热度由于种种原因已呈减退之势，但他们开辟道路的影响仍在，当年那批学者功不可没。

但是，无论是哈贝马斯、孔汉思，还是与他们并肩奋斗的许多伙伴，都没有解答这样一个问题：他们所理想的回到前现代观念或发挥现代性的潜力，其关键，即人类共同伦理在各个文明世界如何内化为人们和社会的礼俗习惯、自发要求？也就是他们没有明确地把理想的世界伦理境界与个人道德修养的境界结合起来。在这点上，他们的思维进路有些近乎后现代主义。

有感于此，我在今年5月21日的尼山论坛上重新拾起"构建人类共同伦理"的话题，随后9月7日在北京举行的第四届世界汉学大会上对此又作了进一步阐述。令我高兴的是，每一次都得到各国许多学者的呼应。

我的想法是由中国学者发起，接续"人类共同伦理"的探讨和呼吁。三十年来，以欧洲学者和神学家们的经验与成果将是接续者从事这一事业的基础和出发点。和此前的浪潮有所差异的是，我们应该更加强调不同文明的真正平等、相互尊重；由生活在不同文明语境中的学者讲述对本文明的反思与展望；同时，还要积极向人们介绍不同文明内在不断提升的经验。显然，在这个论域中，中国学者和神学家们自然要发出自己的声音，而在过往的三十年中，这方面显然是令人遗憾的。

  说到这里，我的发言就该结束了。那么，就让我用最后的两分钟时间，再回到这次会议的主题"中华传统文化与香港"上来。其实这也是我发言的主旨。有了上面所讲内容的基础，我的结论就很简单了：整个中国，包括香港，祖祖辈辈形成的优秀文化传统都在经受着"现代性""不完美性"的毁损，只不过各处表现形式和受害程度不一而已；人类的和地球的危机在内地和香港的头顶上徘徊着。那么，我们就应该一起"回收"历代贤哲的教诲，挽救社会，挽救民族；同时，还要一起和世界各国的智者加强沟通，为建构人类的共同伦理并使之在公众中传播、影响政府决策发挥越来越大的作用。

当前文化问题的症结在哪里[※]

近年来，中国悠久的、优秀的文化传统受到强烈的冲击，其后果的直接体现是社会上出现了价值观的迷失、生活目标的迷茫和人际关系的冷漠。在这个问题上，有些国人显得懵懵懂懂，甚至把别人给的毒药当糖果吃。这促使我们去思考：人类文化的规律是什么？中国的文化怎么啦？该怎么办？

我不得不去思考文化问题

我并不是从事文化某个门类的研究，而是研究古代汉语的。但是，现实的刺激又逼迫我不得不去思考文化问题。

我们悠久的、优秀的文化传统，包括五千年来的文化沉淀，以及一百多年来现代社会先驱、志士仁人的奋斗和在中国共产党领导下的人民革命中烈士们用鲜血铸成的近现代传统。随着西方剩余资本、技术、产品的大量涌入，这两个"传统"受到强烈的冲击，其后果的直接体现是社会上普遍存在着的价值观的迷

[※] 原载《北京日报·理论周刊》2006年5月22日。

失、生活目标的迷茫和人际关系的冷漠。

同时，以美国哈佛大学教授亨廷顿及其弟子弗朗西斯·福山为代表的一批西方学者写了一系列的文章和著作，给了我相当大的刺激。亨廷顿鼓励美国将其现行的文化价值观推广到全世界，为阿富汗战争、伊拉克战争提供了理论根据。他断言，基督教文化与伊斯兰文化的冲突不可避免。弗朗西斯·福山是美国新保守主义理论的代表人物，他公开宣称，美国的民主制度是人类历史的终结，人类社会最终都要走向美国的模式，历史将把所有的人都塑造成抱有美国式的价值观、民主自由与个人至上的人。福山的观点不是无的放矢，而是与我们针锋相对的。从两千多年前，中国人就认为人类社会的最终目标是大同社会，"大道之行也，天下为公"。李大钊、陈独秀等人引进马克思主义，建立了中国共产党。八十多年来，中国共产党一直努力把马克思主义追求的共产主义理想与中华文化对大同世界的追求融合到一起，形成了中国人的世界观。马克思主义认为，人类所追求的应当是全面发展的人，这样的人应该与他人、社会、自然友好相处，亲密无间。

"文明冲突"和"历史的终结"的理论不是根据人类的历史和文化发展的规律来研究的，而是这些西方学者以自己的价值观所作的思辨与推衍。因此，在和现实碰撞的时候，他们也感到迷茫。但是，我们还不能乐观。亨廷顿和福山每出一本书都能成为学术领域最为风行、全世界销量最大的书，说明他们有着广泛的群众、思想和学术基础。配合着这些理论，视中国为敌的势力相互勾结，通过明的、暗的、物质的、精神的手段把西方的价值观向中国大举渗透。举一个例子，某些外国势力制订了一个计划，要在中国每一个县的每一个乡建一所教堂，现在已经建了一千多所了。难道他们真是上帝派来的天使，要把上帝无私的爱带给"受苦受难"的中国人？其实，这些都不奇怪，这是由他们的本性决定的。但是，值得我们忧虑的是，国人在这些方面还懵懵懂懂，甚至把毒药当糖果吃，眼看着孩子们和父母之间所谓的代沟越来越深，眼看着孩子们盲目地追求西方的生活方式，我们却束手无策，一个个家长只能惊呼和哀叹。

这两个方面的刺激逼迫我去思考：人类文化的规律是什么？中国的文化怎么啦？该怎么办？

中国共产党在建党之初就非常重视文化、宣传和教育。从苏区开始到解放全中国，文化就是除了军事战线之外众多战线中的一条。"三个代表"重要思想把文化从中国众多战线中的一条变为建党的"三根柱子"之一，这是历史性的跨越。从那以后，中共中央推出了很多加强文化建设的政策和措施，直到最近胡锦涛总书记在中国人民政治协商会议第四次会议的民盟、民进联组会上提出了"八荣八耻"。这都不断给我巨大的鼓舞，也促使我坚持学习、研讨，当然我也没有停止呐喊。下面，我谈谈自己的一些想法。

什么是文化，什么不是文化

广义的文化指的是人类所创造的物质的和精神的所有成果。文化必须是人类创造的。比如黄果树的瀑布、九寨沟的风景就不是文化，那是大自然的赋予。但是，在黄果树瀑布旁边筑的小亭子，九寨沟藏族姑娘的热情接待，那就是文化。大猩猩、狗熊等动物在画布上用爪印的画不是文化，尽管在西方拍卖行它可能价值几千万美元。因为文化正是人类从动物里分化出来的一个要素。有的学者说"文化就是人化"，人之所以成为人，就是因为有了"文"，而且"化"了。狭义的文化就是人类所创造的精神成果。谈文化应该把物质文化和精神文化区分开，但是二者又难以严格地区分。

一 要把握文化，首先要将它条理化

文化无所不在，只要有人的地方就有文化。人类有如此多的民族、语言，人类的生活又如此丰富，文化也就丰富多彩。要把握文化，首先要将它条理化。我将文化分为三个层级。

1. 表层文化（又称为物质文化）

这是人类最易感知的文化，是围绕衣食住行所体现的去取好恶。物质本身不是文化，但"去取好恶"赋予在上面就是文化。比如，我选这种衣服，他选那种衣服，是对衣服的去取好恶，这就是物质文化。

2. 中层文化（又称为制度文化）

中层文化包括风俗、礼仪、制度、法律、宗教、艺术，等等。这一层的特点是要借助物质来体现底层的文化。以前，娶媳妇要有盖头，这是从远古时候抢婚演化来的。当时，抢婚的人怕抢来的姑娘照着原路逃回去，所以把姑娘脑袋一蒙，背着就走。可见，风俗要借助物质来体现。我们举行诗歌朗诵会，通过朗诵古诗、现代诗来激励人心，给人以美的享受，也需要借助物质，比如要借助麦克风，朗诵者也得稍做打扮。

3. 底层文化（又称为哲学文化）

底层文化就是人的个体和群体的伦理观、人生观、世界观、审美观。也有人说包括价值观，其实价值观是伦理观、人生观、审美观的综合。

二　文化的三个层级间的关系

表层文化和中层文化反映着底层文化的内涵，底层文化内涵渗透于表层文化和中层文化中。比如，一个人穿什么衣服体现了他的审美观。有些人一身都是名牌，但是搭配不合理，颜色不协调，反映了他的层次和品位，这就是表层文化反映着底层文化。绘画、诗歌、音乐等中层文化也无不体现着底层文化的内涵。

表层文化和中层文化的变化渗透到并影响着底层文化，底层文化引导并制约着表层文化和中层文化的变化。比如，有这样一个年轻人，他染着五彩的头发，戴着耳钉，穿着皱皱巴巴的衬衣，外面罩上一件比衬衣短的牛仔衫，穿着很久没刷的运动鞋。这个孩子这样追求个性，他的思想可能就会慢慢地转变为个人主义，从而渐渐忽略了集体主义。表层文化的变化就这样影响到了这个人的世界观和价值观。再如，有一个孩子平时学习很辛苦，放学回家除了做作业就是上网，在网上交了很多朋友，却未把同一屋檐下的爸爸妈妈当成自己的朋友。这种中层文化与表层文化的表现，久而久之就会影响和改变孩子的伦理观和人生观。

表层文化和中层文化相互影响最为直接，它们相互牵动和制约。电视上明星穿了什么衣服，梳了什么发型，马上就会在社会上流行起来，形成时尚和风潮。

简而言之，表层文化、中层文化和底层文化是彼此交互的。孩子生下来喝荷兰奶粉，用进口奶瓶，穿迪斯尼的衣服，蹒跚学步的时候就开始吃麦当劳，再大一点儿的时候玩外国的游戏，而后要听外国的歌曲，上了大学就要准备出国。这样下去，我们的孩子到底是姓"中"还是姓"美"呢？面对孩子们对衣食住行的追求，我们不能任其泛滥、迷恋，但也不是一味拒绝优秀的、文明的东西。现在许多年轻人将模糊的、不知所云的东西视为美，而认为那些明朗的、敲打人心的东西没意思。如果我们的年轻人都变成玩世不恭的一代，中国的未来就要变质了。

从理论上讲，文化的三层应该是完整的一体。但是在人类历史上从未有过完整的情况，这就是文化的复杂之处。就说旧中国，有的父母一方面教育孩子要忠、要孝，一方面自己花天酒地、无恶不作。社会是复杂的，文化是复杂的，这三个层次就不会是完整的。文化本身就是一个开放的体系，层级之间要容纳不同的东西。但是，如果各个层级之间出现断裂的话，就要造成社会的断裂；如果我们的文化、艺术、宗教不去适应社会主义社会，而是与西方生活方式相适应，将西方的生活方式作为我们生活的主流，就要影响到法律、政策的制定，最终将导致中华民族优秀的传统伦理观、价值观荡然无存。

三 文化的层级和系统间相互纠葛，"你中有我，我中有你"

文化是一个混沌、庞大的体系。从纵向看，在一个文化整体下有种种亚文化，亚文化下面还有很多层亚文化。所谓亚文化，比如以地域划分，有西部文化、广东（岭南）文化、江南文化、东北文化，等等；以民族划分，有汉族文化、蒙古族文化，等等；以行业划分，有机关文化、学校文化、企业文化、军队文化、农村文化，等等；以人群划分，有大众文化与精英文化、俗文化与雅文化，等等。所谓次亚文化，比如西部文化，既有陕北文化，也有青海文化。文化的层级和系统间相互纠葛，"你中有我，我中有你"。比如，陕北文化基本是农村文化，蒙古族文化既有大众文化，也有精英文化。

四　文化发展的五大规律

1. 变动不居，文化相对停滞和过速都是危险的

文化变化的速度与社会经济（生产力）发展的速度成正比。人类真正具有文化，是在形成了社会、有了劳动剩余时间之后，但那时的生产力并不发达。从原始的房子到建筑面积15万平方米的富丽堂皇的故宫，用了三千多年。但在20世纪50年代，我们用10个月的时间就建造了建筑面积达17万多平方米的人民大会堂。工业化使得生产力成百上千倍提高，文化发展也随之加快。各个民族的山歌是农业文化的产物，是中国文化几千年的沉淀。而现在只要在网上支付一定费用，就可以看到好莱坞的大片。实现从山歌到网上下载，这一步我们只用了一百多年。

文化变化的速度是国家活力的表现。文化发展慢，反映国家活力不足。从"文化大革命"中只听语录歌，到现在孩子们听流行歌曲，也在一定程度上反映了我国的活力。

文化相对停滞和过速都是危险的。文化相对停滞，国家就处于相对危险的时期。比如，我国从明朝末期起，文化就基本停滞了，这段时间正是国家最危险的时候。但文化发展过快也不好，就好像人跑得太快容易丢掉身上带的东西一样。在快速发展中，最容易丢失的就是精神和传统。丢掉传统的东西就会无根，就

会迷茫和迷失。古今中外，概莫能外。

文化变动的动力，从社会上说就是生产力和生产关系。但是，文化作为复杂的系统，还有其内动力，这就是层级和系统内部的彼此冲撞。比如，衣食住行的表层文化改变了，作为中层文化的礼仪也发生了变化。比如原来老北京的四合院，父母亲住在正房，儿子儿媳住厢房，早上起来上班之前总要到父母房里说："妈，您起来啦，我上班去了。"但是，现在父母住丰台，自己在延庆，能打个电话就不错了，总不能开车到丰台和妈妈说"我上班了"，然后再回延庆上班。这样渗透到底层，作为底层文化的"孝"的内涵和形式也都发生了变化。如父母亲生病住院了，有时子女只能通过请"特护"来代替自己尽孝。

文化的外动力，就是异质文化的接触和冲撞。如裤子并不是中原人的发明，而是胡人的发明。战国时人们学习胡服骑射，军队开始穿裤子，到了南北朝裤子才在日常生活中真正流行起来。今天我们坐的椅子，其实也是胡人发明的。

2. 多元多彩，对于文化的不同，人力只能进行干预和引导，而不能掌控

文化多元多彩是必然的，这也是文化发展所必需的。文化就是人化，人的复杂性导致行动的不统一性，而不同的行动又造成了文化的不同基元。文化是一种生活方式，人有了意志之后，总要追求自己的生活方式，文化也随之不同；文化是人的思想、言论、行动的综合。

对于文化的不同，人力只能进行干预和引导，而不能掌控。汉朝要独尊儒术，朝廷只能去引导社会风气，而不能禁止人们研究儒家之外的学术。我们要使大家统

一思想和行动，就应当用高尚、向上的东西加以引导。

多元多彩是文化内动力的基础。比如，民进中央副主席王立平所作的曲子中有传统的因素，也融入西方的元素，让人百听不厌。这肯定对别的作曲家有所刺激和冲撞，可能就带动了歌唱家、作曲家的反思，他们就会来参照和学习，这就是内动力，如果文化发展停滞了，多元多彩的性质就会减弱。也可以反过来说，一个时代是不是多元多彩，可以从文化是快速发展还是相对停滞中看出来。

3. 吸收异质

基于不同地理、历史、文化、生产等因素而形成的文化就是异质文化。

质的差异有程度的不同，也有近缘和远缘的不同。青海的花儿和陕北的陕调属于近缘，非洲的调子和我们属于远缘。远缘可以变为近缘。美国人在工业革命到了极致，一切文化产品都标准化、工业化后，灵感枯竭了，就去非洲部落寻找灵感，学来了爵士乐、迪斯科和抽象画。本来是远缘的东西进入了美国的文化，又流传到欧洲，就近缘化了。

表层文化很少表现质的差异；而在中层文化中，质的色彩就浓了。佛教、道教与其他宗教，京剧、昆曲与意大利歌剧，国画与西洋画，中国与西方的家庭观念的差异要比德州烧鸡与肯德基烤鸡的差别大。质的差异最主要在底层文化，越趋向底层权重越大。基督教、伊斯兰教、佛教、儒学和道教的实质差别就在底层，就在于它们看待伦理、看待个人价值的观点和态度不同。

异质文化的接触和冲撞有战争、商贸和移民三种方式。战争是短暂的，但破坏严重。日本侵略并占领台湾 50 年，用刺刀加棍棒禁止中国人说汉语，逼迫他们以做日本良民为荣，企图这样由表层到底层将台湾的中国文化全面更换。但是，中华几千年的文化根底不是几十年就能摧毁的。在台湾光复那天，全岛沸腾，一时间台北、高雄满街响彻中国话。商贸具有线性扩散的特点，比如我们通过丝绸之路向沿途传播中华文化，带回西域和波斯文化。但是，这是局部的、缓慢的。移民将文化由面扩散到点，快而全面。无论是历史还是今天，移民都是成块儿的。比如，匈奴在汉代逐渐归顺了中原，整个部落、部族的几万人南下，汉朝皇帝就划出一块地方让他们住，并派专人管辖。如今，有 30 万台湾同胞在上海一个地区居住，台湾本土的咖啡店、槟榔、文学创作也全都过来了。在移民和商贸中又产生了通婚，通婚是文化融合最快的方式之一。商贸和移民是和平方式，是双方自愿的，因而能彼此吸收，也是最稳、最深、最持久的。

4. 雅俗互动，二者没有高低之分

雅文化与俗文化是互动的，二者没有高低之分。所谓高级与低级的区分，在于百姓是否欢迎，内容是否引人向上，是否能引起人们精神的愉悦。雅文化加工精细，欣赏者少；俗文化加工比较粗，和原生态距离不远，容易取悦受众，欣赏者多。

俗文化是艺术的源头之一，雅文化是在俗文化基础上形成的。在两百多年前，京剧是唱野台子戏的，是俗文化，进京后经过精雕细刻才最终形成雅文化。中国的诗歌起源于《诗经》，最初很大一部分就是男女调情的写照，但后来成为了经典。经汉乐府、六朝文人诗，后来慢慢形成了可以唱的律诗，之后又出现元曲、元杂剧。四大名著，除了《红楼梦》，最初都是说书的话本。雅文化因从俗文化中吸取营养而提高，反过来再推动俗文化。比如《梁祝》受到百姓欢迎之后，就推动了越剧的发展，有的段子成了南方年轻人传唱的曲调。阿炳最初靠拉二胡、吹唢呐为生，这是俗文化。但后来他创作的一些曲子，例如《二泉映月》，就成为雅文化，反过来又推动了二胡曲的创作，成为大众欣赏的艺术。这种互动循环往复、推陈出新，文化才得以前进，这是非常重要的规律。

目前，从事雅文化的人士总在感叹坐冷板凳，而从事俗文化的又看不起雅文化。其实，只要懂得文化的规律，就应当明白谁也不要看不起谁。雅文化要蹲下身来向俗文化学习，因为俗文化贴近百姓，是雅文化的源头之一；俗文化则要仰头向雅文化学习，否则难以提高，难以适应人们对文化的不断追求。

5. 表动底静，判断一个社会文化断裂与否，主要要看中层文化和底层文化的关系

表层文化就像地球上的山河，底层文化就像大地母亲。山河的形状可以改变，但山河之性无法改变。底层就是本性，最为稳定；表层、中层要向下渗透，久则撼基，其中中层尤其关键。判断一个社会文化断裂与否，主要要看中层文化和底层文化的关系，比如，我们是吃烤鸭、板鸭还是炖老鸭，这没有关系；但是，歌曲、诗歌是让人颓废还是催人奋进，这就很重要。如果中层文化和底层文化相抵触，这个断裂就将形成社会的危机，今天我们所看到的很多现象就属于这一类。

当前文化问题的症结

当前文化问题的症结可以概括为以下六点：

（1）底层欠晰；（2）中层彷徨；（3）表层无属；（4）俗而无章；（5）高雅孤芳；（6）亚者乏力。

首先，底层文化欠细致、欠明朗。我们现在提倡爱国主义和集体主义，又提倡以爱国主义为核心的传统文化，但这又不完全是传统文化所提倡的仁、义、礼、智、信，也不像孙中山先生提出的忠孝、仁爱、信义、和平。我们的集体主义、爱国主义的支柱是什么，目前还不清晰。

如果中层文化中的宗教、艺术和风俗与整个国家的文化追求相抵触，我们可以禁止它，这是各国的通例。但要明确，江泽民同志之所以提出中国的宗教要适应社会主义社会，并不是从消极防范出发的，而是根据宗教作为一种文化现象从来都是变动不居，从来都要适应所处的时代和国家、社会环境这一规律而提出的。在几千年宗教史上，几大宗教都在不同历史时期有过重大改革，改革的原则和目的就是要适应已经变化了的社会现实。

现在中国城市的表层文化属于哪一家？风靡城市的消费主义、时尚侈靡之风是什么文化？比如数码相机，从200万像素发展到1000万像素，一年一个新款，我们去跟风、去追逐，一年换一个，这是中华民族的美德吗？

俗文化目前也没有章法，几乎处于自生自灭状态。美国大片、贺岁片以"电影就是娱乐"之名占据了所有电影院线，各色流行音乐、电脑游戏已成为很多青少年的必需品。那么，原有的俗文化呢？中华民族的非物质文化呢？陕北民歌《三十里铺》是曾经流传甚广的一首歌曲，歌曲中"四妹子"的原型现在已经80岁了。记者到歌曲的发生地陕北绥德三十里铺村采访时，问那里的女孩子们有没有听过这首歌，她们都说没有听过，听的都是流行歌曲。俗文化的自生自灭，是因为没章法——"行省"没章法，"道尹"没章法，"百姓"自然也没章法。现在文化部加强非物质文化遗产的保护，就是要有个章法。

高雅文化成了曲高和寡。据调查，现在有的剧团、乐团即使有再好的角，唱再好的曲，在演第一场的时候能有30%的上座率就很好了，即便赠票也就只能达到五成的上座率。孤芳自赏的东西很难令大众喜欢，剧团自身必须变革。

亚文化也十分乏力。比如，维吾尔族、土家族等少数民族的民族文化保护情况如何？虽然民族还在，但文化已经没有太多力量了，这样下去很危险。中华民族的文化是56个民族共同创造的，民族亚文化乏力，中华文化整体的活力也不会强。地域亚文化、社区亚文化也是如此。

几点对策

一要文化自觉，纲举目张。要解决这些问题，首先需要民族的文化自觉，纲举则目张。所谓文化自觉，就是领导阶层和知识阶层要对民族文化的重要性、传统文化中的良莠、文化前进的方向具有清醒而明确的理性认识。文化自觉并不等于13亿人都明白。从江泽民同志在"三个代表"重要思想中提出"代表中国先进文化的前进方向"，到胡锦涛总书记提出"八荣八耻"的社会主义荣辱观这一系列有关文化建设的指示、号召，可以看出领导阶层的文化自觉意识越来越明晰。许多省、市的领导都提出要建立文化大省，这也是文化自觉的表现。知识阶层如何呢？惊呼、哀怨多，沉静思考、深入研究、建议创新少，自觉还有待提高。自觉是纲，底层文化是纲，纲举则文化、教育、社会管理这些目即张，中层文化、表层文化也就会逐渐变化。

二要三层并举，沟通古今。建设我们的文化需要表、中、底三层一起动，只举一层是不行的。我曾经在国防大学作过三次报告，讲的就是中国民主制度与中华传统文化的关系。我认为现在由中国共产党领导的多党合作和政治协商制度、人民代表大会制度和民族区域自治制度，都是中国第一代领导人在吸取中华传统文化优点，又结合百年来的传统而形成的，并非凭空想象。这是对底层文化和中层文化的分析。我希望有更多的人剖析文化的层次，促进三层文化同步建设。

所谓沟通古今，我认为最好的典范就是胡锦涛总书记提出的"八荣八耻"的社会主义荣辱观。这是经过党中央深思熟虑，脱胎于传统文化，又结合了时代特色提出的道德体系。"以热爱祖国为荣、以危害祖国为耻"，讲的就是"忠"；"以服务人民为荣、以背离人民为耻"，讲的就是"仁"与"义"；"以崇尚科学为荣、以愚昧无知为耻"，讲的就是"智"；"以辛勤劳动为荣、以好逸恶劳为耻"，讲的就是"勤"与"廉"；"以团结互助为荣、以损人利己为耻"，讲的就是"礼"与"义"；"以诚实守信为荣、以见利忘义为耻"，讲的就是"信"与"义"；"以遵纪守法为荣、以违法乱纪为耻"和"以艰苦奋斗为荣、以骄奢淫逸为耻"，在传统文化中也都属于"礼"的范畴。沟通古今，很容易勾起民族对传统的记忆，因而也最容易传播，人们也易于接受。

三要着眼青年，关注农民。着眼青年的道理不用多说了。农民是我们的衣食父母，而且在农民那里还保存着我们优秀的文化。前些天，我被一篇新闻报道深深打动：长春的一个8岁小姑娘，双目失明并可能不久于人世，小姑娘最大的梦想就是到北京天安门看升国旗仪式，但医生考虑到她的病情而不允许。于是几千名志愿者假造了一个天安门升旗的场景，包括旅途中的各种情景。在升旗时，小姑娘想给国旗敬个队礼，最后爸爸帮她抬起了小手，这时候小姑娘笑了。这说明，民族的希望在人民之中，在农民之中，在城市的普通家庭里。

四要全民启蒙，学校任重。虽然不能要求人人都能达到理性的高度，但我们还是要通过全民启蒙来实现文化自觉。"取法乎上，仅得其中。"学校是传播、创造文化的重要场所，学校对学生进行文化启蒙的任务最重。到2020年，今天幼儿园的孩子就是社会上的基础劳动力，那时的博士生就产生于今天的小学生中，那时的处长就产生于今天的中学生里，今天的大学生中到时会有不少司局长，今天的一些博士后到时会当上部长。因此，如果学校还盲目地追求分数，还不做好民族文化和精神的启蒙，后果就非常严重了。

五要自觉开掘，重在创新。"八荣八耻"是做人的基本准则，但要让人们知荣知耻，光凭发文件、做报告、贴标语是不行的，还要靠大量中层的东西。我们可以充分利用文学、艺术、风俗等中层文化，以创新的思维和方法，用人们愿意接受的方式和手段去宣传、去渗透。韩剧的成功对我们来说既是悲哀又是好事，因为这反映了中国人民对传统的怀念，可惜我们还创作不出这类作品来。甚至禅宗也会给我们以启发,告诉人们在每个人的心中都有善良的一面,只不过被有些东西遮蔽住了。只要醒悟了,意识到自己心中真、善、美的一面并努力纯化,就是好人,就是有价值的人。我们要自觉地去开掘和宣传藏于民间、代表民族精神和民族前进方向的点点滴滴。但是,只是一味照搬肯定不行,关键还在于创新。比如,现有的剧种想要进入寻常百姓家,达到万人空巷的状况,必须对剧种的形式加以改变,尽管这可能很难。只要自觉了,我们就有可能开掘出许多优秀的东西供广大的人民享受。

文化问题是一个民族得以强大的最根本问题,正如毛主席所说的:"物质可以变成精神,精神可以变成物质。"全国人民的文化素养提高了,知识分子的文化素养提高了,这时手里的设备和头脑中的技术就可以成倍地发挥作用。文化的强大不仅能够增加精神实力,还可以增加经济实力。文化已经成为当今经济全球化过程中重要的出口产品。美国最大的出口产品不是汽车,也不是 Windows,而是文化产品。目前,我国图书进出口版权比是 10∶1,这与我们五千年的文化底蕴十分不符。古代的四大文明中只有中华文明不曾中断,21 世纪的中国小学生几乎可以毫无障碍地诵读公元 8 世纪的唐诗,这在全世界都是奇迹。可我们好像浑然不觉,似乎祖先什么都没给我们留下,都以追求西方文化为时髦。

我们要清楚地认识文化建设的现状和存在的问题,在市场经济的大潮中,利用现代技术手段,靠观念的转变与开放,促成体制与机制的改革。光坐而论道是不行的,我们要行动起来,为中国文化建设献计献策,为中国文化发展做出我们独特的贡献。

渊源深厚 坚守创新 齐心协力 贡献世界[※]

今天上午三位发言人和三位讨论人已经对这次活动做出了评价。苏进强先生说，在他近年参加的两岸交流活动中，这次印象最深。我想有这句话就足够了。我们每个人的视角不一样，文化背景不一样，所获得的也并不一样，却都丰收而归。

中华文化有深厚的渊源。它至少绵延了上万年，有文字记载的也有三千多年，但是怎样才叫深厚？"久"并不等于"厚"。我想它的深厚体现在四个方面：深入人类心灵，来自社会生活，关怀天地万物，努力超越现实。例如，韩秉芳先生强调，宗教信仰来自原始人对未知世界、包括对时空的一种想象和敬畏——这是来自心灵的，但是中华文化的来自心灵，并不寄托于超越、绝对、先验的存在，而是来自身心的体验。可以说我们的文化是从经验中来，从关系中来，关系就构成社会。无论是儒家、道家，以及吸收了印度文化营养的中国化佛教，还是中国的民间信仰，一个重大的特征就用从生活体验中得出的规律来处理种种

[※] 2013年11月7日在"中华文化发展方略——两岸四地文化沙龙"上的结题演说。标题为编者所加。

关系。

有西方学者说中国是早熟的文明，这正如陈若曦女士所说，其实是华夏祖先有先见之明。早熟是"欧洲中心论"的产物，抛开"中心论"来看，中华文化的发展是正常的，他们欧洲是晚婚晚育，所以才晚熟。例如"天人合一"的理念，就源自中华先民在耕作中的体验，以及日落而息之后对着星空的静思。这种先见，被近代西方科学，如天文学、生物学、物理学、力学等逐渐一一揭示，说明它更符合现代科学技术的发现。许多西方学者如牟复礼等都说到这个问题。当然我们的文化有自身独特的成长过程，其间儒、释、道及诸子百家起了很大的作用；而民间的信仰从古就有，一直延续到今天，但始终没起到主干、引领的作用，只是一种土壤和营养。

中华文化的"深厚"也体现在价值上。直到现在，西方哲学还在强调每个人就是一个自主的个体——这是由个人中心论派生出来的。中国的文化则认为，人从来不是一个完全自主的主体，而是处在社会关系网络里，也就是马克思所说的"人是社会关系的总和"这句话非常符合中华文化。儒家提倡的仁、义、礼、智、信，佛家讲的空、有、因缘，都是围绕关系来表述的。怎样处理这些关系，以使得人类平安、幸福地生活？这是中华文化想要解决的问题。

中华文化走了和西方完全不同的道路。它的价值当中有和合的哲学，有一统的观念。这种一统不仅仅指国土和民族的一统，也指宇宙一统、天人一统，身心一统。例如儒家的"一以贯之"，道家的"抱一以为天下式"，佛家的"万法归一"。儒、释、道之所以能够相生，跟它们的基本理念彼此接近有关。

中华文化的特点之一是反求诸己，即自身人格与道德的不断提升。"吾日三省吾身"，就是一个具体的运用。这与佛家的"见性即佛""即性即佛"，道家的"不自见，故明；不自是，故彰"道理大体相近。想要"不自是"，就要反躬、反思、反省，而不假外求。

中华文化也很讲究辩证，这不仅仅体现在《周易》《中庸》里，也体现在佛家的"中观"，道家的"多言数穷，不如守中"等方面。中华文化讲"变动不居，无始无终"，因此儒家对于探讨世界"第一因"缺乏兴趣，佛家也明言"无始无终"，道家则归之于"道"，并说"道可道，非常道"，"强名之则曰大"。

还有更为重要的一点是，中华文化自有文物可考以来，都是"以人为本"。西方的人文主义在文艺复兴时才提出来，用来挑战"以神为本"，而中国起码进入周代以后就结束了"以神为本"。因此，方东美先生说周代出现了一场文化革命。"以人为本"最重要的不是政治上的"民为重，君为轻，社稷次之"，而是对生命的尊重——人应赞天地之化育。把上述这些方面联系起来看，那么几千年间形成的中华文化，既有丰富的实践体验，又有精英、王者做出理论总结。反观西方哲学，且不说康德，即便是后来的黑格尔哲学也仍然带着神的影子。现当代很多西方哲学家在苦苦思索之后，思想越来越接近中华文化的理念。今天中国人谈哲学没有神的影子，都是靠对客观和主观的剖析。

中华文化是什么力量都割不断的，只不过有一个兴与衰的问题，兴而渐衰，衰而复兴。我们应该探讨中华文化在当代的价值。只有当中华民族取得共识，认为它的确是我们的宝贝、对我们今天和明天还有用，才能谈到它的传承和发展。大家在发言中几乎都谈到祖宗留下的文化的当代价值，但我们还要研究怎样呈现这种价值。我想到这么几个问题。

一 坚守自己文化的根

文化是民族之根，文化自身同样有根。根是什么？就是我们的伦理、哲学。文化的核心是哲学，也就是处理各种关系的原则和原理。一个人从出生的那一刻起，就有了多重身份，就有了身和心的关系，和他人的关系，自己所在的群体和别的群体的关系，个人和群体的关系，人和大自然的关系，现实和未来的关系。在这方面我们有一套完整的体系，这个体系决定一切。任何时代从事哲学研究或进行哲学思考的总是极少数人。人们时刻感受到、了解到、须臾不可离的，则是伦理道德。伦理道德就是处理种种关系的现实准则。至于文化表层中的事物，从衣食住行、风俗礼仪、婚丧嫁娶，到法律制度，不过是一种民俗符号、标记，或是为了当下而制定的规矩。了解了中华文化的根，对于西式的餐饮、衣着、技术等表层的东西就不必拒绝，更无须深恶痛绝，但文化之根要坚守。张晓风女士在沙龙上谈到的文字、语言是民族认同的第一步，还不是心灵的认同，心灵的认同需要在根上认同，是对信仰、礼仪、风俗等的认同。

要坚守文化之根，就要反思。我们的文化命运多舛，眼前就有两个问题需要深思研究。

（一）反思五四运动以来胡适、鲁迅两位先生对于近代文化研究的清理和评价

胡适先生的《中国哲学》只写了上卷，下卷胡先生说自己写不出来。他写不出来也是贡献。《中国哲

学》是胡适先生跟随杜威学习实证哲学之后研究中国文化的成果，但最终难以终结。他按照西方标准，认为印度的《奥义书》和婆罗门教最糟糕，这种观点现在已被证明不是事实。胡先生为中华文化的保存、弘扬与研究做出了巨大贡献，我们不能以偏概全，应该给予他公正的评价。可惜海峡两岸近年来对胡适先生的研究，包括大陆对鲁迅先生的研究都冷落了。他们那一代人出于对祖国命运的极度关怀作了很多工作，其功是经验，其过是教训，都可以作为我们前进时的镜鉴。

（二）反思明朝中叶到清初中国思想界的脉络

从明中叶到清初，很多思想家已经要突破中华文化的自我禁锢，想到了社会未来的进步，结合着明中叶手工业、商业的高度发达，出现了资本主义萌芽（工业化的萌芽），那时的中国除了没有蒸汽机，即没有实现动力技术的突破，后代工业革命需要的其他要素都基本具备，只剩下动力问题。英国率先发明了蒸汽机，一台蒸汽机可以代替几十甚至上百人，生产力获得了极大提升，生产力的发展必然要求突破旧有的生产关系，于是资本主义应运而生。而我们当时仍然靠水力、风力、人力、畜力。哈佛大学列文森教授曾经提出，如果不是西方送来工业化，中国永远不会发展到"现代"。他说的是否是事实？这个问题关系到对中华文化活力的评判和在继承弘扬时的取舍。历史是不能假设的。那种认为中国不会自己走进现代化的说法，其立足点违背了学术常识。可是我们现在还没有资格回答这个问题，因为从明中叶到清初这一阶段的思想被世人所忽略，或者说缺乏足够重视。

此外，欧洲文艺复兴的人文主义很重要的一个来源就是中华文化。从明朝到清初，西方传教士把中国的情况传回欧洲，也把《四书》《周易》《老子》《庄子》等经典翻译成拉丁文，所以笛卡尔、莱布尼茨等人在自己的著作中都提到了东方的智慧。这个智慧最重要的就是"以人为本"。为什么同一种"因"在两个地方结出了不同的"果"？这也尤其值得反思。

上述两个问题涉及到中华文化发展途径中的两个节点，节点弄清楚了才能知道下一步应该如何创新，应该丢掉哪些、保存哪些、传承哪些。

二　在创新中坚守中华文化

只有创新才能坚守，原封原样是坚守不了的。周杰伦的一首《青花瓷》刺激了大陆青花瓷生意，但我们吃饭喝水能都用青花瓷吗？火爆只是一阵风。人的认识、兴趣、取向是不断变化的，生产工具、材料也是不断变化的，所以必须创新。

我认为创新主要表现在以下几个方面。

（一）对古老智慧的阐释。阐释才可以让更多的人接近祖先，引发创新。现在我们需要重建当代的伦理。从根本上看，当代的伦理恐怕跳不出古代贤哲教诲范围，但要有新的阐释。而且不仅仅儒家要阐释，佛家、道家等诸子百家都需要。例如佛教中最深层的领悟是不可言说的，其实其他学说大抵也是如此，比如儒家的"仁"，道家的"道"，这都需要用现代语言阐释。总体来说，历史上每一次对古老经典的阐释都是在努力发展和创造。

（二）在表现形式上创新。这也就是现在常说的文化创意。

（三）吸收异质文化的营养，与异质文化相容相补。它不同于张之洞当年提出的"中学为体、西学为用"，而是在着眼点和对中外文化的认识上比张之洞更高。

西学的发生、发展有自身的背景，它以科学理性为基础，以数学为主要工具，把人类对客观世界、物质世界的认识提高了一大步，这是牛顿一代人打下的基础。对科学的相对忽视是我们的不足。比如，单单是阿拉伯数字，就对人类的科技发展的推动很大。如果华夏祖先发明了便于书写和计算的符号，那么中国的自然科学、社会科学会要比现在发达得多。这些事物有用有利，但也存在局限性，因为无法解决精神界的问题。比如青年男女谈恋爱，能把爱数量化吗？佛教的顿悟，到多少才算顿悟，百分比是多少？民间信仰能量化吗？西方文化有很多宝贝，例如分析法，我们要学；在社会、政治层面的法制，我们也要学，但不能照搬照抄。中国一向以德治国，"为政以德"可谓明训，但只靠德难以行得通，除了自律还需要他律，于是还要有法。西方则谈法不谈德。一个民族、国家、地区如果只靠德治理，会天下大乱，因为人的理性自觉需要通过教化才能形成，物的诱惑通常比德育更有力量，自律之外还必须用外力来他律。反过来说，若只靠法律不谈德，到了一定时间，这个民族、国家、地区就要解体。因为自律中还包含着亲情，亲情的凝聚力远大于法律。现在世界上有的国家靠两样东西把国民箍起来：一是机会，不断吸纳各国的资金和人才，来造成其繁荣；二是树敌打仗，一打仗国内就稳定了。这样的国家实质上已经散了。加州大学伯克利分校一位研究东方文化的教授曾对我讲，个人主义是美国的建国之本，但现在是我们的癌症。每个人都是一个中心，国家和社会岂能不散？所以说不能拒绝任何外来好的东西，但要以我为主，这不是主观的规定，而是客观的必然。

（四）应该把中华民族当代的价值观介绍给世界。因为它不仅仅属于中国，而是世界文明的一个组成部分，理应奉献给人类。我想特别提出两点。

1. 文化走出去的主力应该是民间力量。

2. 物质文化遗产固然重要，非物质文化遗产的震撼力、持久力和感召力都远远大于物质文化。

处在危机之中的世界需要东方智慧，我们自己也需要走出去。这是二者的契合而绝不是价值观的输出。继承和弘扬传统文化需要多视角、多方法、多渠道地了解和吸取他者的看法。虽然西方也有不少汉学家到中国交流，但这还不够。我们的文化应该到他们的环境中接受检验。任何通过单一视角看东西都好比是照镜子，只能看到一面，是二维的。去年此时在纽约联合国总部举办了"纽约尼山论坛"。其中一场论坛是我和大华府大主教对话，探讨儒家和基督教对话的可能性，谈得很好。走下台前，我请主持人看看我背后有没有白头发和头屑，主持人看了后说没有。这时我对大主教和全场听众说："这证明，无论人多么聪明，都看不到自己的背后。"全场给了我热烈的掌声。我们应该转过身去让别人看看背后，这会大大有益于我们的创造。

中华文化走出去也有自己的优势。海外的华人虽然有些已经本土化，但心里还有中华，还有"唐山"，他们就是中华文化与异质文化兼容相生的先行先试者。另外还有港、澳、台，是吸收异质文化的平台和试验场，是介绍异质文化到大陆来的桥梁。

三 关于文化发展方略

我们现在有经济战略、城市规划战略、教育战略、医药卫生战略，等等，就是没有文化战略。对文化战略总应有个整体的思考，并且最好由民间提出来。民间的文化团体很多，大家都应该思考这个问题，发表意见，见诸报端，促使文化界和社会都来研究、议论。走一步算一步是不行的。美国没有文化部，但是民间力量除了在国家的核心区东北部——休斯敦、纽约、华盛顿等精英文化区之外，还在南部和西部文化沙漠上培养出了很大的文化群，主要是族群文化、流行文化、大众文化。说明美国是有战略的，其战略体现在基金会的投资趋向上。当然基金会背后有只强有力的手。因此它的文化走到哪里都畅通无阻，这点我们要善于学习。对外文化交流最好政府不出面，出面能量可能是负的，只是自我感觉良好。

这里我想谈谈我对文化发展方略的期望。

（一）期望通过文化的发展与创新，确立中华民族的信仰。信仰是多元的，包括学说的信仰。儒家不是宗教，马克思主义不是宗教，三民主义不是宗教，却可以成为无数人的信仰。赵启正先生说中国人的信仰是政治信仰。我想具有政治信仰的人，古今中外都是极少数。大概赵先生说的也是学说信仰。宗教信仰，除了佛、道、伊、犹、耶、印等著名宗教外，民间信仰也不可轻视。民间信仰能促进社会稳定，还能给人以精神启示。它没有高深的理论，但存在着一种莫名的敬畏。人需要有敬畏。人在大自然面前是依赖者，也是弱者，在社会面前也是依赖者和弱者。人应该以一种谦卑之心对待客观，对待传统。民间信仰还保存着古初朴素的人性，而且一说就懂，最适合草根。民间信仰会因时因地发生变化，烟台的妈祖庙和澳门的就不一样，在南京的也不叫做妈祖庙。各地妈祖庙建筑不同，仪轨不同，彰显了地区的个性。这与成型的宗教很不同。各大宗教、儒家学说等是不是可以从中学到些东西，做到深入而浅出？

（二）期望经过若干年努力，我们能对中华民族应该遵守的伦理有个大体的共识。

（三）期望激活社会的活力。

为什么提出这三条期望？通俗地说，文化显现在街道上、在家庭中、在人独处时；如果一种学说只停留在书斋里、论坛上、书本上，它已经死亡了；如果一个艺术品种只停留在舞台上、屏幕上而在民间不见踪影时，它已经死亡了；一种物质文化、非物质文化只放在博物馆中而从民间消失时，它已经死亡了。我们的文化必须到民间去，民间的文化也应该升上来。社会文化精英对此负有格外沉重的责任，因为一个民族的文化复兴和自觉，最终集中体现在社会精英层面。文化在生活中最明显地体现是道德，而现在世界与中国都缺失的正是传承了几千年的道德。社会精英应该是民族道德的表率。

四 实施文化发展方略的途径

这些年学者在造势方面贡献不小，我认为应该及时让文化、道德和相关学说传到民间去。通过什么途径呢？

（一）教育。教育对人的育化最系统、最全面，感性与理性结合得最好。通过教育，让人们的价值获得正知，伦理实现正行，艺术获得正见。人人都有自己追求的价值，都有对自己存在价值的定位，但其中有正有邪；一个完善的人必须有艺术修养。比如，如果没有道家对于无限空间的想象和追求，就没有后来的很多艺术品种和那么优美的诗歌，就没有李白。任何的文化，必须超越现象界才是高级的，艺术是这方面最好的熏陶。

（二）社区，包括农村的乡镇、城市居民区、企业、军营，只要是人以某种共点形成的群体，都叫社区。现代社会的社区实际上是古代宗法家族居住地的替代物，要比古代复杂得多。社区是一个微型世界，是一个人扩展视野、张扬个性、自由处理人际关系的场所。而贯穿其中的应该是文化，是没有多少遮掩的伦理。

（三）宗教。大陆的宗教在创造、传播文化、促进人际和谐的作用方面发挥得远远不够充分。在这方面要解放思想，当然也需要改善和加强管理。从古至今各国都有宗教管理部门，如果善于管理那么宗教能促进社会和谐；不善于管理则宗教不是尾大不掉，就是体质衰弱。教育、社区、宗教，既是我们保存、弘扬、创新文化的平台，又是抓手。

（四）期望能够凝聚社会学和文化学的力量。学术研究还要加强，今天我们对中华文化的研究还远远不够。例如应该怎样理解马克思说的"宗教是人民的鸦片"？马克思心目中的鸦片，和我们现在的理解一样吗？是不是说全世界从古至今的宗教始终是毒品？这要探究。今天我们谈文化自觉，可是只有把文化本身认识清楚了才是真正的自觉,才能唤醒仍然潜在于广大民众感情深处的中华文化的心声和基因。

(五)文化创意。单提文化创意产业仍然是只着眼于经济,而不是着眼于文化。着眼于文化要考虑到创意所体现的文化根基,要考虑物化的东西怎样才能内化为信仰和伦理。我设想,将来能不能联合一些文化团体组织"文化义工队",请教授们、研究生们做义工,深入学校,深入社区,深入家庭?

这许许多多方面必须两岸四地齐努力,深化交流,探讨方略。研讨会、沙龙、论坛等的参与者只是少数人,应该在泛化过程中交流,到处谈文化,人人关注文化。

对于今天举办的这种文化沙龙,我想用八个字、四个词表达我的期望:常设、多样、务实、渐进。不必急于取得广泛共识。文化本身就是漫长的过程,要渐渐地、和风细雨地交流,分歧会增多,但共识更是会越来越多。

作为社会良心和知识精英,我们在挽狂澜于既倒。实际上中华文化早已"面临"灭顶之灾,但是近些年大陆从中央到地方,到家庭,人们都看在眼中,急在心里,于是传统文化自发地热络起来,中华传统文化因此没有"遭到"灭顶之灾,但狂澜已经卷起。在这种情况下,我们既需要坐而论道,更需要奋起行之。儒家说过:"仁以为己任,不亦重乎?死而后已,不亦远乎?"我们都是仁以为己任,任重道远。我想借用地藏菩萨的话说:"地狱不空,誓不成佛。"要用这种精神来做中华文化的工作。唐代崔颢在诗中说过:"报国行赴难,古来皆共然。"春秋时期之所以儒学兴起,战国时期之所以名、墨、农、兵、法诸家纷纷涌出,魏晋南北朝之所以又创造了一代文化，宋代之所以造就了中国哲学的顶峰，"五四运动"之所以兴起，都是因为当时民族遭遇了文化灾难。从这点说，21世纪的我们和古代贤哲是同命人。让我们大家共同努力，携手并进！

（根据录音整理）

汉学的"三个面向"与人类新秩序[※]

近年来在中国国内,汉学已经取得了飞快的进步,研究人员的规模、研究经费增长的幅度、研究课题的广泛、研究成果的深度,都不是20世纪七八十年代所能比拟的。这是人所共见的事实。这是中国文化苏醒、努力在学理上把古老的传统与当前现实结合起来进行探索的继续。与此同时,在世界范围内,一股反思我们的时代、回顾人类祖先曾经的思想路径的潮流一直波澜不惊地延续着。这不是一个或几个国家学术界的事情,在我看来,这是人类一次新觉醒的开始。我在这里所说的"新觉醒",是相对于雅斯贝斯所提出的轴心时代而言的。轴心时代的出现,是人类一次极其重要的觉醒——从那时起,人类就像在茫茫黑夜中看到了曙光,有了心灵的方向,在此后长途跋涉中,虽然困苦艰难,时时出现昏聩、邪恶、暴虐和兽性,前进中又有倒退,崛起后却现沉沦,但是良知、理性和正义一直在起着历史平衡器的作用,并引导着人类不断探索前进的方向和道路。我们不难设想,如果没有轴心时代东方诸多文化思想巨人和2000多年来时断时续

※ 2012年11月3日在第三届世界汉学大会上的演讲。

出现的忠实继承者，历史会是怎样的，今天的世界会是什么样子。

现在，人类正在经历一场空前的危机，这是无须论证的事实，直接和间接地揭示危机种种表现并探究其原因的论著层出不穷。但是社会已经开始厌烦对世界动荡、环境恶化、资源枯竭的种种叙说和抱怨，因为从这些正确的、反反复复的牢骚中看不到世界解救之路，人们急切地期盼的，是清晰的未来前景。

对摆脱危机、走向"幸福"之路进行的探索是有的。不管是被动的还是主动的，也不管是真诚的还是虚晃一枪的，人们天天有所见闻。例如，加强金融监管、遏制碳排放（包括用金钱购买污染环境的权利）、贸易保护、增印钞票、贩卖特定型号的"民主"与"自由"，等等，不一而足。但是在我看来，这些举措充其量都是在"自由市场"的框架内所耍的魔术，表演时煞是好看，结束后人们会发现原来什么都没有，什么都没有变，不但解决不了人类出路问题，即使对于一些燃眉之急也几乎无济于事。

原因在哪里？

风行全球的工具理性、技术至上、金钱崇拜，通过教育体系、文化产品、宗教宣传，已经占据五大洲的每个角落；人们思考经济、政治、社会、家庭的一切问题，不由自主地都把金钱、技术放在第一位，甚至放在核心位置，忘记了或不懂得应该把自然和"人"作为思考的出发点和归宿。

当下，大自然的与社会的种种矛盾与危机，归根结底，是人的主观造成的。人，其实从来不是完全自主的主体，因为"我"或"他"都是极其庞杂的种种关系的结点，我们的任何行为、思考都在受着客观的促动和制约；即使我们在做所谓"自主"的思维，其实也是由客观的刺激或挑战所触发并引导的。这个道理，用佛家的话讲，就是"缘起性空"。在中国儒家和佛、道两家看来，人类必须妥善地调节好人与人、人与自然以及人自身的身与心、今天与明天的关系，才能过上正常的生活，才是一个正常的"人"。其实，这是个再简单不过的道理。可是，由于近三个世纪以来，特别是从 20 世纪中叶以来技术的高速发展，人的"手脚"无限加长，"眼耳"愈益敏锐，这就强化了人类对自己应对客观（包括自然与社会）能力的过高估计。人类，自以为是宇宙的中心，无论是在自然面前还是在他人面前，变得越来越狂妄，越来越霸道；其实也越来越成为自己所创造的种种物质的和精神的、实在的和虚拟的对象的奴隶。世界已经变成这个样子，距离轴心时代各位圣哲的教诲和期望越来越远，离自我毁灭却越来越近。现在人类到了放下身段，认识到自己的微不足道，谦恭地寻求安宁和善地生存下去并共同发展，以便使我们的子孙获得真正幸福之道的时候了。

在应该如何对待自然与他人的问题上，中国的文化传统是可以提供另一类视角和观念的。正如各国许多专家多年来反复指出的那样，孔子以"仁"为核心的伦理观，道家以"道"为核心的宇宙观，佛教的"缘起性空"的本体观，实际上在从不同的角度告诫人们，应该以敬畏和感恩的心态，以符合自然和社会存在与发展规律的思路、方法对待我们生活的地球——人类唯一的家园——以及我们不期而遇的所有伙伴。"己所不欲，勿施于人""己欲立而立人，己欲达而达人""和而不同""四海之内皆兄弟也"，以及"天道无亲，常与善人""兵者不祥之器，非君子之器，不得已而用之"，这些人们耳熟能详的中国古圣哲教诲，对于当今和未来的世界都是十分有益的。

在世界各个民族的历史记忆里，在各种文明所存有的文献中，在各种宗教和信仰中，都有和中国类似的理念，这是人类经过几百万年积累的智慧。无论是希伯来系列的宗教，还是从吠陀、奥义到婆罗门教的印度文明，所寻求的也都是"至善""全能"之力量源泉。因此，不同文明一起回忆、重温各自的信仰和文化在起始时期和定型阶段的精髓，人类就会豁然发现，彼此隔绝或争斗了若干世纪的各个民族群体，原来有着相近的伦理和价值追求，都可以在当今时代为人类未来的共同伦理秩序提供营养。

但是，毋庸讳言的是，世界各国的传统文化都已经被"现代化""金钱化"严重摧残，即使认为自己独具普世价值，不遗余力向全世界输出的文化自身也不例外。这就是说，在现在的世界，所有文明都有一个回归源头、重新品味古初哲人圣贤智慧的任务。这也就是当代哲学特别关注经典诠释学的重要原因。

对于中国而言，也可以说就是对当今的汉学，尤其是对中国国内进行研究的汉学而言，我认为，需要郑重地、反复地提出"三个面向"：面向当下，面向世界，面向未来。

请允许我对这三个"面向"略作解释。

中国的学术传统注重实用、关注现世，其品格之一在于面对当下，知行合一，而儒家学者则大多以自己的高尚人格充任儒学生命力的表征、社会的楷模。虽然汉学遗产还有许多有待学界花费巨大精力探究和阐释的问题，也就是需要"纯学术"的不断繁荣，但是，我们不能不更深切地对于中国文化传统，包括学术传统和蕴含在人民生活中的传统已经被"现代化"冲击得肢体不全而忧心忡忡。今日之中国百姓急需汉学精华，急需学界的关怀，既需要学界针对现实问题，基于中国文化传统，同时吸取其他文化营养，提出解决的方案和方法，也需要学界通过各种媒介，进入社区，进入中小学，向人们，特别是向青少年贡献自己的知识和见解。从学术发展的角度看，立足今日之实际，以今日之视野，审视、解读、讲解传统，其中可能就包含着学术创新。诚如鲁迅先生所说，为了现在，可以永恒。汉、晋、唐、宋诸大儒对经典的反复注释无不是对当世挑战和刺激的回应，他们传道授业解惑，也无不是为了当时的社会，因而这些注释、著作和语录，问世不久就成了经典。这也正是中国汉学关注当下这一传统得以延续、成为一种品格的重要原因。

汉学属于中国，也属于世界，是人类智慧结晶的重要组成部分，因而汉学面向世界是当然之义。

世界需要汉学，是因为中国几千年的"超稳定"（汤恩比语）和文化一统，可以为人类提供丰富的生活、社会、文化和政治的经验；特别是其中起保障作用的文化诸元素，足可供人类构建未来伦理的参考。

汉学需要世界，是因为如果缺少了具有异质文化背景的视角作为参照和提醒，缺少了对异质文化中于己有用内容的吸收，只在固有文化圈子里解读、反思，就难以为中国和世界贡献新的创新和智慧，难以登上下一个高峰。在这点上中国人是有经验的。我们都知道，如果没有佛教的传入和兴盛，中国学者恐怕很难尽早发现儒学需要加强形上思维和对中国伦理道德内化过程的深入探讨与细致设计，从而也就不会出现程朱理学，把中国的哲学系统化并提升到世界水平。

为此，中国学界需要进一步加大与世界汉学界的交流，走出去，请进来。走出去，最好有相当数量的学者，特别是年轻学者，能够在外面住下去；同样地，请进来，最好能够有一批多国学者在中国住下来。中国的和外国的学者，都需要在对方的生活和文化氛围里获得直接体验，把握对方思维特点及其形成的传统与现实因素。孔子学院所提出的"新汉学计划"（这一名称合适与否并不重要）和中国不少高校的协同创新，为扩大并深化这一领域的中外交流与合作提供了很好的资源和平台。

我所说的"扩大并深化"交流，指的是双方除了就某些问题进行研讨，就像我们历届世界汉学大会这样，还需要逐步展开中外合作培养汉学人才、合作开展重要问题研究、合作举办研究和教学机构。

汉学面向世界，似乎还有一个领域可以纳入思考范围，这就是在中国学者走进中国的社区、贴近百姓的同时，也可以向各国民众介绍中华文化。至今，在各国大多数人眼里，中华文化还带着浓重的神秘性。这是由于不了解，也因为对于远距离的生疏事物一时难以看清。为了国家与国家间、民族与民族间和文明与文明间的和睦相处、相互理解、相互学习，汉学走向异国的民众是客观的需要。分布在世界各地的孔子学院，恰好又可以为我们提供许多方便。

汉学"面向未来"和"面向世界"是紧密连在一起的。未来的地球应该是不同文明和平共处，通力寻找到共同价值，又各自保持个性、各自发展的世界。没有世界的眼光和视角，就没有未来；不面向未来，也就不可能面向世界。

中国学术传统重师承。虽然师承经常受到诟病，即所谓导致所谓近亲繁殖、宗派对立以及故步自封等消极的一面；但不可否认，文化的传承只靠文献的保存是不够的，人才的延续是传承最重要方面，其中应该包括了师承在内。汉学，以中国早已习惯了的西方学科分类法衡量，现在被肢解到哲学、史学、文学、语言文字学、民族学、民间文学等学科里，这不但不利于汉学的研究和发展，而且也妨碍了师承积极一面的发挥。

人才匮乏正在制约着汉学的发展，面向未来，中国汉学界如何培养越来越多、越来越优秀的人才——包括中外两方面人才——以及随之而来的培养人才的体制和机制如何改革，应该尽快提到议事日程上。当然，这就涉及处理传统与外来、规范与灵活、行内与行外关系的观念和方法。这些，是汉学要面向未来应该予以高度重视的第一位问题。

"通古今之变，究天人之际"，几乎是中国历代学人共同的终生奋斗目标。我认为，汉学面向未来，也应奉这两句话为圭臬。为此，我们既要重"别"，更要重"通"。马一浮先生所说的"专家"与"通家"都是未来所必需的。相应地，在研究领域，微观与宏观、考据与史论，都不可或缺。

要言之，汉学要面向未来，就要设想未来的世界和中国会是个什么样子，从而思考从现在起，我们为了那一天，该做些什么。请允许我回到我在开头所说的"反思""觉醒"和人类伦理的话题上来。汉学面向未来，积极参与世界范围内不同信仰间的对话，寻找共点和异点，自不在话下。人类的不同信仰是不同文明的脊梁和灵魂，几个主要文明影响了几千年来世界的格局和走势。面向世界的未来，就不能不想到不同信仰的未来。儒家缺乏对人格神的崇拜，也没有严格的戒律，唯以"德"的自我约束和没有止境的自觉追求为动力。在文化多元、生活多元、价值多元的今天和未来，儒家的自修、自励、自律能够对构建和谐世界起到什么样的和多大的作用？联想到希伯来系列几大宗教，都以神创造一切、神启、救赎、转世（或到达彼岸）等为基本教义。在人类对地球和宇宙了解越来越细致的当代，以及工业化、信息化急速发展的背景下，又该如何理解神的存在？当神演化为人类所不能彻底了解和把握的一种"力"或其他什么神秘莫测源泉的时候，人们对信仰的虔诚还能达到100年或者200年前的程度吗？换言之，从轴心时代起带领着人类走到现在的种种文明和信仰，现在面临着共同的挑战和压力。或许唯一出路就是各种文明在各自反省的基础上携手为构建人类的共同伦理而努力。人类伦理，在一定意义上也可以称之为世界新秩序，虽然伦理与秩序二者并不等同。

综合观之，汉学要面向当下、面向世界、面向未来，在很多方面还没有做好准备，或许其他文明也同样没有做好充分准备。相对而言，汉学的世界眼光与人才培养是突出的弱点；而其他文明，对神的信仰的调整，或者用现在流行的话语说就是"转身"，会比汉学重新阐释传统思想概念范畴更为困难，因为基于几千年对神的信仰而形成的思维方法、哲学理念已经深深扎根于社会和家庭生活的方方面面，而在中国人的心里，儒释道的传统观念还存活着。"习惯是最可怕的力量"。目标同一，困难相等，启动同时。只要不同文明的研究者对需要构建人类新伦理、新秩序取得共识，人类的明天必然是光明的。

不同文明间的关系不外三种：隔绝，冲突，交融。隔绝是在交通、信息极其落后的时代的必然景象，现在"隔绝"的时空基础已经不复存在；冲突，其惨痛遗毒后果已经告诫人类万万不可再走这条路；对话、互学、交融是唯一选项。汉学任重而道远矣！

补汉学之不足，承担起挽救当下，走向世界，探索未来的历史职责，有赖于全球汉学家的齐心合力。从这点上说，世界汉学大会是极有意义的平台，我真诚地祝福这个平台持续办下去，而且越办水平越高，影响越来越大！

2012 年 11 月 1 日于杭州旅次

中华文化与跨文化交际漫说[※]

当今的中国，遇到的一个最大的问题就是我们的社会主义先进文化如何建设的问题。这个问题，党中央、国务院早已经明确提出过，但是至今还没有破题，作为一个有13亿人口的伟大民族，自己有着三千多年有文字记载的历史，按出土文物则是几万年的文明，但是在面临着社会转型的时候，居然不知道自己的文明应该怎样建设。这既是悲剧，也是巨大的挑战。

可以说，中国、中华民族目前遇到了"鬼门关"，这个"关"不闯过去，中华民族没有希望。卖领带、卖袜子不能让中国成为一个伟大的国家，因为领带、袜子在世界各地都可以生产，唯独自己民族的文化只能自己生产，别国不能代替，何况经济是漂浮的，时起时落的，只有文明最长寿。

在建设社会主义先进文化的时候，我们可以分解为两大难题：

第一大难题，按照文化发展的规律，任何时代的文化都是在历史的基础上生发的，用我们的话说就是"优秀传统文化如何与时代精神结合"，"与时俱进"。

[※] 2011年7月25日在"中华文化与传播课程研修班"上的讲话。

它没有现成的药方，需要全国文化人和老百姓一起探索实现，只有当我们可以清晰地说明我们这个时代的文化具体形态大约是怎样的，它的实质和根本理念是怎样的，并且它们不是仅仅停留在图书馆、书斋和学术刊物上，而是渗透到几亿家庭和所有社区的日常生活当中，乃至大家在街上相见，无论相识不相识，在彼此的交际中都体现这种文明的时候，这才叫中华文明的复兴。解决这个问题需要多长时间？至少百年。那么第一个难题就是如何建设现时代的中华文化，并且使之生活化。第二个难题，当今世界，统治着65亿人的主流文化是发源于希伯来和古希腊的、以现在的美国文化为代表的希伯来—希腊—罗马—盎格鲁·撒克逊文化（也就是大西洋两岸的文化，因此有学者称为"大西洋文化"），这种文化已经渗透到全世界每个人的汗毛孔里，包括我们学校从小学到中学的设置、课程内容的设置，乃至上了大学之后的分系，乃至每个人学的专业，无不受其影响。比如学历史的学生，把历史看成是线性的发展，这早已被国际历史学界所推翻，但我们仍然在讲线性发展。又比如文史哲的分家壁垒森严，造成了我们每个人知识的片面，以致不能把中国的文史哲提高到世界的高度。

当今世界的经济是什么样子的呢？广告商业、明星商业、时尚商业和虚荣商业，这四个名词加在一起就是"今天的经济"，它们成为引领经济发展的最重要的"火车头"，我们的孩子们、弟妹们已经被这个"火车头"所引发的所谓"时尚""虚荣"驱赶着来进行消费。如果带着这个眼光，带着西方解构主义、女权主义、后现代主义所给予我们的遗产，来看待今天社会的话，你会把自己平时心里安宁的状态一下子变成了焦虑不安，觉得周边触目惊心。

在这样的情况下，西方的一些学者，包括将在研修班上给大家做学术报告的几位世界级顶尖的学者，像安乐哲、罗思文，还有当代"新儒学"——这个引号是我加的——的代表杜维明先生，以及研究道家的陈鼓应先生，等等，这批学者都把眼光转向了东方，他们在浮躁、荒唐、分裂、残酷的当代世界里，看到了中华文明中很多宝贵的东西，足以供全世界参考。

早在四十年前，英国的大历史学家汤恩比就提出，如果中国人向全世界献上一份礼物——中华传统文化，把它再和西方外向的、激烈的、争夺式的、爆发式的文明相结合，就有可能在21世纪形成人类的新文明，只有这样才能挽救人类。安乐哲、罗思文、杜维明等等无不做如是观。

这就是我们遇到的第二个难题：在解决第一个难题之后，如何让我们这些宝贝走出国门？

目前中华文化"走出去"有重重的困难，困难之大可能是在座的各位难以想象的。简言之，既有三四百年来西方学者对中国文明的错误解读，也有当今世界西方学者对中国的偏见与无知，以及在传播手段上强势经济掌控着全世界的传媒，等等。再反观自身，我们不但自己还没认清自己的文明，而且还缺乏人才，包括缺乏传播中华文化的推手。

从事汉语国际教育的硕士生来源于文史哲、心理学、教育学、传媒学、计算机、环境保护等专业，其中学文学的不懂哲学，学哲学的没摸过文学，学史学的与哲学、文学决裂，至于学理工科的学生从高二起就把文科扔到一边了，因为文理分班教学了，考上大学以后又只学本专业的东西。知识的这种狭窄是西方文明造成的，它造成中国的学生对中国的东西知道得少之又少，使他们先天不足。那怎么办？这个问题需要全国来解决。作为孔子学院总部，作为向外输出志愿者和老师的部门，就要尽量使他们后天不要失调，因此，需要大家聚到一起进行研修，研究如何培训我们需要的人才。我在巡视欧美以及大洋洲的孔子学院时，孔子学院的院长、学校的校长乃至当地的教育部官员都操着不同语言异口同声地跟我说，"学习汉语不是我们的目的，这不过就是个工具，我们的目的要了解伟大神秘的中华文化"，有的人甚至说出，"你们的孔子学院无孔子，只有一个塑像"。这是批评，这是渴望，这是要求。把我上述可能并不十分准确的对世界和中国情况的分析作为背景，再来看看这个研修班，其意义自不待言。

我期望通过我们在研修班上的一系列研讨研修，再通过大家各自的研究，最后能够形成一股力量，使国民对于中华文化的认识提升一个层次。下面我分别来说其中的意思：

1. 打破学科界限。例如儒释道的界限，文史哲的界限，乃至文科与自然科学的界限。因为讲中华文明需要懂天文，懂地理，懂数学，如果读《墨子》的话还需要懂光学。

2. 提升至形上。要形成一支浩浩荡荡的队伍，这支队伍当中的多数人能够摆脱"器"的层面，跃至"道"的层面。一个民族的文明，如果不能上升为形而上学，早晚要灭绝。两河流域的文化、埃及法老的文化无不如此，它们的文字比我们发生得早，经济贸易比我们发达得早，城市建设比我们开始得早，但是现在都灭绝了。归根到底是因为它们只着眼于物，不着眼于心，只着眼于器，没有上升到道。而后来出现的希伯来宗教，包括犹太教和基督教，到了中世纪前期，则是如饥似渴地和希腊、罗马的哲学相结合，充分吸收了柏拉图、亚里士多德等人的学说，使之哲学化，从而延续至今。

3. 透视生活。我们不能坐在"象牙塔"的顶尖上不闻世事，不能在大学校园里自鸣得意，认为自己才掌握了中华文化。文化的主人是人民。同时，现实也给我们提出许许多多文明与文化的问题，我们要关注，要剖析，并从关注与剖析的过程中提高我们的水平。

4. 培养高端，或者说培养种子。既然我们的文明复兴需要百年，在座的只有个别年轻人能看到百年后，以我为起点往下数的年长之人不过是为百年后做垫脚石。所以希望在我们这些石头上走过的人中出现一批国际级的学者。

以上是我个人的期望，也是为什么我和我的朋友们以及我的学生们努力创建人文宗教高等研究院的原因。

下面步入正题，我要讲的内容有以下几个部分。

一、什么是文化，什么是中华文化。

二、如何把握、观察文化。

三、中华文化的底蕴。

四、以中西文化比较为例，谈不同文化的同与异。

五、中外文化交际的原则。

以上五条只有最后一条是关于跨文化交际的，因为我在前四个问题中都做了铺垫，最后只说最关键的意思就足够了。

一　什么是中华文化

"文化"极难下定义。我非常赞赏以下几个说法,它们虽不是定义却可以看作定义。文化就是"人化",是着眼于人与"兽"的区别。不要以为这是废话,大象的鼻子卷着画笔在画布上画,狗涂了油彩在纸上爬,形成所谓的"作品",最后还能卖出去,那不是文化,那是"兽化"。有些所谓行为艺术家在大庭广众下做爱,这不是"人化",是"兽化",因为和猫狗交配时不回避人一样。当今世界上兽化的东西很多很多。它把人经过几百万年的进化,好不容易从兽中摆脱出来后的境界,又给拉回到兽里去了。

文化体现在一个民族,一个群体或个人的生活方式中,因此并不神秘。如果带着文化的眼光去观察周围世界,那么反观自己一天的生活则无不是文化。当然,人有动物性,吃喝拉撒、睡觉,这些不是文化。

若说文化是"人类所创造的精神财富"。这也不是定义,而是指文化的范围,所以,我这个课不能给大家文化的定义,而且我反对给文化下定义。精确的定义本身是西方的二分法的思维结果,因为不是什么事物都可以给定义,有些东西是只可意会,很难言传的。扩而大之,不但文化不能下定义,就连"人"也不能下定义,不管是中国化的"人"还是英语的person,下定义干什么,你不说我还明白,说了我还糊涂了。再比如,仁爱的"仁"怎么下定义,说"仁者爱人",那不是下定义,"仁"的范围极广,只要深入到儒学就发现"仁"是很难说清楚的,但又能说清楚。所以,老子说:"道可道,非常道,名可名,非常名。""文化""人""仁",等等,都不过是些假名。

那你为什么还列一个标题?我说的文化就是"人化",也就是我们的"生活方式",也就是"人类所创造的精神财富"。烟灰缸不是文化,杯子不是文化,但是一看到这个杯子就知道是中国的,只有中国的杯子才是这种造型。这是文化。

什么是中华文化呢?我也不能下定义,但是可以划个范围,那就是56个民族所创造的精神财富是我们的中华文化。在这里要强调,我们今天谈文化,谈儒释道,千万不可忽略了我们中华文化的整体是56个民族共同贡献的结果。在我们生活中有很多可触可见的少数民族文化,例如大家吃的涮火锅,火锅本身是蒙古族的,等等。所以在讲中华文化的时候要树立一个观点,中华文化是56个民族共同创造的,即使是人数很少的少数民族也做了贡献,比如《乌苏里船歌》就是赫哲人的,"哈尔滨"也来源于赫哲语,意思是晒渔网的地方。但是一个文明总要有主干,中华文明的主干就是汉族文化,汉族占了全国人口的94%,是个强势的主干。

在汉文明中,儒家本不过是百家中之一家,但是自汉以后,它就成为汉文明的主干了,也正是因为汉代的长期强盛,所以我们的民族才叫汉族。如果汉代没有那么强大,而是到了唐代才强大,才形成一个伟大、统一的帝国,那么我们可能就是唐族。

从唐以后,儒释道并驾齐驱,于是儒家吸收了佛家、道家的东西,佛家吸收了儒家和道家的东西,道家也吸收的佛家和儒家的东西。儒家吸收了佛道两家,这才把儒学提高到了一个新的高峰,就是宋代的理学。宋代的理学加上宋明的陆王之学,就把中国的儒学提高到当时世界的最巅峰。佛教由于吸收了儒家和道家的东西，才形成了中国的佛教——禅宗，也就是佛教中国化，之后的禅宗得到了极大地普及，到宋代达到高峰。道家也由于吸收了儒和佛，才形成了自己的教义体系。儒释道鼎足而立，构成了中华文化的主流，但是这个主流还是以儒家为主体，即使强盛的唐朝曾经一度把佛教、道教前后定为国教，也没有动摇儒家的主体地位。其中的原因后面会谈到。

二 如何把握、观察文化

1. 按照人类的认识规律，似乎应该是观察放在前，把握放在后，我故意把它颠倒了。这里所谓的"把握"是指宏观地进行把握；"观察"的"察"是审视、细看的意思，所以"把握、观察"的意思是要"先宏后微"。人类的认识规律证明，人要想把握某种事物，首先要对它进行分类，其次要比较，这是人类认识事物的两个基本方法。在分类方面中西方有着不同的特点。西方一分了类就井水不犯河水，而我们的分类则是相对的，也就是我们认识到了类与类之间水乳交融的关系，认识到了每一类有每一类的特点，只不过这种特点在它的所有属性中占主导地位而已。

中华文化可以横向分类为民族文化、地域文化、雅俗文化、行业文化和形态文化。行业文化和地域文化本身就是交叉的，例如沪文化是以上海为代表的江浙一带的文化，而所谓行业文化就包括企业文化，企业是跨地的，这样就交叉了。

中华文化又可以纵向分为远古文化、殷商文化、先秦文化、两汉文化，等等。

把文化分了类就好观察了，我们常说中华文明源远流长，我改了一个字叫"源多流长"。实际上我们的文明既远又多，远到现在还难以界定它的时间，不知道到底有多长。至于"多"呢，从前都认为中华文化发源于黄河中上游，但是经过近几十年的考古工作，发现还有其他的源头，比如以三星堆和金沙遗址为代表的远古巴蜀文化就是一种独立的文化，今天中国文化遗产的标志就是一个圆的太阳神，那就是在金沙遗址出土的一个金箔饰品。

我们承认了巴蜀文化是中华文明的源头之一，并不等于一切问题都解决了。三星堆的人种哪里来？为什么塑造的面具是高鼻凹眼？三星堆的文明瞬间没有了，人到哪里去了？为什么这个种族没了？等到金沙遗址发现了，得到一点线索，可能是三星堆人迁移到了金沙，或者是三星堆文明的一支在金沙，当三星堆衰落之后，金沙兴起了。但金沙的文明除了三星堆的赐予又和陕甘文化有相近之处，金沙的北面就是剑阁、秦岭，连李太白都说"蜀道之难，难于上青天"，远古时代的人是怎么背着这么重的器物从陕甘翻越秦岭过来的，他们干吗要费这个劲？不得其解。更有意思的是，金沙有一个十节的玉琮。玉琮是江浙一带的良渚文化中晚期的特点，从成都到浙江有两千多公里的水路，还有崎岖难行的山路，这些玉琮怎么就到了金沙呢？谜。但是今天终于让我们懂得了"蚕丛及鱼凫，开国何茫然"中的蚕丛和鱼凫原来不是虚无缥缈的，他们可能就是金沙人，因为一些出土文物显示，鱼就是金沙人的图腾。

比金沙遗址时间靠后一些的河姆渡文化和良渚文化又证明，吴越文化也是中国文明的源头之一，而湖南、湖北文物的出土，也证明湘楚文化，同样是中国文明的一个源头。近二十年来对龙山文化的发掘，让东夷文化又得以确立。这些新石器时代的文明证明中华文明是多个源头，所以我说"源多流长"。

接下来在我要讲的中华文化的要点中，有一些因素在一两万年前就已经在中华大地上酝酿，只是当时还没有成熟。人们常常会说："哪一个民族不是源远流长的？"但我的意见是，把这四个字放到中华文明上头是恰当的。两河流域文化、埃及法老文化、古代的印度文化以及希腊罗马文化实际上已经断绝，乃至于今天在两河流域和埃及生活的人种都不是以前的。因此，当两河流域的楔形文字在15世纪被欧洲人重新发现之后，到了19世纪才被法国等国学者破译，而晚于楔形文字的埃及法老文比我们甲骨文早将近两千年，但是后来的埃及人谁也不认识，需要西方学者通过若干年的精力去破译。今天，我们的甲骨文距今也有三千多年了，但是每一位搞语言文字的老师都会或多或少地认识其中的一些字。如果换成汉代的隶书，那么除了个别繁体字，其他的连小孩子都能认识。至于李太白、杜甫的诗，那时候都已经主要用楷体写成，今天印到课本上，我们孩子可以直接诵读，这在全世界是唯一的现象。因此，我们的源是多的，是远的，我们的流是长的，流长的意思就是没断，断了不就是流短了吗？

2. 文化层次的划分及各层次间的关系。

我把文化分为表层、中层和底层三类。

表层是物质文化，指的是人对物质的喜、恶、取、舍。举个例子说，给大家定做的这身文化衫本身不是文化，但是我们把北师大人文宗教高等研究院的Logo印在上面，就赋予了文化。我们有七大菜系或五大菜系，现在又发展到十大菜系，不管哪个菜系，做菜的原料本身，比如鸡鸭鱼肉、蔬菜等，这些不是文化，但某个菜系所在地的人就喜欢这么吃，这是文化。再比如，装修房子的时候，有的人在房间里挂从798买的不知所云的画——现代艺术；有的人可能挂齐白石水印的画，这些是文化。

中层，原来我称为"制度文化"，现在看来叫"工具文化"可能更好。它指的是制度、法律、宗教、艺术，等等。

底层，以前我叫它"哲学文化"，现在我改为"精神文化"。

这三层文化不是绝缘的，底层文化（精神文化）会映射到制度、法律、宗教、艺术、风俗、习惯等中层，中层的文化要映射到表层，在衣食住行上体现出来；反过来，衣食住行的东西可以渗透到中层，中层可以渗透到底层。

举个例子说，我们这代人小的时候大多生活困难，当时在我的家乡淮安流行一句话，过生日的时候，"大人一顿饭，小孩儿一个蛋"。同样，今天的孩子过生日，哪个家长不也是高高兴兴，或者咬着牙掏钱给孩子买东西呢？这就是衣食住行映射到了风俗里。

如果某个孩子从小就穿外国名牌，吃麦当劳，稍微大点他会习惯吃法国大餐，俄式大餐，这就可能会影响到他对祖国的认同感，那么他对中华文化或者有了更深切地不满，或者会更加地热爱。很多出国的留学生跟我讲，出了国了才更加爱国，但是也有一些留学生出国几年回来说，我对中国实在不喜欢。这是什么影响了他们？是饮食，是风俗习惯乃至宗教，影响了他们的哲学观。

我们常说中华文化"博大精深","博"和"大"同义,怎么个"博"法?960万平方公里,加上13.4亿人,够多的吧?而且几乎世界上所有的文化形态在中华文明中全有,我们既有游牧民族的文化,比如把肉烤一烤,抽出刀来割了就吃,我们也有非游牧饮食文化的极精细的烹饪;我们既有原始宗教,比如信仰万物有灵的萨满教至今在西南山区乃至内蒙古和黑龙江沿岸的村子里还仍然存在,我们也有西方宗教学意义上的所谓的高级宗教——佛教、道教,同时我们对伊斯兰教、基督教和天主教在中国的传播也包容,这就是中华文化的"博"和"大"。

"精深"呢?在于它的底层。我们的底层文化,特别是在剖析人的内心和内心不断提升的方面,以及内心与行动的关系方面,在我看来,它的精细与深刻目前仍然是世界第一,可惜这些现在都局限于书斋,局限于学术研讨会,而没有生活化。从前可不是这样的。以前无论是北方还是南方,哪怕就是在穷乡僻壤,妯娌间打架,有一方发誓"天地良心,我没做这事儿",就不吵了。其中的"天地良心"是王阳明的话,一句"天地良心"就约束了人,就维护了家庭的和睦和社会的稳定。从前,道教把所有的信仰都收编了,因此,在大街小巷,包括偏僻的村子里,都能看到土地庙,有的土地庙小到只有这张桌子的四分之一,立在那儿,有的有相框,里面放着土地爷,供老百姓参拜。还有,在北方比较普遍的"泰山石敢当",比如老北京的一户人家,一开门是巷子,那这家人一定要在短巷子的尽头立一个"泰山石敢当",因为一开门看到对方的屋脊是不吉利的,有了"泰山石敢当"就给承当了。"泰山石敢当"的源头在哪里?可能是古羌族的文化,他们自称为炎帝的子孙,现在在羌族的村里,比如汶川那一带,还能看到"石敢当"。在北方,泰山最神圣,于是就有了"泰山石敢当"。所以在中华文化里,从原始的信仰到最深刻的对人的内心及对人的内心升华的剖析全有。

三　中华文化的底蕴

分类了我们就可以观察到中华文化源远流长、源多流长,还有博大精深。那它的底蕴在哪里?下面我从三个方面讲这个问题。

1. 中华文化的特点有哪些?我先说明一点,这些特点的主体是在农耕时代形成的,它的美妙与高超来于此,它的极限和需要的发展方向也在于此。

我用六个"重"来说明它们。

(1) 重家庭。

对家庭的看重,对家庭的感情,以及为了维护家庭和睦所做的努力,中华民族可谓世界第一。

与中华文化在这点上略微或者说在一定程度上相近的是匈牙利民族,尽管他们在欧洲,但是他们讲孝道,讲兄弟姐妹之间的和睦,然后再由家庭扩展到朋友,这与我们很相似,而与欧洲的其他民族不同。举例子说,匈牙利人的男孩子、女孩子长到16岁,父母亲就给他们在外面租一间房,把他们送去,并对他们说:"从现在起你要独立生活,一切生活费用由我们供应,你还可以去打工,挣点零花钱,节假日你回来看我们,或者我们过来看你。"为什么要这样?要培养孩子的独立性。等到父母老了,虽然儿女不住在一起,几兄弟商量,根据自己的财力,定时给父母送去财物。

这些和西方，包括更西边的美国、加拿大等地，18岁就几乎和父母完全无关的情况完全不一样。我跟匈牙利人谈起他们的父母，他们都很动情，说在苏东剧变之后父母生活都很艰难，所以做子女的应该尽量多挣一点钱，让他们过得安稳。他们兄弟之间聚会，大家争着付钱，乃至几个同学、朋友在一起吃饭，也是和中国学生一样，先想到买单的人早已经把钱付了，等到后面的人说是不是应该买单了，那人会告诉他，已经付过了，你别管了，在他们那儿没有AA制。为什么？因为匈牙利民族虽在欧洲，但文化上属于东方。

至今，匈牙利人都有一个苦恼，就是世界上所有的文献和出土文物无法证明匈牙利民族的来源。在20世纪中叶，曾经有两位传教士徒步从布达佩斯出发，一直向东行，想寻找自己民族的足迹，走到离中国不远的地方，发现一个村子，那里的风俗习惯、村民长相乃至语言都和匈牙利的极其相近。就在他们要详细调查、撰写报告的时候，第二次世界大战爆发，那个地方被日本占领，两个传教士下落不明，只有这么一个信息传回来，没有留下文献。现在又有一些人想沿着这条路去寻找。有一些匈牙利人说他们民族的名称（英文为Hungary）就是匈奴的变音，是当地人当年称呼匈奴的词，因为"匈"在古音读"Hun"。是不是如此，我们姑且不论，我走过将近80个国家，在和中华文化对比时发现，唯一与中国伦理相近的就是匈牙利，不过远不如我们强烈罢了。重家庭的确是中国的特色。

（2）重稳定。

因为重家庭，所以重稳定。中国人不希望家庭整天吵吵闹闹，乃至分裂。为了拆迁分点钱，打得不可开交，最后上法院，法院不行上电视，甚至最后闹得父子反目，妻离子散，这不是中国人普遍希望的。在这个背景下再来读某些诗文，我们才能品出它里面刻骨铭心的味道来。不管是"独在异乡为异客""每逢佳节倍思亲"，还是"床前明月光，疑是地上霜"，或者"慈母手中线，游子身上衣"，都是希望家庭和睦、稳定，因为中国人讲继承，无论在物质、技能、知识和品德等方面都讲继承。北京过去常见的大门门联中，有一副叫"忠厚传家久，诗书继世长"，其中"忠厚"讲的是品德，"诗书"讲的是知识和技能。中国人在重要的日子里拜祖宗的时候，脑子里并没有一个祖宗的形象，更没有把祖宗塑造成一个人格神来时时护佑我们。中国人拜祖宗是为了不要忘记自己是从哪里来的。因为没有远祖就没有近祖，没有近祖就没有祖父，没有祖父就没有父亲，没有父亲就没有我，我能来到世上要感恩。

（3）重传承。

（4）重和谐。

（5）重道德。在个人、家庭、社会、国家乃至国际中，贯穿始终以维持家庭和谐、社会稳定的，是道德。无德则全完。

（6）重现世，轻来世。儒家普遍认为没有来世，"未知生，焉知死"，连生都还没有弄清楚，怎么讨论死的问题？在儒家看来，我是宇宙的一员，即便我的肉体死亡了、消灭了，但精神还在，还要流传，传给谁？传给自己的儿女，或传给自己的学生。如果一两个儿女成才以后，为人准则和自己一样，这时候老人心里比给他买多少名牌服装都高兴；如果自己教出了几个学生，他们都有着和自己一样的品德，并在学业上超过自己，真正的好老师这时候也会是非常愉快的。

他们传的是精神，是形而上的，是非物质的，重的是现世，活一天干一天，生命不息则奋斗不止。

中华文化基本是从农耕文化萌芽、成长并成熟的，用这个观点来看，上述六点就很重要了。如果大家读过恩格斯关于家庭的论著都可以知道，重家庭不是从一开始就有的，汉字的"家"是房子里面一头猪，对这个字的解释从许慎的《说文解字》开始就众说纷纭，为什么"家"字会是这样？如果我们从通俗文字学角度看，屋顶下（草棚下）养头猪，养猪就得有人，干吗养猪，为了吃，那就是个家庭。"庭"就是庭院，它把一个家庭一个家庭隔开，这又是后来才有的。从最早的重部落、重部族，后来的重家族，再到重家庭，我们的文化正式形成。为什么重部落、重家族、重家庭？因为原始时代耕地使用的是笨重的石铲、石凿，这种条件下一个人能种多少地？到后来，学会用木头了，木头农具只能用在熟地上，生地上根本插不下去。《诗经》上所说的"耒耜"，就是木质的农具，它像铁锨一样，一个木板两个把手，用的时候两边站两个人，一个人一只脚踩下去，另一个人一拉绳子，土就翻开了，然后再踩下去一拉绳子，又翻开一块地。这种农具，如果两个人不配合好，就铲不了地。后来发明了犁，还得两个人，其中一个扶犁、另一个拉犁，互相配合才行，否则就没法耕了。

农业再进一步发展就需要修水利。修水利这种事情，一对夫妻带着几个孩子能干成吗？一个家庭能干成吗？不能。就需要部落、部族齐心合力，所以农业社会没有集体的努力不行，到了私有制开始产生，部落和部族慢慢分化成一个个家庭，但是所有家庭也还是必须联合起来从事生产才行，怎么办才能联合起来呢？那就要讲道德和权威，老爸就是权威。"孝"就得听我的，你不听我的，大家就视你为逆子，你在家里、在村里、在四里八乡就没有立足之地，这就是"礼"。重稳定，轻迁徙，所以"父母在不远游"，这从生产者的角度来讲是有道理的。

重和谐、重道德就不说了。

为什么重现世？因为农耕社会最重现世，所谓"种豆得豆，种瓜得瓜"，这八个字不要小看它，它渗透着中华文化中很深刻的思想。中国人讲现世现报，自己种下的苦果自己尝，因此为人要正派，心胸要豁达，对人要慷慨，这都是农耕社会造成的。

对比一下采集狩猎的时代，那时候还是群婚或者对偶婚。群婚不用说，就是乱交；对偶婚就是这个部落所有青年女子是那个部落所有青年男子的集体妻子，这个部落所有中年男子是那个部落所有中年女子的集体丈夫，生了孩子母亲带，因此古代"知母而不知父"，这从《左传》上也可以看出来，周王称异姓的诸侯为"舅"，称同姓的诸侯为"叔"。为什么称"舅"呢？是古代婚俗的遗留。这个部落的女子生的孩子都称那个部落的男子为爸，因为分不清。这个部落年轻的男子，都是小孩的妈妈的兄弟，也就是小孩的舅舅们和叔叔们。

然后慢慢发展到一对一的婚姻才形成家庭。但文化是最牢固的，所以早期的婚俗仍会在后世有残留。在今天的山西、山东、安徽、江苏乃至内蒙古的一些地方还有这样的规矩，家里母亲去世，谁来主丧事？要把舅舅请来，舅舅说了算，这在山西叫"主子"。再比如父母亲不在了，弟兄两个闹分家，谁来和事？"主子"来和事，舅舅说："这个归你，这个归你，别吵了。"他的话就算数。一个民族为了和谐，肯定会找某种合适的机制，有利的机制就会保留，不利的则会扬弃，所以远古的某些习惯留到现在。今天全国大部分已经没有这种风俗了，但是局部地区还保留了一点这种古代的风俗。

当然重现世也给我们带来了一些与其他文明相似的元素。农耕社会的人们观察生物的萌芽、成长、强壮、衰落、死亡，每年一个周期，不仅仅观察地里的庄稼，还观察森林和草莽当中的各种动植物，因此我们也有"万物有灵"之说，也有关于"灵魂"之说，但是都比较淡漠罢了。

2. 中华文化的精神或哲学。

中华文化的精神或哲学关照四个方面——其实天下所有的哲学都关照这四个方面，但是我们农耕社会所形成的体验更深。

第一是身与心的关系，也就是肉与灵的关系。通过刚才漫说中华文化的特点可知道，我们所倡导的"和谐"也始于此，因为身心要和谐。

这里插一句话，人文宗教高等研究院在给大家设置课程的时候，特别请了中医科学院前院长，现中医科学院研究生院院长曹洪欣先生来做讲座。在我们看来，在各种文化形态中，不管是歌舞、打中国结、剪纸、打太极，等等，最能够系统完整而且能直接作用于中外人民，让他们享受中国文化的，有两样东西，一是中医，二是喝茶。

身心的统一不可分，就在中医和喝茶里有所体现。

喝茶养心。当然我说的喝茶是指刚流失不久的所谓"茶道"，不是像某些节目上的那样，一个小姑娘翘着兰花指用很多有"名堂"的动作和步骤沏茶泡茶。

这不叫"茶道",这叫艺术表演。

中医则在看病的时候既治病又治心。

比如中医大夫会说:"老太太,你没什么病,就是气有点淤积,最近和儿媳妇吵架了没有?哦,没有。和邻居有什么过不去的?哦,也没有。那孙子惹您生气了?嗨!孙子有他自己的天地,有他父母管他,您别操那么多心,你这没病,就是生气的结果,我给你开点药啊,想吃就吃,不想吃就不吃。"治病的时候同时治了人的心灵。

中医讲"天人合一"。大夫开方子的时候可能会跟这个病人说:"这服药必须到同仁堂去抓,因为这个药原是湖南出的,那里的最好。"又跟那个病人说:"我给你开个红花,一定要藏红花,川红花不行,力量不够。"换个病人又说:"您这个是湿疹,不要紧,就这闷热的天最容易出湿疹,外湿变成内湿。"在这里天人是合一的。西医不是这样,拿着仪器听听,然后告诉你,"化验去","透视去","做CT去",回来对着化验单开药,药全是标准生产的,病人按规定上说的日服三次,每次二到三片,跟工厂一样,来什么人看病全是如此。中医不是这样,老太太来看病,大夫给开五服药,临走嘱咐"不好您再来"。过几天,老太太来说:"好多了,还有点儿。"这时候大夫说,"我要调方子,和上次的不一样"。换了西医呢?老太太说:"还有点。"西医说:"再接着吃。"没有个性化。

中国文化讲究人与人之间的关系,其中包括群体对群体的关系,也包括群体对个人的关系。我们主张和谐,和谐的哲学根底是宋明理学家在总结了一两千年儒学之后得出来的,就是"天人一体,同胞物与"。所谓同胞就是人是天地之子,无天无地就没有当中的人，有了人形成"三才"，这个才是人才，是来补天地生成之不足的，用今天不确切地的话说就是"改造自然"，说它不确切是因为"改造自然"本身是悖论，自然不能改造，改造了就要受惩罚。

进一步说解一下"天人一体，同胞物与"这八个字。天地生了人类，那么人和人之间是不是同一个胞？"同胞"在今天的意思限于同一个国籍的人，实际上在宋明理学那里全天下的人都是同胞。何谓"物与"？万物也是天地所生，这个"与"读参与的"与"，就是说万物都是我的朋友，因此不能暴殄天物。这是处理人与天的关系、人与人的关系以及人与物的关系的哲学依据。

在过去——农耕社会、工业化的初期和中期，我们对此都没有什么直接的感觉，但是哲学家已经通过充分地思辨和想象得出了这个结论。在今天，当地球因为交通和通信的发达而变小的时候，如果我们静下心来想一想，的确，整个地球上的人是同胞。非洲丛林里的一个部落即使与我们从来没有什么往来，也与我们有着密切的关系。他们在森林里的遗传基因可以抵御各种蚊虫病毒，但是他们带上病毒，就有可能在坐飞机、坐火车和餐饮当中把病毒带到大陆，我们就有可能得病。

经济学家曾经提出"蝴蝶效应"的问题——亚马逊河热带雨林里一只蝴蝶扇一扇翅膀，带动了空气的振动，共振的现象越来越大，就可能在欧洲和亚洲形成风暴。这是一个想象之词，但在今天的社会已经成为现实。拿政治上的事情说，某个国家的黑客破坏了美国的电力系统，就可以造成几十万、几百万的美国家庭断电。如果用美国的"强盗逻辑"，你对我进行黑客攻击，就意味着战争，我不管是你个人还是集体，不管是国家还是群众，只要那个黑客是这个国家的人，我就视同这个国家对我宣战，我就要打你。假如一个不经世的年轻人弄个黑客攻击美国五角大楼的网站，对方一查发现是中国的，就有可能把导弹打过来。谁说人与人之间没关系？但我们宋代的哲学家不是想到现代化的武器才说这些话的，他们是从"道"上，从人的智慧上，从做人的良心上来分析的。所以高明啊，西方哲学家们包括莱布尼茨、黑格尔、康德等都没达到这一步。

我们大家有这种体验：在座的可能没有去过汶川大地震的现场，但是那里灾民的情况，以及我们的干部、战士、志愿者那种舍生忘死的动人情景，包括那个敬礼的小孩，不是都催我们泪下吗？这就是中华民族"同胞物与"的情结，把人与人看成一个整体的情结，只是我们百姓日用而不知罢了，这些都是我们的宝贝。

总体来说，中华民族的人——包括一部分信奉未来宗教的人，不把希望寄托于来世，寄托于彼岸。我的中国学生中就有虔诚的基督徒，我跟他聊的时候，他说他并不承认创世记，没有想到自己就是原罪，也没有想到我信了基督教将来就进天堂，他只是说基督教讲善、讲爱，但如果是一个欧美人可能就不是这样，他们对天堂寄予希望，把恕罪视为救赎。天主教、基督教、伊斯兰教以及一些原始的宗教都是这样。可能有人问："佛教不是也寄托于来世吗？"这首先是因为误读了佛经，佛经上确实有彼岸的说法，那个彼岸是觉悟的彼岸，不是地理上的彼岸。因为佛陀说，凡人学佛法，学佛经，不过是乘了只船，等到了彼岸，这船就可以扔掉，所以不要死抠着我讲的东西。佛（Buddha）这个词在梵文里就是觉悟的意思，觉悟者谓之佛，觉悟者是在现实中成佛的。而且，佛教在中国化之后更加注重今世。

为什么和尚坐化要留下舍利？是因为要用舍利来昭示后人。前些天（7月19日）台湾102岁的悟明长老圆寂了，他在30年前就定制了荷花瓷缸，要把他的真身放到缸里，留下全身舍利，这在佛教里叫"坐缸"。他生前留下话，昭示后人要从善，当然这里面多少有点神秘主义，凡是坐缸的人，如果道行修炼得好，他的真身是不坏的。台湾这么热，封在缸里，如果一般人就腐朽了，但得道的高僧则不然。坐缸后，等到一定时间再打开的时候，他的真身已经浓缩了，但不腐烂，还在盘腿坐着，然后在真身表面塑上东西，就叫金身。这种现象现代科学还解释不了。和尚昭示大家的，不是如何成神成仙，而是告诉人们只要放下一切，别斤斤计较名利，成天想着升教授、副教授、博导，看着谁房子大了就眼红，为什么他能住我不能住？要把这些放下，把心调理好，一切都看得淡然，活得非常愉快，你就可以做到这一点。所以，中国人是这样处理今天与明天问题的，大家都是当下之人，谁也不寄托我死之后去见耶和华。

3. 中华文化的境界。

是不是中国人不重物质呢？非也。是不是单单一个心态和平就足矣呢？不足。所以，我特别标了"中华文化的境界"这个标题，所谓"境界"就是引导人去追求的境界。物的方面，应该由贫困走向小康，大家不要以为我在这里复述小平同志的理论，我说的"小康"是《礼记·礼运》里的"小康"，小平同志刚好用的就是这个词。小康就是我们的生活再富裕一些，即使其中少数人成了豪富，有了百亿、千亿美元的财产也不是坏事，财富不是评定一个人品德的标准。我们不要只想到某个人家徒四壁，当月工资当月花，没有积蓄，到时候自己饿了三天都要去捐款，这才叫道德高尚。不是啊。举一个例子，孔老夫子的一个学生子贡就是大商人，照样是贤人。

佛教里的维摩诘就是个居士，按今天的话说他是世界首富，而维摩诘所说的经是佛教的重要经典。维摩诘病了——我总觉得他是装病，释迦牟尼就请各位菩萨去看望他，菩萨们都不敢去，说他的法太高了，去了怕回答不上来。后来最智慧的文殊菩萨去了，结局就是文殊师利跟他谈话，维摩诘坐在那里，摇摇头，不说话了，文殊师利马上受到启示，"啊！维摩诘他不说话就是佛法。"这不是故弄玄虚，真正的佛法就是不可言说，不可思议的。这涉及佛教中比较深的思想，我不再说了。所以，财富并不能评定一个贫穷者的品德，也不能评定一个有钱人的品德，因为毕竟是物的方面，物只是满足肉体和感官需要的，人的境界中更重要的是讲心的境界。

我曾经把境界分为三层，后来想还是冯友兰先生分的四层更为准确①，但我用的词和冯先生的不完全一样，我用的是"自发境界""功利境界""道德境界"和"同天境界"。

第一个是"自发境界"。比如妈妈爱孩子不需要经过思考，下班回来保姆跟她说宝宝发高烧了，她没动脑子就问：

"怎么了？"

---

① 指"自然境界""功利境界""道德境界""天地境界"，见冯友兰《人生的境界》。

"发烧了。"

"多少度？"

"38度。"

"哎呀，你怎么不给我打电话呢？"

马上打电话给他爸爸，"快点回来，你到医院找我。"然后抱着孩子出去，叫车或者自己开车上医院了，这是一种自发的境界。

人的本性就是为己，这是出于生存的需要，不能说它是善是恶。婴儿饿了就哭，一开始他的哭是自发的，甭管叫谁，难受了就哭。等他妈妈发现是孩子饿了，把奶嘴一塞，不哭了，孩子慢慢就明白了，哭是信号，只要饿了我就哭，哭就有吃的。稍微长大点了，见了什么就往嘴里放，还是自发的，再大了，就知道不是什么都能往嘴里塞。再往后，特别是在中国伟大的教育体制下，要知道好好学习，父母想办法让他上重点中学，上了重点中学，父母发现还是不行，怎么四点就放学了？于是请家教，上补习班，将来上重点大学。这也不见得是坏事，他必须要适应今天这种以上学为工具的学习（这种学习不是以求知求悟为目的的），不能责怪家长。那么这是什么境界？功利境界。功利境界是个危险的阶段。家长望子成龙是有私心的，自己没有达到这样的程度，就希望孩子在未来能成功，当然主要也是为了孩子的未来。不管怎么样，是一种功利，但还没有损人，也就是利己而未损人。

有的人可能就由这儿分出去，去损人利己，于是不诚信就发生了——坑蒙拐骗偷杀，全是损人利己。如何使人的功利阶段都能在不损人的前提下利己，这就是文化的责任。

从功利境界再上升就是道德境界。如果说自发境界和功利境界的前半段多少是顺其自然的话，从功利的后半段开始也就变成自觉的，有意识的了，但是要到道德境界就必须摆脱自发时的那种自然状态，应该通过长期的熏陶学习，既靠他人的引导，更靠自己的思与行来升华。同样是一个功利的世界，可以有境界的不同，比如一个人通过看到中国社会的过去、现在并预感未来，就鼓励孩子说："孩子你好好学，未来是你们的，爸爸只做到工程师，但是中国太需要更高级的工程师了，你比爸爸强，好好学习，争取做对国家有用的人才，你爷爷奶奶、妈妈也会为你高兴。"这就公私兼顾了，这是道德的境界。当然家长也不要对孩子说得太正经了。同样是出国，可以是功利的，也可以是道德的。中国的科技要发展，中国的人文社会要发展，但今天的科技强国不是我们中国，必须向人家学；在人文社科方面，我们不能只知道自己——包括自己的老师、老师的老师和自己的朋友——怎么看中国，我们还需要看看外国人怎么看中国，这就要掌握他们的话语体系，就要走出国门，这就是"功利＋道德"，实际是超越了功利的阶段，进入了道德的境界。所以同样道德的事情可以以功利为辅。

　　前几天北京发生一件事情。颐和园外面有一条很深的河，一个人掉到河里了，两个人跳下去救他，这位先生又比较胖大，两个年轻人要拖他上岸的时候，岸离水面很高，推不上去，上面人又够不着，其中一小伙子已经支撑不住了，仍然还拉着岸上垂下的铁丝努力往上推，这时候又一个人毫不犹豫跳下去，三个人在那位胖先生身上绑上绳子，岸上四五个人连拖带拉把他拉上去，这时候胖先生已经昏迷，有的人打110，下水救人的那三位没留一句话就走了。这是纯道德的层面。

说极端一点，如果这个时候，有人想我现在跳下河去见义勇为，将来就可以得到表彰，这样虽然也做了道德的事情，但实际上是出于功利目的。所以任何事情不都是那么纯的。做这件事的时候是道德的还是功利的？是以道德为主还是功利为主？是纯道德非功利还是纯功利非道德？谁知道？只有自己知道。因此中国人强调自省，强调慎独，慎独不是自己关着门一个人，而是说自己知道要在动机和行为上面慎重。这就是道德的境界。

道德境界的人是什么人？君子。这种境界还不够，中国人的终极追求比这还高，那就是天人一体，同胞物与，一切为了他人。这也是不经过大脑，而是形成了一种很自然的习惯就去做的境界。这种境界的人在解决自己的生活必需之后视名利为粪土，做科员就把科员好好做好，做部长就好好把部长做好，至于五年之后退下来干什么，不去想，这是什么人呢？圣贤。中国人把"圣人"这个名号封给心底百分之百纯净的、一意为了他人、为了社会、为了地球、为了宇宙的人。这种人到哪里去找？没有。没有你说它干什么？这就是中国人给自己树立的一个世界最高境界，大家都朝这个目标努力。正因为有了这个目标，大家都去努力，所以人人在提升，人人在发展。"法乎其上，仅得其中"，连孔子都拒绝"圣"的称号，说"若圣与仁，则吾岂敢"，他不敢当啊。仁就是圣贤的品德，很难做到呐，孔子在三千弟子当中最得意的是颜渊，但孔子也只能说他"三月不违仁"，一年当中有三个月的行为符合仁，说明不是一年十二个月都如此，其他的人恐怕只能一个月或者几天做得到而已，不是说他们其他时间不仁，而是说会冒出非仁，也就是有私心了。所以中国人给自己树立了很高很高的境界。而西方文明是两个境界，一个境界是救赎了原罪回到上帝身边；另一个境界是没有救赎又有了新的罪，那就下炼狱。

附带说说中华文化的发展。

1. 内动力与外动力。

中华文化的发展靠的是内动力和外动力。内动力就是文化自身不同地域、不同类别、不同层次的冲撞。它会有时而竭，所以光靠内动力慢慢就没有发展了，例如中华文化在明末清初开始的衰落就是因为没有外动力。而汉文化、唐文化、宋文化之所以蓬勃辉煌，是因为有了多元的、巨大的、连续不断的外动力。缩小一点说，儒学之所以到宋代出现高峰，是因为接受了佛教的冲击，这种冲击成为一种外动力。因此，我们的文化必须开放，必须广泛吸纳世界各个地方的文化。有冲击不怕，因为有挑战才有应战，有应战才能增强自身。

2. 主体与客体。

虽然要坚持文化多元，广泛吸收其他文化，但是人类的经验、中华民族的经验证明，在这其中一定要以自己为主体，用哲学上的话讲叫文化的一体化，这就是与全盘西化的区别。全盘西化其实也是不可能的，所谓化就意味着彻头彻尾、彻里彻外，怎么可能呢？就算让13亿人全吃西餐了都化不了，不是因为我们吃不起，而是因为口味没法儿变，一个人活到十岁口味定型了，终生改不了，他的饮食中可以有别的，但最爱吃的还是原来的那些。

3. 建设自己的文化，要自觉，要自信，要自强。

四　中西文化的同异

同的方面提两点：

1. 所有的文明、所有的宗教都是喜善厌恶，不独中西方如此。

2. 都在探讨宇宙的奥秘，包括人类的生死。人的生死是人类的大问题，也可以说是第一号问题，不同文明都用自己的不同信仰，不同的学说来解释它，寻求答案。

不同的方面也提两点：

1. 西方文化是二元对立。它的二元对立思想来源于宗教，God 是造物主，宇宙中的一切都是他造的，他既不在宇宙之外也不在宇宙之中，他是一种超越，是一种绝对，是不能够也不应该去验证的。草木虫鱼、飞禽走兽、大江大海，乃至人类全是他创造的，这些被创造物永远成不了创造物，而他（God）永远也成不了被创造物，这是二元对立，它通过哲学、通过启蒙运动得出的所谓绝对真理渗透到各个学科，各个人文环境中，渗透到人的心里。因此，西医是内外科对立的，外科只管动手术，在国外常常是外科手术完了才到内科病房，而中医是混着的，胃溃疡通过中医就能慢慢调理好。

因为我们是一元和合，从发展角度来说，最初是混沌的，后来分阴阳，阴中有阳，阳中有阴，而且是动态的，阴可以变成阳，阳可以变成阴，阴和阳合成为整体。乃至我们的生活也是如此。现在年轻人结婚，也还有送一幅字的，上面写着"百年和合"，而不是今天说我需要你，给个钻戒，结婚了，改天说你讨厌，于是离婚了。

西方把地球，把任何事物，包括把人生都看成是机械，是由部件组成的，我们第一代的哲学家都受这个影响，认为人是个机器。这是把工业革命后对机器的理解移到人身上了，现在有了进一步发展了，可以换零件了，恐怕将来总有一天，我们老祖宗的话要印证，心脏坏了换个狼心，肺坏了可以换个狗肺，如果真的这样，那将来的后遗症如何？不得而知。如果是个老头子，不能生育了，换了也就罢了，如果是二三十岁的年轻人换一个动物的器官，那他的女儿、儿子、孙子、外孙会出现什么情况，真的不敢预知了。我从来不反对西医，但人是个整体，要讲顺其自然，因为人和自然也是一体的。将来曹洪欣院长可能会讲到冬病夏治，夏病冬治，这在西医很难理解。

2. 西方文明有排他的一面。这也是从它的宗教开始的，因为犹太教、基督教，以及由基督教分化出来的天主教、东正教和基督新教，乃至于受犹太教和基督教的影响而产生的伊斯兰教都是一神论，所谓一神就是不允许有第二个神，于是排外，排外的结果就是争吵，争吵的结果就是战争。因此，在西方，千百年来，宗教的战争没有一刻停止，直到今天。中国的儒释道则不然，佛是和平地进入中国的，道是和平崛起的，乃至基督教、天主教、伊斯兰教进入中国以后，只有某一个村民因为对某个宗教不尊重，造成了误会而吵起来，但没有发生过宗教战争，这就是我们包容的结果。

五 中外文化交际的原则

当前的重点是中西交际。中外交际当然包括与西方以外的其他文化的交际，但当前的重点是和西方的交际，因为西方在主宰一切，而东方的中国有13亿人，中西两大文明和谐共处了，世界就和平了。中国人对"西"的看法是有一个反复过程的。最初的"西"就是指欧洲，因为当时美国人还没有强大，在20世纪末，中国人言必称欧。到第二次世界大战以后，我们的眼睛慢慢越过大西洋，开始看美了。改革开放以后将近二十年的时间里，一说西就是指美国，而且还不是全部的美国，就是曼哈顿一带，一说西方教育就是哈佛。最近十年，我们的视线又转移了，发现欧洲有它的传统和它的优势，是美国所不具备的，其中有很多值得我们学习，于是欧洲在中国人心目中的地位又慢慢上升了。

所以"西"的含义要明确，这就是"大西洋文化"，也就是我一开始所说的希伯来—希腊—罗马—盎格鲁·撒克逊文化。我们对外交际的目的不是为了对外汉语教学，是为了世界和平，是让中华文化能作为世界文化的一员呈现出来，让人们知道多元文化的必要性和必然性；当然，也是为了中华文化的发展，我们"走出去"接受异质文化给我们的外动力，这样中华文化能够更好地发展，但其前提是我们不要认为中华文化是世界上唯一的好文化，而是必须承认对方的文化，因为那些文化能够绵延数千年，维持着广大地区的相对稳定和社会进步，自有它们的道理，有它们的宝贝。接下来就是要进一步去了解它们，单纯坐在那里听外国教授上课，看点外国书不能算了解，必须走出去，到他们的文化环境中去了解，所以将来我们派出的教师或学生都是文化的使者，这些使者不是仅仅代表中华文化，还得把对方的东西拿回来。

拿回来之后呢？要理解。要理解就需要有理性思考，思考哪些是于我有利的，哪些是于我不利的，哪些学得来，哪些学不来？理解之后就可以从感情上尊重人家，尊重不是口头上的、礼貌上的，而是发自内心的欣赏，只有到了欣赏的阶段才能真心诚意地学习。

中外文化交际的原则所秉承的宗旨是"明异求同"。现在常说求同存异，我故意改了一下。因为"存异"首先要了解人家跟我们有什么不同，除了不同剩下的就是同，这样才能求同存异。

将来大家还有一个任务，就是让文化使者们出去之后不要在生活上造成跟人家不愉快的事情。比如，你多大年龄？你爸爸挣多少钱？这样的问题在欧美是不能问的。我们还得让他们注意礼仪上的、其实更深的是文化上的习俗。例如在美国上课，就不能讲佛诞日，也不能讲圣诞节，这是法律规定的，因为犹太人没有圣诞日，而东正教圣诞节又跟新教、天主教不是同一天。所以要了解并尊重所有民族的文化习惯，知己知彼，这样百交才不会出问题。

在这个之前要做好准备，我指的做好准备是指整个国民要把握好自己的文化。既然是跨文化交际，假如我们自己空空如也，怎么去交际？那就只能全听人家的了。现在二十多岁的年轻人都处于文化的饥渴阶段，在北师大人文宗教高等研究院所举办的活动中我就感受到了这一点。研究院每在北师大办一次讲座，周围大学（包括清华、北大）的本科生、硕士、博士都涌来听，场场爆满，为什么？渴啊。"饥者易为食，渴者易为饮"，当对方饥渴的时候你给对方水、给对方吃的，他最容易接受。我们应该多给年轻人创造学习文化的条件，让他们慢慢积累，成为我们优秀的接班人，等到接班的时候，他们的底蕴就不一样了，那时候的他们将是中外文化交际的主干。

把中华文化传播出去，孔子学院中方院长任重而道远※

各位老师，我想首先应该向各位学员表示敬意，在座的诸位很多人已经一把年纪了，在2009年又到北京来重新做学生，按时起床，按时上课，按时考核和考试，就这一点，我想会给大家留下一个难以磨灭的记忆。但是我认为，在这42天里，大家所过的其实是一个浓缩的人生。我们天天在接受考试，我们天天在获得新知，我们天天对自己的环境、所处的地球有新的认识。但是，能够一气贯之，从7月20日到8月31日，在出奇炎热的天气下——而且北京的桑拿天居于全国之首，大家仍然坚持下来并有收获，的确值得尊敬，请允许我向大家一鞠躬！

第二，我还是要向你们致敬。你们将肩负着传播中华文化的重任，肩负着党中央、国务院、教育部、汉办、你所在的学校的期盼走到陌生的国度去，一切都要从零开始。我想没有勇气，没有感情，没有奉献的精神是做不到这一点的。结业式之后大家要逐渐地走上岗位，有可能9月份就要走，也可能是明年年初

※ 2009年9月1日孔子学院中方院长岗前培训班结业仪式上的讲话。

走,不管怎么样,你们要离乡背井,告别从未长期离别过的孩子、爱人,到那里吃那些在国内想不到的苦,这种精神值得尊敬。请允许我再次向你们致敬、鞠躬!

有了前面几位学员和北外杨书记的发言,我的发言将会显得很困难,所以我从什么地方开始呢?我从李肇星部长的一句话开始,你要向别人介绍自己的文化首先要热爱自己的文化。我要提出一个问题,我们自己的文化可爱在哪儿啊?除了极少数的卖国的渣滓不热爱自己的祖国,没有一个人在离开祖国之后不对祖国满怀热爱。但是,你要问他为什么爱?很多人说不出一二三。大家就要离开祖国,到异国他乡了。通过42天的学习,我想大家会有一些感觉,特别是人文学科的老师们更是有点拨雾见青天的感觉。但我还想说一句,我们对自己文化的热爱并不是自己熟悉、自己须臾不可离的。一餐饭、一次会见、一次课、一次上街其实都是在文化之中,很舒服,但并不是因为这个。我想理性地分析一下。

一个文化,归根到底不外乎千千万万的形态文化。我们所学的各种才艺,是书、画、太极,等等,这些都是形态文化,是看得见、摸得到的东西。但是一个民族的文化的根本,是看不见、摸不着、触不到的,是要用心灵去体会的。可贵不可贵?爱它不爱它?关键看核心是什么。最近,美国一个独立的调查机构对全世界几十个国家的民众调查了对美国文化的评价,总体说出乎意外,全世界对美国文化评价不高,不及格,最高的42分,最低的1分。但对一件事有共识——对美国电影都很称赞。那就说明,它这种形态文化有它的优势。但是被调查的18000多人,没有几个剥开了形态看它的实质。中华文化是很可爱的,国画、中国的戏曲、中国的乐器都很神奇，很美妙，但里面所包含的东西呢？很少有人揭示。我希望各位能够透彻见底地理解自己的文化，然后反过来观照所有的形态文化，你一定会得到更深的理解。归纳起来，我只说三点：

中华文化在伦理上讲德，这一点是中国的特点。所以，孔子在我们心目中永远是人而不是神。这个世界上对儒家是不是宗教的问题有争论，我始终坚持儒家不是宗教。其中很重要的一点是我们没有教主，没有God，没有佛陀，我们只有一个仲尼，他是人。孔子生前说过，如果说到圣和仁，他不敢当。圣是得道的极点，世界上的人无法达到。但我不断地提升和追求，德是无止境的。只有这样一个很现实的、社会性的要求才会是更符合人性的。同时，德不是昙花一现，讲的是传承。这在伦理上是特点之一。乃至于我们不知道刚才发言最年轻的张哲老师，你是不是成家了？（没有）大家经常要用自己的言、行对孩子进行教育，希望把孩子塑造得比自己还好，于是产生了冲突和代沟，你的儿子、女儿会说，老妈，什么时代了你还说这个话？这个代沟是什么？价值的追求不一样。老一辈总希望自己所遵循的道德和原则可以传到自己的孩子身上。我们教书育人也是用这个，所以中国人特别重视传承。反过来作为被传承者，我们在伦理上要有孝、忠。其实，"孝"就是把对国家的忠移到了小家庭的范围，"忠"就是把小家庭的孝放大了对国家。当然，关于"孝"和"忠"，不同的时代都有不同的诠释，每个时代讲的都不一样。古代王强卧冰钓鲤鱼给妈妈吃，因为妈妈想吃鱼。有人批判他是愚孝，现在用不到了，一年四季有鲤鱼卖，夏天买的如果不怕不新鲜也可以到冬天吃，把鱼放在冰箱里等着吃。年少的尊重年老的、年老的爱护年少的，大家和谐地在一起，只要一和谐，不同辈分的人之间的关系，以小辈来说就是孝，家庭与国家的关系就是修、齐、治、平。首先个人修德，同时让全家都能达到同样的境界，小家庭治理好了，去治理国家，治理国家好的方式方法原则可以放到全世界、全天下。古人的天下很小，现在科学知识发达了，知道了世界、知道了地球究竟有多大。

修齐治平——修身、齐家、治国、平天下，这是中国的德。提高到哲学就是整体论——和合。儒家在汉代之前是没有宇宙观的，宇宙观的形成是接受了道、佛两家的学说。《周易》是讲哲学的，它是属于道家的东西，后来儒家硬收进来，儒家占了上风，宣传上就说是儒家的，其实它本身是道家的，后来是儒道两家共有的。整体论——和合的问题，又映射出了文化的核心的审美观。中国的审美一般讲究圆融、讲究协调。例如，刚才我们山东大学老师的那幅功底很深的字，大家看了，他虽然说是三分字七分裱，这是谦虚话。他写出来整个的一个横幅排列非常匀称，他写的时候就已经准备了最后留白，然后装裱。再看我们老师所画的马，并不是一群马聚集到一起，除了有几匹马在左边，还有几匹马在右边，左右之间留白，如果这两匹马也加入到这个队伍里，这个画要裁掉一半，否则就不对称了。所以布局要协调。至于说字的大小，甚至于有点歪，都是在书法家写的时候已经成竹在胸，为的是看起来整体协调。说字都写得一样大，都是小孩描模子，真正书法家写是没有一样大的，需要错落但总体协调。再比如，我看到刚才隋刚老师演示的太极，它的起势，太极的特点处处都是圆，一个看不见的圆，老师教你一定是要像抱着一个球的。再有，太极的云手，后来化为京剧的云手，一般都是武将出来到了台前先打云手，然后到这儿推。然后是理髯、正冠，这和007就不一样。那我们唱京戏走边出来，上场一出来转一圈，一定是走圆的而不走三角。大家再拿这个观察我们日常的生活，求圆融、求协调是中国人对美的追求。因此什么现代、后结构主义、超现实主义，虽然在通县有个宋庄，出现了很多稀奇古怪的画，都是外国人买，中国人永远欣赏不了。我听过华裔旅美音乐家所做的现代派的曲子，不止一次地听，恕我直言，我是耐着性子，出于尊重坐在那儿听的，实在是听不下去。为什么很多古典交响乐在中国流行？在西方乐坛上，施特劳斯是登不上榜的，认为是民间的小玩意儿。但是《蓝色多瑙河》等圆舞曲，却在中国的男女老少中流行，为什么？因为有东方的色彩，也是求得了圆融、协调。所以我想，我们从哲学层面、哲学当中的伦理和我们的审美，去观察我们的文化，形态文化是一通百通的。过去中国文化的形成经过了很长时间，这种文化形成的历史本身就体现了我们的整体论、我们的和合论，我们的传承——修、齐、治、平和审美的圆融、协调。刚才我说到《周易》是儒道两家共有的。公元前二年，佛教传入中国，到现在两千年。到唐代的时候已经完全地成为了中国的宗教，乃至在老百姓的心目中，释迦牟尼不是外国人。我们看到在寺院烧香有老婆婆乃至于年轻的干部，它绝对已经中国化了，因为吸收了刚才我说的中国的文化，因此就和老百姓平时的生活契合了。

为什么其他宗教像伊斯兰教、天主教、基督教在知识人群里很难得到传播呢？这就是不同文化导致的。

至于说地下宗教，一般主要是在农村，或者在城市里打工仔、打工妹里流行。这个历史是这样的，原始的时候，孔子不过是百家中的一家，并不出名。他死之后不久战国就开始了，战国周天子的权力一没有，各国的诸侯不听周天子的了，各国的学者也不听周公那一套了，于是出现了百家争鸣。我们老是歌颂战国时候的百家争鸣，但是百家争鸣是知识分子的事情，百家争鸣背后就是百家争斗，那就是血流成河，这个代价太大了。过了200年，出现了孟子，孟子才把孔子抬到圣的地位。"孔子，圣之时者也"，时间的"时"。鲁迅翻译为"时髦的圣人"。所谓"圣之时者也"，是圣人中可以挑选时间的人。但当时孟子最重要的对手是墨子，还有一个至今我们不太清楚的杨朱，和孟子也是平起平坐，辩得很厉害。不久之后就出了荀子，但荀子已经不是原始儒家，也不是孟子的儒家了，他吸收了法家、道家的东西。每一次的变化都有新的内容、新的形态。可是人们看重的是实用，说"以德治天下"，那个时候怎么谈得到呢？传说他的两个大弟子：一个商鞅，一个韩非子，都是法家。这恐怕是荀老先生始料未及的。秦实行法家，焚书坑儒，经过战乱，到汉武帝的时候大一统了，政治稳定了，于是黜黄老，独尊儒术。这时候出了董仲舒，河北衡水人，他已经意识到要想把孔子的学问捧上天，就要把孔子神化。另外还要让刘家的天子能够服人，具有最高的权威，必须把他捧成天之子。一个学问和道德伦理的神，一个世俗间权力的最高统治者，那汉家的天下就是千秋万代了。但在人们的心目中，孔子永远是人而成不了神，所以董仲舒的学问没有起到太多的作用。最后是三国的战乱，是魏晋短命和南北朝的格局。战乱当中大家觉得还是需要统一中国，于是江南江北都在学儒学。到了唐儒学又整合，这时候出现了韩愈，就是道统了。到了宋代发展成了宋明理学，直承孟子，甩掉董仲舒。孟子与孔子不同的是，孟子讲的是"性"，人性之"性"。宋代礼学就出现了这一代，一直到明代的王阳明，讲的是天理良心，"天理"是宋人提出来的，"良心"是明代人提出来的。在以上这个形成过程中，刚才我说的协调、圆融、包容都体现了。不断吸纳新的营养，与时俱进。所以我想，知道了这一点，这个历史可以写几大本。但我用10分钟的时间讲完了历史。

  以上我讲了文化发展的历史进程，为的是要大家知道我们的文化从来没有停止过，一直在发展、丰富、淘汰，一直到现在为止，这就是中华文化的特点。我们是开放的，要想了解文化，大家有一个一般人所不具备的条件，就是你们要到异文化的环境里去生活和工作至少两年。那就要在比较中认识自己的文化，知道自己文化的可爱。比如说，到现在我不知道在座的各位，看起来都年纪轻轻的，有没有女儿超过18岁的。我请问18岁以后的男孩子、女孩子你们还给不给钱啊？管不管啊？在基督教的国家，孩子18岁以后就自立了。有的家庭给你交学费，剩下的都是自己去解决。自己有了工作之后，积蓄也是很少。当然他们也出现了啃老族、单身贵族，但毕竟是少数。然后结婚了，领回来给妈妈看，结婚时他妈妈也到教堂去，结婚、度蜜月以后就更少来往了，过圣诞节、复活节、父母亲生日时，儿女打一个电话，老头老太太乐不可支了。更严重的是，有的家庭真的是母亲到儿子家吃饭要交饭钱，或者到饭馆吃饭也要AA制，即使不是AA制也要回请一顿。于是我们之前宣传说国外多好啊，人家多自立啊，我们18岁之前要管，搞对象了父母比他还急，甚至是买家具、买汽车新三大件。中国的孩子越来越娇，古代也是这样的教育啊？什么原因？现在西方学术界认为欧罗巴—基督教—希腊文化每一组之间有一个杠隔开。因为他们都是成长在游牧社会，他们很多的传统都是游牧社会遗留下来的，但时间久了并不先进。比如说18岁独立是游牧社会的规律，符合游牧的自然环境和生产条件、家庭制度，18岁以后再和父母在一起会影响生产力和生活的发展。为什么这么说？游牧社会一家有一群牲畜，夫妇两个人领着几个孩子放牧牲畜，如果再多就毁坏大自然了。这是自由放牧的，围水草而居的。当孩子到了18岁，他可以独立劳动了，给你鞭子，一部分牲畜就可以跟着你走了，必须走，因为这块草地容不下那么多的牲畜，大家聚到一起水草没了，大家一块儿死。于是儿子就赶着一群牲畜走了，到外面遇到了女孩子结婚再发展，牲畜再发展，人口再发展，这一走可能20年不见面，也可能终生不见面。这不是我的想象之词，是有根据的。在《圣经》的旧约上，雅各20年后见到了自己的父母，这不是神话，一下子就认出来了。这是他们形成的基因，如果你让他们在父母身边过，父母也不舒服，这是形成的传承的习惯。

再有，说西方社会是竞争的社会，这是基于他们的哲学二元对立。二元对立来源于哪里？来源于宗教。GOD之外的一切，包括人和桌椅、牲畜、山川全是上帝的创造物。怎么叫二元对立？就是你是被造物，被造物永远成不了造物主GOD，而GOD永远不会成为被造物。这样发展下去，父子是二元对立的、夫妻是二元对立的、资产阶级和无产阶级是二元对立的，处处是二元对立的。根据《圣经》的启示，社会的发展在奥古斯丁那里归纳为是线性的发展，是不可逆的；西方文化同时又吸收了希腊文化，希腊就是城邦社会，外面还是游牧的农业。他们接受了毕达哥拉斯学派的学术，世界都是数学在作为，一切都可以数字化、精确化。这样一来，一个人的品德要打分数，我们现在深受其害啊，一个学生的品德能得97分，能量化吗？什么都讲究量化，乃至我搞语言学的，研究语言学的一个词的词义变化，这就走到了死胡同里。

另外，既然是一分为二的，就是一个分成了两个。现代医学只有不到300年，从中世纪脱胎出来才有所谓的现代医学。原来就是医生，后来发展为内科和外科，内科有呼吸道、有上呼吸道、下呼吸道，消化系统是管肠胃的还是管肝胆的？都要通过分析来做结论。在提出分析论的同时，西方在19世纪提出了还原论，我们为什么要这样？因为人是机器，我们把每个部件都联系好了，一组装就是好的了，把人体比喻成机器，现在已经研究到基因了。相对应的是，大家注意到没有，大陆现在是两三千的猪流感，香港一千多，死了两个人，台湾多一些，是一千九百多，死了三个人。这次阿根廷死得最多，什么原因？还原论还不了原了。中国怎么一个都没死啊？唯一死的是因为洗澡触电了。因为我们是整体论，我们是中成药加西药，我们疫苗已经做出来了，扶正祛邪固本。我们身体里面的积极因素，可以堵住病毒。现在西方已经发出警告了，英国就说冬季要大流行，而且专对未成年人，死亡的都是未成年人。为什么？西方人解释不了为什么西方人死呢？很简单，因为打的药未成年人受不了。所以，我想，无论是我们在生活里、医学上还是在伦理上，中西的对比要透过西方的形态文化来了解其哲学观，了解其伦理观，了解其审美观。从前也有人批判过我们的文艺，我们写的戏剧都是大团圆，是公式化、教条化。大概20世纪60年代文艺界是有那个批判的。当时作为年轻教师，我也觉得是这样，往往电影快完的时候就可以站起来走了。后来看了美国的片子发现他们也是这样的，国外的英雄救美人，最后总是007胜利。为什么中国要大团圆，即使是梁祝，两个人殉情而死，化蝶之后也要双双地翩翩起舞，过幸福美满的日子，这就是我们的协调和圆融。当然我们期望的是协调的东西，从审美来看就是圆融，如果不圆融大家会想还有许多续集。

我们对比一下哪一个更适合人类呢？如果永远二元对立，人类怎么得了啊？中国的文化是出生于、成长于、结果于农耕社会。西方的文化是出生于游牧、成长于资本主义社会的。从人类历史看，人和人的关系最密切，人和自然最密切，少有余暇坐下来体会一下人和身心的关系。这一点在农耕社会体现得最密切。采集狩猎社会不行，没有知识，游牧社会没有条件，无须刺激他对一草一木一石一砾的观察，因为人们会认为此地不留爷自有留爷处。工业化社会把人都关在屋子里了，比如说我们现在在这里开会，外面下雹子我们不知道也无所谓，而农民不行，他们要观察山头的云，什么样的云下雨、起风、下雹子，哪个季节会下雹子。大家在大兴外研社的基地，蝗虫把大兴的庄稼都吃了，大家最快是第二天知道，有的人临走都不知道。农耕社会就不会这样。如今，人和人的关系似乎都在一个楼里，每人守着一台计算机，这一上午了，除了吃饭的时间，邻座的两人都没有工夫说话。大家住的是大楼，电视电话、冷热水都有，可是对门姓甚名谁、家里几口人、每月挣多少钱你知道吗？大家都住了洋楼了，和祖父母、外祖父母、儿女有什么联系？为什么《常回家看看》这首歌让大家都泪流满面啊。现在常回家看看都不行了，这都实现不了，所以不但老头老太太哭，年轻人也在哭。这首歌如果在美国放可能会莫名其妙——"干吗要常回家看看啊？"

对环境来说，采集狩猎从人成为人开始就在破坏自然，但是采集狩猎对自然的损害小于大自然的自我修复能力。到游牧社会时，游牧社会对大自然的毁坏和大自然的自我修复处于平衡。到了农耕社会，就以渐进式的方式破坏大自然，人是从森林里走出来的，放把火烧森林，烧出一片空地来生活。不久前我去云南开世界汉语教学学会理事会，我了解到最近傈僳族在漓江附近放弃了一项放火的习俗。工业化社会，是以跨越式、飞跃式的方式来破坏大自然的。现在都在宣传零排放，这是应该的。但是，对这个"零"，大家别相信它，世界上哪有零排放啊。我们不过是把破坏的速度降下来，让它呈渐进式的。我们另一手努力地营造山林，让它接近平衡，随着世界人口的增长，大自然还要进一步被破坏。"知其不可而为之"，"尽心力而已"。"知其不可而为之"是《论语》上的，"尽心力而已"是《孟子》上的。所以农耕社会得出的结论是人和人的关系，身和心的关系，人和大自然的关系，这是最符合人类在地球上最幸福地生活的。

因此，中华文化最符合人类的发展。可爱在哪里？就在这里。李肇星同志说，首先要热爱自己，我们除了几十年感性的感受之外，再加上自己的学术研究，我希望大家走向工作岗位之前、之后要提高理性，通过形态文化看到我们文化最核心的东西，在和世界上其他文化的比较中会发现，中华文化的确是人类的宝贝。

恰好昨天，《光明日报》登了法国的一位汉学家、法国科学院院士写的一篇文章，他有这样一段话，他说"面对现代社会以降"，先解释一下，他的现代社会在西方学术界的定义是指文艺复兴以来一直到20世纪中叶，这段称之为现代，又叫传统；20世纪以后就成为后现代了。他说，现代社会以降，提出的种种挑战都是源于西方文化，但后现代提出的种种挑战，西方文化显得束手无策。这时候我们何不向东方、向中国的儒家文化去吸取营养？例如天人合一对环境的尊重，和谐对于人际关系的作用，等等。这是一个弄汉学弄了几十年的人得出的结论。美国的比较哲学家恩格尔·阿美斯有一句名言——"现在是中国来了的时代"。他指的中国来了，指的是中国的思想来了，因为现在整个西方进到了死胡同，从人体健康到国家治理，一直到国家的关系年轻一代的教育，已经是束手无策了。其中，先知先觉的就是一批思想家，集中在哲学界、社会学界、历史学界，都开始从中国汲取营养。由这个比较看，不是我自己自吹自擂、中国人自吹自擂，外国人也说中国的文化太可爱了。就在这个门口，和我们一起搞合作的施舟人先生，有一次跟我谈工作，谈完工作他跟我的秘书和汉办的工作人员说，我希望和许先生单独谈一下。他拉着我的手，我以为他有什么难言之隐呢，我说你有什么事。他说："许先生，中华文化太宝贵了，这么可爱的中国文化，我几十年全部付给她了。可是为什么你们要批判，为什么你们满街的歌厅、搞时装表演。这样下去中华文化不得了。"

说到这儿，比我大三岁的老人，哭了。我现在给大家讲感觉很理性，因为我已经离开那个环境了，在当时，我也被感动得哭了。一个生长于荷兰、成长于法国、世界闻名的道家学者，在为中国人做事情，他没有任何的目的仅向我表达了一种焦虑、一种心疼。后来我和许琳同志说，我怎么从中国学者口中听不到这种声音呢？毋庸讳言，我们的文化人为地破坏已经很久了，现在在振兴；但是在喊振兴的人当中，有相当一部分是靠着振兴吃饭来谋名谋利的。人家施舟人先生他要什么名利啊？他在付出啊，是在给汉办打义工，用自己的钱来生活，到这儿无偿地来上班。所以中华文化的可爱，越来越多的中国人意识到了，越来越多的西方学者意识到了。各位，就是要扛着这个人们逐渐认识到的可爱的东西，送到朋友家去，的确像许宽华老师所说的——任重而道远。

第二个问题，我没有当过孔子学院的院长，但是我在看了八个国家三十几所孔子学院之后，我有以下的想法想共享，就是怎么样当孔子学院的中方院长。

第一点要"知彼知己"。《孙子兵法》上说"知己知彼"，我倒过来说。在座很多是学外语的，似乎对彼已经有所了解了，但是我认为，这种说法绝对或者甚至可以说是不正确的。为什么？因为我们过去的教材都是过时的，不是当下的，社会在变化。另外，我们知道的只是外国人可以拿出来的东西，来了以后顾得上的东西。要想了解异国文化，必须像在北京钻胡同，到上海进巷子一样。要看看北京的老楼，要跟在大树底下摇着蒲扇下象棋的人交谈。我们都是生活在大学园区的。我接触了一些海归派，都是拿了博士、硕士学位回来的。聊的结果，我发现他们并不了解他们所在的国家，因为他们去了以后就在大学园区，而大学园区仅仅是社会的一部分，真正的民情、民心不在大学园区，在家庭、在社区、在教堂。所以我希望大家"知彼"，这是我提的第一点希望。大家去的各国、各地情况不一样，有的是给宿舍，有的是租房，有的可能住到老百姓家里去。如果是我，我就尽力争取住到人家家里去。是带来了很多不方便，但就有了深入民间的机会。虽然，我们的工作不是去调研，但进到孔子学院的外国人，带着他家庭社区的文化，如果你不了解就可能撞车。

第二点，我希望在工作中根据"彼"的需求，根据"彼"可能接受的条件创新。工作方式创新，工作内容创新。创新干什么呢？总有一个目标啊。我想就提出一点来，当你去了以后，工作稳定开展以后，要想办法让孔子学院的触角伸到社区里去，走出校园。或者把社区的人请进来。当然，这需要外方院长的同意。据我所知，至少德、法、美都向我提出来了，表示感谢我们的孔子学院，他们学校从来是和社区隔绝的，有了孔子学院之后，把社区拢进学校来了，他们成了社区的一部分，社区的人开始关心学校了。而要进社区必须要创造，创造什么形式？这还要因时、因地、因人而异，不可一言以蔽之。

第三点，恐怕有话语转换的问题。我想，老师们在基地听了这么多专家、外交家给大家做报告，我就不展开了。我举个例子，昨天晚上我在大会堂请美国一个著名的教派，非常有钱的基督教派的首领和团队吃饭。有一个什么契机呢？今年1月我到夏威夷的时候，本来应该到那个岛上看他的培训基地，但是由于有飓风，飞机飞行很危险，再加上太平洋战区司令基廷一定要会见我，我怕我去了回不来会耽误，所以我就没有去。这样基廷来了我必须要见他。他父亲是叙利亚和黎巴嫩的混血，他父亲娶了英国的妻子，然后生了他，他是在美国出生的，是典型的美国人。知道了这个之后，我们没有用会议室，在会见厅进门就坐下，我站起来讲话，可以说一个多小时我把他整个的团队征服了。怎么征服的？没有什么东西，不想给大家讲这么深。我就谈交流的问题，把儒家和基督教的话语进行转换。如果我这么说：感谢你来中国，他这次来中国是第46次。我们正在振兴中华文化，我们中华文化以儒家为主，吸收了道家跟佛教，同时西学东渐之后，我们也学了西方的文化，所以中华文化才有今天，你来很好，希望我们能进行交流。这一说人家就困了。我谈基督、谈《旧约》和《新约》，谈我对基督教的理解。我说基督教追求"爱"，我们也一样。虽然爱的内容和爱的方式不同，但爱总是一样的。他说他第46次来，我说我想加一次，你第47次来，明年9月你到山东，我要组织世界顶尖的儒家和基督教学者的对话。说到这儿，我说我建议在座的贵宾凡是同意的举起杯子，谁敢不举。好，统统请。就在谈他的宗教的时候，把我自己要说的话包含了起来。他最后说"中华文化博大精深"，这得让他说。最后跟他告别的时候，就说"今天晚上是我难忘的一个晚上"，来的太太、小姐都是他的家属，都说今天晚上非常愉快。当然，我不会有各位这种长期生活在对方国家的经历，孔子学院也不能派一个72岁的人出去。但我想，这种接触、语言转化就是以对方能够理解、愿意接受、喜欢接受的方式、方法表达自己要说的话。我们长期生活在中国，官样文章看得太多，套话说得太多，即使学者之间谈话也有自己的话语习惯，话语习惯恐怕要适当地改变。

　　第四点，在那里磕磕碰碰、矛盾、斗争都不可避免，怎么办？用包容之心，不要把这种不同看成是对方个人的，这有没有？有，但比较少，但更多地是折射了他们的文化。文化对文化用强制手段，不接受、争吵都解决不了，连枪都解决不了。不行我们缓议行不行？先放一放。你也想一想，我也想一想。包括课堂上老师的教学方法，要以学生、孩子、老人愿意听课为标准。上来整天地唱京戏、打太极拳也不行。要看他们学习汉语、学习文化学到了没有，怎么快？怎么好？怎么愿意接受？合起来的"三怎么"是一个标准。大家谈到了教材的问题，容我说一句对汉办不敬的话，至今我还没有看到一部适合在国外系统教学的教材。但是教材必须研究，至少给了一个基础，上课不要照本宣科，把教材里的材料、问题和一些启示编一下。我1954年上大学的时候，在座的各位不太知道，第一学期我要学13门课程，这13门课程除了《中国近代史》，剩下的12门课程是没有任何教材的。都是老师根据他一辈子学术的修养，每堂上课自己写讲义。他在上面讲也不是念稿子，我底下拼命地记，最后是一年下来这么厚的一本。后来，1958年学西方、学苏联，什么课程都要编教材，其结果是1958年的课程学生听得就没有我们这么集中精力，因为话都在教材上说了，学生自学也可以。所以一定按教材的思路讲，这是学苏联人学错了。西方人私立的中学和大学基本上是没教材的，但会给学生开一大堆的参考书。所以我们一定要积极抓紧"三教"当中的教材建设，但教材绝不是让你照本宣科去的。我们100多个硕士生在外面教书，基本上每天都是PPT。所以，这里就有语言转化的问题。

第五点，大家准备吃苦。我能理解大家有儿有女，自己的先生、妻子留在这里工作，虽然可以探亲，但毕竟是长期分离。再加上张哲老师还没有妻子，这也是一苦。这本身就是奉献，但大家要做一件事的时候，左右无援，汉办远在万里之外，你是中方院长，在人家那块土地上还要听人家的。过去我们几百所孔子学院，两方的院长闹得不可开交的也有，所以你在包容中就要吃苦。另外，为了大的可以失去小的，这是中国的委曲求全。"全"和"圆"是相通的，最后还是有"全"才有"圆"。但不能丧失原则，所以我说牺牲小的、保证大的。本来我就对京戏很在行，也带了很多的光碟，也给学生上这个，这里面杀杀打打的，不行。这是小事，你不是传播中华文化吗？我放《三岔口》行不行，还不行，里面有刀，那《拾玉镯》行不行？《四郎探母》行不行？这还有国际关系呢。大家要准备好吃苦，再加上生活上的苦。吃洋面包不好吗？天天吃味道就苦了。说自己做点面条，又没有那个时间。另外有一些男子汉从来没进过厨房，大概好些人要准备带方便面，带方便面吃多了也苦。总而言之，生活上苦，这还好办，为了国家可以奉献；心理上的苦也得承受。

最后，我想提对大家的希望。作为一个想做孔子学院副院长做不上的人，作为一个想吃酸葡萄的狐狸，第一点，外国的朋友纷纷到这栋楼里来排着队求许主任办孔子学院，这种格局是中华民族形成后2000多年，再追溯到有文字记载的3000多年，再追溯到没有文字的1万多年以来，从未有过的局面。尽管，我们在南方、北方有三条通往西方的道路，一条是从厦门出发通过海运走爪哇、走马六甲一直到中东、非洲，也就是后来郑和所走的一条路，自古就有；一条是通过云南和四川的茶马古道；一条是敦煌的丝绸之路。中国的茶、丝绸不断地传播了出去，随着我们的艺术也传播了出去。但那是一条线，而且我们的东西出去都是贵族使用的，老百姓接触不到。直到19世纪英国贵族喝下午茶，那是极度奢侈的。茶商很黑的，在中国买了茶以后高价卖给英国贵族，还有瓷器。所以，这就酝酿了鸦片战争。这样就打破了贸易平衡了。那边的受众不行，而且只有形态文化、物质文化，没有精神文化。当《论语》在400年前传到了西方以后，西方的哲学家包括伏尔泰都感叹东方有一个大国，他们的智慧在我们之上。我们的一些理念，和合的理念，特别是以人为本的理念，"人本"首先出在中国的《左传》里，是2300多年前的著作，启发了文艺复兴。文艺复兴有两个大的外力，一个外力是思想的外力，是中国的儒家；一个外力是文献的外力，是阿拉伯。西方有关希腊、罗马的文献都荒了，但阿拉伯人很爱翻译，已经翻译成了阿拉伯文和波斯文，之后又翻译回去。今天我们翻译的《柏拉图全集》和《亚里士多德选集》都是阿拉伯文翻译回西方文字的。没有这个、没有中国的人本主义，就没有文艺复兴。他们是不肖子孙，他们忘记了自己的两个祖宗了，但是这个对西方的影响毕竟有限。他们说我们学语言不是目的，真正的目的是了解你们的文化。这样卖跟买一拍即合，就大规模地"走出去"了。大家想想会起什么作用？中国人为了求得智慧，玄奘大师历尽17年上印度修佛经，他是成功的，没成功的还有一大批，是我们的智慧需要发展、学习。我相信大家作为一个浪潮出去，120人一道走，还要接着出去，最后会启发西方人的，要有洋玄奘上中国来取经。不要被眼前的那些假象所迷惑，到2008年为止，22万人到中国来留学，18万人来中国学汉语。真正进入专业的有几个？我相信有那一天，大批的西方人不是为了谋生，而是为了求得真知和真理，到中国来学中国的历史、文学、哲学。大家是先驱部队。为这样一个几千年没有过的现象，中华文化第一次成建制、成规模、成系统、有组织、有引导地走出去让我们碰上了，为这个事业做一粒沙子、做一颗螺丝钉是值得的。我今年72岁了，我68岁套上了"嚼子"，有四年多了。我当时意识到不得了，随着中国的强大，中华文化会让全世界的人仰慕，这时候我们不能让机遇擦肩而过，舍我其谁？当仁不让啊！这么多的同行，你们能亲力亲为，我替你们感到幸福。

第二点，及时总结经验，一切可用的东西都存到电脑里，回来总结、提升。这里面有新的理论，无论是文学、史学、哲学还是外语教学，里面都有教育学、教学法，都有可提升的余地。今天不起眼，可能是一顿饭、一个集会、一个节日的活动，但是将来就可能是你学术专著的素材，这不是为了成名成家，而是中国的需要、世界的需要。回来的同时，在外地的时候就要替母校想想，你的接班人怎么物色，不要断档。无论是山南海北，哈尔滨的、广东的、四川的都要替母校想一想。因为你到那儿有发言权，谁的性格适合那里，谁的工作能力、外语功底适合那里，一定要培养接班人。

第三点，把外面的信息、体会经验传回国内和本校，你们的思想和经验会是推动中国高校教育改革有用的资源和动力。不客气地说，现在我们大学的教育从教材、教法乃至管理，的确应该来一场深刻的革命了，包括对外汉语教学。我在不久前开了一个世界汉语教学学会理事会的会议，许主任没有听到我这句精彩的话：我们国内220所学校培养外国的留学生，我敢断言如果教学方法、教学理念进行改革，我们教学的效率至少可以提高一倍。这一倍绝对是保守的。那就是说它从零起点入学，学两年可以自由地对话，可以用汉字写800字的文章、700字的文章，经过改革，一年就可以，再改革，半年就可以。这样一来，是我少收学费了？不，是你效率高了，都上你这里来了。而且现在花钱到美国学汉语的人就不再去美国了，到中国来了。这个挑战已经很严峻了。甚至有人已经不到中国学习，宁可花五倍的钱到美国、欧洲学汉语了。我说这个话，不是空谈。我是有中外教学效果的对比做后盾的。大家出去就知道了，看人家的老师上课的教材你会吃一惊，今天上课打出PPT，最晚的是上星期五在中国发生的事情，如果快的话就是用前天、星期天发生的事情来教学。所以在外国学习汉语的学生到中国北大、清华、人大、师大、北语，就跟我们学生谈一个星期前中国发生的事情，可能我们学生还不知道呢。现在想想，报刊我们还看吗？不说教法、教材，单这一点我们就落后了。怎么办？让我们说、让教育部说都不行，需要利用实际体会，回来推动整个外语教学的改革，推动其他学科的改革。而且我觉得大家可以领着我们的志愿者和老师，逐步地创造多种形式的汉语教学法。我在云南说过，我认为中国推行英语教学总体上是不成功的。为什么从小学四年级，加上中学六年共九年，再加上大学四年，一共13年，这成功了吗？至于说到哈佛和斯坦福学习的学生，那是金字塔尖子上的人去的。全民学英语学成这个样子，这一点值得反思。

所以，任重而道远。"仁"为重，"仁"是什么？是爱人啊。爱自己的祖国，也爱他国的人民；爱自己的文化，也去拥抱他人的文化，取长补短。但是，"死而后已"这对于孔子学院院长来说只有两年，再延期也就是四年。但是，传播中华文化、发展中华文化，让世界了解中华文化，让中华文化和其他的文化能够并驾齐驱，昂首于世界，这是我们鞠躬尽瘁、死而后已的地方。我愿意以此跟大家共勉！

谢谢！

建立友谊，形成氛围，唤醒理智[※]

各位朋友，各位专家，女士们，先生们：

首届尼山世界文明论坛，经过大家两天紧张的努力，完成了预定的各项议程，现在就要结束了。论坛组委会推举我来对这个论坛作一个小结，这实在是我不能胜任的。因为这次论坛的内容太丰富了，不是我的学养所能概括的；而且，我和大家一起静心地聆听和认真地发言，没能来得及消化大家的高见和思考大家提出的问题。我只感到自己受益良多，但是小结总不能讲成自己收获的报告。组委会既然交给我这个任务，我只好在昨天夜里赶写出以下这些内容，当然里面也有一些我的看法，现在讲出来，请大家批评指正。

这次论坛共有近80位国内外著名专家学者到会，收到论文62篇，共进行高端对话、学术讨论15场次。论文论题比较集中，各显千秋，绝大部分是作者专为这次论坛精心撰写的，其中不乏近年来关于跨文化交往和论述、介绍儒家文明、基督教文明的优秀之作。公开对话是这次论坛的主要部分，也是论坛的重要特色。通过对话，学者们在许多问题上取得了广泛的共

[※] 2010年9月27日"尼山论坛闭幕"词。

识。大家在论文、对话和发言中反复论证了文明多元的历史经验、时代特征和对人类发展的重要意义。这里面包括以下的议题或思想：

文明多元化是人类的共同财产；

文明的多样性；

不同文明之间的差异不应成为世界冲突的根源，而应是世界交流与合作的动力与起点；

学术界应该倡导和保护世界文化多样性，推进不同文明之间的对话；坚持文明多元化、坚持不同文明间对话，互相尊重、互相理解、互相倾听、互相学习，是形成国际民主、建立公正合理的国际新秩序的重要内容；

坚持以对话、商谈方式处理国际事务，维护各国特别是广大发展中国家的根本利益；坚持通过文明对话消弭误解和分歧，是为人类建设可持续未来的必经之路，等等。

只可惜，时间有限，不少学者颇有意犹未尽的感觉，提出了意见和批评；同时，我们在很多的问题上没有来得及深入探讨。作为组织者，我们对此负有责任，让我们在未来的论坛中加以改进。

与会学者高度认同这次论坛的口号——仁爱、诚信、包容、和谐，认为孔子一生所倡导的"和为贵"，"和而不同"，"人无信不立"，"三人行必有我师焉"等名言就完美地体现了这些理念。其实，基督教文明，就像《圣经》里所说的，"像神爱人类那样爱所有的人"，"要爱人如己"，"你们愿意人怎样待你们，你们也要怎样待人"，"人在最小的事上忠心，在大事上也忠心"，等等，同样是在追求至善、至美、至真，祈盼社会安宁、人生幸福、天下太平。儒家文明和基督教文明是当今世界两个影响力巨大的文明，开展这两大文明的对话与交流在今天具有突出的意义和时代紧迫性，今后应该进一步加强沟通和了解，在新的基点上建立起彼此相互尊重、欣赏而又和睦通融的新型文明关系。

在这次论坛上，与会作者没有回避彼此之异，既有基督教文明与儒家文明之异，也有 A 学者与 B 学者之异。因为我们知道，从某种意义上讲，在对话中明确彼此的不同更为重要。只有知道了彼此的不同，才能够知道怎样相互接近，才能更好地爱护相同点，保护不同点，二者共存共荣。因此，当我们说要尊重不同的文明的时候，实际上主要是说要尊重对方和自己的不同之处。

儒家文化和基督教文化的不同在于对终极真理、第一推动力、宇宙本体的不同态度和认识，在于由此而形成的思维方法的差异。

儒家——进而影响、扩展到几乎全体中国人，对思辨抽象的本体没有兴趣，把宇宙的来源归结为"自然"，或曰"本然"，视宇宙为一个生生不息的圆融的整体，人是宇宙的一个组成部分，是其中最高贵的一员，与万物为一体。由此而形成的思维方式则是一元的，综合的；"一"分为"二"，这个"二"相互依存、相互转化，然后合"二"为"一"；处事则不取两端而主"中道"。虽然在公元前 4 世纪时，墨子曾经在逻辑和思辨以及原始科学领域有所建树，但是终究没有发展成为显学；在古希腊，差不多和墨子同时，也曾出现过与儒家理念相近的哲学流派，但也和道家一样，逐渐消失了。这样，中国与西方的思维和文明在那一个时代擦肩而过，没有会合，从此就分道扬镳；

基督教——进而扩展到整个欧罗巴、美利坚乃至世界相当广泛地区，基于信仰而形成的思维方式则为二元对立的，非此即彼的，分析的。正是根于各自的哲学理念，所以儒家对于不同的观念是包容的，基督教的教义则具有一定的排他性。当然，在上一节的会议中，有的学者在评论中说道，从柏拉图时代到黑格尔也有一元化的内容。是的，这正是哲学史上很多人关注的问题。但是，可惜得很，中国没有走向二元对立，而西方的哲学也没有走向一元论。从"后柏拉图"时代一直到黑格尔，他们著作中所显现的这种倾向是什么呢？我宁愿说，这是西方哲学家，当先验的哲学观照当下人生和宇宙的时候他们产生了困惑，他们力图于突破，但是，两千多年来无数的学者始终没有达到摆脱二元对立这一桎梏的目的。

中国的哲学理念保障了中华民族数千年的繁衍发展和相对稳定，造就了古代科技、经济、文化的辉煌，但是，同时也留下了历代帝王利用儒学维护利益集团统治、对儒学进行扭曲以及后世儒学过于偏重于把"心"作为本源而产生种种弊病的后门；基督教的哲学激励了人们对平等的追求，促进了近代科学技术的突飞猛进，加深了人类对物质、地球和宇宙构成的认识，改变了世界的物质层面的面貌，但是，也不是完美的。不但在越来越多的科学领域，二元论遇到了物质世界并不领情、与之相矛盾的现象，而且二元对立的绝对性，为后来的种族优越论、单一世界论以及视冲突为必然准备了思想和理论基础。

因此我认为，无论是儒家文明还是基督教文明，当下都有一个共同的、严重的任务，这就是要对自己所信奉的经典作21世纪的重新阐释。这也许是刚才成中英教授所说的"改造",但是我宁肯用"重新阐释"而不用"revolution"这个词。为此我认为(也许有点儿偏颇),当今这个时代距离出现新的轴心时代还很遥远,我们所应该做的是回到2500年前的智者那里汲取智慧,弄明白他们的智慧。在弄明白他们的智慧、传达他们的智慧的过程中我们就是在创造,现在首先要做的不是急于建立21世纪的所谓新的体系。

儒家文明与基督教文明两种哲学都是历代人们思考人生和未来的智慧结晶,思考的对象都是人和人所生存的环境,追求的都是人类为了幸福而应该具有的道德。这就是二者最大的共同点。基督教文明和儒家文明另一个极其重要的共同点体现在对伦理的关怀上。《旧约·箴言》上记载所罗门的话说:"耶和华所恨恶的有六样,连他心所憎恶的共有七样,就是高傲的眼,撒谎的舌,流无辜人血的手,图谋恶计的心,飞跑行恶的脚,吐谎言的假见证,在弟兄中布散纷争的人。"所罗门又说:"惟有公义能救人脱离死亡。"《新约·哥林多前书》上说:"爱是恒久忍耐,又有恩慈。爱是不嫉妒,不自夸,不张狂,不做害羞的事,不求自己的益处,不轻易发怒,不计算人的恶,不喜欢不义,只喜欢真理,凡事包容,凡事相信,凡事盼望,凡事忍耐。爱是永不止息。"我之所以在这里引用大家所熟悉的《圣经》的这些段落,是因为我每次读到这里的时候,感觉几乎就和读孔夫子关于仁、义、礼、智、信的教导一样,感受到先知先圣所期望于人类的,都是人类理所应当遵循的规范原则,至今温习这些教导就好像我的父兄昨天在对我进行谆谆教导。因而,这些教导当然适用于当代。今天人心、社会和世界的混乱,归根结底其实就是人们忘记了、抛弃了、背叛了先圣先哲一再的告诫。

有关儒家文明和基督教文明的同与异,世界不少学者,包括今天在座的许多朋友已经有了很多深度的研究,无须我在这里展开。我之所以说了上面这些话,是想强调,过去两种文明似乎对彼此的不同注意得更多一些,而对这些不同归纳、分析又常常较为肤浅。因此我们应该准确地寻不同,真诚地求相同。否则很容易陷入亨廷顿先生所持观点的迷茫之中。

在谈到基督教文明和儒家文明同与不同的时候,我曾经遇到过很多外国朋友问我:中国有宗教吗?中国人有信仰吗?答案自然是肯定的。但是这个疑问涉及这样几个问题:什么是宗教?什么是信仰?信仰是不是只有一个模式?信仰宗教是不是必须专一?

所谓信仰,是个极其复杂的概念。在我看来,信仰就是对当下现实中并不存在、未来也无法达到的某种精神和能力的信任、仰慕和希求。中国人在世俗层面上最根本的信仰是"天道"或曰"天理",这是经由父亲、祖父辈传下来的古老的教导,而这教导的源头则是先圣先哲,先圣先哲的智慧则来自于《周易》所说的"仰以观于天文,俯以察于地理,是故知幽明之故,原始反终,故知生死之说"。换句话说,中国人的信仰是由"近取诸身,远取诸物"而获得的。中国人崇尚"德",德的支柱是"仁、义、礼、智",这就是孟子所说的人之"四端",后来又加上了一个"信",形成了"仁、义、礼、智、信"。德的修养是没有止境的,达到至高无上境界的就是圣人,在中国人的心目中,能够称为圣人的只有孔夫子,而他自己在世时并不接受这顶桂冠,那是后人大概因为自己所处的社会人心惟危,而对孔子高山仰止,于是把孔子尊为圣。

这个时候孔子已经没有发言权和辩解权了。后人这样做也并不过分，因为他所提出并身体力行的"德"的高度是无尽头的。这种信仰并不妨碍很多中国人同时相信鬼神，信仰佛陀，信仰基督，信仰安拉，甚至于一个人兼信两种或三种。在中国有不少家庭，家庭的成员分别有不同的信仰，但是全家一直和睦相处。这是很值得研究的现象。这种现象存在的原因之一是中国人在现世中以德为上，是因为有人对死亡还有恐惧，或者希望摆脱现实中的一些迷惑与羁绊，或对是否有来世存有疑虑，于是寄托于某种超越的存在。而儒家信仰和其他信仰能够并存于一身或一家，就是因为在现世人生精神的提升中各种信仰有许多共同之处，再加上儒家的"君子和而不同"的包容性。这说明，对于中国的过去和现在来说，那种认为一神教是高级宗教、多神教基本属于"原始宗教"和只有信仰唯一的超越的、绝对的、先验的神才是信仰的主张和标准，并不适用。基于对这种情况的了解，外国朋友在观照现实的中国时，有许多现象——包括经济的、政治的、社会的——就容易了然，中国和其他各国学者讨论不同文明的同和不同的时候，可能障碍也就少了一些。

各位朋友，各位同行，女士们，先生们：

儒家和基督教这两种极其重要而又极其庞大、复杂的文明体系，常常让人眼花缭乱，难窥其究，于是产生隔膜。例如，德国马歇尔基金会最近就"对中国的印象"进行调查，调查的对象有11000多人，调查的结果是，认为"与中国有足够的共同价值观，能在未来多年合作解决问题"，在美国赞成的占53%，而在欧洲只占37%，很遗憾，在欧洲各国中，德国这一数字最低，只有18%。我想，如果在中国进行同样的调查，恐怕结果也差不了很多。这说明各国人民之间了解得多么不足啊。中国唐代的大诗人杜甫——这可是一个纯粹的儒家——在咏泰山的诗里说，应该登上泰山的最高顶，来看看四周，那就会发现其他的山都显得很小（《望岳》："会当陵绝顶，一览众山小"）。要让不同文明的人们之间比较充分的互相理解，体现杜甫的意思，恐怕只有靠我们学者坚持长期的研究，站到高山之巅，才能帮助世人把握各自的文明和文明间关系的全貌及其要领，因而也才能使不同文明对话越出知识界的狭小范围，在社会上广泛地开展起来。只有到那时，世界所有的人才能真正地成为一家人。这个任务是艰巨的，长期的，但是既然这是构建世界永久和平所必需的，那么我们就应该像"轴心时代"的伟大智者们那样坚信未来，努力不懈。这才符合中国古代"士"的概念内涵，也才符合现在的欧洲由德国哲学家哈贝马斯所说的"公共知识分子"的身份。

各位朋友，各位同行，女士们，先生们：

我们，在座的每一位学者都并不希求论坛能够改变世界，我们只希望建立友谊，形成氛围，唤醒理智。在这点上，我想我们已经尽了力。许多朋友说，这样的论坛形式内容都很好，不能只办这一次。是的。这届论坛之所以称之为"首届"，就意味着我们期望着有第二届、第三届、第 N 届，这些论坛将陆续举行儒家与各种文明的对话，以期全面促进世界不同文明的交往。

这次论坛是成功的，这是与会者全体和所有为我们服务的各方人士共同努力的结果。请允许我代表组委会向大家致以崇高的敬意！论坛的成功，极大地坚定了我和我的同事们继续办下去的决心。我的初步设想是，隔开一年，到 2012 年这个时候，还是在这个地点，我们举行儒家文明和伊斯兰文明的对话。至于儒家文明和基督教文明的对话，我们将举办其他形式的会议继续进行。如果我的这一"梦想"得以实现，就希望在座的朋友和同行再次光临！我想，如果这个论坛能够坚持办下去，就是我们踏着人类祖先成功的足迹在向前走。总会有那么一天，我们可以自豪地说：在扭转人类命运与道路的关键时刻和伟大事业中，我们也曾经尽过自己的绵薄之力。这是我的愿望，我相信也是所有到会嘉宾和朋友们的共同的愿望！

希望主张对话、反对冲突的话语能成为我们这个时代的最强音！

希望人类的智慧之光能够穿透笼罩于人类自身之上的物质与贪欲所构成的迷雾，让人类能够看到湛蓝湛蓝的天空！

以上就是我所做的小结，请多批评！

谢谢所有的人！

主张对话、反对冲突是时代的最强音※

——儒学与基督教：人类危机与世界文明对话（笔谈）

当今世界需要对话，尤其是不同文明之间的对话。通过对话，可以懂得对方、欣赏对方、学习对方，增进友谊，和睦相处。对话的对应物是对立、是冲突，冲突的最高形式就是可怕而可恶的战争；冲突的原因，除了经济寡头无止境的贪欲之外，其社会基础则是普遍存在的误解和偏见。在对话和冲突当中，人民自然选择前者。

在经济全球化的推动下，现在世界各国都面临着自然环境恶化、收入差距拉大、人心浮躁、社会动荡、道德沦丧等共同的难题。在经济全球化的今天，这些问题是每个国家都无法独自解决的，这就进一步加大了国际对话与合作的必要性和紧迫性。面对人类的共同困境，各国的人们无奈或惧怕者有之，麻木而躲闪者有之，希望并加剧危机者也有之。但是，希望就在于警醒并遏制这种不良事态者，虽然我们不能直接作出国际关系的政治决策，甚至有的朋友认为，思想界、

※ 发表于《文史哲》2011年第4期。

舆论界主张对话的声音是微弱的，呼喊者是寂寞而痛苦的，但是，在社会、责任观念普遍淡薄之际，我们可以作出一种理性的思考，并用实际行动进行展示，可以唤起人们沉睡已久的良知，可以在各种文明的对话中发现普遍，可以制衡乃至遏制走向文明冲突的势头。我们并不孤独，因为我们的主张符合人类发展成长的规律，符合绝大多数人的愿望，符合不同文明先圣先知的教导。在我们身后，有着亿万善良的人们渴望友谊和平、安定幸福的无声的诉说和无助的眼神。

尼山是孔夫子的诞生地，曲阜和泗水是他生活时间最长的地区。山东作为中国人口第二大省，除了诞育了千古伟人孔夫子，在中国古代思想最为活跃、伟大哲人纷出的战国时代，还是学术最发达、学者最集中的地方。战国时代虽然距今2000多年，但是那时所绽放的中华民族的智慧之光至今仍然在照耀着中国人治国的思路，活生生地存在于人们的生活中。这些伟大哲人的遗踪和遗迹还保存在山东省的地上和地下。凝望着郁郁葱葱的尼山，或许可以想象出2500年前孔夫子为什么在他的家乡发出"逝者如斯夫，不舍昼夜"（《论语·子罕》），"登东山而小鲁，登泰山而小天下"（《孟子·尽心上》），"知者乐水，仁者乐山"（《论语·雍也》）的感慨和议论以及人们所熟悉的许多伟大的教条。或许我们可以想见他为了天下苍生站在没有减振器和滚珠轴承的木板车上，在古代坎坷的土路上颠簸，向各诸侯国呼吁"仁政"和治国的真谛。也可以想象，他的道得不到实行，于是退而在曲阜进行讲学，寄希望于学生把自己那超越当时当地涵盖古今宇宙的学说传承下去，这是非常人所能有的刚毅和坚韧。这样的时代感、历史感，对于我们思考当下的世界是很重要的。

儒家文明和基督教文明都为人类作出了极其伟大的贡献，至今还在影响着地球上大多数人，有人断言，这二者的激烈冲突是不可避免的。如果真是那样的话，必然造成人类又一次巨大的灾难。我们当然不同意这一观点。这种理论是着眼于二者之异，没有考虑不同事物之间总有着许多共同点和关联。二者是可以沟通的，是可以互为补充的。而且，我们不能抛弃了文明一直在流动，自它发生之日起就没有停止过演进、丰富、完善，以适应不同时代的事实。在这漫长的过程中，任何文明都在异质文明中寻找对自己适合并且有用的内容作为自己进步的营养。我们不回避儒家和基督教之间的差异，因为差异，所以多元，所以双方都有持续前进的外部动力。只有理解彼此之异，才能找到彼此之同。

不同文明间的对话，可以论证多元的历史经验、时代特征和对人类发展的重要意义，可以产生这样一些议题或思想：文明多元化是人类的共同财产；文明的多样性、不同文明之间的差异不应成为世界冲突的根源，而应是世界交流与合作的动力与起点；学术界应该倡导和保护世界文化多样性，推进不同文明之间的对话；坚持文明多元化、坚持不同文明间对话，互相尊重、互相理解、互相倾听、互相学习，是形成国际民主、建立公正合理的国际新秩序的重要内容；坚持以对话、商谈方式处理国际事务，维护各国特别是广大发展中国家的根本利益；坚持通过文明对话消弭误解和分歧，是为人类建设可持续发展的必经之路，等等。

不论何种文明，都认同仁爱、诚信、包容、和谐等思想与精神，例如《论语》所倡导的"和为贵"（《论语·学而》），"和而不同"（《论语·子路》），"民无信不立"（《论语·颜渊》），"三人行必有我师焉"（《论语·述而》）等名言就完美地体现了这些理念。而基督教文明，就像《圣经》里所说的，"像神爱人类那样爱所有的人"，"要爱人如己"，"你们愿意人怎样待你们，你们也要怎样待人"，"人在最小的事上忠心，在大事上也忠心"，等等，同样是在追求至善、至美、至真，企盼社会安宁、人生幸福、天下太平。儒家文明和基督教文明是当今世界两个影响力巨大的文明，开展这两大文明的对话与交流在今天具有突出的意义和时代紧迫性，今后应该进一步加强沟通和了解，在新的基点上建立起彼此相互尊重、欣赏而又和睦通融的新型文明关系。

儒家文化和基督教文化的不同在于对终极真理、第一推动力、宇宙本体的不同态度和认识，在于由此而形成的思维方法的差异。

儒家——进而影响、扩展到几乎全体中国人，对思辨抽象的本体没有兴趣，把宇宙的来源归结为"自然"，或曰"本然"，视宇宙为一个生生不息的圆融的整体，人是宇宙的一个组成部分，是其中最高贵的一员，与万物为一体。由此而形成的思维方式则是一元的、综合的；"一"分为"二"，这个"二"相互依存、相互转化，然后合"二"为"一"；处事则不取两端而主"中道"。基督教——进而扩展到整个欧罗巴、美利坚乃至世界相当广泛的地区，基于信仰而形成的思维方式则为二元对立的、非此即彼的、分析的。正是基于各自的哲学理念，所以儒家对于不同的观念是包容的，而基督教的教义则具有一定的排他性。

中国的哲学理念保障了中华民族数千年的繁衍发展和相对稳定，造就了古代科技、经济、文化的辉煌，但同时也留下了历代帝王利用儒学维护利益集团统治、对儒学进行扭曲以及后世儒学过于偏重于把"心"作为本源而产生种种弊病的后门；基督教哲学激励了人们对平等的追求，促进了近代科学技术的突飞猛进，加深了人类对物质、地球和宇宙构成的认识，改变了世界的物质层面的面貌，但也不是完美的。不但在越来越多的科学领域二元论遇到了物质世界并不领情、与之相矛盾的现象，而且二元对立的绝对性，为后来的种族优越论、单一世界论以及视冲突为必然准备了思想和理论基础。

因此我认为，无论是儒家文明还是基督教文明，当下都有一个共同的、重要的任务，这就是要对自己所信奉的经典作 21 世纪的重新阐释。我们所应该做的是回到 2500 年前的智者那里汲取智慧，弄明白他们的智慧。在弄明白他们的智慧、传达他们的智慧过程中我们就是在创造，现在首先要做的不是急于建立 21 世纪的所谓新体系。

儒家文明与基督教文明两种哲学都是历代人们思考人生和未来的智慧结晶，思考的对象都是人和人所生存的环境，追求的都是人类为了幸福而应该具有的道德。这就是二者最大的共同点。我读《圣经》，常常感觉几乎就和读孔夫子关于仁、义、礼、智、信的教导一样，感受到先知先圣所期望于人类的、我们理当遵循的规范原则，至今温习这些教导就好像我的父兄昨天在对我进行谆谆教导。因而，这些教导当然适用于当代。今天人心、社会和世界的混乱，归根结底就是人们忘记了、抛弃了、背叛了先圣先哲的一再告诫。

中国有宗教吗？中国人有信仰吗？答案自然是肯定的。在我看来，信仰就是对当下现实中并不存在、未来也无法达到的某种精神和能力的信任、仰慕和希求。中国人在世俗层面上最根本的信仰是"天道"或曰"天理"，这是经由祖父辈、父辈传下来的古老的教导，而这教导的源头则是先圣先哲，先圣先哲的智慧则来自于《易传·系辞上》所说的"仰以观于天文，俯以察于地理，是故知幽明之故，原始反终，故知死生之说"。换句话说，中国人的信仰是由"近取诸身，远取诸物"而获得的。中国人崇尚"德"，德的支柱是"仁、义、礼、智"，这就是孟子所说的人之"四端"，后来又加上了一个"信"，形成了"仁、义、礼、智、信"。这种信仰并不妨碍很多中国人同时相信鬼神，信仰佛陀，信仰基督，信仰安拉，甚至于一个人兼信两种或三种。在中国有不少家庭，家庭的成员分别有不同的信仰，但是全家一直和睦相处。这是很值得研究的现象。这种现象存在的原因之一是中国人在现世中以德为上，是因为有人对死亡还有恐惧，或者希望摆脱现实中的一些迷惑与羁绊，或对是否有来世存有疑虑，于是寄托于某种超越的存在。儒家信仰和其他信仰能够并存于一身或一家，就是因为在现世人生精神的提升中各种信仰有许多共同之处，再加上儒家的"君子和而不同"的包容性。这说明，对于中国的过去和现在来说，那种认为一神教是高级宗教，多神教基本属于"原始宗教"，以及只有信仰唯一的、超越的、绝对的、先验的神才是信仰的主张和标准，并不适用。基于对这种情况的了解，外国朋友在观照现实的中国时，有许多现象——包括经济的、政治的、社会的——就容易了然，中国和其他各国学者讨论不同文明的同和不同的时候，可能障碍也就少了一些。

希望主张对话、反对冲突的话语能成为我们这个时代的最强音！希望人类的智慧之光能够穿透笼罩于人类自身之上的物质与贪欲的迷雾，让人类看到湛蓝湛蓝的天空。

跨越时空，思考出路[※]

——重温古代圣贤

我感到十分荣幸和兴奋，第一次踏上了向往已久的这块孕育了伟大希腊文明的土地。我曾经到过不少国家，但是唯有希腊、印度和巴勒斯坦是我最向往的，因为这都是诞生伟大哲人的地方。尤其让我高兴的是，来参加这次着眼于人类文明和未来的会议，见到了许多老朋友，又将结识不少新朋友，大家一起在这块神圣的土地上，重温孔子和亚里士多德这两位伟人的思想。

由我们这次会议的议题，我不由得想起了在一年多的时间里我所参加过的几个很有意义的学术会议。

去年9月，我主持了在孔子的出生地、中国山东省曲阜市举行的有14个国家学者参加的"尼山论坛"。这次论坛以"和而不同与和谐世界"为主题，50多位各国学者和相同数量的中国学者进行了儒家文明与基督教文明的对话，并共同签署了《尼山和谐宣言》。

去年12月，我参与组织了在新加坡举行的，有7个国家学者参加的"中华文化与东南亚文化的交流、

[※] 2011年6月13日在"中希哲学大会"上的发言。

会通与发展"研讨会。

今年4月我和我的朋友、台湾中华文化总会会长刘兆玄教授合作，在中国南京举办了就儒家思想中的一个重要理念"王道"在今天的意义进行研讨的会议。

上个月，我作为名誉主席，在中国著名的美丽城市苏州参加了有着广泛国际性的"太湖论坛"。

这四次会议的共同特点是关注世界不同文明的同与异，开展不同文明的对话，探讨中华文明可以给世界贡献些什么。

在这些会议上，学者们的共识是：当前，世界需要不同文明之间进行长期的、广泛的、逐步深入的对话；人类需要重温古代圣贤的智慧，尤其是中华文明和希腊—希伯来—盎格鲁·撒克逊文明的缔造者们的智慧。在我看来，我们这次会议也是跨越了东西方之间的遥远距离，跨越了2000多年的时间，中希两大文明的学者一起走向伟大的先圣先哲，向他们请教。

今天的人类应该向祖先们请教什么？一言以蔽之，请教人类如何才能走出当今的困境，今后人类怎样生活才能平安幸福。

半个多世纪以来，各国的许多学者，特别是欧美的学者，由于两次世界大战和冷战结束之后的社会和生活现实，一直在寻找人类空前的对立杀戮、道德沦丧、贫者愈贫富者愈富、自然环境恶化、人类自己制造的危机接连不断等严酷问题的根源，由此而反思200多年来的历史，于是纷纷提出质疑，对从"前现代社会"起逐步形成的传统进行批判，于是后结构主义、解构主义、后现代主义等学派相继出现。但是人们也注意到，这些可敬的学者们并没有设想出可供人们参考的解决困境的方案或路径。我想，原因之一可能是他们基本上生活于单一的文明环境中，受到的是纯一的自己文明的哲学、史学、社会学的训练，缺乏另一个文明的体验、参照和对比。自20世纪末起，越来越多的学者注意到不同文明之间的交流、对话，不但是文明和谐、世界和平的需要，而且是不同文明共同探索人类出路的需要。换句话说，只有多种文明互相理解、学习，一起回顾过去、正视当下，才可能看清通向和平、稳定、幸福之路。

在这浮躁、混乱、冷漠、残酷的时代，我们可以把人类所面临的种种挑战概括为几个极其简单而又常常被我们忽略的问题：我们是谁？人为什么生活在这个世界上？什么是善？什么是幸福？

对这些问题，可以得出许多不同的答案。事实上，有些人在为基本生存条件或为无止境的财富积累而无休止地奔忙中，根本没有去思考这些问题，有些人得出了迥然不同的答案，却都认为自己对人生的解读、对善和幸福的理解是最正确的。在这样的时刻，不同文明背景的学者面对面地切磋，尤显必要和重要。

回顾历史，东西方古代圣哲都曾经根据他们之前的时代经验和生活经历，通过思考、推理和思辨，提出了很多在今天看来依然足以让人们冷静、震撼和清醒的见解。几千年来中国人总是"以史为鉴"，这不但是因为古今历史常常有惊人的相似，而且中国人从实践中体会到，经时间的冲刷、过滤、选择而依然留存在13亿人心中的前人的许多教诲是正确的，有效的，是适合今天的现实的。可惜的是，现在是一个健忘的时代，甚至可以说是个失忆的时代。我们总以为时代前进了，我们比古代哲人要高明得多。殊不知今天与孔子、亚里士多德等古代哲人的那个时代相比，我们只是在技术领域、在认识物的方面有了巨大的进步，而对于人生、人际关系以及人类和自然的关系等方面的认识却没有进步，如果抛开记忆中的历史经验，甚至可以说，现在比2500年前反而退步了。

我们这次会议以"亚里士多德和孔子对现在的影响"为题，不同国度的学术、企业的精英共同为社会捡拾失去的记忆，也正符合中国人民的愿望和习惯性思维。每逢到了历史性的关键时刻，中国人都要重温历史和古圣贤的智慧。其实，西方文明何尝不是如此？文艺复兴就是在中世纪的文化严重阻碍社会的进步时，经多年的酝酿而逐步形成的；在这过程中，古代希腊、古罗马文化的发现、研究、回顾，苏格拉底、柏拉图和亚里士多德以及众多古代哲人的深刻思想和宏伟论述给了人们巨大的启示和鼓舞。

2000多年前，孔子和亚里士多德所处的时代和今天又有了相当程度的近似。当时，东西方的圣哲所崇仰或欣赏的时代即将逝去：亚里士多德力图挽救的是雅典等城邦的民主政体，孔子要呼唤回来的是他认为最好的、周王以礼乐施行教化的王道，于是他们二人不约而同地拼尽毕生精力去挽救人心，想留住崇高，恢复理智，阻止人们对权力和私利不知疲倦的追逐。但是，历史起伏循环的力量不是一两个智者所能遏止的，用孔子当时的人评论孔子的话说，他们都是在"知其不可而为之"。曾经实行过民主政治的雅典因为与实行专制政体的斯巴达旷日持久的伯罗奔尼撒战争迅速衰落，在亚里士多德去世后不久，希腊即为罗马所征服。在中国，孔子生活于诸侯挟天子以令诸侯的霸权时代，在他去世之后几年，就进入了连天子的旗帜也不用、几个大国兼并小国、彼此争霸的战国时代。

而他们的理念虽然不可能扭转历史的车轮，但是在那剧烈变动、充满污浊的时代，他们所提出的伟大见解却始终是人们心中的理想。

孔子和比他晚生近200年的亚里士多德留给我们的精神遗产是极其丰富的，是博大精深的。亚里士多德探索了世界的本质，孔子分析了人的本质；亚里士多德追求宇宙最初的"因"，孔子追求的则是此后的"如何"。虽然他们的哲学观（"形而上学"）有着巨大的差异，但是在政治理想、伦理主张方面却有许多相通甚或是相同之处。

亚里士多德在他的《伦理篇》中提出，主要的生活有三种选择：享乐生活、政治生活、思辨静观生活。其中只有最后一种才是幸福的、至善的。他反复强调："人的善就是合乎德性而生成的灵魂的实现活动"，"幸福就是合乎德性的实现活动"。"只有那些行为高尚的人才能赢得生活中的美好和善良"，"只有那些对爱美好事物的人来说的快乐，才是本性上快乐"。"有些人却什么合乎德性的事情都不去做，躲避到道理言谈中，认为这就是哲学思考，并由此而出人头地。"享乐需要财富，政治追求荣誉，这两样都依赖外界外物，只有思辨可以自足，不依赖他物，而自足"最主要须归于思辨活动"，"只有智慧的人靠他自己就能够进行思辨，而且越是这样他的智慧就越高"。"至于那些敛财者，是在那里受强制而生活着，因为很显然财富不是我们所追求的善，它只是有用的东西。"思辨是需要宁静的，过得闲暇才可以获得宁静，所以他说："幸福存在于闲暇，我们是为了闲暇而忙碌，为了和平而战争。"自古至今，都有一些人为了满足自己的或家族不断膨胀的物质和肉体之欲，终生奔忙，谈不到闲暇，即使有些空闲也不懂得静思，按照亚里士多德的学说，这种生活根本谈不到幸福。亚里士多德还指出，获得幸福所必备的德性有两种："理智德性主要由教导而生成，由培养而增长，所以需要经验和时间；伦理德性则是由风俗习惯沿袭而来。"因而在他的著作中时时可见强调教育和经验的论述。

现在我们看看对这个问题孔子是怎么说的。

许多外国朋友在提到孔子思想的时候，几乎都提到并称赞他的名言"和而不同"和"己所不欲勿施于人"，有些朋友可能还不知道他所提倡并身体力行的一个更高的境界——自己想要有所建树，也要让别人有所建树；自己想要通达无阻，也要让别人通达无阻（"己欲立而立人，己欲达而达人"）。其实，孔子的这些关于个体的人与外部关系的主张，还有其深层次理念。其中最重要的一点就是他关于"仁"的学说。在孔子那里，"仁"就是最大、最高的善。

"仁"，很难用简单的语句给以界定。宽泛地讲，"仁"就是爱人。但是这种"爱"并不限于私人间的感情或泛泛的关怀，孔子说过，如果能做到对人和事怀有恭敬之心（"恭"），心胸宽广（"宽"），对社会诚信（"信"），遇事敏锐快捷（"敏"），对他人关心爱护（"惠"），就做到"仁"了。"仁"不是挂在嘴上的，他不但指出言辞美好巧辩和做出和颜悦色样子的人很少是真正的仁者（"巧言令色，鲜矣仁"），而且批评那些表面像"仁"而行为却与之相悖的现象（"色取而行违"）。"仁"的品德和信仰是自身修养、萌发、生长出来的，是一个人追求"善"的全部内心。他最喜爱的学生颜渊，过着一般人所承受不了的贫苦生活，却始终因孜孜不倦地追求真理、精神境界不断提升而喜悦。

孔子多次称赞他，说他是所有学生中最"好学"的。颜渊去世了，孔子极为悲痛，说现在再没有"好学"的人了。孔子也主张为了达到"仁"的境界需要"静"，也就是提倡学习和思辨静观相结合。学和思的目的是获得真知真理，是道德的不断升华，是逐步接近至善。他的最高理想是恢复已经遭到严重毁坏的周代的"礼"。其所谓"礼"，是内在德性的外在表现，是社会对人们行为的规范，也是一套根据时代而制定的礼仪。"礼"要求人要"克己"，即节制自己的名利之欲，因此他鄙视奢侈豪华，认为有德的人在自己内心里寻求高尚，而缺乏道德修养的人只想向他人提出要求（"君子求诸己，小人求诸人"）。经"克己"，回到"礼"的范围，人心也就得到挽救了，天下的人就会回到"仁"的世界（"一日克己复礼，天下归仁焉"）。

前面所提到的"王道"的概念和理论正是孔子的传人孟子等人根据孔子关于"仁""义""礼""智""信"等思想，针对在他身后约200年的社会状况而总结出来的关于一个国家如何处理和他国关系的理论。

在我们所举办的"王道"研讨会上，两岸学者的共识是，"王道"就是一个国家内修自己的德性，外用仁爱的情怀以及"和而不同""己所不欲勿施于人"的原则，处理国际事务，目的是达到天下太平。因为在孔子所开创的儒家思想宝库中，整个世界乃至宇宙是一个整体，人是宇宙的一个部分，人与人、国与国犹如兄弟，也如人的身体，四肢、脏腑之间息息相关（"四海之内皆兄弟也"），当然应该友好相处。应该用德性让邻近的国家高兴，让远处的愿意前来（"近者悦，远者来"，"远人不服，则修文德以来之"），而不应该滥用强权和战争。人与自然、身与心都息息相关。大家既是一体，自然应该抛弃尔虞我诈，互助互利，友好相处。我想，"王道"也正是亚里士多德所尊崇的公正、慷慨、友爱的"实现活动"，也是他思想中的善和幸福。

看来，亚里士多德和孔子都是把幸福定义为自己过得好，也让他人过得好，并且无止境地提升自己的德性，做到精神的完全自足。

两位伟人在哲学思想上，也有相近和相通的地方，其中有一点极其相近的，是他们都主张"中道"，同样把"中道"视为是一种至高无上的德性。亚里士多德认为，伦理德性是关于感受和行为的，"存在着过度、不及和中间"。"过度和不及都属于恶，中道才是德性"。"德性就是中道，作为最高的善和极端的美"。孔子则明确地说：过度和不及一样有害（"过犹不及"），他认为中道是道德里最高的顶点（"中庸之为德也，其至矣乎"）。他的传人在他身后根据他的思想经逐步积累，写了一篇《中庸》，成为2000多年来中国重要的思想、哲学经典文献。其中不乏这样的精辟论述：中庸，是天下的本性；和，是天下最通达的"道"。完全实现了"中"与"和"，天和地就各安其位，天下万物就按其本性生长了（"中也者，天下之大本也；和也者，天下之达道也。致中和，天地位焉，万物育焉"）。与孔子和亚里士多德相比，我们现在是不是经常见到遇事就走极端的事件？而人类是不是也时时在遭受着"过"与"不及"之苦？

让我们像亚里士多德和孔子那样，静观深思，是不是可以悟到我在前面所说的当今的种种危机，究其根本，都源于人类放纵的欲望、为肉体的快乐而戕害生灵以及对自然的狂妄？是不是今天的世界已经颠倒了善与恶、是与非？"中道"是不是已经被视为保守而抛弃？这种与古代圣哲的理智完全对立的现实又正通过现代技术手段，包括生产的、宣传的、金融的技术，不断加快速度侵蚀越来越多的人的灵魂。

在多数时候，大自然和无权无势的人被误视为弱势；其实无言并不等于软弱。整整 24 小时前，我在马德里斗牛场外看到一尊雕塑：一位斗牛士挥舞着斗篷，身后一头被几根标枪扎伤的牛高昂起它的双角。原来这是对一段真实事件的纪念。年轻的斗牛士已经把牛扎倒，就在全场观众为他的杰出表演发出欢呼，他准备以胜利者的姿态接受赞扬时，那头牛突然奋起，瞬间用双角刺穿斗牛士的身体。斗牛士死了，"弱势者"胜利了。现在，在似乎强势的人类面前，大自然——这个被我们误认为"弱势"的对象已经发怒了，许多地区的社会动乱冲突也是"弱势者"的反弹。"弱势"的这种反作用力有时会超出我们想象的巨大。现在到了人类应该正确认识自我、更为谦卑的时候了。

社会的清醒，首要的是知识精英和执政者的清醒。因为前者还都多少记得些先圣先贤的教诲，后者为了社会的安宁早晚也会明白唯有中道和友爱是最应该弘扬的。我希望，我们在这里的交流能够影响到越来越多的执政者。

我曾经遐想，如果亚里士多德和孔子生在今世，他们会说些什么、做些什么？恐怕仍然要在他们的学园里和杏坛上孜孜不倦地教诲人们。如果他们越过万水千山在中国山东或在这里见面了，他们会得出什么样的共同结论？现在我们就在亚里士多德讲学和研究的地方交流，似乎也就像这两位伟人在对话，那么就让我们也像他们那样，为了天下苍生而"知其不可而为之"吧！因为这个世界需要公正、慷慨、友爱，需要仁义、谦逊、王道，需要减少"过"和"不及"。

文化建设的困惑和我见[※]

各位领导、各位同志：

这次来福建，有两个"因缘"：一是省委通过党校一而再、再而三地提出来，希望我能来谈谈文化建设的问题。过去，当文化这个问题还比较沉寂的时候，我到处呐喊，呼吁大家应该重视文化，注意优秀传统文化和时代精神结合。现在，无论是首都的还是地方的报纸，无论是中央党校还是地方党校，不管是企业、学校还是部队，都在注意文化建设问题。形势发展到这一步，我个人应该继续往前去深入。我要深入的方面，一个是不同文明之间的对话，也就是两种不同文化之间的交流，不同信仰之间的交流。这方面我做了一些工作，还要继续探索，因为这对中国是一个紧迫的问题，后面我还要谈到。我们不善于交流，不善于把老祖宗传下来的宝贝和我们这代人以及前人所创造的东西传达出去。翻译成外文或与外国人见面时候所讲的，都是"面目可憎"的语言，很难懂的语言。我想在这方面推动一下，自己先尝尝"梨子"的味道。我说"面目可憎"，是借用了毛主席的话，意思是干巴

[※] 2009年5月11日在福建省委党校的讲话。

巴。第二个方面，文化如果不深入到哲学，那只有文化形态，或者叫形态文化，如唱歌、跳舞、唱戏、餐饮，等等。而民族的根、国家的魂体现在哪里？它的集中体现是一种哲学。哲学在哪里？并不神秘，哲学就在我们的心里，就在我们的生活里，就在我们的一言一行中。但是，需要一批人从哲学的角度来思考。中国的文明，五千年未曾中断，她是有生命的，一直在延续，就像我们每个人，从小长到大，在成长过程中有说错话的时候，有做错事情的时候，甚至有想法糊涂和举动荒唐的时候。中华文化也是如此，在发展过程中也有一些今天看来可以断定是不好的东西，而这些不好的东西，和中国固有的几千年形成的哲学是矛盾的，是背离的。用哲学的话就是中华文化自身的"悖论"。分辨哪些是悖论、异化，哪些不是，用大家都了解的话就叫"批判继承"。所以对文化必须提高到哲学上看。正是因为这个缘故，不是所有人可以看得很清楚，所以产生了意见的分歧。有人说应该弘扬优秀的传统文化；有人说传统文化有什么——裹小脚，娶姨太太，当臣子、当百姓的奴性。这就和仅根据一个人成长过程中哪一天跟老婆打架、说了粗口或荒唐的话就说这个人不行一样。第三个方面，在中华文化当中，除了汉族的文化，还有8%的人分属55个民族的文化，与汉族合起来才是中华文化。现在我们报刊上所说的、课堂上所讲的中华文化、中国文化，基本都是汉族文化。我不懂少数民族语言，要去研究那55个民族的文化，只能用二手、三手的材料。这个领域，我只能呼吁，不能参与。如果只谈汉族文化，就称为中国文化、中华文化，这里就隐隐的有一点大汉族主义，如果付诸行动，那就有可能发展为文化的沙文主义，这是不应该的，这也不是中央的精神。

　　这三个方面，我希望都有人做，而我能做些什么呢？在汉文化当中有三个支柱，儒家的学说，只是其中的一个，另外两个——佛和道，我希望在这两方面深入一点。不过，以一个72岁的人，要在三个领域——儒学、佛学、道学，进行不同文明对话，我只感到生命太短促，每天24个小时，太短了，吃饭、睡觉占的时间太多了。但是我想，在960万平方公里国土上目前出现的文化热潮中，作为一个读书人，应该探知永续，既然看到了、感到了，作为个人，就应该迈出这一步，尽心力而已矣。孔夫子说："加我以数年，五十以学易，可以无大过矣。"（《论语·述而》）我72岁才领悟了孔夫子当年说的话，真希望上天多借给我几年，让我的精力、头脑多保持几年的清醒和敏捷，为中华文化多做一点事情。

　　第二个促使我来的因缘，就是海峡西岸经济区的最新发展势态。国务院这次常务会议把这个问题作为唯一议题。海峡西岸经济区从提出来到这七个字进入中央文件和政府工作报告，这算是一个阶段。在国际金融危机还没有过去的情况下，国务院常务会议在六个方面提出了指导性的意见。我知道之后，非常兴奋。我希望海峡西岸经济区在建设和发展过程中能汲取我们在改革开放初期若干地区的教训和经验。一般都说"经验教训"，现在我把教训放在前面，就是强调另一手不要软，要硬。在邓小平同志提出"两手都要抓，两手都要硬"二十几年之后，海峡西岸经济区能够稳定、快速、持续地发展，当然要有政策，但是要持续发展，还需要另一只手。邓小平同志提的是精神文明建设，我们"换算"一下，就是文化建设。

我这长长的前言，说明来的机缘。其实里面有些内容，在后面都要呼应上。

关于"文化建设的困惑和我见"，我主要讲这样几个问题：

首先讲困惑。如何面对困惑的意见贯穿其中。

大概有这样几个大困惑：到底什么是文化？传统文化对现代有什么意义？怎样建设社会主义新文化？文化交流和对台工作是什么关系？

在省委领导下，大家取得一个共识——闽台之间有"五缘"，其中有一个就是"文缘"。特别是当前台海形势缓解，从马英九上台到陈江三次会晤，形势发展很快，是不是两岸文化交流就限于木偶戏、每天有7200名游客登台？这些东西在维系两岸情感上起什么作用？要知道，美国原是英国的殖民地，英国是美国的宗主国，直到独立战争之前，美国的所有进出口税是要交给英国皇室的，他们的文化是一脉相承的，有点像是我们闽台之间的关系，但是单靠这种文化交流行吗？这就要有清醒的、客观的、科学的判断。

这个困惑具有国际性，不单是福建或者远在北京的我才有这些困惑，现在整个世界都陷在文化困惑当中。为了说明这一点，我现在把西方文化和东方文化的一些特点简要介绍一下。

西方文化的特点，我概括为四方面：

第一，他们认为宇宙起源于神，就是 God。我们把 God 翻译成神、主、上帝，这都是用中国语言翻译的，应该说都不够准确。到底应该怎样翻译？汉语没这个词，当用神、主、上帝翻译的时候，在中国人的脑子里出现的就是我们心目中的神、主、造物者，或者就是戏曲里演的玉皇大帝。我们姑且就用已有的翻译，说宇宙起源于神，一切都是神创造的。这个神是绝对的、超越一切的、无须证明的，它永远都成不了它所创造的任何东西。比如说上帝变成大树了，变成人了，这不可能，它永远是神；它的被造物，山川、树木、草木、虫鱼、人类，则永远成不了God。因而在他们的认识中，世界是两分的，二者是不能合一的，不能互相转换的，二元永远是对立的。中国文化不同。在中国的神话和民间信仰中也有神，受人们尊重的人可以变成神，如诸葛亮、关公、孔子、老子、妈祖等；神也可以变成人，如太白金星。

第二，要认识神，只能靠理性、靠思考。靠理性去思考，超越实际、推理、冥想，就是西方的理性主义。本来上帝谁也没见过，要说明他存在，只能靠思辨。思辨要靠逻辑，大前提、小前提、结论。但是逻辑可以变成诡辩，所以黑格尔批判了形式逻辑，发展出辩证逻辑。

第三，神选择了"我们"。"我们"指谁呢？在《圣经》上指的是以色列人，即犹太人。现在，特别是从20世纪50年代以来，这个"我们"竟变成了美国人。小布什是典型代表。为什么美国不到3亿人占了这么大的国土，毁灭性的灾难很少，什么大地震、大洪水啦几乎没有，就是偶尔有阵龙卷风，也小菜一碟？为什么"我们"在全世界最富？他不说百年来的掠夺，却说是上帝选择了"我们"。上帝选择"我们"干什么呢，给"我们"最好的土地，同时给"我们"一个义务，就是把对神的信仰推广到全世界，这样做是神的意志。所以美国对外政策背后有宗教的因素在。这已经渗透到老百姓的意识当中。海湾战争结束的时候，我正好在美国，住在酒店的高层，向下一看，车水马龙啊，所有汽车的天线上都扎着一根黄绸条。这是在表达什么？庆祝美利坚合众国打了胜仗！这背后有宗教因素："我们"在体现神的意志。所以小布什称打伊拉克是又一次十字军东征——虽经全世界抗议收回了这种表述——但这正是其宗教心的流露。十字军东征是宗教战争，天主教打犹太教、伊斯兰教，九次东征，死了很多人。当时还是冷兵器时代，可以想见战争的残酷。为什么这样做？体现神的意志，是"选民"（上帝所选择的人民）的义务。因此基于基督教的理念是排他的，不允许别的信仰、思想存在，只要与God对立的就要消灭。

第四，万事万物都是组合的。一棵树，本身有枝、叶、根、干，人的身体也是由各部分组合的。这种观念不是古代的西方文化，即希腊罗马文化，而是在工业化过程中形成的。工业化的特点是用机器进行生产。机器是由一个个零件组成的，拿这个观念观照人，人也是个机器，既然是机器，就可以作精密的测量和分析。大到宇宙，小到个人，都是如此。因此，有一个习焉不察的现象：医院里眼科不管鼻子，消化科不管呼吸系统，管心血管的不管脚疼、腰疼。这等于把人拆成了一个个零件，这就是机械论、组合论。中医是典型的"全科"，只是不同的医生有不同的特长或偏重。在中医——其核心是中国哲学——看来，人是个整体，宇宙也是个整体。西方科学200多年了，分析得越来越细，一直细到基因了。按照机械论，应该能够把"零件"还原为整体，但是到现在不但没看到还原的影子，而且距离整体越来越远，凡涉及全身的疾病西医几乎没有办法，例如病毒性流感和很多慢性病。

和它相对应的是中华文化，也有四个特点：

第一，认为宇宙是自然的。"自然"在古代汉语就是"本来如此"的意思。万事万物都是对立统一的，对立的双方我们用阴、阳表示，包括正负、天地、男女、好坏、形式与内容、现象与本质，等等。阴阳对立又统一，即可以相互转化，分而合，合而分。这一点，毛主席在《矛盾论》里阐述得非常浅显而清晰。宇宙本来就这样，再追究还是这样。用什么表达它的规律和状况？用一个"道"字，意思是人类、万物、宇宙都要遵循它。

第二，在认识方法上，首先靠经验，观察，体验，之后做思考。有人说中华文化是"感性主义"，这不全面。现在一批中外学者，以外国学者为主，认为中华文化也是有理性主义的，只不过这个理性主义不同于西方的理性主义。对这点，我持怀疑态度。干吗非得叫"理性主义"啊？可能本来是想抬高中华文化，可是无意中还是拿西方人的思维、标准和概念来衡量我们。

第三，世上没有一个造物主凌驾于人类之上，世上的人是平等的。可能有的人提出疑问：怎么平等啊？皇上跟平民是平等的吗？要说明这个问题，应该专讲两个小时，在这里就不展开了。我所说的平等是精神上的、实质上的。大家如果有兴趣的话，可以参看孙中山1924年4月到8月在广州中山大学的中山堂所做的16次关于"三民主义"的讲演。他在讲到民权主义的时候，反复说明不要去贩卖欧洲的平等，欧洲之所以把平等唱得天响，是因为中世纪欧洲太不平等了，教会代表上帝凌驾于所有老百姓之上，因此对它的反弹就是要平等。中国人自古以来就是平等的，所以说"王侯将相宁有种乎""得人心者得天下"。

第四，万事万物都是小宇宙，人本身也是个小宇宙，人又是大宇宙的一部分。万事万物都是一个完整的体系，这个宇宙有些事物是能够做精确分析、测量的，有很多根本不能，比如说感情、思想、经络。不仅这种非物质的东西不能做精确分析，物质领域有的也不能做。例如地球南北极的边界，动植物的分类，人的少年、青年、中年、老年的划分，都有人工的硬性界定，然后约定俗成，并不是事物之本然的界限。因为二元之间都有过渡带，过渡带是模糊的，很难划清。

国际性的困惑还有：中国文化有什么价值？在20世纪50年代之前，中国文化在西方被完全、彻底地否定，认为它是落后的、愚昧的、无知的。之后西方自身的问题一个一个地显露出来，促使一部分人反思：我们的文化真的比别人好吗？同时开始想起东方文化来。现在，在西方思想界存在两大派，一派是完全否定中华文化，一派承认中华文化是世界文化的一元，其中有些人还称赞中华文化，认为中华文化提供了西方文化中没有的东西，西方的文化已经走到尽头，这当中包括西方医学界一些医学权威，提出医学要再发展必须向中医学习。据我观察，在世纪之交时，后者已经略占上风。但是这个问题远没有彻底解决，依然困惑着世界。

由中华文化有没有价值自然引出第二个问题：从中华固有的文化中能生出工业化么？在西方学者著作上讲的是能否生出现代资本主义。接着还引出第三个问题：中国文化是否要接受西方文化的彻底改造？也就是中国要在当今世界上立足，要不要全盘西化？这个目前在国内还是有争论的，主张全盘西化的人不少啊，而且都是有文化的人啊。这个在西方也是两派，所以这个困惑是世界性的。中国的问题成为世界的问题，从这个角度看也是由于中国地位提高了。如果我们还是每月三两油、半斤肉、二两糖，吃根油条还要交粮票，人家不会去研究你的文化，是不是？

现在，我就开始说那四个困惑：

第一，到底什么是文化？

似乎什么都是文化。饮食、服饰、家居、汽车、玩具、电影、文艺、卡通（动漫）、旅游、博饼、卡拉OK、色情……现在又提出非物质文化。处处是文化，说来说去，"泛化"了，反而闹不清到底什么是文化了。粗略地说，人类所创造的一切精神成果都是文化。第一，文化是人类创造的，大象卷支笔在那儿涂抹不是文化，黑猩猩画什么都不是文化。第二，文化是创造的。公园里树和草不是人创造的，但是树摆在哪，花放在哪，堆个土山，这是文化。广义的文化，人类创造的物质成果也包括在内。我们这个礼堂、层出不穷的科技成果，也应该算文化。一句话，文化无所不在，无时不在。它存在于我们的心中，存在于我们的生活中，存在于我们老百姓生活的环境里。

需要分层级来认识文化。这里所分的层级绝不像西方理念那样刀切豆腐，层级之间截然划分，而是互相沟通、边界模糊，不同层级只是侧重点不同。层级划分有不同办法，这里所说是其中的一种。

首先，56个民族是一个文化整体，下面有亚文化，再下面还有次亚文化、次次亚文化。什么是亚文化呢？按地域划分，有岭南、闽南、客家、江南、西北、巴蜀、湘楚，等等。按民族划分，有汉族文化、藏族文化，等等。按社区、企业、学校、军营、居民区、村寨等划分的文化，属于次亚文化。比如客家文化下面有龙岩客家、梅县客家、赣州客家、台湾客家文化等等。民族文化也有次亚文化，例如彝族有四川彝族、云南彝族，藏族有西藏的藏族、青海的藏族、四川的藏族、云南的藏族。四川的彝族还分了几支，语言相通，但文化形态不同，那就是次次亚文化了。

文化层级另外一个分法，是根据内涵和外延的不同。我把它分为三层：

表层文化，也叫物质文化、生活文化，是围绕衣食住行的好恶、取舍。现在我们日常服饰都是衬衣、T恤，有些小青年，好好的裤子非要买拉了很多口子的，1000多块钱买条裤子那么多洞，他就喜欢。衣服本身不是文化，他喜欢了那就是文化。假如孩子买回一条好多洞的裤子给老爹，老爹绝对不肯穿，不肯穿也是文化。其余依此类推。

中层文化，也叫制度文化、艺术文化或形态文化，包括风俗、礼仪，艺术、宗教、制度、法律。

底层文化，也叫精神文化、哲学文化。其内容不外乎就是"四个关系"、"四个观"。"四个关系"是人和人（包括个人和社会）、人的肉体和精神、人和自然、现实和未来的关系。"四个观"，即在"四个关系"里体现出的价值观、伦理观、世界观、审美观。

从上述的分析看，是不是到处都是文化？早晨起来一看表，急急忙忙吃点东西，上班去，这就开始有文化了。睡觉选什么床，什么样的床上用品，乃至做的什么梦，都是文化的反映。我们绝大多数人睡觉很踏实，唯一不踏实的是今天有事情没干完，生怕明天起晚了。少数人睡觉不踏实啊，一报道哪个"双规"了，心惊肉跳。这也是文化的反映，反映价值观嘛。

第二，传统文化对现代有什么意义？

这实际上也是在问：传统文化能不能以及怎样与现代社会结合？我们提倡的是优秀传统文化和时代精神的结合，建设民族的、大众的、科学的社会主义新文化。但是人们难免心存疑问和困惑：能不能结合啊？答案是肯定的。文化从来就是在继承的基础上发展的，继承和发展得如何，关键在于自觉不自觉。有些属于不自觉，比如中国人提倡孝，我们大家对自己的父母和祖辈都怀着一种孝和敬之情；扩而大之，对革命先烈、老前辈，虽然他们没有了工作能力，有的躺在医院里，有的思想跟今天有些脱节，但是我们仍然尊敬他，因为他们当年叱咤风云，比我们贡献大。时代前进了，现在的任务该我们来做了。这样想了，这样做了，还是不自觉的。如果自觉了，就认识到这是传统文化和现代精神的结合。因为是在过去的基础上演变发展来的，所以牢固，不会因为工业化和市场经济而忘了老爹老娘，忘了过去。

前些年我一直在提倡中华民族要做到文化自觉。这不是说要13亿人都自觉，而是说只要执政者和知识精英自觉了，就可以带领整个民族文化走向繁荣。江泽民同志在十五大提出"三个代表"重要思想，第二条就是"代表先进文化的前进方向"，当时这让我非常振奋。这是中国共产党文化自觉的标志。从苏区时代党就非常重视文化，共产主义理想、党的作风保证了红军在艰苦卓绝、牺牲巨大的情况下最终到达陕北。延安时期也非常重视文化，之后更是如此。七届二中全会的"三个务必"，就是中国共产党价值观、伦理观、世界观、审美观的集中体现。历来我们习惯于把某一方面的工作称为"战线"，农业战线、商贸战线、教育战线、军事战线、统一战线、文化战线……还可以列举出很多。现在，在诸多战线当中特别把文化提出来列为立党之基、建国之本"三条腿"中的一条，把文化提到从未有过的高度，这是"两个文明一起抓"思想的进一步提高和升华。而且"三个代表"排列顺序很有深意。"代表先进生产力的发展要求"就要调整生产关系、改革体制和机制，生产力解决人民物质生活之所需、社会发展之所需，是一个社会存在的根本；第二条就是文化，是精神之所需，是一个政党、国家或民族的灵魂；这两条实现了才有第三条，或者说第三条是以前两条为出发点：代表中国绝大多数人民的根本利益，没有发达先进的文化也就不能代表人民根本利益，因为人民不仅仅需要物质，也需要精神，不能持续发展先进生产力也不能代表人民的根本利益。三者相辅相成，缺一不可。

现在社会上有很多人在做继承、发展工作。比如《百家讲坛》由教授来讲《论语》《三国》《红楼梦》《聊斋》、唐诗宋词、革命传统，等等。人类的历史就是这样在继承和发展中延续的。众所周知，马克思主义也是在原来传统文化的基础上发展出来的。马克思主义有三个来源，即有"来"有"源"。马克思主义哲学继承了西方2000多年的传统，从柏拉图到19世纪，特别是黑格尔的辩证法和费尔巴哈的唯物主义。在文化问题上黑格尔也谈到扬弃问题，"扬"就是继承、弘扬，"弃"就是割舍、批判，见于他的《小逻辑》。马克思的社会主义思想，实际上是继承和发扬了圣西门、傅立叶、欧文等人的空想社会主义。大家不要看轻空想社会主义，在当时影响是很大的，直到60多年前北欧还有人在实践：一个社区互通有无，打破私有的观念，孩子送到寄宿学校，既学习书本知识又学手艺，自力更生，学木匠、学盖房子，学到一定程度就靠劳动换取报酬，家长不必给钱，过集体的生活，生活的用品都是一样的。现在没有了。因为资本主义进行了自我调整，人民生活水平普遍提高，这个强大的力量一下子就把它冲垮了。空想，就是欠科学，马克思的贡献是把人类的这种理想提高到科学水平。马克思主义的经济学是直接继承了亚当·斯密和大卫·李嘉图的古典经济学。马克思最主要的贡献就是从货币入手提出了剩余价值的理论。有些人一提到马克思好像就是阶级斗争，其实阶级斗争只是变革现实的一种手段。马克思主义的核心不是阶级斗争，起码不只是阶级斗争。这次金融危机，无论是在美国还是在欧洲，马克思主义又走俏了。因为人们发现今天发生的事情马克思100多年前都预言了，看出了资本主义固有的矛盾和危机的周期性。他这个理论不是空想出来的，而是在充分研究了资本主义的状况，并在亚当·斯密等人的基础上建构的。

　　我们再看一下毛泽东思想。有一个课题希望将来党内外专家好好研究一下，这就是毛泽东思想、邓小平理论、"三个代表"重要思想、科学发展观以及构建和谐社会主义里面所包含的中华传统文化。中国共产党早在20世纪40年代就提出了马克思主义中国化问题，但是迫于第三国际的压力，后来改为马克思主义基本原理与中国实际情况相结合。过了几十年，江泽民同志又提出了马克思主义中国化。"结合"也好，"中国化"也好，我认为不能只考虑到中国地大物不博，经济、文化、教育、科技落后，还应该想到中华民族的人文环境，也就是文化问题。马克思主义必须并且必然和中华文化结合，因此在几代中央领导集体的思想当中，有意无意地体现了很多中国传统文化。比如毛主席讲"实事求是""有的放矢"，即以马列主义之"矢"去射中国的实际情况之"的"、中国革命问题的"的"，"具体问题具体分析"，这都是中国式的思维。西方的思维，包括马克思，都是确定普遍规律、普世价值问题。毛主席的《矛盾论》《实践论》里面大量的是中华文化的东西，现在很少有人读了。好好读读毛主席的《矛盾论》《实践论》，对今天的工作有很好的指导意义。刚才我提到的"阴阳"，向对立面转化，这一点马克思也有，但是毛主席讲的纯粹是中国货。《实践论》讲知行合一，而我们自古的哲学就讲究知行合一。伦理上，毛主席提出"为人民服务"，我觉得这和全世界无产者联合起来、砸烂旧的锁链是有差别的。"为人民服务"就是"代表最广大人民的根本利益"，绝大多数人，把除了被剥夺了政治权利的人之外的所有人都包括在内了。实际上这就是"以天下为己任"，就是"先天下之忧而忧，后天下之乐而乐"，以苍生为念，这不就是传统文化吗？

我们政治体制的几个要点：共产党领导，一党执政、多党参政，人民代表大会制度的根本政治制度，政治协商、多党合作和民族区域自治的基本政治制度，也都是经过批判继承而来。继承了谁？我觉得是直接继承了孙中山的政治设计。孙中山说不能学西方的多党制，我们的情况跟西方不一样；他曾经把民族问题讲得很清楚，"民族自治"、召开"国民代表大会"也是孙中山提出的，当时国民党偏于东南一隅，只好采取协商推举，这也就是1949年召开新政治协商会议的方法。政治协商会议一开始是权力机构，决定了成立中华人民共和国等一系列事项。政协的《共同纲领》具有宪法性质，规定一旦全国解放，就通过普选举行人民代表大会，行使最高权力，政协就成为咨询性的机构。政治协商会议，是1945年毛主席代表共产党到重庆和蒋介石谈判，双方共同议定召开政治协商会议，由各党派和社会贤达参加，也可以说是共同创造的。只不过10月10日签署了协议之后，蒋介石就调兵遣将进攻解放区，协议一签完就被撕毁了。1949年中共中央把各党派领袖、民主人士和社会贤达请到西柏坡商量再次召开政治协商会议。毛主席说，这下好了，这次政治协商会议反动派不存在了，都是我们共产党和各民主党派了。"政治协商会议"这个词，是国民党一名少将提出来的，为各方所接受。由此可见，我们的事业，包括政治体制也都是有继承的。孙中山虽然提出了很多好的政治设计，可是由于他所依靠的是有产阶级，还有求于帝国主义，所以有许多好主意实行不了。我们不一样，无产阶级胸怀宽广，无论是多党合作还是民族区域自治，从量到质都已经远远超越了孙中山当年的期望。所以说我们现在的政治制度是历史的选择、人民的选择。怎么选择的？1911年推翻帝制，接着军阀混战，袁世凯窃位，然后出现100多个政党，5个人就可以成立一个政党，有的像流星，今天登报声明，明天就没了，搞得全国更加民不聊生。孙中山考察了世界，发现不能走这条路，救不了国。他当时的选择实际反映了时代的选择。

　　现在实施科学发展、促进社会和谐，何为科学发展？简言之，首先是以人为本。人本思想，从文献上考证，是中国早在几千年前就形成了的，并不是欧洲文艺复兴的首创。文艺复兴的人文主义是受了中国的影响而提出的，这有文献可证。这不是中华传统么？我们讲和谐，国内外的学者们共同认可这是中华文化的理念。因为我们对世界的认识是整体论，整体就必须和谐；机械论，二元分裂就不是。这在表层、中层文化里处处体现着。例如中医，诊断和治疗着眼于人的全身，包括病人的脾气禀性以及和季节、气候、地点的关系，不和谐处疏通、补泻，使之和谐，扶本祛邪。现在社会上结婚、过节（春节、端午、中秋、清明，等等）、祭祀（如妈祖）以及藏富的习惯和知识分子以天下为己任的情怀，都是传统。

在家庭内部我们讲亲情、孝敬、和睦、节俭。这是因为中华文化形成和成长于农耕时代。根据出土文物、文献记载，我们以农耕为主体的经济历史在一万年以上；农耕生产的特征是必须处理好"三大关系"：人与人、人与自然、现实与未来。

农耕时代人和人之间的关系最为亲密。人类的进步最根本的动力是生产力。当人成为人之后，就懂得采集、狩猎，这时对大自然只知道索取，而且是有限制的索取：够吃就止。至于树生长的规律，什么条件下结果、什么条件下不结果，并不思考；打到野兽大家分食，至于野兽的生活习性也只知道大概。到游牧社会，对自己所亲近的，如对驯化后的狗的习性，对放牧的牛、羊、马观察细致。但是对大自然呢，很注意天象，从日月星辰的运转判断季节的转化。逐水草而居，至于离开的那块土地怎么样并不关心，不做细致观察。对于农耕而言，什么土地适合长什么，什么时候发洪水，什么时候下雨，什么时候闹虫灾，周围的森林、沙漠对耕作的影响，都得仔细观察、总结。采集、狩猎，群婚乱婚，人和人的关系不深刻。游牧是小家庭，基本没有邻居，偶尔一见，不亲密。孩子成年了，分一部分畜群自己去过，因为一对夫妇能放牧的畜群是有限的。孩子从小耳濡目染，放牧、接羔、挤奶、宰杀等技能，无须有意传授就会了。与父母分开后有可能二十年后才见面，也有可能一辈子不见面。农耕不行，要全家一齐动手，土地、房屋、农具、技术、为人，都要继承。大家都知道西方一般把孩子抚养到18岁，孩子就完全独立，我们不解者有之，羡慕者有之。其实西方的习惯是游牧生活的遗留，好处是人的独立性强，激发了人的创造力；缺点是人与人疏远。我们的习惯好处是人与人亲密和谐，但走过头，包的管的太多了，限制了年轻人的闯劲。

农耕时处理现实和未来的关系最为合理。中国人讲现实，"种瓜得瓜，种豆得豆"。对未来呢？相信一代比一代强，"后浪推前浪"，"青出于蓝而胜于蓝"，都是我们的思维习惯。讲现实不是只管眼前这几年，而是为子孙后代着想。最好的榜样是邓小平同志，20世纪80年代提出来十年翻一番，分两步走，一部分人、一部分地区先富起来，先富起来的人和地区帮助没有富起来的人和地区，2020年全面小康，2050年达到中等发达国家的水平。他给我们勾画了70年后的愿景啊！他知道他80多岁了，活不到150岁，这就是无产阶级胸怀，中国人的胸怀。重继承，重现实，因而尊祖敬宗，敬老爱幼，寄希望于后代。我们常说去世的人"永垂不朽"，这"不朽"不是指肉体，而是指精神的"永垂"，中华民族之魂"不朽"。这就是我们对现实和未来关系的观念。西方的观念是当下好好工作，这是神的意志；好好赚钱，好好过日子，行有余力捐给社会，也是神的意志。按神的启示去度过一生，死后就可以回到上帝身边。希望寄托于神，寄托于彼岸。

农耕最重视人与自然的关系。由于知道自己的耕种受大自然影响太明显了，因而对大自然怀着敬畏和爱护的心理，而不是无节制地索取。例如孟子曾经说"斧斤以时入山林，材木不可胜用也"，"数罟不入洿池，鱼鳖不可胜食也"（《孟子·梁惠王上》），就是按照有利于林木再生的季节砍伐，不用细密的渔网捕鱼，否则林木会枯竭、鱼会绝种，断了子孙路。西方则是无节制地索取，因为《圣经》上说，这里没有光，God说应该有光，于是就有了光；说这里应该有什么，于是就有了什么。亚当、夏娃进到伊甸园，除了那个禁果不许吃，其他都是供他们享用的。无节制地向大自然攫取，资源即将枯竭，环境严重污染，于是把污染的企业转移到墨西哥、巴西、马来西亚、泰国和改革开放后的中国，尽量使用转移地的资源。上帝的选民那里空气和水干净了，发展中国家却不行了。滥伐亚马逊河热带雨林、滥捕鲸鱼，都是此类无限制的索取。

中国人期盼和谐，于是在家讲孝，交友讲信，对国讲忠，对社会讲义（"义"是什么？就是按照我的位置、我的身份，应该做什么就尽力做好。古人说"义者，宜也"，"宜"就是合适），重现世轻来世，崇德敬业，敬畏自然，视他与己为一体——这既是"人之道"，也是"天之道"，是万物的本源。

第三，怎么建设社会主义新文化？

这个问题极难讲。中国共产党从来就重视从群众中来，到群众中去，大家都贡献自己的看法，就可能形成一整套的构建社会主义新文化的路径、指导思想和政策。

这里，我只讲几个突出的问题。

1. 要弘扬优秀传统文化。任何时代的文化都是对前代文化的继承和发扬。

2. 遵循文化发展的规律。

3. 借鉴异质文化。

4. "走出去"和"走回来",即在外面吸取了营养再回归中华文化。

5. 尽快实现文化、经济平行。

弘扬传统文化。在社会层面,要特别注重社区文化的建设,特别是学校。因为社区是人们日常生活的环境,特别是城市"现代化"之后,原有的社区已经几乎被彻底打散打乱,原有的社区文化已经不复存在,孤零零的家庭孤零零的人,这是极大的损失。学校教育是一个人成长过程中最系统、最完整的环境。从6、7岁入学,如果读到博士,20多年的光阴,学校浓厚的文化环境、理智的氛围,教师的传道授业解惑,最能养成一个人的"四观"。无形的气氛是一种极其重要的熏陶。家庭的教化也不可少,但它是片段的、零星的、随意的、水平有限的。妈妈是第一个教师,孩子一进幼儿园,第一个教师就"半失业"了,学校对孩子的影响是家庭不可取代的。社会教育也很重要,为人的成长提供一个环境、一个氛围、一个导向,但是不会针对每个学生进行个性化的教育。

另外,弘扬传统文化离不开学术的层面。现在学术上要做"亡羊补牢"的工作。因为传统文化毁坏得太厉害了。现在开始有点恢复,还不是真正的复兴,传统文化的真正复兴是要按百年来计算的,而且其起始要从学校的学科、课程设置符合弘扬传统文化,大家真正认识到传统文化的价值,也就真正的自觉那天算起。现在还没开始呢。这几年的情况不是传统文化复兴，还只是为文化复兴制造舆论。因为传承靠人，从现在起，学术积累需要两三代，所以我说需要百年。虽然复兴需要时日，但是现在也要做、更要做，起步越早越好。学术需要百家争鸣，包括主张全盘西化、骂传统文化的，都要让他说，就像毛主席说的，只有不同的意见争鸣了，正确的意见才能不断成长。老是关起门来搞自己的一套，经不起考验。

要遵循文化发展的规律。文化发展的第一条规律是"文化就是'人化'"。人之所以为"人"，就是因为开始有某种"化"，区别于动物了。文化就存在于我们的生活之中。13亿人，人人都在参与文化，无论自觉不自觉，人人都在创造文化。大江南北结婚的风俗习惯各有不同，同一个省里不同的县也不一样；祝贺生日也是各有特色。这都是人民的创造，是在传统基础上的演变。文化是逐渐积累的，快不得，快了老百姓不接受，"化"不了"人"。快餐文化来得快，消失也快。不能揠苗助长。文化要雅俗共赏、互动。"雅"指的是像京戏、芭蕾舞、交响乐、民乐演奏，等等，"俗"的如流行歌曲、小品，等等。需要包容，年轻人需要流行的东西，关键是"俗"要不断提升，通俗而不庸俗，合乎人民需要就好。而且，所有"雅"的东西都是从"俗"的东西提升的，唐诗、宋词、元曲，本来为下里巴人，四大名著除了《红楼梦》，原都是说书的脚本，经文人加工了，成为世界文学名著，说书人又据此去普及，在普及中继续丰富。京戏200多年前还是"野台子戏"，经过不断改革提高，成为高雅艺术，又对许多地方戏产生积极影响。所以雅俗是互动的。现在的问题是雅俗之间"黄河为界"，彼此绝缘、对立，影响了文化发展。

其次，政府起什么作用？引导、管理。管理包含着支持、促进和依法约束。但是文化自身打造不得，文化产品也打造不得。这种做法过去有过，花钱不少，效果甚微。应该说，对于在市场经济条件下政府如何管理文化工作，我们还缺乏经验。文化也是人们的生活方式，移栽不得。西化、硬推广什么的，都属于移植。揠苗助长也不行。觉得哪个作品或节目好，大力扶持，结果百姓不认可，这就近乎把苗往高处拔。

再次，借鉴异质文化和历史的经验。只要我们大胆地、开放地借鉴异质文化，我们的文化就会有一个飞跃的发展。历史上的典型是汉、唐和近代。中国能够从1919年五四运动，两年后诞生中国共产党，一路走下来，创造了新中国、新时代，主要原因之一是借鉴了异质文化。用毛主席的话说，苏联"十月革命"一声炮响，给我们送来了马克思主义；又说中国人找到了马克思主义：送和找，双向的。从1919年算起，头30年，向人民当家做主艰苦奋斗；又30年，本打算好好建设，其间摔了跤，取得了经验，也得到了教训；又一个30年，改革开放，中国成为世界上举足轻重的国家，这是由于吸收了西方文化。而建国后30年是半封闭的，只对社会主义阵营开放，对外面的世界缺乏全面了解，所以走了一些弯路。

文化发展需要动力。文化发展有内动力和外动力。内动力是民族文化内部社会的变迁和生产力的提高，以及亚文化、次亚文化、次次亚文化之间的碰撞和互融。20世纪50、60年代文艺舞台那么丰富，是因为55个少数民族的和地方文艺由艺术家深入生活提取、再创造的结果。至今马头琴、冬不拉，新疆、西藏等地的歌曲、舞蹈仍然为人们所喜爱、熟知。经过这一过程，少数民族地区的文化也提高了。外动力就是世界范围不同文化的刺激、挑战、冲突和交融。有的时候文化发展主要靠内动力，但是从总规律来看，外动力极为重要。汉唐如果没有和从西域进来的异质文化接触，只凭历史的积累、战乱之后朝廷所实行的政策，也不会有两朝的文化辉煌。

异质文化间的相互影响是由表及里的，是围绕着衣食住行的"时尚"引领，慢慢渗透到中层、底层的。远的不说，就说现在。我们的衣着几乎都是外来的：中山装是孙中山参考日本现代制服设计的，西装、T恤、牛仔裤、皮腰带，都是舶来品；食：麦当劳、肯德基、各种软饮料、法国大餐、比萨饼；住：家家争着住"洋楼"，内装修有许多也是欧式的、美式的，连小区、楼宇的名字常常也是西化的，客家的土楼没有新的住户了；行：从前是步行、牛车、马车，现在不都买私家车了嘛。表层改变最容易，似乎无关大局，但是如果中华文化之魂没有了，通过表层渗透到中层，我们的艺术是踢踏舞、脱衣舞、梦幻巴黎、百老汇狂欢，我们的审美观就会悄悄改变，接着相关法律也需修改。久而久之，生活习惯变了，宗教变了，很难说不会影响到政治制度，第二代、第三代人们的价值观、伦理观、世界观、审美观也会变。所以说，虽然文化影响是由表及里的，但是我们应该有所警觉。最重要的是"强身"，是"固本"。

怎么借鉴呢？要深入研究异质文化，不要"浅尝辄止"。国家、学者应该深入的研究，包括资本主义的一些政治制度、资本主义政党的一些经验和教训。例如，中国哲学理念适合人文、社会，而西方的二元对立为科学技术的发展作出过巨大贡献，虽然它们的哲学已经走到尽头了，但是今后还有用。二者能不能相辅相成？能不能融合？至少我们应该认真深入地研究。大家在改革开放前沿，又离台湾这么近，我建议对台湾的社会管理、对中华文化如何渗入百姓家进行研究，看看有没有可以借鉴的地方。美国政府正在调整帝国主义阶段资本主义社会的内部矛盾。里根、尼克松、克林顿等都曾调整过，调整结果是内部矛盾缓解了，国力上升了，超级大国的宝座坐稳了。他们面临种种矛盾是怎么调整的？既要观察，又要警觉。没有这样一个胸怀，我们就缺乏了外动力。学，就要深入研究，只知皮毛只限于模仿，要吃亏的。

最后，走出去和走回来。为什么要走出去？因为只有走出去才能把中华文化和西方文化深入地、细致地对比。人认识事物的最基本方法是比较。只有当我们深入研究异质文化，不管是美国文化、欧洲文化，还是印度文化、伊斯兰文化、日本文化，都深入到那个环境里去，才能真正知己知彼，也才能明了哪些是精华，哪些地方我们不如人家。

在异质文化的环境中吸取异质文化，在走出去的过程中培养人才，对世界理解中国文化，对我们国人重视文化具有巨大的作用。异质文化对中华文化的反应、评论，包括正面的、反面的，准确的、不那么准确的，都是对我们的检验和挑战，可以引发自我反省。中华文化到了自省的时候了，让人"评头品足"去。当然，对"评"我们要以科学的态度对待，不是老外说了什么就信，我们对这种检验和挑战的回答就是自我的强化，也是对分析评论异质文化的锻炼。由于我们对异质文化了解得不够，我们的分析和评论往往会是教条的、扣帽子的或者不准确的。例如，只有深入到西方的社区里、家庭里，你才能体会到西方的个人中心主义的好处坏处在哪里，和我们的修身、齐家、治国、平天下，自身与天下为一体等观念对比，才能体会到他们崇拜物质、技术，体会到认为物质、技术能解决一切的毛病是什么。西方的理念是不同文明必然冲突；我们讲文化应该是多元共处、相互吸收的。从这个角度说，中华文化走出去，是当今世界的需要，是我们对世界之未来的义务。

在异质文化环境中吸收异质文化，中华文化走出去必须适应"顾客"的心理和话语习惯，这是我们国家当前最需要关注的问题。否则我们的东西出去，人家就看个热闹。我们真正的思想、深层文化、中层文化，包括我们的政治体制，需要用他们能够接受的语言去讲。这就是话语的转换问题。中华文化被异质文化接受和吸纳的过程也是中华文化发展丰富的过程，我们的一些东西出去，不管是读者还是观众，可能提出很多问题，或者不买账，卖不出票去，我们就反思、改进、发展，这将成为中华文化前进的营养。不是某某乐团、某某人在维也纳金色大厅演出了，就说明世界重视了。交25万美元，谁都能去演。不宣传，不讲中国民歌唱法的特点，人家听后可能得出个结论：今天听了一场东方小调。这篇文章要好好做，一定要出去，要有出去的方法、步骤、铺垫和宣传。

在异质文化环境中吸收异质文化，我就举孔子学院的经验说说吧。到现在我们建立了326所孔子学院，分布在89个国家和地区，单美国就有52所，还有150所外国大学在等着审批。在建立孔子学院时就碰到了话语习惯的适应问题，这体现在教材和教法上。对外汉语教材种类并不少，包括福建这边的，但是真正适应当地需要的并不多。我巡查了几十所孔子学院，使用我们教材的很少。教法也不适应，基本上是把我们小学、中学的教法挪到那里去了。欧美学校上课是什么样？不像我们的孩子40、50个人端坐在那里，老师问个问题都要举手回答，西方不是这样的，他可以背朝你，可以在教室里走动，课程吸引我，就慢慢跟你学，不吸引我，上着课背着书包就出去了。我们的教材教法都是把孩子捆在椅子上强化训练的，不适合在海外用。孔子学院开局很好，世界各国都欢迎，但是在文化上我们没有准备好，教材、教法、教师没有准备好，我们是仓促上阵。

在走出去的过程中培养人才，书本、课程提供的是间接经验，还要去获得直接经验。用毛主席话说，"不入虎穴，焉得虎子"。毛主席一直教导我们要深入实际，外国社会的生活、教育就是实际。关键是出去的人要对西方文化有基本的了解，还要对自己的文化有较深的认识，也就是文化要有个"主体性"。现在的麻烦是我们的大学生对于中华文化的认识大约就到高一水平，高二文理一分科，大部分学生就和中华文化拜拜了。这是我们教育不成功的一面。现在大学都在喊要国际化，但是从所采取的措施来看，目前脚底下这条路通不了国际化。要想国际化，还要进一步开放，要有进一步的措施。培养跨文化交流人才是当务之急。为什么说世界理解中国文化对国人重视文化有重要作用呢？人常常身在宝山不识宝，需要冷眼旁观者的鉴别，而且放到与异质文化对比当中鉴别，才知道是不是宝。

争取文化、经济尽快平行。文化和经济是有轻重缓急之别的，物质（经济）是基础，我们只有吃饱了、穿暖了、有房子住了才能谈文化繁荣。文化必然以经济为基础。文化事业是花钱的，能挣钱的只是形态文化中的一部分。文化和经济必然会有一天走向同步前进，这是社会进步的规律；二者也必须走向平行，这是社会主义国家的需要，可持续发展的重要保障之一就是强大的文化。

文化交流和对台工作是什么关系？两岸之间有三条最重要的纽带：政治、军事和经济。台湾的文化情况怎么样？大陆文化情况怎么样？我们怎么办？卢书记非常智慧地提出闽台有"五缘"，但是"五缘"的轻重是不一样的。"亲缘"，台湾"本省人"已经是七八代、十几代了，仅存的一线就是寻根，和现在的同姓（例如吕、李、陈）已经没有"亲"情了。"地缘""法缘"固然重要，但是距离近、历史上同属一个"道""府"并不能让今天的人彼此有亲近感。现在发挥作用最大的还是经济、政治、文化。但是经济是易变的，世界、亚洲或大陆的经济一有起伏，两岸的经济也要起伏。这次金融危机的影响就是眼前的证据。政治是一时的，这"一时"可能是几十年，想想从1949年到现在，两岸间的政治变了几次？两岸间有永恒的纽带，这就是文化。文化的认同力量，超过了政治、经济乃至血缘。

台湾文化现在怎样？台湾文化是多元的，但都是中华传统文化的亚文化，即使是闽南文化也有所变异。此外还有两个异质文化：西方文化和日本文化。台湾对它们是包容的。台湾文化还有一个特点——稳定，中华传统文化（儒、释、道）的保存、研究从没中断，这方面大家比我知道得多。但是很少有变化，这是台湾的弱点，缺乏高屋建瓴的理论指导。台湾以"文化创意"自豪，但是这都是在文化的表层和一部分中层中体现，至于底层，缺乏深入持久的研究。虽然曾经兴起过"新儒学"，但是距离构筑民族的理论体系并且把它推向世界还远。在这方面大陆有一定优势。

大陆文化的情况：55个少数民族，每个民族还有次次亚文化，31个省区市都有自己的特色文化，而且底下每个县，甚至每个乡都有自己内容丰富的文化。13亿人，太丰富了，即所谓博大。但是同时我们传统文化的保存和研究残缺了，这在百姓的日常生活中尤为严重。文化就在人们的生活中、家庭中和心灵中啊。可是，我们在跌了跤、走了弯路以后，已经有了基本的理论指导。刚才我复述了江泽民同志的一段话，就是优秀的传统文化和时代精神相结合，建设民族的、大众的、科学的社会主义新文化。不要看轻这句话，这是理论纲领。我们正在思考如何实现中华文化的现代化和世界化。

大陆的各种文艺、货物到台湾必不可少，但这只是"表"，应该由表及里、由浅入深。同时要分层次交流，群众、官员、学者、企业。现在大陆游客每天可以到台7200人，一年下来200多万人，有规模了；学者交流是很多的，但仅限于参加研讨会、作学术报告是不够的；官员的交流很不够，台湾来的多，咱们去的少；企业家去的也很不够，光是过去转一圈是不行的。关键是要抓紧研究，培养兼通古今中外的专家群。我想福建首当其冲。厦门大学有一个台湾研究院，远远不够。文化领域要合作，这是一个很重要的抓手。现在有一个共同面临的问题：两岸如何携手，让中华文化走出去。既是合作，就不是谁征服谁，而是"兄弟"联手，让祖宗留下来的文化成为世界了解的东西。

共同面临着什么问题呢？如何应对西方文化的冲击，核心的问题就是和西方人一样要重新思考人生的意义，给未来留下什么。我觉得这是两岸老百姓、知识分子、官员、企业家需要共同面对的问题。这个问题，也只能在研究和弘扬传统文化、不断创新和走向世界的过程中逐步解决。

（根据录音整理）

文化—文明—世界—中国※

——附论"文化的钢铁长城"

同志们：

我非常愿意到部队来和同志们见面，所以这次来沈阳也很兴奋，因为能够跟我们的军事领导机关谈一谈文化问题，大家相互交流，这对于巩固我自己的研究成果，对把我们的部队不断地朝着文明的部队建设，于公于私都是有益的。

我在大约十四五岁念高中的时候，基本上确立了人生观和世界观，虽然什么是辩证唯物主义、历史唯物主义我还不清楚，但是人生的目标明确了。现在过了60年，回想这60年，我可以说基本上没有虚度，为了走向我既定的目标竭尽了全力，这个目标就是把中国建设成一个文明的、富裕的、民主的社会主义国家，再经过若干代的努力，能够让世界成为一个大同的世界。60年来，我逐步地认识到，我是中华民族的子孙，我也是中华文化哺育起来的一个学者，所以，天天、时时怀着感恩的心情来做事情。人民解放军作为保卫祖国和人民的钢铁长城，就是我应该感恩的对象。我

※ 2012年4月10日在沈阳军区的演讲。

今天要谈文化问题，不能来详谈个人的经历。可以说，从上大学以后，各种机会让我不断和部队的同志亲密地接触，于是和部队就有了一种莫名的、深刻的感情。马政委①刚才在介绍我的简历时，提到我是国防大学的兼职教授。很多学校的兼职教授我是婉拒的，我从来不担任空衔，给我一个衔我就要做事情，怕忙不过来。但是当年国防大学让我做兼职教授的时候我没有犹豫，到现在每年去他们那儿讲一次课，就讲"中国的政治体制与中华文化"。

我们的政党制度是中国共产党领导的多党合作，中国共产党执政，其他党派参政。人民代表大会制度是我们的根本政治制度，多党合作和政治协商、民族区域自治是我们的基本政治制度。全国人民代表大会是最高权力机构，为什么人们的印象是国务院权力最大呢？那是因为全国人民代表大会把行政权授予了国务院，又把司法权分别授予了检察院和法院，因为人民代表大会要监督着"一府两院"，要求"一府两院"按照全国人民代表大会所制定的法律去执政，我就讲这一套。我们的这一套体制被西方说成是共产党独裁，我就要破解这个难题。我们拒绝两院制、拒绝两党轮流坐庄制是人民的选择、历史的选择。

今天讲的这个标题很怪，"文化—文明—世界—中国"，怎么联系到一起呢？还有一个附论，"文化的钢铁长城"。刚才我在休息室向司令员、副政委和我们的政治部主任们汇报，我说这个课难讲，说了三个理由：第一，我不是干这个的，是半道出家的，我差不多50岁的时候开始介入这个领域，和人家在年轻的时候就

---

① 马炳泰，沈阳军区副政委。

开始研究不一样。我之所以从我的本行跨越到这里，从主观上说就是祖国的文化状况引起我的焦虑，与其夜不能寐，空空地焦虑，不如亲自为之，用我的口、用我的笔，把我的焦虑说出来，如果能引起更多的人对文化建设问题的思考，那就达到了我的目的。第二，文化太复杂，无处不在，怎么谈呢？第三，已经有很多大家在沈阳军区做过文化历史讲座了，在这些大家之后讲，难以遮丑避短。所以，我下面要讲的，既有很普及的东西，也有比较深刻的、需要深思的东西。

这个题目是怎么来的呢？大家看了我的提纲就能明白，我要讲什么是文化，什么是文明，文化为什么重要，文化的源头和多元。文化是重要的，中华文明有我们自己的特色，它是我们的根，是我们的精神家园，因此我们要守护好我们的根。最后谈部队文化。我认为伟大的人民解放军就是呵护、发展伟大的中华文化的钢铁长城。在这点上，我个人对我们的部队寄予很高的期望。

我开始涉足文化领域的原因，就是看到世界上的情况，看到中国在经济发展的同时，开始出现抛弃精神，过分注重物质——所谓"名利"——的现象。我展望前途，生怕国家发展的趋势、民间的情况，背离了中国共产党的宗旨，背离了正确的轨道，使国家出现倒退、混乱、民不聊生的情况。虽然今天的讲座不能把我所思考的都包含在内，但基本意思都表达了。

一　文化与文明

1. 难以分清

文化和文明是两个词。文化这个词出现得稍早一些，文明出现得稍晚一些，在英文里用两个词来表达，culture 和 civilization。不管中国专家还是外国专家，对什么是文化、什么是文明到现在也不很清楚，只能大体地区分。我们说中华文化大体就是中国文化，但是人们常常把中华文化和汉族文化等同起来，所以我经常向大家提醒，中华文化是 56 个民族共同的文化，不只是汉族文化。所以，在六中全会决定通过之后，尤其要注意我们境内的少数民族文化的保护和弘扬。56 个民族共同生活在这块土地上，从封建社会走出来之后，特别是在共产党领导下，56 个民族基本上和谐相处——说没有一点问题，没有一点矛盾是不现实的，一个小家庭三口人还经常有点吵吵闹闹的，何况是不同民族呢？但是这个三人家庭吵完了还一个桌子吃饭，夫妻没有隔夜的账，还是高高兴兴、和和美美地生活——我们中华民族就是这种情况。这种情况可以说在世界的古代和现代史上没有第二个。冷战结束之后，战争不断，算一算 90% 以上是民族问题、文化问题、信仰问题，这三个是连着的。只有中国没有发生过民族战争。所以我在讲中华文化时要特别说明，这是 56 个民族所共有的文化。

2. 一般用法

我用语言学的方法来比较"文化"和"文明"。我们自称中国是一个"文明古国"，但是我们不能说"文化古国"，至少习惯上不这么说。我们说一个人、一个地区"不文明"，但是不能说"不文化"。我们可以给部队、给学校开"文化课"，我们没法开"文明课"。这就看出来文化和文明不一样了。一般在使用的时候，"文明"是说整体，说已经定型的东西，也可以形容一个人、一个社区的品质。"文化"是说局部，说的是正在发展的东西，也可以指某些知识。例如，"中华文明"和"中华文化"就有些微区别，中华文明是从古到今，从海边到昆仑山、从哈尔滨到海南岛的整体的已成的东西；说中华文化基本上说的重点在于现状，这文化还在发展。我们谈到古埃及文明，那就是整体的、既成的。说到文明经常说的是品质。我们可以说"佛教文化"，不能说"佛教文明"，因为佛教是文化的局部。我们可以说"文化建设"，说到"文明建设"还得加上"精神文明建设"，一般不单独用"文明建设"。我们说"文化素养"，不说"文明素养"，就是因为它是谈品质的。大体这么区分吧，不要太深究，免得学究气太重。

3. 有些学者的用法

我要提到一个人，他对文化与文明的用法没有被学术界接受，但是他的学说值得重视。那就是在100年前，在德国出现的一部重要的著作《西方的没落》，作者叫斯宾格勒。我在这里想说几句题外话，德国这个民族我们要格外地关注。德国是一个哲学的国度，在世界上非常独特。从希腊罗马的哲学中断之后，特别是在文艺复兴以后，引领世界哲学潮流的都是德国人，包括马克思和恩格斯，这个传统至今未断，现在西方哲学界的头号人物哈贝马斯还健在，他就是慕尼黑人。为什么要特别注意德国呢？各位知道，德国军队的纪律是最严的，包括来旅游的德国人都是纪律最好的，你说9点10分上车，9点5分人都坐齐了，非常守规矩。

我现在谈思想，一个民族普遍地能把一个感性的东西提高到理论来认识，这个力量是不得了的。这也就是为什么共产党从创建到革命，到建设，到今天，我们党中央、我们的领路人一向重视理论建设的原因。理论建设就是把感性的东西提高到自觉的高度、理性的高度，到了理性的高度就不可动摇了。斯宾格勒在20世纪头10年写了这部书，那个时候第一次世界大战的气氛已经很浓，这一仗打了好几年，欧洲又流行鼠疫，死了2000万人，斯宾格勒的书没被注意。"一战"之后欧洲萧条了，又有经济恢复的问题、民族国家的主权恢复问题等，接着就开始酝酿第二次世界大战，斯宾格勒仍然是相对的默默无闻。第二次世界大战结束了，进入冷战阶段，这时候共产主义和社会主义的思潮对欧洲影响很大，西欧很多的学者对那种把世界分割成两半、两个阵营对立的观念不满，开始思考地球的问题、人类的问题，于是《西方的没落》这部书开始被人重视，成了世界上的畅销书。我们现在看这部书的时候，是西方对它重视50年之后。它所说的文明是什么呢？是城市所创造的工业文明，一切进入工业化，千百倍地提高了生产率。与此同时，从希腊、罗马发源的所谓"理性"，也就是思考一个问题要从具体的事情和现象中抽象出来思考和下结论，到了20世纪人们称之为道德理性。从苏格拉底到柏拉图再到亚里士多德，他们都在思考人生问题，可是到了工业革命兴起之后，在城市里这种理性就变成工具理性，也就是用理性思考去发展物质。工具理性的出现，是对古老哲学的背叛，工具理性认为一切都是实用的。

　　文化是什么呢？是农村、农耕经济所创造的智慧，就是道德理性。人们从哪里得来的这种智慧呢？虽然农村劳动很累，特别是在生产工具和交通都不发达的时候，但是相对于工业城市的人来说，还是稍微闲暇的。鸡鸣即起，扛着工具下地了，面朝黄土背朝天，太阳快落时回家，家里做好了粗糙的饭。月亮出来了，星星满天，周围的昆虫在叫。在农村，天气的一点点变化都会引起人们的注意，因为关系到自己的生活、劳动和收成。对大自然关心、对生物关心、对自身关心，这都是现象；从现象中总结出规律来，就是智慧。智慧体现在哪儿？大概就是处理几种关系。首先是人和人的关系，一个人一出生，在家庭里就有多种身份：对于父母，他是儿子或者女儿；对于祖父母，他是孙子或者孙女；对于外祖父母，他是外孙子或者是外孙女；对于邻居，又是另外一种关系；走向社会之后进工厂他是一个雇员；在城市里他是一个公民；在学校里他是学生；对上面的同学来说他是师弟师妹；对下面的同学来说他是师兄师姐；如果当了车间主任，他又是小头头；但对上级来说，他又是下级……处在各种复杂的关系中。人类的智慧就是要处理好这些关系。中华文化早就认识到了这一点，这集中体现在孔子的学说，而这一点又符合马克思主义。马克思说："人是社会关系的总和。"人既然生活在社会中，集各种关系于一身，那么智慧的第一条就是处理"我"和"他"的关系，也就是人和人的关系、人和群体的关系，扩而大之，也包括群体和群体的关系。在今天的世界上，最大的群体关系就是国家和国家的关系。第二，人从妈妈怀胎开始，就处在大自然的环境中，等出生了，就开始处理自己和大自然的关系。有的时候是被动的，冬天了，母亲要用厚厚的被子把你裹起来，这是处理人和自然的关系。真正处理人和自然的关系，就是人类和山林、矿山、沙漠、河流、海洋如何相处，处理好了就是智慧。第三，人和一切生物一样，都有生老病死。草木有枯荣，天气有阴晴，太阳有升落，现在知道太阳将来也要消亡，人更是这样。人死了上哪儿去了？祖父奋斗一生，父亲奋斗一生，我也要奋斗，我儿子将来也要奋斗，我孙子也要奋斗，奋斗半天目标是什么？抽象说明就是今天与明天的关系，现实和未来的关系。人是有思想的动物，是在所有生物中唯一从自觉到自省的生物。我们的小猫小狗，乃至部队的警犬，我们养的马匹，饲养员一叫它，它就跑过来了，这是条件反射，它并没有意识到自己是一条狗或者一匹马。只有人才意识到自己的存在。这就说得有点哲学味了。自己是怎么组成的呢？物质组成的。我的头发和肌肉都是物质，但是有一类超越物质之上的思想和精神。因此人类的智慧还要解决自己的肉体和精神的关系。概括起来说，我和他的关系、我和自然的关系、现实和未来的关系，还有自身的身和心的关系，在这四个关系的处理上，能提出符合客观、符合人类和自然可持续发展的思想就是智慧。

好，现在我说到斯宾格勒的观点，他说的西方没落是什么意思？就是西方工业化革命以后，为了追逐生产率的提高，为了追求利润，追逐生活水平的提高，急速地发展城市——特别是德国——农村基本上没有了。因而他说，西方智慧枯竭了，因为产生智慧的土壤没有了，环境没有了，城市只产生技术，不产生智慧，至于说德国人所遵循的如何处理这四种关系的智慧，还是2500年前从农村产生的。是这些智慧在指导着我们德国人，这些智慧所留下的没解决的问题，我们仍没有解决。这不得了啊，一百年前啊！如果他活到现在再看德国，再看美国，他更会觉得西方不是开始没落，是已经没落到家了。现在我们拿现实印证一下，大家想想目前是不是如此：美国工业最发达，给人类贡献了什么智慧？它那套原则能够具有普世性吗？少数的垄断集团控制着全世界的经济甚至政治，想让发展中国家谁上台就谁上台、谁下台就下台。人家叙利亚公民公投通过的人，他非要让人家下台，你管得着吗？这是智慧吗？这是强权政治的逻辑，也可以说是工业的文明在违背自然。

再看看我们，我们建党90年，在这当中走过弯路，跌过跤，因为这是世界上前所未有的道路，哪一位领导人，哪一个领导集体都没有现成的经验可学。从前一味学苏联，不行了，还要自己蹚路，人类发展的历史全是在摸着石头过河。既然摸着石头过河，脚总得下水吧。石头露着用不着摸，它还在水底下呢，没踩好陷进去，要拔出来再摸，所以我们90年当中跌过跤。但总体来看，都是本着我们优秀的传统文化和时代精神相结合来处理"我"和"他"的关系、人和自然的关系、现实和未来的关系以及身和心的关系。前面两个关系我不细分析，后两个我提醒大家想一想。我们怎样处理今天和未来的关系？党给全国人民指出了目标，就是建成一个民主、富强、文明、发达的社会主义国家，人人过上安定的好日子。身和心的关系呢？小平同志说："两个文明一起抓。"一个物质一个精神，六中全会是一个具体体现。沈阳军区这么重视历史文化，连续讲课，就是精神建设。掌握最新的立体作战、联合作战、协同作战是必要的，但只有这个不行。掌控了计算机和先进武器的、最后按电钮的是人，人是有精神的，因此我们注重精神建设。所以，斯宾格勒的感叹是有道理的，值得人类深思。但是他把城市所创造的叫做文明，农村所创造的叫做文化，这是个人用法，更重要的是理解他的意思。

现在摆在我们面前的有一个两难的选题，在处理的时候我已经注意到了，党中央在慢慢地调整，这就是我们广大农村的城市化。农村没了，中华文化就不会再生了。还好，后来改为城镇化，这是一个变化，镇还是农村。现在又加上在城镇化的过程中，强调要尊重农民意愿，不强拆，这就是调整，这就是进步，这就是保住了我们文化再生的源头。当人们都过上城市的生活，住在高楼大厦当中，每天所看到的天空只是四四方方的一块——这就是鲁迅在《风筝》这篇小说里写他和周建人的那一段时提到的天井——听不到虫鸣，看不到星星的运转，对四季的变化变得麻木，这时候人们的智慧就不能再发扬了。按照中国的哲学，人是宇宙的一部分，人自身就是一个宇宙，人自身各种器官的运转规律和天体是相吻合的，人的身体和自然有着极其密切的关系。比如瘟病都发生在春天，比如我的腰椎间盘突出一到阴天下雨就特别疼。我们既要广大农民过上现代化的生活、享受现代化和改革的成果、提高生活水平和生活质量，又要保住文化的土壤，这是两难的选择，我相信中国人的智慧慢慢会解决这个问题。

二　文化为什么重要

1. 文化是人类的生活方式和习惯

文化为什么重要呢？文化是我们民族的血脉，是我们民族的精神家园。血脉是什么意思？血脉长在身体里，血脉一停人就死了。文化也是如此。文化在哪里？文化就在社会生活中，在百姓的家庭里，在每个人的心中。这话太抽象了，是一个文学的修饰的语言，那好，我们理性地看一看，可以说文化就是人类的生活方式和习惯。军队有军队的生活方式，工厂有工厂的生活方式，农村、学校，退休的老人，各有自己的生活方式，那就是他们的文化。

具体分析来说，衣食住行都是文化。从前是长袍马褂，现在穿制服、夹克衫，这是一种文化的变更。西方基本上是千篇一律的西餐，我们中华烹饪没有一个人能说出全中国能做出来多少种菜肴，恐怕面食大师也说不出中国一共有多少种面食，这是中华文化。语言文字就不用多说了，特别是语言，它是最重要的信息载体。同时，语言文字是一种特殊的文化形态。风俗礼仪、婚丧嫁娶以及节庆最显示民族特色。不管是春节、正月十五、端午还是清明，都是在处理几种关系。平时各忙各的，一过节就聚到一起，这都是生活方式和风俗习惯。昨天的电视又演大象画画了，有一只小象引起在场观众的高度赞赏，画了一棵樱花树。这是训练出来的，它不知道自己画的是什么。艺术是人的创造，文化是人的创造，文化是人区别于动物的根本标志，所以大猩猩、猴子、大象所画的画，和杂技团的熊猫骑车等节目一样，不是文化。动物不会创造，你给它们编排出来了，那还是人创造的，动物只是工具而已。所以，美国人无聊，把猴子、大猩猩画的画拍卖到几十万美元，全是商业炒作，还是为了利润。

概括起来说，第一，文化就存在于我们的生活当中、家庭当中和我们的心里。过节了，自己回不去，就给家里打个电话，这本身是文化的体现、文明的体现。第二，文化就是我们的血脉，我们的精神家园。试想，今天让全场在座的各级领导军官一律换成和服，吃美国的牛排，住在非洲的草棚子里，恐怕没有一位习惯。同样的生活方式和习惯就是一种凝聚力，过节了，四个人在家吃饭，每个人能喝半斤白酒，你敬我一杯，我敬你一杯，喝得面红耳赤，说说笑笑，甚至有一位钻桌子底下了，这事能说十天："嘿，那天他怎么怎么样……"这就是认同。

2. 文化是民族认同的依据

我们军事代表团出国，每到一个西方的城市都让你看市政广场、市政厅，那可是文物啊。正在参观，后面传来东北话："那是啥玩意儿？"你不由自主掉过头去，那不是老乡吗？这就是认同。一个外国人会写中国字，我们马上对他亲切感增加。因为在我的家园里遇到一个跟我接近的人了，这就是所谓的精神家园。现在有些学者喜欢说，这是民族的标记、民族的符号，我不用这些词，这是受了西方符号学的影响，什么都变成符号。我生活在我们自己的文化环境中，怎么都觉得舒服，今天我们过惯了军旅的生活，城市的生活，假定哪位年轻人的媳妇是农村的，你跟她到丈母娘家去，"姑爷来了，赶快上炕！"坐在桌子上面，岳父陪着你说话，丈母娘和你媳妇、小姨子到厨房去忙活，一会儿菜端上来了，老丈人、小舅子、大舅子跟你一块儿喝酒，所有的妇女上厨房吃去，我相信我们所有的同志不习惯，觉得不舒服：我们都是男女平等，怎么这儿还是男人当家啊？所以，所谓的习惯就是你怎么过得舒服，就认同了。语言文字的认同更是如此。所以，民族凝聚力是怎么凝聚的？家庭凝聚，村子凝聚，连队凝聚，学校凝聚，还是人和人的关系问题，靠着文化凝到一起，然后整个城市凝到一起，然后全国凝到一起。当然，我们不能只靠衣食住行凝聚，还有更高级的,就是我们奋斗的目标。

3. 文化是未来发展的基础

江泽民同志多次提出马克思主义中国化,这个问题引起了全国理论工作者以及我们广大干群的高度重视。其实,马克思主义中国化这个词,是40年代毛主席在延安提出的,但很快就不提了。他当时在《新华日报》上发表文章用过,以后收录到《毛泽东选集》,改成"马克思主义基本原理与中国实际情况相结合"。为什么?受到第三国际的压力。第三国际的逻辑,也就是斯大林的逻辑是:马克思主义就一个,要是马克思到中国就中国化,在我俄罗斯就俄罗斯化,到了捷克就捷克化,到了南斯拉夫就南斯拉夫化,到了波兰就波兰化,那还有马克思主义吗?毛主席伟大就伟大在这里,他在处理这个问题时候的哲学思考是中国式的,在哲学上叫一和多的关系。西方的哲学中一就是上帝,多就是万事万物。宋代的理学提出一个观点:"理一分殊"——道理是一个,但是在具体事物上有不同的体现,有它的个性,分开了各有各的特色。马克思主义学说有它的体系,它是完整的,和各国的情况相结合,就成为他本国的了,就是中国化、波兰化,等等。所以斯大林那时候按他的逻辑,对铁托、波兰,乃至对于"布拉格之春"都强行采取措施,宣布铁托是修正主义,等等。

现在江泽民同志重新提马克思主义中国化,这是了不起的事情。实际上,从建党之日起,就有马克思主义的僵化与马克思主义中国化两种力量在此消彼长、此长彼消。最后遵义会议确定了毛主席的军事领导地位,开始灵活地运用马克思主义学说,结合中国实际来创造中国的军事战略、战术、方法,就已经开始中国化了。无论是后来苏区的创造、根据地、长征还是游击战争都是在中国化。现在改革开放了，建设中国特色社会主义，还是在中国化。江泽民同志、胡锦涛同志、温家宝同志在国外讲演，讲中国"和而不同"，主张和谐，主张世界和谐，这就是马克思主义中国化的产物。因为讲和谐是中华传统文化，在马克思主义的论著当中很少看到这个东西。过去我们强调地有点偏了，不是认识偏了，而是在过去和当前这个时代，最重要的是发展经济，因而，我们所说的中国实际情况常常强调的是我们土地大、人口多、资源相对不足、科技文化教育落后，这些都属于物的方面，中国的实际情况还有一点就是我们的文化传统。所以中央提出来的"优秀传统文化与时代精神结合"，其实就是马克思主义中国化的一个重要组成部分。大家拿这个回头再看六中全会的决定，就能看出它的意义来了。所以，"马克思主义基本原理和中国的国情相结合"，这个国情包括了物质与精神两个方面。清明节从前是不放假的，经过了全国人民代表的提议，被接受了。清明节这个"慎终追远"[①]的节日能给全国人民放假，这本身又是一个马克思主义中国化的具体举措，符合中国的传统习惯。我没有看到全国的统一数据，我只看到清明节的前两天北京人扫墓的就有四十几万。这就是讲传统，讲过去、现在和未来。

有了马克思主义中国化，我们未来才能够可持续发展。我始终坚持这样的观点：可持续发展的问题，归根结底不是技术问题，环境、科技创新、文化创新都是文化问题。我们是文化古国，也是一个文化大国，

[①] 《论语·学而》："曾子曰：'慎终追远，民德归厚矣。'"

目前我们还不是文化强国，我所说的强不强不是指多少部影片卖出去了，我们的演出团在国外演出多少、有多少观众了，而是在我们的社会生活中、我们的家庭中、我们的心中，文化这杆旗还没有牢牢地竖起来。没有这个，发展的力量就会枯竭。因为人人都为自己、为自己的职位、为自己的年薪、为自己的别墅汽车奔波，这不是凝聚了，这是分散了，怎么可持续发展？

前些年有一次遇到了联合国环保署驻中国代表，我一见面就说："环境保护问题不是技术问题，归根结底是文化问题。"她马上把手伸过来，说："我来中国三年了，第一次听到这句话，我非常认同。"

4. 文化是社会生活的规范

文化是社会生活的规范，也就是处理好几种关系的时候，你这样处理，人们就喜欢和你结交。人心齐泰山移，人心要不齐，泰山就塌下来把我们砸了，这就是社会生活规范。有些规范是规定的，例如在我们军队里，下级见了上级要行举手礼。有些事没有指定规范，例如只要得空了就带着孩子回去看看老人。儿子在外面闯荡，在外面过得不错，也结婚了，也有孙子了，始终没回过家，你看这老人不仅仅自己心灵上受到折磨，他在周围邻居面前都抬不起头，这就是社会生活规范。当然有些规范是好的，有些规范不好。从前娶媳妇骑辆自行车，车前挂个红花，几个哥们儿跟着就到女方家去了，女孩子高高兴兴往后座上一坐，一个车队就给拉到婆家去了。现在不行了，劳斯莱斯打头，20辆奔驰跟着，这就是我说的不太好的规范。不管怎么样，文化在无形地规范着我们的社会生活，规范着我们的家庭生活，这种规范是弹性的，并不是死板的、束缚的。

为什么要有这种规范？这种规范在古代就叫做"礼"。因为通过这种规范就处理了人和人的关系、人和天的关系、今天和明天的关系，处理不好，就影响着这些关系。例如，中国就不适合圣诞节砍一棵松树拉家里去，刚栽好的，20年才长起来，又砍掉了，破坏自然。所以，大宾馆都买塑料树，塑料树的开始创造和大量生产，全在广东。现在英国和美国也开始买我们的塑料树，这一点中国对环保起了很大的作用。现在又时兴买钻戒求婚，好几万，然后要这个要那个，房子要多大，家里装修怎么样，不合格丈母娘就不让闺女跟你。这个规范不好，欠了一屁股债，日子以后怎么过啊？所以这个规范也是要调整的。最近南方又出现了给爹妈烧奢侈品，iPad、iPod、iPhone、三星手机……这还不够，劳斯莱斯，甚至还弄俩妹子，烧完了回家跟他妈说："我给我爸烧了两个美女。""啪！"一嘴巴："你把你老娘放哪儿？"所以，社会规范是需要不断调整的，用什么调整？用优秀的传统文化和时代精神结合的正当的精神文明建设去引导。封建的、迷信的规范要慢慢地退出历史舞台。

5. 文化是个人生活的准则

中华优秀传统文化，归根结底是"人为本"，以活着的人为本。附带说说两个题外话，曾经有一段时间，在学术界、报刊上出现了很多这样的论述，就是我们也应该搞一次文艺复兴。说这个话的学者，大体出于两类，一类说中国应该回归，回顾我们祖先的教导，有些精华我们应该吸收，于是才用了"文艺复兴"这个词。因为欧洲的文艺复兴通过14世纪到16世纪的准备，开始出现回归古老传统，也就是希腊罗马哲学。为什么？因为中世纪宗教、神权的统治太厉害了，无所不作，盘剥百姓，阻碍了生产力的发展，阻碍了人们的生活自由和生活水平提高。另外一类是学习欧洲的文艺复兴，从前以神为本，现在回到人间，以人为本。后一种学者不太了解，中世纪之前阿拉伯民族占领了几乎整个西欧，文艺复兴的时候，人们从阿拉伯文献里发现了他们用阿拉伯文翻译的希腊、罗马的古典文献，又回译到拉丁文，才看到了苏格拉底、柏拉图和亚里士多德。同时，阿拉伯世界的天文学、数学、水利学和医学当时在西方处于高峰，所以西方自然科学的发展借鉴了阿拉伯的这些营养。同时，来中国最早的一批传教士发现了我们的《论语》和《老子》等先秦文献，就把它译成拉丁文送回了欧洲。中国的儒家就是以人为本的、人本主义的，他们发现原来东方有这样的超过他们的智慧。这个思想和希腊罗马的哲学结合，就形成了所谓的人文主义。后来明确提出了平等、自由、博爱。所以有一次我做报告的时候说，西方人不感恩，用咱们老百姓的话说，没良心。你吸收了阿拉伯的东西，怎么还整天和阿拉伯过不去？你吸收了我们中国的东西，还骂我们落后。很少有学者真实地、完整地阐述这一段历史，因为这一阐述，釜底抽薪，他们自己就没了。就像大英博物馆和卢浮宫，如果各国都要回自己的文物，那只好开旅馆了，没东西了，里面的东西全是以前抢去的。

　　再插一段话，我12号就要去欧洲，干什么去呢？我到联合国教科文组织总部参加一个我们孔子学院总部和他们总部合办的论坛，内容就是新人文主义。昨天夜里我还在写发言稿呢。这个论坛叫"巴黎尼山论坛"。孔夫子出生的那座小山就叫尼山，《史记》上叫尼丘。2010年在山东举办了一次尼山论坛，是我发起的，我是组委会主席。开了这次论坛，百十位国内外的专家一比一配，其产生的影响出乎我的意料，也出乎组委会所有副主席的意料。联合国教科文组织说，你到我们这儿来开一次尼山论坛。所以全称是"巴黎尼山论坛"。我回来之后还要赶到山东，5月21号是联合国在十年前定的"世界文明对话日"，我们就选择这一天，纪念联合国世界文明对话日，举办第二届尼山论坛，联合国教科文组织的人也来。

为什么办这个论坛？因为大到国家与国家，小到人和人，再细微到人的身和心，处理关系不外乎两类，一类是对抗，一类是对话。宁可打嘴仗，不动武器，有耐心，谈着谈着找到共鸣，就和平了。有没有第三类？有，置身度外，漠不关心。这不是处理关系，是断绝关系。十年前联合国定了这个日子之后，举办了若干个论坛，中国人没有发言权，不请中国人，他们急于处理伊斯兰教和基督教的关系。我们觉得不行，中国这样一个13亿人口的国家，我们要参与，我们要话语权，于是，就建了尼山论坛。我们的目标是把它打造成一个常设的、世界著名的、由中国主导的不同文明对话论坛，参加的有政要、学者、神职人员，现在主要集中的力量是儒家与基督教文明的对话，当然基督教文明包括犹太教、天主教、东正教，伊斯兰教将来单搞，其实它也是西方宗教系列。儒家的特点在哪里？道家的特点在哪里？核心问题是以人为本，这一点由于我们没有话语权造成了世界的误会，认为讲以人为本是西方的，我们把这个著作权拿回来，我这次在巴黎的讲演主要说这个问题。

儒家怎么以人为本？不是有了钱先给分，这是必要的，但这不是最重要的，最重要的是把每个人培养成真正的、完整的人。人长到20岁、25岁，基本上就发展到头了，过了25岁开始衰落，那25岁是不是完整的人呢？身体是完整的，人区别于动物的还有心，要把心打造得高尚，才是完整的人，才是真正意义上的人。比如，咱们部队的同志来自四面八方，可能东北的同志多一些。我不知道在东北有没有这样的话，比如一条街道、村子里、社区里，有一个人不太好，对父母不敬，百姓常常私下里说："别理他，他不是人。"他怎么不是人呢？在我们老百姓的心目中，一个人不但要有健康的身体，还要有健康的魂魄。我们还有一个词，本来是中医的词，后来进入到生活中，叫做"麻木不仁"。这个词原来说的是胳膊、腿受到外伤或者内伤麻木了，扎他都不知道疼，后来词义扩大，说这个人对什么都不关心就叫做"麻木不仁"。个人生活的准则就是让你成为一个真正的、完整的人，处理好物和心的关系、身和心的关系。

中华文化从哪儿开始做呢？从孝开始，从家开始，放大到国，扩展到天下，这个用儒家的词概括起来就是一个仁义的"仁"。天下之本在国，国之本在家，家之本在身、在个人。大家知道"修齐治平"这个词，修身、齐家、治国、平天下，国家这个词本身就显示出来了，我们考据全世界1000多种语言，国家这个词的词根是什么，怎么来源。据我所知，国就是国，后来加一个"家"字，合起来"家"字的分量轻了，突出一个"国"，西方有人就把它翻译成 family-country，家国。这个翻译其实也不准确，不好翻译。在中国人眼里，家与国是紧密相连的，无国哪有家？家和万事兴，家家都和了社区就和了，社区和了城市就和了，城市和了国家就和了，是这个逻辑。

另外，要培养人，为什么从孝开始？因为生你养你的，你睁眼第一眼看到的就是自己的父母，特别是母亲，怀胎十月，吃了多少苦，临盆了，特别在农耕社会冒着极大的风险，有多少母亲就在生孩子的时候死去。生出来了，那时候没有荷兰奶粉，全都是靠母乳，这是最好的婴儿食品。现在的很多女性把自己身材的苗条看得比孩子的健康还重，本来奶水很足，一定要让它憋回去，然后去买荷兰奶粉，吃固定的牌子，其实对孩子不好。在吃母乳的时候就把母亲的免疫力传给了孩子，母亲的聪明也传给了孩子。因此婴儿出生半年之内是不会得病的，冻着他也不发烧，他有免疫力。过了半岁一定病一次，正是自身免疫力的转化期，要病一次。可是现在吃奶粉打破了这个规律，三个月就发高烧。母亲的奶哪来的？是自己吃的东西化出来的营养给你的，连这样的人你都不爱不敬，跟你没有血缘关系的人你能爱能敬吗？所以儒家看透了这一点，要从孝开始，要设身处地由我及他，由妈妈想到祖母外婆，由自己的母亲想到别人家的母亲，由家想到社会。这是儒家高明之处，这就是滋长起来的"推己及人"[①]"老吾老以及人之老，幼吾幼以及人之幼"。[②]

刚才说了社会生活的规范是礼，现在又提到以人为本，二者结合就是你进入社会要守的规范。但绝不是束缚个人的创造，没有规范也就没有创造，有的可能是创造与胡来结合，胡来破坏了创造，社会不稳定。所以上面这五条说明文化为什么重要，其实也说的是

[①] 《论语·卫灵公》："己所不欲，勿施于人。"朱熹《论语集注》："推己及物。"

[②] 语出《孟子·梁惠王（上）》。

社会文化，但不是精确的定义，我不打算下精确的定义，我也下不出。这里有一个问题要说一说，就是按照西方的思维，物质的东西、科技的东西必须下精确定义，也能够下相对精确的定义。然而人文社会科学的东西，人情的东西，是不能下精确定义的。但西方学者却按照自然科学的思维，也要下精确的定义，所以漏洞百出，顾此失彼。因此我也不下定义，我只说它的性质和功用。

三　文化源头与多元

1. 人兽之别

文化从哪里来的？为什么文化是这样多种多样的呢？首先我要说，文化是人之成为人的时候就开始了，也可以说文化是人与一般动物之间的根本区别，是人和一般动物的分水岭。从起源上看，这一点马克思主义的结论是颠扑不破的。人从动物界里分化出来是靠着劳动，靠着创造和使用工具，靠着产生语言。从文化上看，人和动物有四个根本不同，就是他的同情心，他的是与非的判断能力，他对有些事情的羞耻感，以及遇到利的时候有一种辞让之义。也有个别的事例，像福岛海啸发生后，有一只狗受伤了，另外一只狗是它的伙伴，就死死地守着同伴多少天不走。但是这个不是同情心，这是一种生活的习惯，以及它对离开这个伙伴的恐惧感所造成的。人不是，人普遍都有一种同情心，乃至于小孩子在一起玩，一个孩子跌倒了哭了，别的孩子也跟着哭，我到幼儿园看的时候就经历过这样的事。甚至于邻居的妈妈打自己的孩子，别家的孩子去护着，都是一种同情心。损人利己是不好的，利己利他是好的，甚至舍己为他是好的。

说到羞耻心，孩子到了大约十岁的光景，洗澡的时候就要让爸爸妈妈出去。野兽不懂，给狗穿上冬天的衣服它还觉得别扭呢，要慢慢习惯。人发现做错事情，受到法律制裁，会后悔，他有羞耻心。乃至我们扫黄打非的时候，进去都跟着录像，那些女孩子全遮着脸，我觉得其中有一部分还是人类的良知没完全泯灭，她知道她做的事情见不得人，羞。只要给孩子一点拨就知道了。妈妈给买了糖果，来了小朋友，去给小朋友分，一次训练就成了，以后他有东西都给别人分，长大了就更是这样。这是人类基本的文化上的萌芽状态的四样东西。长大了，社会刺激多了，诱惑多了，成长环境不一样了，这四样就要被摧残，被扭曲，于是，西方的竞争观点出来了，侵蚀了人类。这是社会的生活，不管哪里都是相当普遍存在的，这是让我忧心的事情。

2. 劳动创造了文化

是劳动创造了文化，还是上帝创造了文化，这是我们唯物与唯心的两个不同的理解。劳动和环境这两个因素决定我们每一个人都离不开他人，离不开社会，这是不由自主的。在这里我又要插一段话，在西方的哲学里，特别在研究人的哲学里，多数人认为，人是一个自主的个体或者自主的主体，这是西方个人主义思想的一个理论依据。其实从根本上错了，人从来就不是一个自主的主体或者自主的个体，都是不自主的主体和个体。流感来了，你不受感染行吗？我大学毕业了，就想到某个IT企业做部门经理去，人家不要你你偏要去，行吗？我坐地铁、公交，不想刷卡、不想买票，行吗？结婚了，我就想要女孩，你能决定吗？

我就不想死，行吗？所以，人的一生是社会决定的、环境决定的。人只在这两个决定下有一点点的自主权，比如选党代会代表，我就想选张三，不想选李四。所以，这一点是东方文化和西方文化，中国文化和西方文化截然不同的一点。

中国人接受马克思主义，接受社会主义，在社会主义阵营解体的过程当中，唯独中国岿然不动，除了中国共产党的领导之外，就是马克思主义思想和中国传统文化有很多契合的地方。既然离不开他人、离不开社会，需要协作，就需要和谐，这是横向的；就需要继承，需要发展，继承是过去到现在，发展是从现在到未来，这是纵向的。

用马克思的话来说，"人是各种社会关系的总和"。任何人都处在极其复杂的社会关系中，根据什么来处理？不外乎两条，如何处理私和公，这是物质方面；如何处理我和他，这是利的问题。核心是什么？核心是一个人，一个团体，到底是追求物质，还是追求精神。其实二者不是对立的，人没有物质不能生存，一个团体没有物质不能发展。但只追求物质，没有精神，希腊哲学家说这是追求平凡，因为追求精神才是追求高尚。但是，我还要说一个跟它略有区别的话，物质是基础，是生存的条件；精神是价值，是一个人、一个团体、一个国家永立于不败之地的根本。

3. 信仰与文化

刚才我说的是劳动创造了文化，为什么文化又是多种多样的呢？环境不同，社会不同，自然它的规范不同，人要适应所处的环境社会就要有不同的生活方式。还有一点是信仰不同。信仰是怎么发生的？是主观规律和客观规律促成的。按照主观规律就有了思想，它叫奇思妙想,我们可以开玩笑说是胡思乱想。我从哪来的?将来我走向哪里?我死了以后向哪儿去?大晴天,一个小时之后阴云密布,闪电雷鸣,下雨了,过了一会儿又晴天了。太阳本来是圆的,不定哪一年变成半个了,月亮也是。然后哪儿又地震了,山摇地动,不明白。就想一定有比我能干的一个东西,因此神就出现了。主客观规律促成了对现实和未来的不理解,于是原始人就造出了神或者上帝。

世界的文化几乎是同步的,但是也不像恩格斯所说的,一定是那样一些阶段,因为他还是线性思维,西方的思维。他的自然辩证法和马克思所说的社会演变的过程,不完全完整,大量的史学研究、人类的考古都证明了这一点。大约是在游牧时代和农耕时代,分别又固定了一些信仰,信仰的发生和民族所处的环境、生产力有直接的关系。希伯来人信仰犹太文化,犹太文化首先产生了犹太教,他们的经典就是圣经的《旧约》,后来因为犹太教出现了一个被犹太教视为叛徒的耶稣,创造了后来的基督教。由基督教又分化出了天主教。罗马帝国覆灭,罗马帝国分西罗马帝国和东罗马帝国,东罗马帝国又勉强在西罗马帝国灭亡以后支撑了几百年。这时候东罗马帝国的宗教自称为正统天主教,因为在东方,我们就起名为东方正统天主教,简称东正教,斯拉夫语系的民族大多都是这个教的,东欧和俄罗斯都是。到6、7世纪的时候,阿拉伯民族受他们的启发,要摆脱他们的统治,就由穆罕默德创造了伊斯兰教,基本的教义和戒律与希伯来文化是相当一致的。虽然现在打得你死我活,但是他们有同一个源头。其实基督教内部纷争也很厉害,就现在看,北欧的基督教和天主教与南欧的很不一样。匈牙利人的东正教和俄罗斯的东正教也很不一样，要说起来很复杂，我们只能大概地讲。它们是产生于游牧时代希伯来的宗教信仰。游牧的特点是流动，不能固守一地，同时生产力低下，他们没有通过自己的双手创造更多的东西，因而很容易设想高居人类宇宙之上的一个上帝。其实说"之上"不科学，准确地说，上帝不在宇宙之上，也不在宇宙之外，也不在宇宙之中，那么在哪儿呢？他就是宇宙，宇宙就是他创造的。乃至于人体这么复杂的系统，让最高明的医学专家都惊叹的系统，人创造不出来，谁创造的呢？超人的上帝创造的。

儒家的信仰来自于哪里？来自于农耕社会。一切的物质财富乃至风俗习惯都是人创造的，因此对人就特别尊重。同时，农耕要求稳定，不能流动，经过两三辈人才把一块生土地开成熟的、年年丰收的，轻易就离开？除了战争逼着，哭着，舍不得地离开，一般不离开，祖传父，父传子，子传孙。同时农耕社会达到了从原始人到那时候为止的最发达的生产力，人类第一次有了剩余的劳动果实，可以分出一部分精力和一部分人专门从事文化的事业，比如占卜算卦，那时候烧的有乌龟壳，牛大腿骨；有了甲骨文；人们可以做铜器，可以著书，可以思考。因此，农耕时代所创造的信仰，相对来说要比游牧时代创造的信仰更加贴近人类社会和大自然。

非洲呢？东南亚呢？南太平洋呢？大洋洲呢？中国这么大块土地，这个民族，那个民族呢？所以，信仰的不同就导致了文化的多元。例如，印度的婆罗门教的信仰有些地方就和中华文化相近。什么原因？因为印度也比较早地进入了农耕社会，佛教讲"因缘"

为根，什么事情都是有因有缘的，有它的原因和它的道理。后代的佛家把因称为主观或者是人自身的原因，缘是外的原因，中国人很快就接受了这个观点，因为和中国人的观点一样，后来又把这个因字加了一个女旁，变成婚姻的"姻缘"。两个人千里之外相识结婚了，所以是"因缘"，现在还有"今世缘"、"国缘"酒，是我们老家的。另外，中国人讲"种瓜得瓜，种豆得豆"。别看才八个字，有很重要的哲理在里面。首先世界不是上帝赐的，是人种的，而且是继承，想种要继承，你种了豆就得豆，种了瓜就得瓜。至于现在的转基因什么的我们不知道，反正农耕社会是这样。因此，为人也是，善有善报，恶有恶报。自己遭了恶报，别怨天尤人，从自身检查起。包括得病，本人现在受这个折磨，看来是有因缘的，就是年轻的时候下乡干活太不惜力了，有时候好面子，180斤的担子，我知道我担不起来，硬担，压坏了。

4. 信仰之异，导致文化多元

希腊是海洋国家，海运发达，商贸发达，现在说的"民主"一词是希腊语。但是要知道希腊是一些小城邦，它的民主制度好实行，雅典就是这样的典型。真正有议事权的全城才5000人，孩子不行、女人不行、奴隶不行。当时的奴隶和雅典的市民是二比一，这5000人都可以到大会上发表意见。这是所谓的民主，西方人的直选就是这么来的。5000人不是都到，开会那天能来的就来，开会决定，好办。我们13亿人，即使制定一个歧视妇女的法律，说妇女没有议事权，那么去掉一半，70岁以上的人不愿意来了，走不动了，小孩子不来，那剩下的还有好几亿人。所以，一块议议政，咱得多大会场？说什么都不能照抄、克隆，古代的东西也不能克隆。

同时，希腊是多神论，现在没有一个神学家、历史学家或者是哲学家能数得清希腊有多少神。而且它的神都是人变的，或者是可以降到世上为人的，而且他们崇拜偶像。希伯来文化早先的一个特点是不崇拜偶像，因为谁也没有见过上帝，你怎么塑像？塑像就是亵渎。但是后来也变了，耶稣、圣母，都塑像了。现在伊斯兰教还是不塑像的。所以，由于希腊是商贸型的小城邦，是海洋型的国家，所以它这个信仰是刚才所叙述的那么几点。这个很复杂，我只能说有意思的那几点，和中国很不一样。生存的环境，生产力的发展，社会进步的阶段产生了不同信仰，于是就有了多元化。

还有其他信仰，像非洲有的地方认为每棵树都有神灵，无形中保护住了自然，不能砍。中国有时候对树没有信仰，特别是那两次劫难，一次是1958年大炼钢铁，一次是林权承包到户，因为咱们的政策容易变，农民白天开会了，说哪块地的林子是你的，夜里赶快砍，也许后天就变了，我先砍了卖了再说。所以这两次劫难把我们的山变成秃山了。

天下有多少种信仰没有人精确统计，信仰的多元化造成了文化的多元化。但归结起来有几类，一个是以神为中心，以神为中心有一神论，伊斯兰教和希伯来信仰都是一神论；还有多神论，我们道教就是多神论。道教是很有人情味的，一个杰出的人，对老百姓有好处的人，或者是道德高尚的人死后，都封为神，关公就是神，到现在香港澳门的警察在出更前都要拜关公。英国统治的时候，英国派去的总督也拜关公的。妈祖是人，也成了神，因为她是一个妇女，最后是为了救遇到海难的人牺牲的。一个是以人为中心，但是以人为中心和我们以人为本不一样，古汉语的"本"就是树根，这个木字就是象征一棵树，把树底画一个杠，表示我说的是树的这个地方，这个地方有根。所以，我们以人为本，就是以人为根，以孝为本就是以孝为根。以人为中心不是这样，是什么都围绕人转，这是西方的观点，发展出来就是人类中心主义。大自然所有都为我服务，是上帝造出来的，在《旧约》上就有，是供亚当夏娃及其子孙享用的。要砍树，别砍自己的，砍别人国家的，不让砍就打。日本四岛，森林茂密，一棵不许砍，用的木头哪来的？菲律宾的、印尼的、中国的。每年假设需要一亿方，进口一亿两千万方，那两千万方泡在水里。因为一旦发生战争不给我了，可以捞出来晒干利用，这就是人类中心主义。人类中心主义不但是对大自然的掠夺，也是对其他信仰、其他民族人民的掠夺。往小了看就是个人中心主义。现在美国深受其苦，枪击案等等都是出自个人中心主义。美国两亿九千五百万人，假如每个人都是中心了，就没有凝聚力了，就不能变成一个中心、一个整体了。那这个国家就要散了。怎么办？一个办法是通过政治家来宣传，例如亨廷顿的理论、弗朗西斯·福山的理论，都说美国是最好的制度，我们的价值观是人类最后的价值观，我们的社会形态是人类最后的社会形态。另一个办法是靠宗教。更重要的一个办法是吸取全世界人民的血，来供养这一族，让你生活得富裕。实在不行就靠打仗，因为200多年来爱国主义教育，大美国主义，一打仗其他的矛盾相对都沉寂下去了，用他们所谓的爱国主义来凝聚。所以，我曾经说过，阿富汗打完了，还得找一个对象打，因为它原来设想阿富汗快点结束，结果没结束成；打伊拉克，伊拉克打完，我说还得找一个对象，现在找叙利亚了。伊朗、叙利亚、朝鲜三国都是它的对象。朝鲜14号、16号就要发射火箭，美国敢动手吗？它没力量动手。那么就是伊朗和叙利亚，可是现在对伊朗又缓解了，奥巴马发出信息，那就孤立一个叙利亚。叙利亚也可能有俄罗斯在那儿挺着，可能不打，还得找，不打，国内要乱。还有军火商，因为它要卖军火，要赚钱。赚谁的钱？赚美国政府的钱，美国政府哪有钱呢？发行国债，向中国借钱、向日本借钱、向英国法国借钱，不断地发行国债，你不断地买，我拿你的钱。这个道理大家都懂，再发展，其实剥开实质看，就是私利的中心主义。所以，以人为中心，就是以利为中心，不是中国传统的以人为本的真正的、完整的、高尚的人。

  第三类是以道为中心，这是中华文化。所谓"道"不是抽象的、迷信的，而是人类社会、人类自身和大自然的总体规律，以它为中心。人是宇宙的一部分，实际上这就是宇宙中心主义。我们人也是，要围绕着宇宙转。违背了天意，总要失败，违背了社会的规律也要失败。怎么才符合这个道？就是和。牛郎星、织女星这两个星座，两颗星绝不相撞，北斗七星在那儿摆着，很和谐，围着北极转，也绝不打架。这就是大自然，它怎么来的？自然。"自然"是用的古汉语的意思，就是"自己本来这样"，不必追究，人类智慧达不到。千百个信仰归结起来不外乎三类：即以神为中心、以人为中心、以道为中心。我看自己是处在以道为中心的民族里，我觉得以道为中心是最科学的。

四　中华文明/文化特色

1. 世界文明概况

现在谈到中国文明的特色，或者叫做中华文明的特色。首先，世界共有多少种文明，众说纷纭。汤因比的著作《历史研究》说有 27 种文明。亨廷顿又说是多少种。这都是一家之言，我们不管它。笼统而言，有多少种民族就有多少种文明，就文明核心的差别看，可以概括为有限的几种。今天说的基督教文明，基督教概括了天主教、东正教；伊斯兰文明；印度文明；中华文明。如果再加的话可以加上日本文明。日本文明很特殊，我们今天不展开。它信仰神道，但神道不是教；基督教、佛教、儒家它都有，但是很特殊。不同文明有它自己产生的土壤、环境、历史，有它不同的内涵，因此，应该是平等的，但是目前实际上是不平等的。中国的独立和崛起是世界上非常重要的大事，扭转了世界的方向。在西方侵略世界各地，在世界各地建立殖民地，也瓜分中国的时候，所有这些被侵略被占领国家的文化，都被说成是蒙昧的、原始的、落后的。民族独立开始了，各国的文化相对独立了，虽然现在谁也不敢说非洲的文化是一个蒙昧落后的文化，但是心底还有这种想法。而中国作为一个人口最多、历史最长、世界上最稳定的国家——我说的稳定是五千年来最稳定——开始受到重视。现在没有人再公开说中华文化是落后的、愚昧的、蒙昧的、原始的文化，反而越来越多的人来研究中国，探讨两个问题，第一，为什么五千年来我们是世界上最稳定的国家和地区？同志们会说，我们也有战国时候的打仗，然后是秦始皇统一六国，然后是刘邦项羽之争，最后建立汉朝。西汉灭亡了，刘秀起兵，建立了后汉，然后是三国南北朝，以后又是唐代农民起义，五代更乱，建立宋朝，北边是鲜卑和金人不断南侵，宋朝完了是元代蒙古人进来，然后是朱元璋起义，朱元璋完了又是满族入侵，后面的事不用说了。但是算算，我们始终是一个统一的国家，文化没有中断，和平的时间更长，全世界没有第二个。在欧洲，从古代到中世纪没有一天没有战争，好不容易进入现代社会，稳定了一些年，一次大战、二次大战都是在他们经济、科技最发达的地区爆发的，二战之后的事就不用说了，特别是冷战结束之后。我们儒释道三种信仰从来没有发生过宗教战争，君子动口不动手，有不同意见的写文章，五十六个民族之间没有发生过战争，藏独、疆独都是叛乱、恐怖主义，别的国家哪有这么稳定的？所以，我们身处其中不觉得，人家在外面一看不得了，什么原因？一定有一个东西能够让这块国土相对的稳定。

第二个探讨，怎么不到三十年就创造了人类历史上经济发展的奇迹。学习美国的管理经验，他们本国都没有这么快。从一个只剩下几亿美元储备、濒临破产的国民经济，邓小平同志一挥手，一说话，三十年奋斗，成了第二大经济实体，外汇储备第一，什么原因呢？经济学家不解，文化专家和哲学专家明白是文化起了作用。还有附带的一个问题，研究当代中国，中国国力提高了，怎么道德不行了？在国际上资本也出去了，维和也做了很多好事，提倡和谐社会，怎么从国际上来看中国的形象还不如以前呢？这个也促使他们来研究中国。所以，目前中华民族的文化、文明，在世界上还处于并不十分平等的地位，我们在世界上没有话语权，但是在人们的观感上，我们多少争得了一点平等的味道。有着五千年文明积淀，五千年的超稳定，有着第二大经济体这样一个大国，13亿人口，我们在世界的文化领域没有话语权是不行的。我们GDP再翻一番，财政收入再翻一番，老百姓的收入再翻两番，这不过就是开始富了，还不是强了。只有在经济发展的基础上文化强起来了，才是真正的富强。这其中除了自身建设，还需要文化走出去，才能真正争得平起平坐的地位。

2. 中华文明的形成

中华文明是怎么形成的？最初我们也是崇拜天，崇拜神。北京山顶洞人坐在山里弄了一堆篝火，想着没有吃的了，明天去采点果子，打只野兽。突然"咣啷"一声响，一个闪电下来，山下的森林着火了，吓坏了，怎么回事？最后形成的想法：一定是神！我们的雷公、电母、雨师就是这样出来的。谁管这些呢？天，主宰一切，它让谁当头儿，就谁当头儿，这就是天命，这个是在夏商时代。后来农耕社会更进一步发达，思考慢慢摆脱这个，开始考虑：我怎么来的？父母生的。父母哪来的？祖父祖母、外公外婆。了不得！于是开始崇拜祖先。祖先死了以后，当时人们解决不了明天的问题，死了以后哪去了不知道，就说有魂，于是崇拜祖先，在祖先面前上供。我举个例子说，其中有一个祭祀就是把柴草、麦秸、稻草绑起来，把醪糟从上面浇下去，这叫做祼祭。为什么？稻草有它的香味，醪糟有它的香味，就上达鬼神了，鬼神闻见味儿，就享受到了，这就是崇拜祖先。为了崇拜祖先，就把各种祭祀规范化，这就是礼。再扩展到人和人怎么相处，也是礼。这是在周代。它继承了夏商，所以还有对天神崇拜的遗迹，再加上对祖先的崇拜。到了春秋时候，又进一步进展出对具有超人的、比一般人更高的道德修养的人的崇拜。这就是所谓的圣德。崇拜它什么？崇拜它仁。这个时候中华文化定型了，我觉得华夏文化定型在春秋时期，典型的人物就是孔子。刚才我已经提到仁，咱们来解这个字。仁，左边是人，右边的二意味着，当不是自己独处，只要有第二个人就有关系发生。如何正确处理这种关系非常重要，正确地处理这种关系就是你敬我我敬你，你爱我我孝（顺）你，你对我诚，我对你忠，这样来处理关系简称为仁。仁可以说是处理人际关系的最佳方案。贯穿在相信天命决定一切，祖先可以护佑我，传承给我，乃至成为仁人——具有仁德之人。仁德之人为什么能够做到这一点呢？他做得符合宇宙规律、社会规律，所以贯穿在中华文明形成过程中，就是天人合一，就是道，就是自然。

3. 中华文明的特点

中华文明的特点是重继承、重伦理、重和谐、重现世。咱们中国人没有几个相信死了以后上天堂的，包括到庙里烧香的老婆婆，也不相信自己死后会到极乐世界去。中国人重现世，把现实生活过好；重经验，不是推翻一切从头来；重整体，也就是社会、国家、关系。

4. 中华文化的核心/根基

我们的核心是什么？我们的基点是以人为本，体现在"人"上；理想是和谐大同，这就是一个"和"字；起点是我刚才说的以孝为起点，慈爱孝敬，这就是一个"孝"字；路径是修身齐家治国平天下，就是一个"义"字。

举两个例子，刚才我说了，"孝弟（悌）也者，为仁之本与！"这个字本来是"弟"，后来加一个竖心，写成"悌"，念 tì。悌就是如何对待有同血缘的同辈，即兄弟姐妹，然后推己及人。《论语》上有这样一句话，"《书》云：'孝乎惟孝！友于兄弟，施于有政。'是亦为政，奚其为为政？"这是孔子的弟子问他："你为什么不参与政治？"其实是人家不用孔子，孔子来了一个解嘲的话，他说："我提倡孝、提倡悌，这就是为政。因为由它扩散出去，国家就太平了，天下就和了，还谈什么别的为政呢？这就是为政。"另外孔子还有名言："四海之内皆兄弟"①，这就是推己及人，推到极致，推到天下了，都是兄弟。

这里再插一个小故事。前些年我访问俄罗斯，俄罗斯那时候真的看得人心痛，好端端一个社会主义强国，衰败得不行，最近普京卖石油又恢复了一些。大使馆建议我到跳蚤市场看一看，就了解现在的俄罗斯了。我就去了莫斯科跳蚤市场，公务员、转业的复员军官，主要是这两种人，把家里存的东西拿出来卖，包括军靴、军功章、皮带、帽子，没别的可卖。我记得那次我买了一个质量很差的烟斗。为什么买它？跟那个主人聊起来，他原来是一个处长，现在政权一变，失业了，自己就动手做烟斗，把整木头挖成烟斗，十美元，卢布不要，就要美元。我烟斗多得很，都是到欧洲去买的，孩子也到赛特去给我买。那天我买的那个烟斗没法抽，当时我出于对社会主义国家的怀念就买了。随行人员说，你别买，你用俄语和他还价，五美元。我说不要，这不是买烟斗，是我尽点心。这个

---

① 语出《论语·颜渊》："君子敬而无失，与人恭而有礼，四海之内，皆兄弟也。"

烟斗买回来扔哪儿去了都不知道，是这样的状况。走到一个摊子上，赫然看到一个"1917年革命"之后1919年的钞票，来不及印刷，就重新印上了红字，表示是红色政权的钞票，背面印的是俄文、法文、德文、英文，全世界无产者联合起来，就是《共产党宣言》扉页上的字，中文印的什么？"四海之内皆兄弟"。有意思没意思？我马上就要买，我一个下属的副秘书长说："您让给我吧，我一个朋友就攒俄国钞票。"托我买老俄国钞票，我说算了。多少钱呢？一美元，你说可怜不可怜？这要是拿到中国来，卖两万块钱也是抢手的，全世界没有几张。

5. 中西文化比较

"四海之内皆兄弟也"，当时的第二国际、列宁、当时我们党的创业者，都把它看成与"全世界无产者联合起来"是等值的。其实它是固有的文化，2500年前孔夫子就说出这样的话来，这是中华文化。要做中西比较的话，我说要客观看西方的、东方的文化。我并不是排斥西方的思维、西方文化。要是没有西方200多年的工业化，按照它们西方的思维来发展科学技术，就没有世界今天的变化，也没有中国今天翻天覆地的变化。但是，不是它们所有的东西都是好的，特别是在治理人的精神和灵魂方面。

如果要对比一下，我们可以分成这么几层。一个是——按宗教学的话说——终极关怀，对人的未来走向、一个人生命的最后、世界的最后关注。我们的中华文化是内向的，这种关怀使人不断地提升自己的思想道德水平，成为一个毛主席说的"五种人"，真正的人、纯粹的人、毫不利己专门利人的人；而他们是外向的，要靠神的启示指导自己怎么做，这下就坏了，宗教家和执政者都说了，比如说做世界的领袖，这是上帝的意思，古代说，犹太人是上帝选择的人民，现在美国人说美国处在这么一个大洲，资源这么丰富，天灾也很少，也没有战争，这是上帝给我们的土地。上帝让我们做世界领袖，这是神的意志。我们和他们是不一样的，一个外向一个内向。思维模式呢，我们讲阴阳和合，也就是正负和合，正反和合，事物是可以分析的，但也是可以整合的。不走极端，因为两端是少数，中间是多数，两头小，中间大，这是常态。地理上也是，北极南极地方很大，相对于地球来说就小，更大的地区是亚寒带、亚温带、温带、亚热带、热带。西方不是，他们是二元对立的。非此即彼，什么都对立，现象和本质对立、精神和物质对立、夫和妻对立、你和我对立。开句玩笑说，美国纽约离婚率是50%，单亲家庭的孩子60%，其中非婚生子女40%，我看就是对立的结果，个人中心主义的结果。这有很多年轻的军官，我们谈恋爱的时候求婚恐怕很少这样说："我需要你。"那对方该说："你需要我，我不需要你"了。而在美国，"我需要你"是求婚很常用的词，"我需要你"就是个人中心主义，但是人家接受，他需要我，那"我爱你"。中国人不接受吧？所以，他们一吵，离婚，明天再和别人结合，再一吵又离婚，离婚率非常高。我们求的是家庭稳定，不过现在也难说，现在闪婚闪离也太多了。处理关系呢，我们是包容的，而西方的文化是排他的，只有我吃掉你，只有我的民主制度变成全世界普世的，天下才太平。所以有时候和外国人讲，让他理解中国太难了，他不懂，很难。所以，文化要走出去，让他们慢慢理解。

6. 不同文明间关系

当前，我们不同文明间的关系处于一个歧路亡羊的境地。"歧路亡羊"是先秦的一个故事：家里的羊丢了，就找羊，一条路好办，就沿路找。走到一个多岔路口，不知道往哪儿追了，于是急得哭，最后又回来了。当今世界人类正处在这样一个十字路口，我们到底朝着人类中心主义、个人中心主义和利益中心主义走，还是朝着以人为本、以宇宙为中心这个路走，讲和合？世界上的任何事物，包括人和人、人和心，包括我们身上的神经系统与消化系统之间的关系，只有两类，一类是对抗，一类是对话。机体有了毛病是机体失衡了，是在对抗的，我们吃药，特别是中药是让你和谐，扶本祛邪，不协调的让你协调起来。比如有些病需要泻，有些需要补。对抗就是冲突，那你就是受病的折磨，就像家里吵架，最后发展到极端就是战争。一定要对话，让人和人之间相互接触、了解、尊重、包容，发现对方有些文化、优点是我们自己没有的，就要欣赏这一点。你欣赏才能学习，其结果是我也发展，你也发展，取得共荣。在这点上，我要说，我们应该感谢我们的祖先，感谢我们国家的领路人。在这样一个十字路口的时候，全世界都在反思，我接触的几十个国家的学者都在反思这个问题。我这次到巴黎去顺便要到德国和英国，就是要和大家探讨这个问题。西方人什么时候开始知道这条路不行而开始反思的呢？工业革命大约150年后，斯宾格勒写了《西方的没落》。但是当时他孤掌难鸣，不为人知。现在是一个热潮，距离工业革命开始，也就是现代社会开始250年了。250多年了，撞到南墙了，这才回过头来想，一部分人觉悟了，但是共和党、民主党、工党、保守党，包括德国的什么基督教民主党、社会民主党，等等，还没有醒悟呢！

五　守护我们的根

中国真正开始工业化是 1956 年，引进苏联的 156 个大项目。但是刚做得有点苗头，就发生了 1957 年反"右"，后来 1959 年苏联专家撤出。真正大规模的、全国范围的工业化是邓小平同志复出以后。这 30 年，社会发展这么快。就在我们经济增长的同时，从老百姓到党中央都在反思，所以，我非常看重六中全会的决定。"三个代表"重要思想现在都不提了，我觉得还要重提。全世界 1000 多个执政党，他们轮流坐庄，有时候联合执政。只有中国共产党把这个民族的文化发展了，把先进文化前进方向定出来了，作为建国之本，立党之基——"三个代表"重要思想的其中一条。这是二十年前，如果就算今天的六中全会，不到 30 年，我们的民族就觉悟了，不但老百姓在回归，还读《弟子规》，念唐诗，党中央领着大家一起觉悟了。

第一，我们有五千年的文化。当我们离开自己文化远一点，我们感到失落，如果本来历史就短，离开就会没有感觉。第二，我们有马克思主义，有二者的结合，有理论。所以，在这十字路口的时候，中华文化应该给世界做贡献，因为照着西方这个思路走下去，世界只有灭亡，人类只有毁灭，不用多，拿出十分之一核弹来爆炸，人类就完了。说是用来威慑的，你做那么多干什么，几千个核弹用来干什么？说起来不符合道理，大自然的铀矿在地底下睡了几亿年，你干吗把它唤醒，潘多拉盒子弄出来了。搞核弹的有第一家就有第二家，有第二家就有第三家，都得保护自己啊。福岛核电站干吗要发那么多电呢？机器干吗要那么快？

当然这不可挽回了。中国人首先醒悟，我们怎么处理这个问题？在这种条件下，要处理好各种关系。说到这里，我就容易动情了，中华文化太伟大了。因此在这种情况下，我们要守护好自己的根，这个根就是价值观、世界观、伦理观、审美观，这四者考虑到了，我们就是一个文化自觉的民族和国家。你看看党中央这些年的努力，虽然有的不是很成功，但反映出我们领导人的焦虑和思考。八荣八耻、社会主义核心价值体系的建立，都是为这个。这里有的不尽如人意，不要紧，这是一种探索，摸着石头过河，我相信经过全国人民和全党的努力，我们可以归纳中华民族的核心价值。目前我们很强调这一点。西藏问题是我们的核心利益，台海是核心价值，南海是核心价值，怎么会有这么多核心价值、利益？核心就一个。将来会出来一句话，这个谁再碰？因为我们必须有这句话。国际上的通例，一旦你宣布这是你的核心价值，各国就基本不碰你，碰也是巧妙地碰，不敢公开地碰，因为碰了核心价值谁都会动枪。我想这样归纳："祖国的领土与完整和人民的和平生活是我们的核心利益。"这是我们的根，至于说穿什么衣裳，这都是西方的，各位穿的军服都是西方的，我们的摄像机、话筒都是西方的，该用的用。文化中核心的问题是根，根就是价值观、世界观、伦理观、审美观。

六　文化的钢铁长城

为什么几个军区让我去讲课，不管多忙我也要赶过去？我是把我们的部队看成文化钢铁长城，就是开头我说的话。我说这个话是经过思考的。

1. 部队是民族价值观的集中体现。这种价值观具体体现为个体和整体的关系问题，那就是我来当兵，为什么？为什么是我来当兵，而不是别人？当然有人体检不合格，政审不合格，那是另外一回事。我来当兵就是要把自己的身心奉献给国防事业，包括生命。为什么我们来当兵，必须达到真正的当兵光荣？给了我一个机会，能把我的青春、我的生命献给祖国的安全，这就是大仁大义大孝大忠，也就是中华民族希望的做一个道德无限高尚的人。怎么当好兵，怎么既当好兵又当好儿子，就是忠孝的问题，这我不详细说了。咱们部队是这么一个大学校，有一套教育的体系、条例和措施。而这所有的措施其实解决的就是一个我和国家的关系，这是民族的价值观。

2. 部队始终是坚决捍卫中华文化的队伍。六中全会说中国共产党从建党之日起就是中华优秀传统文化的弘扬者和宣扬者，是积极文化的倡导者，拿这个话来看我们的部队，是在党的绝对领导下的一个特殊的群体。从我们的指导思想来说，"文革"的时候说部队是一个讲军事的毛泽东思想大学校，这个话听起来好像有点过时，实际上部队从来都是一个大学校，但是新时代又有新的内容，比如现在培养军地两用人才，它还是学校，不仅是思想道德的也是知识技能的学校。同时部队是杰出的社区，我这里所说的社区是社会学上的用语，230万军队，说老实话，31个省市自治区都有，所以它是一个跨地域的社区。一个企业总部设在深圳，在三个城市设有分部，那它这四个地方也是一个社区，它某个地方的公司也是一个小社区，这是社会学上的概念，和我们今天所说的居民小区不是一回事。同时部队是宣传的阵地，在弘扬传承，在倡导发展。

　　我和不少的部队同志讲，我说并不是我当着穿军装的人说穿军装人的好处，我跟谁都这么说。大家设想一下，如果我们总政各兵种、武警和各大军区的文化团体都撤销了，我们不把优秀的文艺人才吸引来，他们不再登上舞台，今天中国舞台和屏幕上会是什么情景？弘扬正气的，按中国年轻人的话说"给力"的、催人泪下的绝大部分是部队的文艺。从我们部队文艺团体或者制片厂出去的艺术作品，不是让人颓废的，整天就是请让我再爱你一次，昨夜告别，来日能不能相见，你不爱我，我仍然爱着你，这些唱着都有什么意思呢？再加上不张嘴的，就恨老祖宗制定的衣服穿得太长、太多。我们的青少年，我们的孩子怎么办？爱需要不需要？需要！但人除了爱还有其他，不仅仅爱跟你年龄差不多的、有房子有车的那位，还得爱自己的岗位、爱自己的父母，还要爱自己的家园，怎么都把爱就缩小到对青春期的那种狭义的爱呢？过去我们这方面遏制太多了，我年轻的时候跟我老伴上街不敢拉手，那个也太过了，但是也不能走向另外一个极端，好像年轻人的爱就是生活的全部。所以，我昨天和马副政委说，即使不是部队的演出、部队拍的片子，有我们演员去也可以，现在允许走穴，领导批准就可以，演出的东西都给人提气。我在两次报告中提到，八一制片厂的李幼斌，他演什么都把中国军人、中国老百姓的那种骨气演出来了，典型的是《中国地》。我很抱歉，按说没时间看电视，常常是我坐在屋里弄东西，或者是开会回来了，我老伴看电视呢，我问她这是什么电视？她说《中国地》，李幼斌演的，我说那我看两眼。看三五分钟就给我很大的感动。

我说了这么半天话，大家都知道的，可能能唤起点共鸣来。大家在部队里已经视为当然了，但是作为一个非部队的人看来，部队是宣传阵地，尤其是在今天。虽然没有部队的文艺作品，没有我们这些经过严格思想锤炼的演员和歌唱家去演出，不能说我们的屏幕和舞台上就都是群魔乱舞，但是恐怕那时候会有更多的不是凝聚力而是消散剂在向全民扩散。即使这样，今天在文艺领域里，包括了我们部队的文艺工作者、文艺团体在内的，还有中央所属其他方面的，仍然不是主流。这个阵地还没完全成为主体。为什么？因为经过三十年，好莱坞已经在中国培养了几亿观众，看看它们的片子，再看我们的片子，它认为你这不是电影，没意思，而它们的电影，每个都包括了意识形态。在这种情况下，要重新培养我们的观众听众，还要经过一段时间的努力。

小姑娘小小子戴着耳塞一边走一边听，你不信咱们做个实验，拿来听听，你根本听不明白唱的什么，哼哼唧唧的，他也没有听明白，他就要这个味儿，不听这就不时尚、不潮。久而久之影响世界观、价值观、伦理观和审美观。我希望部队加强宣传力度，不仅仅是文艺宣传，我们每一位子弟兵都是宣传员，都是传承者、弘扬者、倡导者、发展者，我再讲一个——守护者。因此我说是捍卫中华文化的队伍，这也就是六中全会决议中所说的，"自觉把个人的理想融入中国特色社会主义的共同理想之中"，最大限度地把广大人民团结和凝聚在中国特色社会主义伟大旗帜之下。这说的是政治语言。中国特色社会主义建不成，半路夭折或者衰退，倒霉的是每一个人。建设好它，人人有责。这就是我们的传统，这个传统就是"先天下之忧而忧，后天下之乐而乐"，"天下兴亡，匹夫有责"。前面一句是范仲淹的，第二句话是顾炎武的——他是明末遗老，清初去世的。第三句话，"志士仁人，无求生以害仁，有杀身以成仁"，这是孔子的话。还有一个词语叫"舍生取义"，这是古代惯用的。人的生命是短暂的，但它可以给国家做出超过一般人的贡献，它的价值在于贡献，而不在于寿命的长短。臧克家纪念鲁迅逝世二十周年的时候写过一首诗，他说："有的人死了，但是他还活着。"他说的是鲁迅。"有的人活着，但是他已经死了。"这就是说的中华文化的价值观。

3. 部队始终是发展先进文化的中坚力量。因为我们部队的奋斗目标本身就是我们党和中华民族发展到今天所提倡的价值观。马克思主义中国化是由这里开始的，农村包围城市，游击战，"人不犯我，我不犯人，人若犯我，我必犯人"。同时难能可贵的是，在市场经济无数感官刺激、物欲、肉欲的诱惑下，人民解放军坚持我们的传统，发展我们的部队文艺，不是中坚力量是什么？

4. 怎样充分发挥文化钢铁长城的作用？首先要坚持党对军队的绝对领导。社会上开始出现军队的国家化超越党派的论调，我说这不是无知就是别有用心，这个绝对不行，因为共产党是代表最广大人民根本利益的。我就赞成共产党绝对领导部队，绝不能让别的插手。因为从1927年到现在，90年的建军历史已经证明了，我再说就是在圣人面前卖《三字经》了。

要与时俱进。希望部队也研究当下世界和中国的社会状况，才知道我们部队应如何永远屹立。要预测未来。现在世界上危机四伏，在中国也不例外。要未雨绸缪，同时加强营区和连队的文化建设。文化在哪儿？就在我们干部官兵的日常生活、训练中。同时军旅的文化要始终坚持二为的方针。延安文艺座谈会提出来以后，直到现在，我仍然觉得它的核心思想是颠扑不破的，现在很多文艺思想背离了它，甚至有的公开挑战它。因为在六中全会，文化在综合国力竞争中的地位和作用更加凸显了，维护国家安全的任务更加艰巨了——这个话很重了——文化不安全了。增强国家文化的软实力、增强中华文化国际影响力的要求更加紧迫了。所以，我退下来以后，比过去更忙，其中一件事情就是帮助国家推进孔子学院的事业，到目前为止，在全世界建了360个孔子学院，500多个孔子课堂，遍布五大洲的105个国家，就是要增强中华文化的国际影响力。虽然也知道自己老了，身体不行了，但是我觉得是有意义的。

中华文化在新时期的发展方向※

占祥主席让我讲话。按说，很多像祖强同志这样的艺术界老前辈坐在这里，我不应该即兴讲话。但我的确没有准备，因为"两会"前后都非常忙。占祥同志说文促会要在这里开常务理事会议，问我能不能来，我说我一定来，于是就来了，没有来得及作太多的准备，刚才才用桌子上的纸写了个提纲。来了以后，我才意识到这也是我上任的会。占祥同志要给我"加官晋爵"，"封"我一个名誉主席，而且说不会占用我很多时间。倒不是时间问题。如果只是这么一个名誉，不能尽力，我心里会感到不安。占祥同志、友先同志、骥才同志了解我这个人。既然不会占用我很多时间，我就恭敬不如从命。说实话，我做文促会的名誉主席，用一句古话说，是有点儿僭越。下越上了，浅越深了。文促会团结和吸收了那么多在文化界各领域造诣很深的、成就很大的专家，我什么也不是。但我也算是一个大文化领域里的人，这些年也作了一些文化方面的思索。我就谈谈关于中华民族文化促进会如何发展的一些想法。

※ 2004年3月27日在中华民族文化促进会二届二次常务理事会议上的讲话。

第一点我想讲，要把我们会的名字搞懂。刚才冯骥才同志也解释了什么是促进。我首先想的是中华民族文化。思考文化问题，要从头论起，重新论起。中华民族文化，是56个民族文化的总体。汉族文化是中华民族的雅文化、主体文化、强势文化，因为汉族人口大约占全国人口的91%。但我们还有55个少数民族，其中1个在台湾。按台湾地区的界定，他们有九族，我们只承认一个高山族。为什么要有这样的观点？因为这涉及我们所关心的事物本体的真实面貌。这样看才全面，才能清楚传承到今的中华民族文化是以汉族为主体的多民族文化融合的产物，才能明白中华民族文化是怎么来的。大家都喜欢敦煌壁画飞天的图景，而飞天的形象本身就不是汉族的。还有灵山大佛、北京卧佛，塑像、雕像本身也不是汉族的，其艺术形式本身是外来的，是其他民族的。说到我们的民乐，乐器很少是汉族的。可能只有古筝、竖箫、埙、古琴、编钟是汉族的，其他如琵琶、二胡等都是少数民族的。只有这么看，才能更尊重其他兄弟民族的文化。当然，还有一个现实意义，就是56个民族的团结，共同进步，共同繁荣。

在经济全球化的过程中，出现了一种文化叫商业文化。它以一种快餐的形式向全世界传播，冲击各个地区的民族文化。好像各民族的文化都是弱势文化，要向强势文化靠拢。刚才冯骥才的话代表着民族的一种呼声。我们想过没有，我们的文化记忆在消失，现代人几乎失去了自我，不知道自己是从哪里来的，也就不知道自己朝哪里去。就国内而言，假如我们内地的54个少数民族也向着汉族文化急速地靠拢，也失去他们自身的东西，而一旦在960万平方公里土地上只剩下一种文化的面貌，新疆的服饰、傣族的音乐和歌舞、纳西族的古乐，各民族的语言、经典都消失了，中华文化也就到了末日了。所以，我首先要强调，中华民族文化是56个民族和古代民族共同创造的。本着这个理念，我们才能把问题看清楚。

其次，我们说中华民族文化博大精深、源远流长。用这八个字形容我们的文化，完全是当之无愧的。与其他地区和国家的古老文化相比，能当得起这八个字的，当今世界上只有中华民族文化。为什么我们写的字，篆、隶、草、楷、行各种书体，不管是费新我先生还是启功先生的字，都受到人们的喜爱？为什么我们的字在安阳出土的三千年前的甲骨片上还能找到痕迹？而且这个字，甲骨上是怎么写的，钟鼎上是怎么写的，竹片上是怎么写的，帛书上是怎么写的，石刻上是怎么写的，现在又是怎么写的，都能找到发展的痕迹？为什么五月端午的节日传说是屈原投了汨罗江，三千年了，到现在都没有断过呢？我想，其中很重要的一个原因就是中华文化形成和成熟于农耕社会。当我们中国大地特别是汉族居住地完成了从狩猎采集到农业社会的转型之后，中华文化就定型了。这是在商周之际。后面几千年都是农业社会。农业社会形成的文化当然在农业社会最适应，越沉淀越丰厚。我不是贬低别的民族，但是我们看一看，欧洲是在中世纪前叶才进入农业社会，日耳曼民族那时候还是一个蛮族，没有国家，没有边界，骑着马到处征伐。我们四千年前进入农业社会，因此它稳定。因为农耕社会的本质是求稳，不愿意搬家，求稳求和。而农业社会要和天与地发生密切的关系，靠天靠地吃饭，因此，农业社会的人对于大自然的观察就很细密。所以，中国古代的天文学、气象学、数学都非常发达。这样一来，就发现人的个体生命和大自然息息相关，有很多共同的规律。社会的结构、社会的规律又跟天有很多的吻合，"天人合一"就是这么来的。而农业社会对人自身和社会通过观察得出的结论，就超越了农业社会自身，实际上反映的是一种普适性的、自然与人类社会的规律，所以要顺应天时。经过了19世纪、20世纪、21世纪，世界终于明白了人是不能胜天的。"人定胜天"的结果就是毁了我们的家园。大自然的力量不可抗拒。"顺应天时"是中国人提出来的，符合客观规律，这就是说人和人之间要和、要亲、要信，人无信不立。反过来说，人不和，整天打架，人不亲，老是对立，人不信，互不信任，这怎么行？所以，诚信之说不是西方的专利，它是儒家文化的核心，是儒家文化的专利。这些都符合任何社会，包括符合未来的社会。正因为它符合人类发展的规律，所以中华文化源远流长、博大精深。

再有一个原因，中华文化的源头是非常复杂的，是多元的。最初在黄河流域形成了一种文化，还很原始。但由于它是农业社会，而农业社会的特点就是人类第一次自己生产有了结余，有结余就有分工，因此文化就开始精细化。这样就对周边的非农业社会有一种巨大的吸引力，使其向强势文化靠拢。周边文化与中原文化走向融合有两种方式：一种是靠战争，一种是靠生产、贸易、和亲。所以说，中华文化不是外向的，不是具有侵略性的。为什么？因为一切生活的资料我们可以自己生产。由于我们当时是中原强势文化，于是不同的部族文化就通过各种方式不断注入。如果是涓涓细流，流二百里地就没了。有了周边文化的注入，我们的文化才会像黄河、长江。黄河、长江流域有很多支脉，那些支脉不是往外流，而是都注入黄河，注入长江，所以长江口会是浩浩荡荡的。同样，中华民族文化源远流长，它有很长的历史，它是多元的。今天我们促进的是整个中华民族的文化，而不是单纯的儒文化，也不是单纯的汉文化。我个人认为要特别搞清楚这点。

　　第二点我想讲，我们的文化促进会对于所促进的文化领域要有个定位。根据我自己的思考和过去在一些文章中的表述，我觉得对文化应该分层次来思考。文化的表层是体现于外在的、物质上的文化，它和人们的生活息息相关，这就是衣、食、住、行。而文化的底层就是我们的世界观、价值观、伦理观、审美观，是纯精神的东西。还有一个中层文化，中层文化是什么呢？是凭借某种物质直接体现底层文化观念的那类文化，这里包括制度、法律、风俗、礼仪、宗教等，这些东西都离不开物质。像法律就必须有成文，中国最早的一部成文法就铸在铜鼎上。还有制度，比如说皇上穿什么衣服。溥仪进宫穿明黄色——这种颜色只有皇帝能穿，他一看溥杰也穿，说你怎么能穿这个？溥杰赶紧说这不是明黄。《我的前半生》里面有这件事。至于审美观念，也要靠艺术品来体现。这样看来，我们文促会要促进的基本上是中层文化。中层文化的特点，就是直接反映我们的世界观、价值观、伦理观和审美观，同时又可以辐射到表层。比如说我们中华文化的饮食文化，这是属于表层的。刚才骥才同志谈到西方的快餐文化，典型的有麦当劳、可口可乐、肯德基和星巴克。它们为什么成为快餐文化？因为最容易看到，最容易接受，最容易变化。那么，中国饮食体现了什么样的中华文化精神？是色、香、味俱全？我说不对。法国大餐照样色、香、味俱全。味是什么？中国五大或七大菜系，比如淮扬菜讲的是稍微甜一点儿，川菜和湘菜只是稍辣点儿，如此而已，只是饮食习惯问题。它们的共同点实际上是五味调和。只有中国的厨师在灶头边放十几个、二十几个小碟小碗。"和"字在古代解释是五味调和也。和声，古代解释为五音和谐也。本来就一个字，声音相配合，听着合适谓之"和"，吃着五味调和谓之"和"，人和人亲密无间也谓之"和"。和平和平，我们不说peace，我们说和平。为什么用"和"字？这餐饮里体现了中华文化的历程。什么叫"平"？本来就是水平的平，天平也是它，两国之间不打仗、订和约谓之"平"。和平和平，自然生成这个词。我们从饮食到音乐、到人际关系、到国际关系都要讲究和，所以"和平共处"五项原则是中国的发明，也只能是中国的发明。要让美国提，那就是都要听它的。这就是饮食文化，同时，饮食的习惯就成为民族认同的一个标记。一个人10岁以前习惯吃什么样的饭，就一辈子喜欢吃什么样的饭。

  我很赞成王石同志讲话中提到的文促会今年的几项事情，其中之一就是占祥同志提出的"思亲节"的事。占祥同志考虑"思亲节"这样一个动作的出发点是，政治色彩淡淡的、人情味浓浓的、思想渗透深深的三个原则，我很赞成。思亲是中华文化的特点。有些民族也很疼孩子，孩子也很爱父母，但是孩子逐步要独立，到18岁后家庭就是AA制。过分强调个人权利，就会走到极端。特别是北欧，父母来看儿女，吃一顿饭，父母走时还要留下钱。不久前我看到一篇小说，一个孩子给他母亲打电话，说"我请你吃饭"，母亲高兴极了，于是穿上当年和父亲结婚的服装来餐厅和儿子吃饭。母亲滔滔不绝地说，因为能和儿子吃饭的机会太少了。然后，她跟儿子说，明年这个时候我请你吃饭。但是第二年的这个时候，母亲没有来电话。结果是餐馆给儿子寄来一封信，儿子打开一看，是一年前母亲订的两客饭和一封短信。母亲在信中说："我没有几天好活了，你这次约我出来吃饭，是我最愉快的一天。我现在给你和媳妇订了两客饭，你们可以去那儿吃。"那个儿子非常感动。我看了这个故事，第一是很感动，第二我冷静一想，不对了。首先，儿子跟母亲吃饭就那么难，又不是两个城市。可见他们平时是不来往的。母亲渴望能和孩子在一起，这种亲情是人类共同的。其次，儿子来吃饭，媳妇就不来呀？儿媳妇和婆婆关系太淡了。再次，母亲身患重病，生命已经没有几天了，儿子都不知道。最后，母亲过世了，儿子都不去一趟吗？没人给儿子报信呀？这样一篇本来是歌颂亲情的文章，却让我看到某些民族缺乏亲情。这与中华民族的文化很不相同。"床前明月光，疑是地上霜。举头望明月，低头思故乡"，还有"红豆生南国，春来发几枝。愿君多采撷，此物最相思"。写给谁的，不知道；思什么，也不知道。但是，这些诗千古传诵。一是想家乡，二是想人，这都是在思亲，家乡无非也是人。我想占祥同志那个建议，就着眼于我们中华民族的底层文化，所以我很赞成。（占祥主席插话：您这个看法，使我们认识升华了。）节日，属于制度类、风俗习惯类，是中层的。表层的怎么办？没有表层就没有标记，没有符号。在南京也好，在杭州也好，开一个会，朗诵些诗，演奏一些音乐，最后占祥同志说今天会议很成功，感谢各位光临，散会，完了。

这个会散了，思亲也就完了。不行！需要有标志符号，那我就想到能不能用红豆。现在年轻人不知道红豆这种植物了。红豆杉也是快亡了的，古树中的活化石啊！我一直不明白为什么说"此物最相思"，后来明白了：第一，这个豆子在当时就已经不多了；第二，它是红色带一点儿黑；第三，极为坚硬，这个豆子结下来后百年不烂，同时它的样子像心——倒不是真正的心形。恐怕就是这样一个道理。是不是用这个，再讨论。只是我总觉得我们搞"思亲节"就要像八月十五有月饼一样，得有一个载体，有标记，有符号——这个可以请艺术家来设计和讨论——这样就能流传久远。我们定位是中层，但是在促进中层文化发展的时候，一定要想到我们反映的底层是什么，同时我们利用表层的东西来作为标志和符号，让人们容易接受。冯骥才同志说，我们的民族节日都快完了，甚至我们的政治节是——共和国的生日都卖给商人了，我是很赞成的。他还没说另外一句话，就是我们年轻人全都过洋节去了。我非常同意台北市"文化局"原局长龙应台的一句话。她说中国人过洋节就像是进了别人家的祠堂，拜别人的祖宗，拜了半天不知姓张姓李何方神圣！圣诞节明明只是一个故事，什么圣诞老人从烟筒里钻出来，于是我们这里年轻人不睡觉，戴个小帽跑到西单过圣诞节。情人节到底是怎么回事，连传说都莫衷一是，我们现在就知道便宜了买卖人。当然，市场经济也需要。民族节日本身是民族历史记忆的符号。当然，我们的农耕文化进入工业化时代有的要改变。农耕文化很重要的一点，节日基本是围绕着吃。从年三十到正月十五，到端午节，到八月十五，全是吃。到清明节了，好不容易祭祀祖先了，还是吃，上贡、上坟也要带几个馒头，带几碗菜，带两杯酒。这和西方宗教不一样。因为农业社会解决的基本问题就是吃的问题，"民以食为天"。进入工业化社会，特别是国家达到小康以后，吃已不是首要问题了。现在老人常说过年吃不下。天天过年，生活质量提高了，吃就没有吸引力了，节就没有吸引力了，因为原来的载体只是一个"吃"字。要让中国的传统节日延续下去，必须换载体。今年的人代会、政协会上，有些代表提出来把端午、清明、七月初七等定为公假日。我说，他们的动机我支持，他们的提案我反对。因为定了也白定。没设计好它的载体，不过是又给商家、旅行社提供一个商机而已，不像提案者本身所想的是让它向自己的文化靠拢，恢复对自己文化的回忆。但是载体的问题、标志符号的问题，不是靠政府和党委下命令形成的，需要从民间慢慢形成，扩而大之。有的时候，行政命令反而效果相反。说老实话，我对咱中国人过圣诞节、情人节是很反感的。

昨天我和占祥主席、王石副主席谈话的时候，提到三家合一。（占祥主席插话：原来我们讲，文促会是由文艺家、活动家、企业家组成，三家合一家，事业能发家，委员长又补充了一个理论家。）为什么要加一个理论家，因为文化有它的底层，不是每个文化工作者都能意识到表层文化领域和开掘底层文化观念是什么关系。这种开掘需要抽象思考及理性的思辨，需要哲学的指导。理论家的特长正在这里。我们以中层文化为主体，也要有思考底层文化的人。这样，我们的所作所为就更加自觉，更加有板有眼，更加事半功倍。

谈到中印双边文化论坛，王蒙同志这个主意很好，恐怕出席论坛的中方代表要有一两个理论家，否则很容易就事论事。因为这还涉及不可回避的中印文化关系。中印文化关系不要老说唐玄奘（602—664）。应该说，在佛教的传播上，唐僧是失败者，没有给中国的佛教建立很大的功勋。在中国佛教史上功劳最大的，可能是有少数民族血统的、在当时处于蛮夷之地的、一字不识的文盲和尚慧能（638—713），他是禅宗南宗的创始人。今天中国、韩国、日本的佛教中，禅宗是很重要的一支。唐僧是律宗，只有二十多年，他在长安（今西安）极力提倡，二十多年后他一死，就销声匿迹了。所以，对这个人有历史误会。那么，中印交流中，佛教传到中国，又反馈给印度，以及佛教的中国化问题，这些印度所关心的问题都需要一两个理论家来解答。

第三点，我想谈谈促进文化。前面我都在题解"中华民族文化促进会"。所谓促进，往哪个方向促进？当然是往先进文化的方向促进。什么是先进文化，江主席、党中央都作了界定。我想这个界定是非常科学的，同时也是毛泽东思想和邓小平理论的继承和发展，在十六大报告当中和十六大报告之前的文献里就已经有了，这就是"面向现代化、面向世界、面向未来的，民族的科学的大众的社会主义文化"。我看到一些文章都在照抄，对这句话每一个词的深刻含义却没有去开掘。前面三个"面向"是邓小平同志给北京景山学校的题词。这是什么？是时代精神，是与时俱进。中华民族是世界大家庭的一员，是要融进去的意思。不仅考虑到现在，还要考虑到未来。民族的、科学的、大众的，这三个"的"，是毛泽东同志在长征到达陕北后，在中国文艺家协会成立讲话里讲的，后来又在延安文艺座谈会讲话中正式提出来。前面那个讲话没发表，直到前几年出《毛泽东文集》才看到的，其实1938年时已经提出来了，比1942年发表《在延安文艺座谈会上的讲话》早4年。你看，前半段是小平的，后半段是毛主席的，合起来就是第三代领导集体的。首先是科学的，法轮功就不科学，就不是先进文化，同时又不是民族的、大众的。当然，民族的、大众的也不一定是先进的。说今天城里面哪位老人去世了，外面亲戚都来了，咱不上八宝山举行现代的追悼仪式，他打着幡儿，穿着白衣衫在长安街上那么一走，那不是先进文化，虽然它是民族的，也是大众的。所谓大众的，就不是少数人的，不是精英的。即使是精英文化，也需要逐渐地走向大众，雅俗互动，这里有很深刻的含义。我们就要朝着这个方向去促进。我想，衡量的标准首先是是否符合人类社会的普遍规律，其次是这种文化是不是促进社会和民族的发展，就这两条标准。文化现象以及它所追求的东西，不外乎人类永恒的目标，就是真、善、美。所谓真是真理。地球围着太阳转，这是真理；宇宙的来源不知道，是真理，至少今天是真理。真理是相对的，说宇宙是我造的，我能解释宇宙，能让它爆炸，这不是真理。真理是带有普适性的，所谓普适性就是任何民族都得遵循它。也许我的观点比较陈旧。美国加州规定同性恋合法，我认为这是反真理、反人类规律的。性的问题从根本上说是物种延续的需要。而有些人说性的问题首先是快感，这不对。同性能起到延续物种这个作用吗，那么，何谓善呢？善不完全是普适性，它带有相当的民族色彩。它有普适性的一面，也有民族性的一面。比如当年的游牧民族，还有封建社会所说的山里的少数民族，和秦朝的情况一样，谁的马鞍子旁边挂的脑袋越多，谁就越棒——论首级呀，按首级论赏，加官晋爵。这就不是所有民族都能接受的。我们儒家文化强调个人的义务，不重视个人的权利，我们认为是善。拿今天的观念看，拿工业文明的观念看，这不对，应该权利与义务对等。儿子有儿子的权利，老子有老子的权利，公民有公民的权利，执政者有执政者的权利，但是权利和义务应该对等。在有些民族那里，权利至上，义务可以不计。按美国宪法，基本是这样。他们认为是善的，我们认为不行，走过头了。

还有个人爱好问题，审美问题也是这样。我们的国画在外国人看来不见得是美的。齐白石的画卖不出高价钱，跟西方不抬他有关系。张大千的画欣赏的只是少数人。美的标准不一样。因此，先进文化应该符合民族的和大多数人的真、善、美的标准，符合人类社会发展的规律，符合一个国家、民族、社会发展的需要。虽然是相对的，但总有一个公约数吧。结合刚才所说的底层文化，怎样宣传我们的民族特性，比如说爱国主义、集体主义、勤劳节俭，这都是民族的基本性格。但这些还不是哲学层面，从哲学层面中还可以开掘出很多。我为什么拥护王石同志所提的六项工作，因为在这些工作中都渗透着这样的东西，同时又做到含而不露。人民能接受的形式实际上深深地渗透在思想意识上，我想这是非常好的。

另外，我们的工作着眼于年轻人，我也非常赞成。说老实话，在座的各位，我想除祖强同志、费明仪大姐外，我是年纪比较大的，无论在什么情况下都变不了。但我们今天谈文化，还是应该着眼于未来，而未来是年轻人的。我们的活动怎样面对今天文化创造和享受的主体——主要的群体是年轻人——这是值得动动脑子的。我正在从事高校校园文化的调查和研究，我想，将来文促会作为非政府组织，要想扩大社会影响，总要有它的基本受众。除了现在做的几件事，如果加强和若干高校的联系，协助高校构筑自己的校园文化，这样一下子就名声大震啊！这要比演出十几场的影响都大。因为我一直当教师，出身于高校，我希望今年集中全力做这几件事。有的工作还是跨年度的。到适当的时候，把我们的触角，把我们的眼光，把我们的一些力量深入到高校这个特殊的社区领域去。高校的文化在大众文化当中是龙头，不仅是教育系统的龙头，而且它在社会上有巨大的辐射力，因为每年要有上百万的年轻人带着他们在大学里留下的文化印迹走到四面八方去。

习近平同志到浙江来了一年半，对浙江的方方面面点到为止，点到的也是如数家珍。特别是近平同志谈到叶适、陈亮两位理学家，我是很吃惊的！这要不是对浙江的历史，特别是没有对儒学史做过深入的了解，是谈不到这一层的。这反映了近平同志和整个省委班子在浙江成为经济大省之后的冷静的思索。大家还记得"温州现象"，当时曾经在国内的理论界甚至于党内引起了很大的争论。但是浙江人蹚着这条路所做的事情，现在在我们十六大的报告中，在三中全会的决议当中和这次修宪当中几乎都把它写进去了。当然不是把浙江写进去了，而是把全国人民在党的领导下蹚出的这条路、做出的成就写进去了。而浙江在很多方面是走在前头的，是第一个吃螃蟹的。这种精神哪里来？第一，任何一个文明的初始状态和它的特征都来源于它的自然条件。在西方文化学上有一种说法，叫"自然条件决定论"，这当然不对，它太绝对了，但是自然条件和社会发展的密切关系是不可回避的。浙江地方很大,但是为什么又是从温州开始呢?为什么不是从杭州开始呢,杭州吃亏就吃亏在有个西湖。它是一个享乐的城市,正史可查是从南宋开始的。温州人均三分地,三分地能生产什么?能打多少稻米?养活不了一个人的。怎么办?必须另寻他途。这样,在这块土壤上儒学就要变异,不能脱离门外的实际。当时的儒生都是住在农村的,都是小地主或者是破落地主,他们的门外就是农民,不能脱离这个现实。因此在这里生成了这种义利并举的永嘉学派。当时虽然文化是少数人的专利,但是封建社会农耕文化有个特点,就是雅俗交融得很厉害。万般皆下品,唯有读书高,读书人都是神圣的。而读书人都在乡下,经常人来人往,讲一讲私塾,就把永嘉学派的基本观念传播到农村了。同时在农村实在活不下去,又有了理论根据,那可不是嘛,弄个破囊袋就走了,不觉得丢人。一种文化,当它变成封闭的,完全靠自身去成长的话,过不了多久就会自然萎缩消失。地域文化也是如此。刚刚我说中华文化源远流长,就是因为它能不断吸收其他文化。

另外,在国家衰落的时候,帝国主义的坚船利炮把我们的国门打开了。宁波是五口通商的第一批,因此浙东的人又开始接触了西方的一些东西,知道原来海外还有很多的国家。现在如果到巴黎去,要和侨领接触,十之八九都是温州人。如果去访问,政府议会到机场来接你,不过三五辆车。等你走到机场门口一看,一排的奔驰全是侨商的。为什么?因为当代温州企业家的曾祖父、祖父早就知道了法兰西,知道了英格兰,早就跑出去做苦力、小商人、水手,走南闯北。

所以，浙江文化的确值得好好研究。这就是本体文化和异域文化的碰撞、接触、交融，最后化为己有，成为一种浙江的精神。当然，浙江的文化精神还要向前走，还有台阶。不管怎么样，永嘉文化还是基于农耕文化。农耕文化有一定的局限性，不是在工业化社会下形成的，这与工业化特别是后工业化有些东西是冲撞的。但是浙江人的应变能力之强，适应环境能力之强，在全国都是排在前列的。中国一加入WTO，反倾销案子一出来，本来是彼此暗斗的企业、同行业马上联合起来——那时候还没有行业工会——联合起来应诉，打赢了。与之相对比的就是晋商和徽商。中国最初的银号就是晋商，慈禧太后都向他借钱。但是在甲午战争之后一下就垮掉了，上亿两白银的资本就垮掉了。为什么？因为他没有适应当时的社会变化，给别人做了担保，别人垮台了，日本银行来要债，这一要债就全完了，全给人家了。再加上当时慈禧太后要他献银子，老佛爷借钱是不还的。同时，山西虽然触角已伸到上海、直隶，可是毕竟还是比较闭塞的，对世界发生的事情不太了解，所以晋商的近代辉煌很快就沉寂了。山西人开杂货铺是有其道理的，也是基于本省的文化问题。作为一个省的领导同志，在考虑本省的经济发展和人民生活水平提高的时候，用很大的精力离开经济现象本身去思考它背后的文化问题，这完全符合中央的要求。也许我接触得少，说的话不完全对，这样的思考在全国是屈指可数的。也不能怪有些省，有些省吃饭与穿衣问题都还没有解决。而浙江到了人均年收入2400美元的时候，很自然地会产生新的需求。这就是社会的协调发展，三个文明的协调发展，城乡的协调发展，地域的协调发展。社会有这种需求，领导人不见得都能意识到。但近平同志一来，我听说马上就延续了原来省委建文化大省的决定，做了很多调查研究和深层思考，我特别高兴。文促会选在杭州开会也是有意的。我认为应该来这里开这个会，看看窗外，看看浙江的文化。作为文促会名誉主席，我希望大家有时间走一走，不一定要看企业，就看我们的西湖。这就是自然景观与人文景观的结合。这和我们去张家界，乃至到美国看大峡谷是不一样的——那是纯自然景观。中国人的特点，欣赏大自然是要和人文景观结合的。自然景观原本是纯客观，加上人文景观就是客观与主观的结合，自然中有我，我心目中有自然，于是西湖出来了。江苏也有，比如太湖，但更著名的是苏州的园林，那是人造的自然，不是大自然中有人文，是人文中有自然。江、浙是不一样的。如果大家有兴趣，还可以顺便到义乌看看小商品市场，那里的纽扣量占全世界的百分之几十。用我们文化人特殊的眼光和视角来透视一下浙江的文化现象，就会发现很丰富的内涵。这几年浙江人的精神就依附在这些上面。借着占祥同志、王石同志的光，我这次来了，再次领略了浙江传统的和现代的文化气息。我想，将来的浙江省肯定不仅仅是一个经济大省、经济强省，也会是一个文化大省、文化强省。在文促会的各项活动当中，我想浙江的同志也会愿意给我们支持，与我们合作的。占祥同志有一个想法，就是想在杭州建立一个诗词博物馆。我想似乎是桐庐更适合，山清水秀本身就是诗情画意，那么多诗人歌颂它，到现在偶尔能看到风平浪静，一片远帆漂来的时候，简直就像回到一千年前。在那个地方，在江边朗诵一首古代或现代诗，我觉得比别的地方要好。但中国是否只有那个地方，那倒不一定。文促会从现在开始，和浙江的互动要逐渐加大。

不过，中华民族文化整体的开创并不是从东南开始的。当初的"特区"是敦煌，从武威到敦煌这一线，是隋朝的特区。隋炀帝亲自到张掖去开万国博览会，为什么？那时候是陆路文化，不是海洋文化。海洋文化一发展，那边就不行了，就成了这边了。所以，现在跟甘肃人谈开放等问题，他的观念意识和温州人差相当一段。

最后，我希望浙江的经济、文化建设齐头并进，与文促会的关系也齐头并进。并在这里祝愿浙江省在物质文明、政治文明、精神文明方面，在新一届领导班子的领导下蒸蒸日上，为国家做出更大的贡献！

漫谈"文化强国"战略[※]

最近，中共十七届六中全会审议通过的《中共中央关于深化文化体制改革 推动社会主义文化大发展大繁荣若干重大问题的决定》（以下简称《决定》），提出了"建设社会主义文化强国"的战略目标。"文化强国"战略和国家整体战略是相互依存的。"文化强国"战略包含在国家整体战略之中，没有"文化强国"战略不可能有完整的、使国家真正强大起来的整体战略。因为，有了钱只能称作"富"，只有在有钱的基础上又有了发达、丰富、先进的文化，才能说是"强"了。现在，我们只是达到了初步的富，还没有达到强，建设富强国家这篇"大文章"只做了一半，因此，需要制定和实施"文化强国"战略来完成"大文章"的另一半。

一 制定和实施"文化强国"战略，既是中国自身的需要，也是世界未来的需要

现在，我们文化的状况（我这里说的是文化深层

※ 2011年10月22日在"第五届中华战略文化论坛"上的讲话。

的状况），实在让人担忧。进入近代以后，我们在学习西方文化的很长一段时间里，由于对自己几千年文化传统研究得不深，更由于禁锢过久，面对西方强大的工业、武力，曾错误地认为自己的文化一无是处，应该彻底抛弃，于是大口大口地吞食西方文化食品。但是，西方文化食品中，既有丰富的营养，也有过量的激素，食之过久，浸透了我们文化肌体的每个器官，造成了文化肌体的"亚健康"。其主要表现是：在社会层面上表现为对科学技术的迷信，对物质享受的崇拜，对倒退文化的赞赏；在思想领域充斥着二元对立、工具理性、机械论。现在，我们所遇到的种种社会、环境、心理问题，弥漫在各个领域的"三浮"现象（浮躁、浮夸、浮浅），无不与这种激素在文化肌体里发生作用有着密切关系。这种"亚健康"的文化肌体，需要扶正祛邪，为此，必须下很大的力气，费很长的时间。

那么，当今世界上的情况又如何呢？现在，我们可以说：曾经给人类做出巨大贡献的西方文化已基本走到了尽头，它对解放人类思想、对推动科学技术发展、对社会进步的贡献和推动力，它的再生机能，都已经枯竭，再也无法给人类做出新的贡献。人类未来的出路，在于各个民族和国家恢复被西方文化冲毁的自身传统，以多元文化交融代替一元独大。这一点已经成为西方思想界许多学者的共识。还有许多西方学者虽然在努力批判他们自己三百年来的文化传统，而且得出的结论逐渐接近中国文化的理念，但是由于不了解中华文化，所以还是在"隔山唱歌"，虽与中国有所呼应，但并不真切，更没有联起手来。因此可以说，中国制定和实施"文化强国"战略，既是我们自身的需要，也是世界未来的需要。

中华传统文化中的确有促进世界和谐、人与自然和谐、人自身和谐的丰富内容，其体系之完整、论述之细密、人性之饱满，为世所罕见。但由于以前我们曾妄自菲薄，毁坏过重，因而传统文化中的这些优秀内容不为国人和世界所知。今天，我们思考文化战略，必须要有历史的眼光、世界的视野、自信的胸怀、创新的胆略。

二 思考文化战略必须遵循文化发生、发展、壮大以及由兴而衰、由衰而兴的规律

我们应该和可以采取什么样的文化长期战略？这似乎既不是我一时能够回答的，就学界来说，也是见仁见智，莫衷一是。我只想说，思考文化战略必须遵循文化发生、发展、壮大以及由兴而衰、由衰而兴的规律；必须对症下药，针对当前文化的状况和走势以及未来的可能性。我认为，认识当前文化的状况和走势，可以从以下几个有关文化发展规律的问题入手。

1. 文化的长期性和坚韧性

文化的发生与人类的出现同时，因为有了文化，人类才成为人类。文化，是人类区别于其他动物的根本标志。孟子说："人之与禽兽也，几希。饱食暖衣而无教，则近于禽兽。"他所说的"教"，就是教化、文化、人化——获得人之成为人的品质。

中华民族的历史悠久，中华民族的文化比中华民族的历史记载更悠久。从文化发展史来看，文字发生得较晚，即使最早的文献中有"口传历史"的内容，但实际的文化历史要比这些记载还要早得多，因为更

早的传说已经不得而知了。所以，后人所有对文化最终之源的追寻，都是猜测多于证据，永远成不了"信史"。

文化的坚韧性决定了文化的长期性，而坚韧性则来源于文化，也就是人类生活的方式、内容、习惯以及风俗，它一旦形成，就成为人们（部落、部族、民族）生产、生活、相处的基础和条件，因而必然会一代一代地传下去，任何外部力量都对之无可奈何。虽然在传承的过程中也必然有所丰富、变异、发展、衰落，但只要文化符合人们生产、生活、相处的需要，特别是如果形成了人们的信仰和哲学，而这种信仰和哲学又已经浸透在其他种种文化形式之中，就不会被颠覆。在人类古代四大文明中（两河流域文明、埃及文明、印度文明和中华文明），只有中华文明历尽沧桑而从未中断，原因就在于此。任何时代的文化都只能在前代文化的基础上发展，绝不可能突然种植出或移栽来一种全新的文化，原因也在于此。文化的培育是个长久的过程，不能急于求成，原因还是在此。

2. 教育系统是维护文化传承与创新的主干

民族文化一代一代传承的方式、方法和渠道是多样的，但其主干则只有一个：教育。

从世界历史来看，人类在蒙昧时期，教育只限于部落、部族中的生活训练或长辈的教导；出现家庭后，则主要是父祖辈亲人的言传身教；一旦形成国家，一般都会出现学校性质的机构体系，对年轻人进行正规的系统教育。在工业革命之前，世界各国的学校几乎都是以传授道德、信仰以及书写、计算知识为主（韩愈所说的"传道、授业、解惑"就是对这一阶段教育内容和性质所做的概括），生产技能则主要是由长辈进行"现场教学",手把手,口传心授;工业革命之后,传授知识和技能变为学校的主要职能,特别是在政教分离之后,西方学校不再主要承担培养伦理、信仰的职责,"纯知识"、"纯技能"成为其主要特征。

我国从 1906 年正式开始废除旧学,兴办"洋学堂",但是中国人从来重视发挥学校在文化传承、道德培养中的作用,所以在洋学堂里也讲究"德、智、体"的培养,于是学校就成为传承文化的主要场所(在西方社会,虽然学校不承担对学生进行德化教育,但是宗教和社区发挥着极其巨大的教化功能,再加上媒体、影视等工具,补充了学校的不足)。

学校对人进行教育具有系统、综合与形成独特环境的优势,所以虽然家庭也是文化传承的重要场所,父母是孩子的第一任教师,但还是要"易子而教",把孩子送到私学(如村塾、家塾或学校)和公学去学习。

所谓"系统",即根据学生的年龄施以相应的教育,先重感性教育,渐重理性教育,由浅入深,自成体系。这一教育的核心就是使受教育者成为一个正常的公民,即社会所需要、所欢迎的人,也就是一个完整的人。所谓"综合",即文理工法、音体美等课程和课余活动相互配合,形成一个全面、整体的教育。所谓独特的环境,即让受教育者进入一个小社会,形成一个特殊的群体,这是一个"自然人"、"家庭人"转变为一个"社会人"的准备;过群体生活就要接受群体生活规则的约束,这对于将来进入社会是必不可少的训练;学校进行教学或其他活动,都会有相应的教具和设施,这是家庭难以具备的;另外,学校里独有的学习、思考、辩论、合作、欢乐的氛围,也在悄然地对受教育者的成长产生巨大影响。

教育的本质功能是留存、传承、创造文化的基地。毋庸讳言，我国教育的这一功能从某种程度上说遭到过扭曲乃至摧残。这在教学领域的突出表现就是没有把学生和教师当作一个"人"来培养和提高，而是当作了机器——将来生产物质产品或从事某项业务的机器。机器只能生产，只有"人"——具备了优秀文化的"人"才能创造。如果学生在16年（从小学到大学本科）或24年（从幼儿园到博士）中成长为一个"全人"、一个可以进行创造的人、一个符合他所处的时代所需要的人，那时学校的本质功能就实现了。

3. 社区文化+家庭文化的巨大渗透作用

在现代社会，我们在文化传承和文化建设中不能忽视了家庭和社区对人的影响。广义的社区包括行业，例如学校、军营、企业等。这里所说的社区是狭义的，指农村的乡镇、城市的街道或居民小区。旧式的街道弄巷，左邻右舍相处多年甚至成为几代世交，彼此熟识；融洽的关系、共同的爱好、互助的风气，已经构成了各具特色的"文化小区"，这对人的成长有着无形而巨大的影响。我国城市和农村的现代化和城镇化，极大地提高了人们居住条件的质量，但也把固有的社区打散了；新的社区成了缺乏文化的聚居地。在这样的情况下，人们能够从中获得文化营养的，"八小时之外"就只有家庭了。试想，现在当一家人要从这个小区的大楼中迁往另外一个小区的时候，还会像从小巷子里迁出时那样对邻居恋恋不舍吗？社区文化和人的关系，亦即社区文化与家庭日常生活的关系最为密切；一个社区文化的形成，在自觉营造的前提下，也需要几年、十几年，甚至几十年；放慢了或忽略了社区在文化建设与传播中的作用以及对人的道德养成、培育良好习惯的功能，是很大的损失。

4. 考察文化的状况

我认为，考察一种文化的状况可以从三个方面入手。一是文物保护和利用的情况；二是学术研究的情况；三是百姓在认识上、实践上认同的程度。

文物，包括地上的和地下的文物遗存，当然传世文献也在其中。这些是传统文化的物化形式。虽然我们经历过"文化大革命"的劫难，但是现在地上的原有文物，基本恢复了过去的规模；新发掘的文物日益增多，保护得也很好，在文物的适当利用方面也积累了一定经验。

学术研究，因为曾经停顿多年，到20世纪70年代，我们不仅落后于邻国如日、韩，即使和台湾地区比，也有相当差距。近二十年，这方面有了长足的进步，研究的范围、研究队伍的规模、经费支持的力度和成果的水平，都有了极大的提高，虽然在有些领域和国外还有差距，但就总体而言正在接近国际水平。我设想，再给我们十年二十年，一定会整体达到国际水平。

百姓认同情况，实际是优秀传统文化内化程度的体现，也可以说是优秀传统文化生活化的反映，是自身文化强不强的最重要的反映。但这却是当前最让人忧心的一点。我想这似乎无须我来论证，人们可以举出生活中的无数实例。造成这种状况的原因很多，探究和论证起来可以写若干本书。我只从一个学人的职责角度说，优秀传统文化不是摆设，不是只供学者研究的对象，而是养成民族灵魂的最好营养。如果一种文化产品，只存在于博物馆中，一种文艺形式，只存在于舞台上，那么我们就可以说，它们已经死亡了。

同样的道理，如果传统文化只存在于学者的书斋里或研讨会上，那么我们也可以说，它已经死亡了。中华传统文化的"纯学术化"是件极为可怕的事情。避免之道，就学者而言，能够并应该做的，就是应该有越来越多的人走进中小学校，走进城市社区，走进村村寨寨，做些传统文化"扫盲"的工作，唤醒实际还存在于人们心中的文化基因；同时，有越来越多的学者为工人、农民、学生写些通俗的读物，并和文化创意工作者合作，把看似深奥的道理用人们喜闻乐见的形式，用人人能懂的话语展现出来。话又说回来，普及、通俗化的工作并不好做——因为只有深入，才能浅出；唯有浅出，才能继续深入。

5. 宗教的补充作用

六中全会《决定》提出，"全面贯彻党的宗教工作基本方针，发挥宗教界人士和信教群众在促进文化繁荣发展中的积极作用。"那么，如何看待宗教在当今文化建设中的作用呢？

从宗教发展史来看，宗教几乎和人类同龄。宗教起源于人类对未知领域（人的自身和宇宙的奥妙、事物的不可预测）的恐惧和敬畏。当人自知是人而不是其他什么的时候，即自觉到自身存在的时候，生与死就成了他最关心的问题。于是人类自己创造出了宗教，给上述问题以种种解答，目的是给自己以安慰、寄托和期望。

例如犹太教和由它直接地和间接地派生的基督教、天主教、伊斯兰教，都信奉一个超验的、绝对的、创造了除其自己之外的一切的神，神要求人信仰它，按它的启示行善，忏悔自己的罪恶，死后就可以进入天国，回到神的身边，否则就要沦入地狱经受种种苦难。

这样，宗教对其信众而言就具有了无比的神圣性和吸引力。

又如佛教，不重在说明宇宙的起源，所以佛经上常说"无始无终"，一再讲述"无始以来"的事。释迦牟尼不是神，而是古印度迦毗罗国净饭王的太子，名悉达多，生于迦毗罗城的岚毗尼园，母亲名摩耶，产后七天去世，太子由其姨妈波阇波提抚养。释迦牟尼出生在人间，成长在人间，求法于人间，悟道于人间，涅槃在人间，遗骨（舍利）流传在人间。所谓"佛"，即觉悟之义。悟什么？即参悟人生和宇宙的规律，把握正确对待生与死、己与他的态度和方法。在佛教看来，万事万物俱有因果，即"缘起论"，无无因之果，也无无果之因。由此要人们看透人生之苦的原因，把握消除苦的方法。可见，佛教是重视现世的，不同于完全寄托于彼岸的犹太教等。

不管是"神启"式的宗教，还是"觉者"教导的宗教，归根结底都是对人的关怀，只不过它们都"聚焦"于"终极关怀"，即对人生最大的事——生与死的思考和从苦中解脱，以及与此密不可分的对宇宙终极的关注，并给出本教本宗的答案。各个宗教的所有教义，几乎都是从这一点引申出来的。为了到达天国或解脱生老病死之苦，就需明了天人之理，需要行善，需要和平。

历史上，各种宗教在长期布道、发展、变革过程中，都形成了各自不同的理论体系，积累了大量经典和历代智者对经典的解释，同时极大地影响了世界各地的文学、艺术、哲学和科学的发展，以致深深地根植于人们的生活和心里。因而可以说，宗教是一种文化，是直接作用于人心的文化，是各民族文化中的一个重要组成部分，甚至可以说，就起源而论，没有宗教也就没有文化，中国也不例外。因而在弘扬、发展中华文化的时候，不能忽视宗教。

我国固有的宗教只有道教；佛教经过自汉至唐与中土文化的磨合，已经中国化了，也应该视为中国原有的宗教；基督教、天主教、伊斯兰教，进入中国短则数百年，长则上千年，也已经适应了中国的国情。因而中华文化中的包容、和合、尊祖敬宗、利己利他，以及仁、义、礼、智等观念已经不同程度地被外来宗教所吸收。而宗教的哲学思辨、对自然的敬畏、对死亡的相对淡定（包括薄葬），也在融入中华文化。

但是，宗教从来具有两面性，即促进社会和谐的一面和不利于和谐的一面。在中国古代历史上，凡是盛世王朝，都是既充分发挥了宗教积极的一面，又制约和限制其消极的一面。现在的问题是，由于对宗教的种种误解和怀疑（其中有些则是宗教自身建设不足造成的），影响了对宗教特质的深入研究，在制约它和使它发挥作用两方面都有加强的空间。如果我们能以史为鉴，总结、借鉴历史上成功的和失败的经验与教训，把宗教作为补充，对管理的方法做必要的调整，那么也必将有利于新文化的建设。总之，在考虑文化战略的时候，不能忘记了宗教这一领域。

6. 文学艺术的优越性和局限性

当人们谈到文化的时候，首先就会想到文学艺术。因为文学艺术能够形象地、生动地显现时代精神以及人们的愿望和对过往的记忆，"嬉笑怒骂皆成文章"。因此，人们普遍喜爱文学艺术，需要文学艺术，因而文学艺术对民族文化素质的提高能起到很大作用。这就是它的优越之处。

但是文学艺术也有其局限性。一是创作周期比较长，往往是回忆式的叙事。二是反映时代精神的方式是曲折的，它拒绝直白式的说教，所以对创作者和欣赏者的知识、文化水平有较高的要求。虽然娱乐性的艺术常常能为一般大众所欢迎，但是如果创作者没有对生活和时代的深刻理解，没有较高的道德修养，就容易走到媚俗的路上去，不仅不能提高受众，反而会适得其反。三是成本相对于其他文化传播方式普遍较高，有时难免受到一些客观条件的限制。

文学和艺术本属于人民大众，人民的生活和创造是文学艺术的源泉，也应为大众所享用，但是在当今市场经济环境中，容易成为"小众文学和艺术"。如何尽量回避文学艺术的局限，在大众文化的发展中逐步创造、丰富新文化，这是个极其重要的课题。

当前，我国正在积极进行的文化体制改革和各级政府强调的发展文化创意产业，就是在这一领域所采取的战略措施，就是为让所有人民能够享有文化，为未来开辟道路。

三　一旦中华文化能够大踏步地"走出去"了，就意味着中华文化自身已经强健了

任何文化的弘扬、发展，最重要的是要处理好两件事。一件事情是牢固地树立文化的主体性，这种主体性应该存在于人们的心中和日常生活中；另一件事情是自觉地与异质文化进行接触，通过接触，了解、理解、欣赏、学习对方。

文化的开放性和主体性，是辩证统一的。没有主体性，无论是国家还是个人，就没有根基，没有主见，

在与异质文化接触时，就可能或发生不应有的冲撞、抵制，或者走向另一端，良莠不分，囫囵吞枣，盲目信从，最后失去自我，不知"'我'是谁"。反过来说，如果文化不开放，不自觉地与异质文化接触，就会故步自封，久而久之，文化就要凋敝；而文化不强，国家也将衰落，近三百年的历史就是最好的说明。

　　文化"走出去"，是文化自觉的集中体现。从19世纪后半期起，洋务运动、戊戌变法、辛亥革命、五四运动，都是因为接触了西方文化而催生的，但都是外国人或国人介绍进来的，包括马克思主义，也是俄国十月革命给我们送来的，我们是被动中的主动或主动中的被动。现在，六中全会《决定》提出："实施文化走出去战略，不断增强中华文化国际影响力。"这可能是中华民族发展史上第一次把"文化走出去"提到全体国人的面前，是千载难逢的机遇。其根本的原因是经过30多年的改革开放，中国的经济实力强了，我们的文化开始自觉了。

　　当前，中华文化"走出去"，还面临着诸多困难。一是现在西方文化，尤其是美国文化已经统治了全世界，中华文化别具一格，是个"例外"，常常被视为"异类"加以拒绝。二是西方对中华文化的偏见根深蒂固，动辄说我们在搞"价值观输出"（这本来是个伪命题，在此不详述），刁难、抵制层出不穷。这种情况一时难以改变。三是我们还不善于用外国人喜闻乐见的形式和话语，客观地介绍中华民族以及当今中国。最近几年，中华文化"走出去"的情况有所好转，一个突出的表现是孔子学院已经遍布五大洲的105个国家。西方评论说：这是西方主流社会能够接受的中国唯一的文化产品。这一经验值得认真总结，以便让它在中华文化和各国进行综合交流方面发挥更大作用。

中华文化"走出去"，自古就有，但那不是自觉的，是随着商品、移民或战争自然流出的。当中国积贫积弱，或在世界经济中没有地位的时候，即使自觉地向外介绍，也不会引人注意。现在开始自觉地向外走了，但还不是"大踏步"，只是"小碎步"。要想"大踏步"，还要走相当长的路，一是要等中国真正强大起来，中华文化强大起来；二是要学会"大踏步"。

文化交流大体有三个层次或渠道。第一个是政府间的交流，主要是因时、因地、因人（对象），围绕着国家间的利益进行。这种交流决定着国家间的政治关系。第二个是学者间的交流，这种交流学术性强，参与者寡，但却直插文化根底，接触彼此的价值观、世界观、伦理观，其影响久远。这种接触的成果可以观照文化的所有领域，真正了解对方的"心"和"根"。第三个是大众间的交流，也就是现在开始常提到的"公共外交"。商贸、旅游、留学、演出、体育竞赛等都属此类。

我认为，在这三个层次或渠道中，最重要的是第二个。因为学界的交流可以超越政治和意识形态；上可以影响各自的决策者，下可以影响大众，而且是在文化的根本上产生影响。现在，我们的情况恰恰是这方面薄弱。因为我们对自己文化的研究还不够深广，同时，研究文化的学者90%以上不能用他国语言进行交流，即使交流，也缺乏与异质文化交流的话语技巧和应对方法。这都是长期封闭的后果。最难的是第三个层次或渠道。在大众交流（公共外交）方面，现在参与的人不少，但是懂得或精熟某种形态文化的较多，了解文化与交流规律的较少。这是由于一般游客、文化工作者曾经受到教育体制的局限。

　　总之，在我看来，中华文化"走出去"是必然之势，实施"文化强国"战略，目前一个重要的任务就要把这件事摆到重要议事日程上，加大力量。但是，以前我们并没有做好相应的准备，因此，近年我提出了"固本强身，走向世界"和"小步快走"的想法。其意思是，中华文化"走出去"的速度可能决定于国家经济实力和在文化"走出去"方面投入得多或少；而效果的大小、影响的深浅，则基本上决定于我们自己的文化建设和研究的水平；有前一点，所以可以快，有后一点，所以只能是小碎步，不是我们不想大踏步，而是大不起来。一旦中华文化能够大踏步地"走出去"了，就意味着中华文化自身已经强健了；而"走出去"也会影响和促进"固本强身"。

对于中华文化和新文化建设的思考[※]

总政有关领导邀请我来讲课，我没有丝毫犹豫就答应了。这并不是因为我有多高的造诣，而是由于对部队的感情，对部队在祖国建设事业当中所承担任务的理解，当然，也有我对部队在文化建设方面所起作用的期待。这几点原因促使我一定要来。

下面讲三个问题：第一，文化在人类社会中的地位和作用；第二，当前文化建设的紧迫性；第三，怎样建设社会主义新文化。

一 文化在人类社会中的地位和作用

分讲四点：文化即"人化"；文化是人类认同的标准；文化是人类进步的标志；文化是人类最高的追求。

1. 为什么说文化即"人化"？

作为最高级的哺乳动物，人与其他动物的区别到底在什么地方呢？在长期进化的过程中，人化的水平是在不断提高的，至今也没有达到终点，而且可能永远达不到终点。未来还有多少年？不知道。现在我们

[※] 2010年5月在总政直属单位文化艺术讲坛上的演讲。

有两个"不知道"：一是不知道人怎么成为人的。课本上都在讲人是怎样来的，说老实话，这些都是假设，得不到验证，即使挖出元谋人、山顶洞人也还不够，也只能根据他们的骨骼、牙齿或者身边的石头、动物残骸做些推测，剩下的全都靠猜想。而这些猜想是永远得不到印证的，因为环境没有了。二是不知道人类的未来。按照马克思主义的学说，人类的未来是建成共产主义，这也是假设，是推理。但是我们信仰它，我们坚信人类社会一定能走到更高级的地步，也就是中国古人说的大同社会。可是共产主义社会到底是什么样子，建成了之后，人又会怎么发展，还是不知道。第一个不知道是因为历史没给我们留下活生生的东西，第二个不知道属于必然，需要我们慢慢去知道，因为我们所获得的，只是相对的真理，绝对的真理还需要不断探究，而且永远也达不到"绝对"，这是马克思主义的基本观点之一。

先来说人和动物的区别。人和动物的共同点，就是生物性的要求。2300多年前孟子就说过："食、色，性也。"——这句话是孟子的弟子说的，孟子没有否认，所以也可以算是孟子的思想。食、色，这是动物的本性，连植物都知道。植物要吸入二氧化碳，要汲取地下的营养，雄蕊和雌蕊的花粉要合一，来孕育种子。食是为了本体的保存，活下去；色，也就是两性，是为了物种或种族的延续。这都是不用教的。所以孟子就说："人之与禽兽也，几希。"人和动物的区别就是那么一点点。这一点点，就是千百万年形成的本质的区别。这区别就在于，我们有语言，我们会制造和使用工具。现在有人研究说鸟、大猩猩都有自己的语言了，但都是假设，没有得到印证。语言，从出现的时候起就定位是属于人类的。动物的发声只是一种生物性的反映。它的叫声没有含义，因此不能交流思想，不能做报告。人则因为有了语言，所以能交流，促进了思维的发展，形成了牢固的群体，人有了认识自身的能力。我们可以做一个试验：当婴儿稍微有点意识之后，你把他（她）抱到镜子面前，他（她）会伸手摸那个小朋友，他（她）不知道那是自己。你再把小狗、小猫抱到镜子前，它们的反应跟婴儿是一样的。等长大一点，婴儿就产生了自我意识，知道了那就是自己，但小狗、小猫就是到了 17 岁——相当人的 100 多岁，它也不知道那个影像就是自己。另外人还会反思，不是一般的思考，是返回自身和过去的思考。例如年轻人喜欢追问自己的人生价值，能够进行"自我设计"，这都是对自身的认识。这些加上有了语言，就形成了我们今天所说的文化。因此，文化是人跟动物的一个本质区别。有的学者干脆提出来，文化就是"人化"。

　　文化的最初形态是什么，还是不可知。我们只知道在原始社会人们就知道把贝壳用东西拴起来，后来能够钻孔就串起来，作为身体的装饰，后来演变成今天的项链，这是一种对美的追求。但是，佩带上它，他或她是什么心情？在一个部落里，或者没有形成部落，就是一个自然的人群里，别人看了之后什么反应？自己制作的，还是交换来的？这些疑问我们一概不知道，然而这些东西说明，人已经开始变成人了。人之为人，是从意识到"我"这点开始的。我经常要强调：文化是区别人和动物的本质特征，而这种"人化"，也就是文化，是不断提高的。可以说，文化的进步和人类的进步是同步的。人类有文字的历史，大概 6000 年。

6000年前，在两河流域，就是今天的伊拉克，出现了苏美尔人。人们长期都不知道那里曾经有苏美尔人和苏美尔文化，直到19世纪破译了苏美尔的楔形文字，又叫钉头文字，这才了解了当时的一些社会状况。我们常说史前时期，就是指文字之前的时期。有文字可考的历史，最悠久的是两河流域，其次是埃及。而中国有文字可考的历史有3000多年，中国人最早使用的是甲骨文。有了文字，按照一般的说法就是进入到文明阶段了。先有文化，然后这个"文"彰"明"了。

语言促进了人的思想的发展。历来对于语言的定义，都说语言是思维和交流的工具，我把它颠倒过来了：语言是交流和思维的工具。语言因交流而产生，没有交流就没有语言，它的第一功能是交流。交流的时候一定要说话或者书写，书写的也还是语言，思考的时候就不一定是语言。例如此时我说话的时候，下一句说什么，没有稿子，并没想好语句，一下子就说出来了。所以交流应该是语言的第一功能、第一动因。思考是在交流的促使下产生和发展的。不交流，一个人的思想提不高，所知的内容也会枯竭。因为思想的发展，人从原始人到现代人，社会从原始社会到了现代社会。几百万年下来，杨利伟们可以上天了，人类的进步多快啊！你再看看狼、老虎，人工驯养的马、骡、驴、牛、羊和家里的宠物，它们有多大进步？从人类开始有了文字到现在，只是人类历史上的一瞬间。可就是这一瞬间，因为有文字和语言，有思想，人类加速了发展。

我认为在人类的发展史上，有两个加速器。一个加速器是语言的形成，人会思维了，后来还发明了文字。这时开始，人类，包括人类的大脑加快发展。第二个加速器是公元前500年左右的轴心时代。这是德国神学家和哲学家雅斯贝斯提出的理论。他认为公元前800年到公元前200年之间,特别是公元前500年左右是世界的轴心时代。那个时期,人类的思维在加速,广义的文化也在加速,比较集中地形成了一批认识上的成果,那个时代的人们为人类的发展做出了巨大的贡献。贡献在哪里?从西往东说,希腊出现了苏格拉底、柏拉图、亚里士多德等一批哲学家。他们开始思考神的问题、人的问题以及人和神的关系问题,现在的问题、过去的问题和未来的问题。往东走,到了今天的加沙地带,巴勒斯坦,出现了亚伯拉罕。他创立了犹太教,也在思考生死问题,过去、现在和未来的问题。再向东走,中国出现了孔夫子、老子以及前前后后的诸子百家。他们同样在思考生死的问题,也就是今天和明天的问题,即今天应该怎样生活,最后走到哪里,思考人的身心问题,人和大自然的关系问题等等。再向南,相差几十年,古印度出现了释迦牟尼。他创立了佛教。轴心时代哲人所提出的问题和对这些问题的回答,基本思想是接近的。他们所提出的问题,至今还是我们人类思考的基本范畴;他们给出的答案,至今没有前进半步。但是轴心时代四个地方的发展很不一样,中东是游牧,中国是比较发达的农业,印度是畜牧和农业结合。因为交通工具不发达,这些哲人没有交流,即使在本地,也只是率领少数人去思考、去研究、去辩论、去实践。像苏格拉底在学园里面和学生辩论,孔子门下七十二贤人,受释迦牟尼亲传的也是少数人。那时生产不发达,人们整天忙于衣食住行,首先要满足"食色,性也",知识难以普及,却出现了文化的高峰。殷周时代以后,又经过了2000多年,在西方出了个马克思。他汲取了西方有文字可考的所有文明成果进行思考，在继承中发展，提出最后人要走向大同世界。其实柏拉图的理想国、中国的大同世界、佛教的极乐世界都是这样的梦想，但都是朴素的、原始的、朦胧的。马克思论述人类发展的历史，认为通过生产关系的改变、生产力潜力的释放和人的全面发展，人类最后要进入高级社会，这是马克思在文化问题上里程碑式的贡献。

我们一定要牢牢地树立文化的发展的观点。在上课的这两三个小时里，中国的文化就正在发展，只不过这种发展是无形的，它要积累到一定的程度才变成有形的。从原始人到高度发达的人，从高度发达的人到有思想有学说的人，再随着生产力和生产关系的不断变化，农业时代、工业时代、信息时代一路走来，这些都是标记。而在标记和标记之间是有过渡的。这一点鲁迅先生在《写在〈坟〉的后面》一文中说得很清楚，一切事物在转变中，多多少少是总有中间物的。动植物之间，无脊椎和脊椎动物之间，都有中间物，可以说，在进化的链条上一切都是中间物。

这是鲁迅先生的发展变化的观点，人也是这样。人的两个趋向的搏斗，用鲁迅先生的《故乡》里的一段话就可以生动地说明。小时候跟他一起玩耍的长工的孩子闰土，等到年长了再见面时，叫了他一声"老爷"，鲁迅马上感到和闰土之间已经有了一堵墙了。当他要带着弟弟坐船回北京的时候，弟弟问他："我们还回来吗？"引起他一番感想，他希望他的弟弟和闰土的孩子能成为朋友，"然而我又不愿意他们因为要一起，就如我的辛苦辗转而生活，也不愿意他们都如闰土的辛苦麻木而生活，也不愿意都如别人的辛苦恣睢而生活。他们应该有新的生活，为我们所未经生活过的"。这样，鲁迅把当时旧社会的中国人分了三类，一类如他，即鲁迅，为了新的生活不断地奋斗，因而要辗转南北，搞得很辛苦；一类如闰土，幼时在一起的朋友，至今仍然是麻木的，迷信鬼神，不知道反抗，不知道自己穷的原因；一类是有钱有势的人，放纵，堕落。恣睢的人也很辛苦啊，甚至比正常工作人还辛苦。三种人都是辛苦人，但是状态不一样，目标不一样，麻木者无目标，恣睢者的目标是个人的、一时的、短暂的，辗转者就是为了民族为了人类奋斗的。两个趋向的搏斗，其中一个趋向是为己，为己是动物性；另一个不仅仅为己，更重要的是为他，这才是人性。恣睢者需要用文化唤醒，让其回到正常的路上来；麻木者也需要用文化唤醒，让他了解今天的生活和明天的生活的关系、个人和集体的关系。鲁迅先生的有些观点，今天看来需要再斟酌，但是他的基本思想应该说是闪烁着中华民族智慧的光辉。人和动物相同之处是生存繁衍的物质基础，就是食和色。不同之处，中国人讲仁、义，西方基督徒讲究爱，爱的第一个对象是上帝，不管我们赞成不赞成，是否真实，这些是区别于动物的，是"人化"的。

在我看来，凡是过分地体现人的动物性，轻视和贬低"人化"的，都是违背了人类的发展规律的。现在社会上出现的淫秽、凶杀、欺骗、压榨乃至战争——这战争当然是指不义的侵略战争，不包括自卫战争——都属于这一类。昨天晚上，网上有一条消息，陕西一个民办林场幼儿园，闯进去一个48岁的村民，手持利刃，砍死了7名儿童和1名老师，11个人受伤，这个村民回到家自杀了。刚才在车上，我还和秘书说，我就想不通，这人心怎么啦？孩子不管是不是自己的，爱还爱不过来，居然能下手一刀砍死，连动物都不如。禽兽！这就是人的兽性。可是，我们很多的文化产品不回避这一点，起到了反面作用，例如一些暴力的影片和动漫。秘书跟我说，也是昨天晚上，网上报道一个学者访问了400个未成年的罪犯，都是重刑犯，有的拿起凶器对自己的亲人下手啊！问起原因，多数孩子回答是从电视上学的。我对现在的影视节目，牢骚比较多。警匪片作为警示，警告大众不要上当受骗，展现公安干警的英勇机智，这是可以的，但是全程地播、生动形象地播，其本身就成为了一种教唆。最近为什么连续在小学和幼儿园出现凶杀，就是跟报道学习的。

2. 文化是人类认同的标准

2000多年前，我们的先人就说："物以类聚，人以群分。"人是社会性的动物，是群分的，而分的标准又不同。按照社会发展的脉络，先有部落，后来有部族，然后有民族，有国家，再扩大范围就是人种。在不同的人群当中，都有各自的文化。例如，在国外游览的时候，突然听到背后有东北话，或者上海话，你一定回头看，大家相对一笑，认同了。人以群分，要有相认的标记。这个标记不是头发、眼睛、鼻子。假定一个海外华人的后裔，不会说中国话了，到中国来，即使穿上唐装，但一说话就需要翻译，你马上觉得他不是自己的同类人，是个外国人。因而文化就成了一个民族的凝聚力和约束力。古人所谓"心有灵犀一点通"，这灵犀就是文化。

人的群分可以有不同的标准，最核心的是利益之分，像我们面对的个人、集体、国家之间的关系问题，国家和国家之间的关系问题。但是，最根本的群分标准还是文化。利益是一时的，飘忽不定的，例如中美关系，忽而吵起来，忽而好起来，好，好不到哪去，坏，坏不到破裂。政治的关系是一时的，当时欧洲的明灯阿尔巴尼亚，现在又如何？而文化之间的凝聚和认同，可以说是永恒的。

我们现在更多谈到的是文化的凝聚力，但我认为应该同时讲约束力。约束力体现在哪儿？体现为人伦、道德、伦理。这伦理、道德就是一种社会生活的规范、家庭生活的规范，是一部不成文法。在这个约束力当中，突出的是宗教信仰。小平同志20多年前批评我们的教育，说教育是失败的，精神文明这一手没有硬起来，我看这个问题至今没有解决。现在很多人信佛教、信基督教；信仰是自由的，但作为一个无神论的国家，无神论的政党引导的国家，还是应该引导更多的人信仰我们的主义。除此之外，风俗、礼仪、艺术、语言，都是一种凝聚力和约束力。我不知道现在年轻人出国后是什么想法。20世纪八九十年代，留学生中相当多的人到了国外之后，要家里给他寄中国音乐的磁带，特别点名要《梁祝》，要《二泉映月》。那时在留学生住的公寓里，常常可以听到《梁祝》反复地无数遍地播。他的一切思乡之情、对祖国的感情、对亲人的思念，都寄托在这些音乐的旋律上。这就是一种无形的凝聚力、约束力。

对于人群来说，最重要的是具有独特力量的社区。这个社区是社会学的意义上的，不是指居民小区或是村落，而是指的以某种标准聚合起来的人群。我们的军营就是一个社区，一所学校是一个社区，一个企业也是一个社区。社区文化，目前是全中国的薄弱环节，因为随着城市建设的发展，经过几十年甚至于上百年所形成的老社区已经被打乱。像北京的四合院经过"文化大革命"变成了大杂院，一个大杂院就是小社区，张奶奶、李爷爷对王家的儿子、孙子都有照顾，赵家的年轻人对张爷爷、李爷爷、王奶奶也很尊敬，这就是大杂院的社区文化。城市一改造，大杂院的人全分开了，每个人都住进"鸽子笼"，窗户外罩着安全网。一个楼的住户又不是一个单位的，住上三年，楼上那家姓什么、叫什么、在哪儿工作都不知道，这就形成不了一个社区的文化。这一点西方资本主义社会有经验，社区有人做慈善事业，做文化事业，再加社区和宗教教育结合，把他的文化渗透到每家每户每个人。我们现在过分强调八小时之外是自己的，无聊就上网打游戏、网聊。所以社区的建设要特别注意，"心有灵犀一点通"是一个文化认同问题。

中国人"心有灵犀一点通"的文化在什么地方呢？那就是中国文化当中的仁义之心。我的学生遍布好几个国家，藏独势力折腾时，他们自发组织起来，自己出钱租大巴，凌晨出发，开车四五小时，抢占有利地形，来抵制藏独。出国了，他乡遇故知，不管是否认识，一句中国话就拉近了彼此的距离。又如各位出访时，喝牛奶，吃面包、牛排、鱼片，大概三天之后就想吃馄饨、稀饭，这其实也是一种文化的力量，饮食取向也是一种文化。所以我曾经说过这样的话，孩子只要坚持跟父母吃中国饭，大概吃到10岁，中国心就留下来了，将来在外面也不会改变。这就是文化的力量。

3. 文化是人类进步的标志

生产力和生产关系的发展是人类进步的根本的动力，也是文化的基础。有了生产力的发展，有了一定的物质基础才谈得起文化。举例来说，在原始社会，人们是乱婚的，那时也没什么所谓的乱伦。后来知道，这样不利，于是形成了群婚，在一个群体里或者说一个未成型的部落之间，内部可以随便地寻求配偶，并且不是固定的。再后来，人们从实践中发现的，这种乱婚或群婚对后代很不利，于是形成了对偶婚。《左传》中就有"同姓而婚，其生不蕃"的话。研究证明，由于近亲结婚，达尔文家族大多数人都夭折了。《左传》记载，姬姓的诸侯娶妻子，绝不找姬姓的诸侯。这是对偶婚的遗留。社会进一步向前发展，由于生产力、生产关系的因素，财产继承要保证继承人血统的纯正，于是形成一夫一妻制。马克思也说过，一夫一妻制是人类婚姻生活发展的最高级阶段，是人性最集中的体现。

同时，文化和政治、政体、政权这三者有着极其密切的关系。虽然文化和"三政"都是经济基础之上的上层建筑，但是上层建筑之间，可以互相抵消，也可以互相促进。现在我要强调的是，文化当中的最高表现在大家看来可能是艺术作品的质量，这也不错，但是就其内涵来说，文化的最高表现是智慧。何谓智慧？就是轴心时代的那几位伟人所提出的问题：第一，人和人的关系问题，也就是个体对个体、个体对群体、群体对群体的关系。这群体放大到最大就是人类，缩小点就是国家民族。第二，人和天的关系的问题，中国人心目中的天是大自然，也就是人和自然的关系问题。第三，现在和未来的关系问题，用西方的神学语言说是"终极关怀"问题。个人走向哪里？人类最后走向哪里？第四，个人的身和心的关系问题。心也就是意识、思想，是主观，身是客观，在心之外。对这些关系问题的回答就是智慧，是文化最核心的东西。

文化和政治、政体、政权关系极其密切，社会上有很多论述。我想用哈佛大学亨廷顿教授的论述来进一步说明。他写了《文明的冲突》一书，遭到全世界学者的抨击，但他仍坚持自己的观点，至死不改。后来他又写了《我们是谁》一书。他认为，从历史上看，美国的特性涉及四个主要组成部分：人种、民族、文化记忆、意识形态。人种和民族单一的美国已不复存在。200多年前，英国的清教徒，由于理念和英国王室不相容，受到压迫，于是就冒险乘坐"五月花"号，漂到了已经被荷兰、西班牙开辟的所谓新大陆。后来经过战争、谈判、赎买，美国的版图一个州、一个州地扩大了。当时美国的人种是单一的，就是英格兰的人。可是要发展，这样不行。美洲很肥沃，于是就有大量的移民先后来到这里。人种和民族单一的美国不复存在，四个主要部分去掉两个了，那么文化记忆呢？苏联的解体表明，在缺乏人种、民族和文化共性的情况下，意识形态的黏合力量是比较弱的。早在20世纪90年代，费正清就提出意识形态的黏合力是弱的。容我不客气地说，至今我们有的同志还没有意识到这一点，还想凭着意识形态凝聚整个中华民族。这样做有些时候是可以的，但长久了就显出它是比较弱的。以苏联的经验看，一旦上层发生变化，加盟共和国一个个地都独立了。而民族、文化和人种的黏合力要强得多。我们西藏的重要性、新疆的重要性就在这里。美国的办法就是重新振作国民身份和国家特性的意识，振奋国家的目标感，以及强化国民共有的文化价值观。它的国家特性意识，就是民主、自由、人权；国家的目标感说穿了，就是做世界警察、世界的领导、世界上唯一的超级大国，永远统治世界。海湾战争之后我访美，住在洛杉矶，有一件事让我很震惊。海湾战争美国打赢了，我从十几层楼上往下看，高速公路上的汽车一律在天线上绑一根黄丝绸条，车上坐的，既有白种人、黑人，也有黄种人。这就是一种国家特性意识。尽管美国在两伊战争期间有百万人游行，但说实话，在美国这是少数，多数是赞成打的，打胜了，他们心里是高兴的。当抓到萨达姆之后，在华盛顿、纽约的国旗店，国旗全卖光了。全城没有人通知，完全自动悬挂。我们挂国旗有时还需要小区居委会主任通知呢。千万不要小看这点。亨廷顿还说，"9·11"事件引人注目，象征着21世纪作为意识形态世纪和意识形态冲突世纪的结束，以及一个新的时代的开始。在这个时代，人们主要是从文化和宗教信仰的角度界定自己的。宗教信仰是文化的核心。他认为，美国现在的实际敌人和潜在敌人是宗教驱动的伊斯兰好斗分子和完全非意识形态的中国民族主义。亨廷顿的这两本书和他的文章，是美国历届总统、白宫制定国内外政策的理论基础。他还说过这样的意思：基督教文化和伊斯兰教文化必然要发生激烈的冲突（说这话的时候，还没发生伊拉克战争、阿富汗战争），但是基督教和伊斯兰教的矛盾是可以解决的，无法解决的是基督教和儒教之间的矛盾。他认为实际敌人是伊斯兰好斗分子，潜在敌人是中国，而最根本的问题就是和中国的矛盾。非常清晰啊！看过这一段，你再看看克林顿、小布什和现在奥巴马的一系列表现，看看太平洋战区司令的言论，就豁然而解，原来核心思想在这儿呢。他随时跟你"当面叫哥哥，背后掏'家伙'"。但是今天的"家伙"不完全是武器，还有贸易保护主义，人权大棒，煽动藏独、疆独，等等，没事就给你挠挠痒，想要遏制你。所以文化和政治、文化和政体、文化和政权息息相关，只靠意识形态是不行的。智慧才是文化的最高表现。

4. 文化是人类最高的追求

"仓廪实而知礼仪"，这是我们中国人的经验，是《管子》上的话；"温饱思淫欲"，这是老百姓都知道的话。这是说，当人们仓廪实了，小康了，就要引导，启发人们内心原来潜在的东西，去追求一个人的伦理观、价值观、世界观和审美观，合起来其实就是信仰。我对文化的层次有这样的界定：表层是物质文化，围绕着衣食住行的好恶取舍；中层是制度文化，即风俗、礼仪、宗教、艺术、制度、法律；底层是精神文化或者哲学文化。

中国的传统文化，基本上成熟于农耕时代。农耕时代人群的要求首先是生活要稳定，不像游牧生活那样逐水草而居，因为只有稳定了才可以在前人垦殖的基础上增产；要合力，原始的耕作独自一个人不行，独自一个家庭也不行；要积累，知识要积累，技能要积累，财富要积累，生产工具要传承，生产技术要传承，土地要传承，观念也要传承；同时，在艰难的环境里生产需要坚忍的意志，人们必须勤俭、勇敢、聪明，这些都是中华民族的文化基因。

我们的一些文化积淀是从经验中形成的，而不是神所告诫的。与此不同的是，西方的宗教根源是犹太教，犹太教派生出基督教，基督教又派生出天主教，穆罕默德汲取了犹太教、基督教的一些文化和启发，又创造了伊斯兰教。为什么亨廷顿说基督教和伊斯兰教之间的矛盾可以调解？因为他们都是一神论，他们的戒律是一样的，很多理念也是一样的。中国则截然不同。中华文化根植于农耕社会，人们的追求跟他们有质的区别。正是因为农耕社会的生活要合力，要和谐，人们养成了一种包容一切的胸怀。外来的宗教，如伊斯兰教、基督教、天主教和儒家、道教相容，这种情况在世界上少有，甚至可以说是绝无仅有。西方千百年来宗教战争连绵不断，至今世界上的冲突大概90%以上仍和民族、宗教问题有直接关系。我们不是单方面的宽容，因为宽容这个词是一种恩赐，是有条件的恩赐，如果你赎罪、认罪了，我就宽容你。我们是包容。包容是彼此通过长时间的接触、摩擦之后，互相学习、彼此尊重和适当"妥协"的结果。一字之差，体现两种价值。主体文化的包容性是关键，对于我们来说就是儒家文化的包容性。各民族、各宗教相尊相融，共同创造和构成了中华文化，这是中华民族在这块土地上"超稳定"的原因。"超稳定"这个词是英国的大历史学家汤因比说的。虽然千百年来，中华大地上战争不断，动乱不少，但是比较欧洲来看，则是令人羡慕地稳定，绝大多数时代是统一政权，而欧洲分裂成那么多国家。汤因比1974年去世前（当时我们的"文化大革命"正如火如荼）说，中国有可能自觉地把西方更灵活也更激烈的火力与自身保守的稳定的传统文化熔为一炉，如果这种有意识有节制地进行的恰当融合取得成果，其结果可能为文明的人类提供一个全新的文化起点。历史学家看的不是一个时段，看的是几千年，他做出了这样的结论：如果中国共产党能够在社会和经济的战略选择方面开辟出一条新路（请注意，这个时候，小平同志还没提出来中国特色社会主义道路这个概念），那么它也会证明自己有能力给全世界提供中国和世界都需要的礼物。这个礼物应该是现代西方的活力和传统中国的稳定二者恰当的结合。

对这个大学者的预见性和坦率，我们不能不肃然起敬。

二 当前文化建设的紧迫性

当前中国的文化建设处在这样一个环境里面：第一，中国社会的三个"转型"同时到来；第二，我们的内部，在文化问题上经过了上百年的迷茫和探索；第三，我们的外部，经受着"全球化"的冲击。文化的建设和发展是全面建设小康社会的必备条件之一，也是祖国统一的必要条件。

"三个"转型是指从农耕社会转向工业社会，从计划经济条件下以政治为中心转为市场经济条件下以经济建设为中心，从封闭转为开放。三管齐下，中国社会所承受的压力非常巨大。我们内部，经过洋务运动"中学为体，西学为用"，经过五四运动"打倒孔家店"，经过全面学习苏联，又经过"文化大革命"打倒一切，然后在这个基础上，突然改革开放，还没有做好文化的准备。外部呢？经济"全球化"冲击。所谓经济全球化的本质是什么？我认为到现在为止，仍然是西方发达国家剩余的产品、资本和技术向着发展中国家飘移，选择性地攫取最高利润额。中国积极加入WTO，就是要改变这种格局，虽然是孤军奋战，但已经取得发言的资格了。这在经济上是一种博弈。文化上呢？我们不能不答应国外的电影、电视、书籍要进来，他的企业也要进来，企业是带着文化进来的。文化本来应该是多元的，但是现在世界文化基本是一元的，也就是美国文化占统治地位。每次出访对方问我有什么要求，我都说想到农村看看。我看到在非洲小山村的沙石路旁居然都竖着可口可乐的招牌，可以说无孔不入啊。到所有国家打开电视，全是CNN。如果去西方发达国家，那几天宾馆就特意给我开通中央四台的节目，否则全是CNN、BBC。所以，文化多元是很艰难的。但是由于有中国的存在，有中国文化的存在，所以美国人文化一体化的妄想坚持下去也会越来越艰难。现在他们开始意识到，中国可以学他们的技术和管理，但中国人的价值观恐怕改变不了。那么，这种情况下，中国文化要走出去，就看我们经济和文化强大到什么程度，我们是不是善于走出去。这是世界性的任务、历史性的任务。在经济全球化的冲击下，全世界的民族文化都处在危机之中。有的民族至今还处于原始状态，他们没有历史记忆，最早的历史是殖民者记下的历史，这种情况下，原始的文化很快就没有了。不要小看原始文化，原始文化有它的灵感，有它的美。例如非洲的手鼓、舞蹈、歌唱和雕刻，现在西方很多歌曲和绘画都从中汲取灵感。中华民族这样的文化，如果抵不住经济全球化的冲击，也会陷于危机。

　　发展文化也是全面建设小康社会的必备条件。小康的标准不是单指财政收入、个人收入，等等。小康这个词来自于《礼记·礼运》篇。"大同"则是"天下为公"的理想社会。在大同社会里，"选贤与（举）能，讲信修睦，故人不独亲其亲，不独子其子，使老有所终，壮有所用，幼有所长，鳏寡孤独废疾者皆有所养，男有分，女有归。货恶其弃于地也，不必藏于己；力恶其不出于身也，不必为己。是故谋闭而不兴，盗窃乱贼而不作"。这反映了原始公有制社会的一些特征。对"小康"的基本要求也是这些，差的是"不必为己"。在小康社会里，人们还是要"各亲其亲，各子其子，货力为己"。为了维持这种私有社会的秩序，就必须讲求礼义，"以正君臣，以笃父子，以睦兄弟，以和夫妻，以设制度，以立田里"。现在党中央提出全面建设小康社会，文化建设是非常重要的一方面。我们在文化建设上要有更高的要求。党中央当前所采取的措施，我们的施政、亲民政策，也都是在向这个方向努力。

　　发展文化是祖国统一的需要。文化具有"纽带"的作用。一说起中华民族和中华文化，蓝绿两大阵营都有共识，包括绿营的一些重要人物都说，其实台湾独立不成，因为有共同的中华文化。马英九打破了几十年来由"总统"担任"文化总会会长"的惯例，辞去"会长"职务，让别人做"会长"，这是为了加强台湾的文化工作。怎么加强？第一，整合台湾岛内的文化力量；第二，进军大陆，要到大陆发展，由大陆走向世界，台湾要做全世界华人的文化领袖。那么打头阵的是什么？文化创意，进行两岸文化创意产业的合作。他们说，我们中华文化的资源太丰富了，不要说一部《二十四史》，笔记小说、民间传说里面的东西就多了去了，随便拿来一个做成动漫，都是可以走向世界的。台湾中华文化的特点，是已经"生活化"了。我曾三次去台湾，接触农民、教师，到普通人家里做客，发现大街小巷、大店小店、各种家庭的人，全是温良恭俭让，礼貌有加。至于电视上议员大打出手，那全是"秀"，只是极少数人。福建的领导到金门去，车队走在路上，前面两辆车追尾了，只见这两辆车的主人下来一起察看，两人嘀嘀咕咕说了几句，然后笑着握手、敬礼，各自开车走了。这个领导很感慨：这要是在厦门，这条路恐怕要堵半小时以上，甚至于双方要大打出手，恶语相加。又有一位朋友，在台北要去看望一位朋友，正在寻路，遇到一位女士。这位女士停下车问："你是大陆来的吧？你找哪儿？我带你去。"这位女士开着车，到了要去的路，但小巷在哪儿她也不知道了，于是就把车停下，跑到商店去问路。台北也是容易堵车的地方，瞬间百米长的车龙就排上了。等这位女士问完回来，后面已经排了几十辆车。但整个的过程中后面的车没有一个鸣喇叭的，没有一个站出来骂街的。我们呢？我们现在对中华传统文化的认识基本还停留在学者的圈子里，停留在课堂上。要想祖国统一，除了军事、经济的问题，文化上是更重要的呀。在签订了经贸合作框架协议以后，恐怕未来两岸文化教育的交流要渐渐成为主流。

三　怎样建设社会主义新文化

讲到这里，可以说水到渠成，无须辞费了。第一，要遵循文化发展的规律；第二，要发挥传统文化的巨大力量；第三，要抓教育，文化的破坏是从教育始，文化的建设也要从教育始；第四，是学习风气的问题，戒除浮躁，宁静致远。

文化的发展，要充分认识到经济基础和上层建筑的关系，上层建筑受着经济基础的制约，同时又反作用于经济基层。苏联的垮台、东欧的解体，都充分证明了这一点。没费一枪一弹，就是文化的问题，不完全是意识形态问题，也不完全是斯大林重视重工业、军事工业，对民生关注不够的问题。1960年开始的三年困难时期，我们的经济基础非常薄弱，中国怎么没垮呀？"文化大革命"后期，国民经济处于崩溃的边缘，全国只有12亿（一说2亿）美元的外汇储备，那是很危险的啊！我们为什么没垮？为什么那么多社会主义国家纷纷解体，中国社会主义能岿然屹立？除了有小平同志的理论，有几十年建设的基础，还有一点，就是社会主义的理想，小康的理想符合中国人的理想，符合《礼记·礼运》所说的理想社会。也可以说，中国人的向往，与科学社会主义、中国特色社会主义有着潜在的、天然的同一性。

"文化就是生活方式"这句话所含的道理，在于强调创造来自于生活。文化的建设、发展要靠政府的推动，要靠创作者的深思熟虑，从而把我们的价值观、伦理观、审美观用艺术的、人们喜闻乐见的形式，不声不响、不贴标签，点点滴滴渗到人们心里，这就是文化规律。说教不是文化。另外，还要处理好"雅"与"俗"的关系。我有一篇文章《论民族文化的雅与俗》，在网上可以搜到，我在这不多说了。我的意思是搞高雅文化的人要注意俗文化，只有高雅的文化领路，俗文化才能提高。可是现在，似乎两家不搭界，俗文化没有引导，雅文化没有借鉴。周杰伦能写《青花瓷》，我们的词作者怎么就不能写呢？我们应该并可以比他写得更好，更优美。中华民族的文化不比不知道，和其他一些国家一比吓一跳！真是闭眼一抓到处都是资源啊！资源在哪里呢？在生活里，在书里。《全唐诗》中很多篇章都可以谱成非常优美的曲子。我也曾经倡导过，但却以失败告终了。

节庆是民族文化很重要的内容，是人们释放自己无拘无束感情的时候。像春节，对"春晚"我不置可否，我只是不看而已，播"春晚"的时候，我在读书。"春晚"的特点是强迫人们看东西，本来春节是一个自由的时间，一家人开玩笑啊、闹啊、吃啊、放爆竹啊，可是现在缺乏文化，就只能看"春晚"，演什么看什么。这且不说了，现在许多人喜欢过洋节，比如圣诞节。圣诞本来就是3世纪时一个神父假设的，连公元1年都是假设的，但我们的年轻人过得津津有味。台湾的龙应台写过一篇文章，她说中国的年轻人（指台湾的年轻人），过洋节就像是走路碰见一个祠堂，进去就磕头，磕了半天头，还不知道拜的老祖宗姓什么呢。这话说得很有道理。要有节庆，各年龄段的人都要借这机会欢快一下。我不赞成单纯提"释放"，应该说是一种表达，表达美好的感情。所以情人节可以有，现在不是很多人提"七七"吗？其实我早就提出来了；王维的诗："红豆生南国，春来发几枝。愿君多采撷，此物最相思。"一首诗的力量真是无穷的。红豆为什么最相思呢？红豆，一色的中国红，心形，小而坚，不易腐。20世纪70年代，广东的朋友给我十几粒，我就献给我夫人，放在小瓶里30多年了，到现在也没坏。这些品质就像爱情，很难得，很难萌发，一旦萌发出来不得了，它可以千年不变。这样的诗谱成曲子，又雅又俗，谱得好了，会非常流行啊。再比如"慈母手中线，游子身上衣。临行密密缝，意恐迟迟归"，也可以谱成曲子。我相信如果在一个晚会上有些小孩子唱起来，或者海归们唱起来，绝对是催人泪下。现在也有人把王维的诗、李白的诗谱成曲子，但大部分不是很理想。我印象深刻的就是"翻作"的那张"旧船票"。

"雅"与"俗"的关系问题，就是继承和发展的关系问题。民族文化是在原有基础上升华、改造的，不可能从平地起，也不可能是外来的照搬照抄。中华传统文化经过千百年的过滤、锤炼，是民族的灵魂，是民族的标志，是民族认同的主要内容，是祖宗给我们留下的永不枯竭的乳汁。

《中国青年报》2009年2月5日有篇文章，说了这么一段话：在社会科学、自然科学技术和文学艺术等方面，还缺少原创性的富有震撼力的成就，中西文化交流，还多表现为西方的科学管理模式，各种思想、理论、学说和艺术向中国单向传播的过程。中国文化对发展中国家的影响，也无法与西方媲美。这段话很有道理。文化，特别是底层的文化，是一个国家的灵魂进步的标志。一个国家真正的强大，不在于外汇储备多少，也不完全在于有多少航母和歼击机，而是需要经济、军事、文化都强大。美国的强大，就是经济、军事加上他的文化穿透力。美国文化诉诸人的感官，刺激人的兽性，这是人最容易接受的。不管它好还是不好，美国在文化上是强大的。如果未来的中国在科学文化方面依旧重复以往学习和模仿西方的道路，国民就难以继续保持精神上的凝聚力、亲和力和向心力。至少真的"代沟"就出现了。以前我在学校做领导的时候，学生们让我谈"代沟"问题，我不赞成这个词，我认为不存在。不同的年龄段，不同的心理发展阶段，人与人之间都存在缺乏沟通的问题，要说"沟"，则处处皆是。但那时候学生的价值观、伦理观跟我是一样的，只不过表述不一样，取向略有差异。今天我承认"代沟"很厉害。这个"代沟"并不是时代之沟、年龄之沟，实际上是中西文化之"沟"。一旦这个"代沟"处处存在，家庭、社区、国家乃至部队，其凝聚力、向心力、亲和力都要减弱了。在纪律的约束下，在课堂上、连队里、会议上，他可以表态表得很好，但是心里到底怎么想，在没有领导、同事、同学的情况下他会怎样做，真是未可知啊！当然，在国家遇到特别事务的时候，全国上下可以愤然而起，显示出巨大的凝聚力，这也让外国人感到惊奇甚至害怕。但是一个国家的凝聚力、亲和力和向心力不能只靠突发的灾难，更多的时间是和平，是平平淡淡的生活，是衣食住行。文化建设太重要了，没有大量属于中国的、具有中国"知识产权"和"发明专利"的新思想、新观念、新技术和新艺术的不断问世，并对中国乃至整个人类的社会进程产生重大的影响，中国经济的提升和发展就会缺乏动力源泉、智力支持和消费市场。我们依靠文化影响力的提升来发展自己，是中国重新崛起的正确选择。此外，一个全新的共同的人类文化体系正在形成，中国文化应该为之做出贡献。

抓教育，就要抓教育的主要功能。现在，教育传授知识和技能，这是必要的；但是本质上，主要的还是要培育灵魂，也就是民族文化的保存、继承和创新。现在的教育忽略了这一点，家长们忽略了这一点，学生们也忽略了这一点。历史的经验值得记取啊。我们古代的学校，官学主要培养官吏，发展学术和文化主要是私学。私学培养了历史上大量的著名人物。孔子是办私学的第一人，中华民族的思想绝大多数是从私学里出来，然后变成全民族的。从我们全面学习苏联开始，传统教育就断掉了，现在回想起来，连课程的设置、上课的教法，都照抄苏联的。"文革"时期，学校停课，大学都停办。后来毛主席说"大学还是要办的"，但主要是指理工科大学。大学主要应该是作用于人的灵魂。昨天我给学生讲课，讲的是通过《说文解字》来看中国人的思维特点。其间我的思维跑远了，我说：200多年来工业革命的成就是巨大的，改变了人类的物质生活条件，但从哲学角度讲，科学200多年来几乎荡然无存，发展的只是技术，只是工具，而且这种技术首先是发展军事的。科学是什么？科学不仅仅要研究物质，并从中归纳提炼出关于客观世界的思想，同时还要研究人的灵魂。五四的"赛先生"引进的不是科学而只是技术。

人类已经进入到信息时代，轴心时代提出的东西到现在依然如故。我在一个学术会议上讲到：人类再次走到十字路口，下一步往哪里走，恐怕由现在起就要准备；也许一二百年之后会再出现一个轴心时代，智慧的人们结合今天的生产力、生产关系和自然的变化，再提出如何处理人和人、身和心、人和天的关系。从这个角度说，西方学术界的主流已经在质疑、批判、解构西方300年来的传统，其中有一部分人开始面向东方，从中华民族的文化中发现了极其可贵的东西。其来势之凶猛，远远大于400年前意大利传教士把中国的《论语》翻译成拉丁文之后在欧洲所引起的震惊和震动，而我们却并没有充分认识到自己传统文化的价值。

从轴心时代到现在，几乎不同的民族、国家乃至整个人类，到了一定的阶段或遇到了困难与灾难，都要有一次所谓的"回归"，即反思，从传统中找到文化前进的营养。文艺复兴本身就是回归，从祖宗的怀里再吸取乳汁，吸了乳汁自己长大了，但是已经不是原样的乳汁了，也不是原样的母亲了，文化创造发展了。沉下心来就会发现，中华民族和别的民族有共同的地方，像《古兰经》上说：当孝敬父母，当优待亲戚，当怜恤孤儿，当救济贫民，当亲爱近邻，当款待旅客，当宽待奴仆。《圣经》中说，当孝敬父母，不可杀人，不可奸淫，不可偷盗，不可做假证陷害人，不可贪恋人的房屋，也不可贪恋人的妻子、奴婢、牛驴，并一切所有的。所以说文化还是有相通的地方，只不过在基督教和伊斯兰教世界里，一切的学术，从文学、历史、哲学、社会学到自然科学，都是从上帝和安拉创造一切来发源的。一直到黑格尔，西方的哲学被称为神学的婢女，即"使唤丫头"。我在不久前的一篇文章里说：几十年来，如果说西方的哲学是宗教的婢女，那么中国的哲学不过是怡红院里侍候袭人的丫头，就是侍候婢女的婢女。我们的哲学应该来自于生活实践的总结和提高，他们的哲学来自于神。现在我们说文化走出去，是想增强我们文化的影响力，这也是世界的需要。因为西方人明确说，再照着西方的思想走下去，人类会自己毁灭自己，这就需要掺上中华文化。所以我想文化走出去的问题，是我们一切文化工作学者历史性的责任。

今天就讲到这里，请多指教。

问：在"美国梦""欧洲梦"之后，还有人提到了"中国梦"。参考中国发展的模式，如果这种模式是存在的话，它跟中国传统文化什么关系？或者说它跟"美国梦""欧洲梦"，有什么差异？

许嘉璐：谢谢你的提问。和"中国梦"连在一起的叫"北京共识"，我认为事实上并不存在。中国现行的制度谁也不能克隆。因为小平同志领导我们走的这条路，是深深根植于中国传统文化，又加上马克思主义的基本原理的。例如，中国共产党从没有私利，它代表的是最广大人民的根本利益，从1921年建党就是这个宗旨。在宣言上，在党章上，世界上也有不少国家这么说，但真正做到的只有中国共产党。另外，我们有马克思主义基本原理和中国传统文化结合的一套理论，这就是中国化的马克思主义。中国化的马克思主义的提法是毛主席先在20世纪40年代提出来的，后来因为顾及第三国际，所以改提为"马克思主义基本原理和中国实际情况相结合"。这个谜底是1978年在捷克首都由当时的苏联专家以指责的态度提出来的。可以说，毛泽东思想本身就是马克思主义的中国化。小平同志提出来分两步走，让一部分人和一部分地区先富起来，然后先富起来的人和地区帮助其他人和地区再发展起来，最后走向共同富裕。这本身既是马克思主义又是中华传统文化，以至于小平同志说，"我是中国人民的儿子，我深深爱着自己的祖国和人民！"这便是中华文化，别人怎么学啊？他们只能学习形式。所以他们可以来学习，我也接待过很多团，就是来学习的。

什么时候，外国想学习人文社会科学和哲学的学生、学者愿意到中国来定居，做中国的学生、学者，那才是"中国梦"真有了。现在大概一个也没有。其实"美国梦"不过是淘金梦，我想从这一角度来说，各种"梦"都差不多，都着眼于经济。而"中国梦"目前在西方还是很小，偶尔做一做。当中国进一步发展，稳定繁荣，文化提高，我想那时候可能至少半个世界都要做"中国梦"了。虽然他着眼于经济，但是经济和文化是不可分的，只要到中国来，就要被渗透进中华文化。这不是我们侵略人、改造人、给人洗脑，而是人在不愁吃穿的生活之后，要大脑丰富。谁能丰富他？中华文化！所以你提出这问题，我平时真没想过，将来这倒是个题目，可以专门做个讲演。谢谢你啊！

问：您在第四届世界华文传媒论坛上向媒体透漏过，现在中国在90个国家建立了300多个孔子学院260多个孔子课堂。我想请问一下，在世界文化碰撞和融合的大背景下，中华文化和西方的文化做比较，我们的优长在哪里？我们的不足之处又在哪里？

许嘉璐：这也是当前一个很严重的问题。我们的长处就是博大精深、海纳百川，多姿多彩。我们的文化形态，不管是诗歌、散文还是小说，讲和谐、讲爱、讲协商。我走了70多个国家，几乎人们都能接受，这是我们的长处。因为中华文化可以刨根问底，很多文化不能刨根问底，一刨根问底就是杀，就是统治，单纯讲法律，不讲德治。西方法律的源头是上帝口授的，是神谕，而我们的来自于生活，最能打动人。我们的弱点在哪里？不善于表达。这些年我们的宣传全是对自己人的说教。这就有一个话语体系转换的问题，也就是要用人家喜闻乐见的方式叙说我们的观点，这是非常难的。比如"天"，一般翻译成"主""神"或上帝，都不对，我们的"天"是天人合一的，不是人格神造物主。但是没别的办法，这是深层问题。我在不同的国家，面对中学生、老人和学者都做过文化的讲演，他们听了我的讲演，有人恍然大悟，原来以为中华文化就是舞狮子、踩高跷和京戏的变脸，原来不是这样。因为在外国，我转换了一种角色，用他们习惯的语言表达。如果我们的电影、歌曲、舞蹈等各类艺术，既有自己的特色，又能切合他们的欣赏习惯，我们的文化那真是插上翅膀，就会飞出去了。

在这里我还是要提"宁静致远"。2009年11月，我在北京师范大学成立了一个"人文宗教高等研究院"，但是没有运作，因为我要集中精力打造山东大学的"儒学高等研究院",在那里担任院长,所以没有精力再顾北师大。现在我开始着手北师大这个工作,从2011年起招硕士生和博士生,他们不必为了能答辩写文章凑数占时间,主要是继续读书。读到博士,做一年的基本训练,可以送出国去,在那里继续读博士,读完博士不必回来,就是洗碟子也在那干三五年。干什么呢?了解人心,把握将来。将来介绍中华文化的时候,要能让对方听得懂、爱听、欲罢不能。现在已经有不少的海归,但是他们做不到,因为他们生活在大学或科学园区的圈子里,没有接触老百姓。我要求博士生要深入到社区,深入老百姓。你生活费用不够研究院给你寄,打工的钱你拿去喝茶,为的是接近生活、接近人民,必须培养这么一支队伍。现在派留学生,也是急功近利,想快点学好,快点回来参加建设,忽略了文化学习和深入生活。我不知道这个回答你满意不满意。

问:我们党历来高度重视军事文化,胡锦涛主席也反复强调,要创新发展军事文化。请问如何理解把握和创新发展先进军事文化?

许嘉璐:我只穿过几天的军装,还不是当兵,是我的学生去军训,我作为学校领导人去检阅,在石家庄陆军学院住了三天,所以你让我说军事,实在难以回答。但我试着回答。

我想,新的军事思想也不能脱离了毛主席和小平同志的军事思想。首先我们军队的责任就是保卫祖国和人民的安全,因此战略布局上就不像美国。2008年,我应邀访问了在夏威夷的太平洋战区司令部,他们的常务副司令接见我。在他的作战室,屏幕上显示美军的全球布阵图,中央司令部、欧洲司令部、非洲司令部，等等。他说他们的责任是保卫全世界。人家直言不讳。谁给他的这个任务啊？谁这么要求他的？上帝。看，又离不开宗教！因为《旧约》上说，以色列人是上帝的选民，上帝赐给以色列流着奶和蜜的土地。现在美国人说，美国人是上帝的选民，他的责任就承担全世界，爱全世界的人！其实还是为自己的利益。我们的军事思想，毛主席有个概括："人不犯我，我不犯人；人若犯我，我必犯人。"这是传统文化的东西。现在的新军事思想，要以人为本，在部队就是要以战士、干部、指战员为本。还有一点就是要承担世界的责任。要保证600万平方公里的领海和960万平方公里的领土的安全，保证我们商船的安全和空中安全，这就是对世界的贡献。虽然直接为全世界做得还不够，但是我们在理念上已经升华了。一切可用的技术，我们都要学习，而且要自主创新。

新的军事文化内容非常丰富，不是三言两语能概括的。我们的军人要有文化，这文化不仅是会唱歌、会跳舞、会拉胡琴，这都是必要的，更重要的是怎么对待祖宗留给自己的东西，我们应该做什么样的人。我记得苏联卫国战争的时候，有的战士牺牲了，整理遗物的时候，在他军服上衣的口袋里，装着一本普希金诗集。当时战士冲锋时便喊"保卫普希金"，这就是保卫文化。什么时候我们的战士知道保卫杜甫、保卫屈原，那我们的战斗力就会十倍百倍地增强。

我只能用模糊的语言来将就着回答你，不知道回答得对不对，因为这个问题需要大家继续学习、继续研究。

中国传统文化在中国当今社会的价值和意义[※]

这次讲座的题目是校方给我安排的。我们都在思考中国传统文化在今天有什么价值,思考这个问题的前提是已经注意到中国的传统文化,同时也注意到今天我们需要一种价值或者人生意义的见证。相信同学们已经有很多理性的或者感性与理性相结合的思考。我希望从下面四个问题出发,把我的一些想法提出来,供大家参考。

一、文化的发生发展及其层级。

二、中华文化的形成与定型。

三、中华文化与西方文化的对比。

四、中华传统文化在当今时代的价值与意义。

有了前面三个方面的铺垫,第四个问题就水到渠成了。因为只有认识到人类的传统文化、民族的传统文化是怎么发生、形成与定型的,才能够理解它在今天的价值和意义。同时,如果我们只停留在自己的文化当中来认识自己的文化,这就会出现"不识庐山真面目,只缘身在此山中"的问题,因此要对比。所谓

[※] 2013年5月19日在上海交通大学的讲座。标题为编者所加。

对比，就是把眼光放到中华民族栖息地范围之外去进行比较，也就是跳到"庐山"之外才能看出"横看成岭侧成峰，远近高低各不同"。但是又在"此山中"，这才能对局部的秀美，微观上也有更深的理解。当然仅仅这样还不够，因为这还是以"我"的眼睛来看中国文化，而每个"我"都受到思维惯性的局限，怎么办呢？这就需要了解他者，看看欧洲人、美洲人、东南亚人、非洲人如何看待中国文化。这就是中国文化走出去和把人请进来，以及不同文明对话的意义所在。不然容易成为一种俗话，"关起门来称老大"。因此要借鉴不同文化中的人的视角，当然他们也有他们的局限，可是毕竟可以参考。

一 文化的发生发展及其层级

（一）文化的发生

其实这个问题很简单，文化的发生是和人类的出现同步的，也就是当人类意识到自己和豺狼虎豹不同的时候，就开始有文化了。因此，有的西方学者说文化就是人化，这不是精确的定义，而是从发生学上给出的一个说明。中国的文化，应该说真了不起，不仅仅因为我们幅员辽阔，地貌多种多样，民族众多，而且即使进入到现代社会，我们仍然可以在自己的国土上，某个角落里发现证明文化就是人化的证据。我们从自己的语言文字文献上也可以找到，以"文"这个字为例，在古文字当中，（右图）是一个正面站立的人的形象，在他的腹腔部有个花纹，这是什么意思呢？按今天的话说就是文身。这告诉我们，从这时候起文化发生了，为什么？任何的野兽，包括最聪明的大猩猩，也不懂把自己胸前的毛剃光，刺上花纹——它们也没有工具。人却会这样做。文身的具体目的多种多样，人类学的学者说法也不同，有的说是一种图腾，有的说是恐吓别的部落的一种野兽。当人意识到自己是某种不同于野兽的东西的时候，文化就产生了。这后来就变成审美的一项内容，到了这种文身真正成为审美对象的时候，人类的智力已经又有了长足的发展。这样，在人类的幼儿期，几大洲的原始的人类所走的路几乎是一样的，我们从澳大利亚土著那里，从仍然残留在北美和拉丁美洲的印第安人的保留区里，以及在非洲的丛林里，可以找到一些现象，这些现象还可以印证大家走的路几乎一样。例如歌舞，围着篝火狂欢；又如直到今天，原始共产社会仍然存在，打了一只鹿不是独食，而要按照部落里的人平均分配。

几乎各个民族的开始都是如此。就中国范围来讲，无论是红山文化、半坡文化，还是余姚文化、河姆渡文化，等等，能推测出来的当时的历史文化都差不多。

（二）文化的发展

当人由群居形成部落的时候，文化的发展就加速了。由于每一个地区的地理环境，气象条件等都不一样，这些不一样就造成了生产方式的不同，所以后来文化的发展就是在一定的时空条件下，生产的环境中形成发展的。这关系极其密切，因为各地方情况不一样，既有平原丘陵，又有深山密林，有近海的，有江河边的，既有温带也有寒带，还有热带。这样不同地区的文化就形成了自己的特点。一旦某个特色形成，各个民族的文化就沿着自己的特色和社会的需求不断地前进，例如，中国文化的源头之一就是黄河中下游，这个地区特点是什么呢？靠近母亲河黄河，气候温暖、潮湿，利于耕作。同学们听我刚才的话可能很诧异，黄河南北岸还潮湿啊？我说的是古代，要知道，直到商代定都郑州，后来迁到南阳，那个时候在树林里还有成群的大象。在河南郑州一带，曾经发现过不止一具大象的完整遗骸，甚至在咸阳，在渭河边，就我知道现在保存完整的大象遗骸有7具。比如说"为"字，它的甲骨文字形，（右图）就是一只手牵着一头大象的形象。后来考古证明殷商时代把大象驯化之后用它做劳力，用大象做代步代力的工具早于用牛马。

我们回到黄河中下游，有利条件和不利条件是什么？原始耕作锄头镰刀都是石头磨的，有了它才能砍树，后来又发明了木制的工具。用木头的、石头的东西挖地，那是非常艰难的，用铜已经是很晚的事情了。中国用铜和铁都晚于中东大概2000年。这就是对于人类的挑战，因为有这个挑战，人们为了提高生产力，种地割庄稼靠石头、木头可不行，这就刺激人们去找新的代用品，一旦发现了铜以后就迅速地普及，于是冶炼业、铸造业就发展起来了。还有，黄河上游都是高山密林，由森林涵养的雨水慢慢地渗漏。但是天有不测风云，今年雨水多就可能发洪水，明年雨水少就可能是旱灾，一旱虫害就要出来。洪水一来家园被毁，旱灾一来连树皮都被吃光，这是大自然对人类的挑战，任何生物，包括无情的植物都会本能地应对挑战，能很好应对挑战用我们今天的话说叫适应。后来成为中华民族骨干的黄河中下游这一支，就在种种大自然的挑战当中，不断应战增强了自己的科学和人文。

前几年跟一位国家领导人一起接见中美洲一个岛国的元首，交谈中他提到，他们国家每个人平均有6头奶牛，人均收入1万多美元，并且自然条件很好，没有任何天灾，连飓风什么都没有。于是他很感慨上帝的不公平，把这么好的条件给他们，而中国却灾难不断。我用这个观点参加讨论，我说如果中国这块土地没有这么多自然灾害，中国人不会变得如此聪明；条件太好了，就会变得懒惰。他想了一下，表示赞同。

　　我们的文字虽然晚于两河流域的楔形文字，晚于埃及文化的法老文字，但是我们的文字始终没有断。今天如果给你几个甲骨片临摹出来，你还能认出几个字来，而且我们字体的变化是有序的。因此，今天我们幼儿园的孩子如果认几种字的话，他能流畅地给你读出"床前明月光，疑是地上霜"。这在世界上任何一种文化都是难以想象的，为什么会这样呢？这又涉及文化特色了，华夏之族的人在他从事农耕生产当中体会到只有团结、和谐，在扩大领域中一统才有利于生产，自己才能吃饱饭，穿暖衣，养儿育女，因此文字就是一个极重要的东西。我们方言很多，像广东话、闽南话，见面语言是不通的，如果文字不通行怎么一统啊？无论是北京还是当初的南宋的杭州，发出指令之后，由于语言不通，如果用口头传达听不懂，但是文字是统一的，只要识字，就可以读懂。

　　中华文化是多元的，又是多源的。今天看来，中华文化的源头包括巴蜀文化、吴文化、湘楚文化、东北文化，乃至山东一部分地区的文化，到了近代又吸收了西北西南少数民族的文化。因此用长江与黄河来比喻我们的文化发展是最形象的，在昆仑山发源的时候是涓涓细流，越流水越大，沿途随着地势的变化逐渐形成了它的河道，溪水、小河不断汇进来，大江大河都不断注入，于是形成了世界著名的两条河流。流向哪里呢？"白日依山尽，黄河入海流。""海"是什么呢？海是人类的整体文化，但是过去由于利益、信仰，还有交通等种种历史原因，所流入太平洋、大西洋、印度洋的河流在它们之间都建了一个壁垒，不能真正汇成一个大洋。因为各具特色，同时一种文化就是一种生活方式，乃至说是一种习惯，当异质文化来了以后，扭曲了你的习惯，却无法代替你的习惯。因此，民族文化或者地域文化天然就有排他性。

我在谈到上交大进行的一项医药研究的时候，说现在的中医走向国际障碍很多，例如，当初针灸传出去的时候，受到抵制。因为不合所在国的习惯，他们那里什么都要在试验室里反复试验得出结论才是科学的，才能应用，而经络用现代实验室里的仪器证明不了。后来我们的针灸医生治好了一个又一个的病人，每位患者都是广告，结果影响越来越大。现在针灸按摩的医院遍布全世界。一个小小的英伦就有3000多家会所，伦敦有2000多家中医馆，但是我们不要忘记它本身受异质文化的排斥。今天我们吊盐水、用激素已经开始受到越来越多的人排斥，因为跟我们的习惯不一致。然而，中华民族文化既有排他性的一面，又有包容的一面。因此我们学习西方的人文社会科学、宗教学以及自然科学、工程技术是非常快的。全世界都在探索为什么中国三十几年就发展这么快，造就了人类经济史上的奇迹，自古至今没有这样的先例。究其原因，金融管理、投资显然不是，你再做个数学模型也解不开，这其实就是中国人的兼容并蓄，拿来主义，但是不是照搬主义，"拿来"是我们消化之后再创造。所以我曾经和6位获得诺贝尔经济学奖金的学者说，我说你们都是世界经济学界的翘楚，可是我作为一个非经济学领域的人，我觉得你们没有人能解释中国 30 年的经济奇迹是什么原因。经济和文化是分不开的。也许哪一年，你们的学生或者你们的朋友能够深入了解中华民族的文化、心理、思维模式，中国人对待传统的态度，再来考察中国的经济，那个时候才能够比较真切地解释中国的现象，而他就是那一年的诺贝尔奖获得者，6 位经济学家分别对我的观点表示赞同。

最后是文化积累的长期性。中国的文化是从在这块土地上的原始人到现在，从人们生产生活中一点一滴积累的。文化积累的长期性既是一个规律，又是人类的一宝，由于它的长期性，由于它是人化，由于它是一种生活方式，甚至是习惯；因此，它的渗透性、渐近性以及牢固性就自然形成了。

（三）文化的层级

文化太难琢磨了，任何一个人文学院都不能把文化概括，特别是在商业发达的今天，什么都是文化。我们思考文化不好切入，于是我建议把文化分出层级来再观察，就好理解和把握了。首先是表层，表层就是可感知的，围绕着衣食住行的好恶去取。衣食住行所用的物质本身不是文化，真正的文化，不是物化，而是精神的，是对物质的好恶去取。例如上海人习惯偏甜的食物，这就是本帮菜的特点；四川人不怕辣，贵州人辣不怕，湖南人怕不辣，这就是辣的文化。有的同学喜欢穿 T 恤，有的同学喜欢穿衬衣，我喜欢内中外西。麦当劳一进来都喜欢吃，这也是一种文化。衣食住行等外来的文化很容易被接受，因为有新鲜的味道。一个人的胃口偏好大约 10 岁形成，一旦定型之后一辈子难改变。我提倡学英国人的一句话："最好吃曾祖母吃过的东西"。现在海鲜多了，嘌呤也高了，痛风出现了；反季节蔬菜是新鲜，冬天我们能吃到夏天的菜，可谁知道这些催生出来的食物在你的身上会有什么影响？就算此生没有影响，没准你的孩子一代、孙子一代就出现了。吃美国转基因大豆做的油，谁知道到孙子一辈会产生什么变化？所以围绕着衣食住行去取好恶，不但体现于个人的爱好，民族的爱好，还涉及一个深层的问题，就是我刚才所说的对后代影响，基于理性思考的时候，你又产生了一种或者接受或者抗拒的心态，这本身就有精神文化。

　　表层文化的特点是容易改变。就拿我这件衣服来说，是清装，包括咱们开 APEC 会议发给各国元首的衣服都是清装，民国之后公家就不穿了，但是民间还流传，一直到我们"文化大革命"的时候，穿的棉衣还是中式的。改革开放后又变了，我也赶快做西装。穿了 30 年西装总觉得不舒服，做得贴身，但不方便。于是我又穿回来了，你说这个变化快不快。吃东西、住的房屋、走的道路也是这样。我刚上大学的时候北京师范大学前是一条窄窄的路，到了我上学的第二年开通了一条公共汽车线，那时候我们可以在马路上散步，为什么？没有汽车。现在马路拓宽了 3 倍，车水马龙，50 年变化太大。

　　表层文化的第二个特点是直接作用于人的感官的，眼耳鼻舌身。所以商家专门刺激人的感官，以增长消费，就是这个道理。表层文化所体现的东西在一定程度上是和动物性密切相关的，小猫小狗也知道挑好的吃。那时候我们经常下乡，我喂过猪，放过羊，赶过马车。那时候的猪食哪有饲料，都是些剩的饭菜，再割点猪草剁一剁，锅里煮一煮。猪很精，它把鼻子直伸到汤水底下去，为什么？粮食都沉底了，猪先吃沉底的粮食，吃完它才吃一点上面漂的猪草。所以只注意感官就是放大了的动物性，忽略了人兽之别。

其次是中层文化，有的学者称为制度文化不太准确，是感而未必知的文化，包括文学艺术、风俗习惯、制度法律、礼仪宗教，等等。这个"知"是什么呢？如果把它放到文化规律中来认识，莫言的小说就是一个文化形态，它在整个文化链条上处于什么地位不知道，它的特点是什么，也很难改变。又如宗教，传说佛教是在汉末传进来的，到现在超过两千年，但是没有物证。一开始佛教靠着灵异故事，就是特异功能似的变戏法吸引人。可是深入到佛教的教义，就跟中国的文化冲突了。儒家跟佛教争辩，道家跟佛教争辩，佛教为了适应中国，西来的高僧就学中国的东西，糅进它的内容，让二者接近。这样经过了将近七百年，到了唐代才开始中国化，形成了中国佛教——禅宗，禅宗的形态和释迦牟尼创建的佛教已经有很大的不同。又经过了二三百年才普遍开花，穷乡僻壤全知道了，甚至信奉。你想想慢不慢？基督教是在唐代传入的，当时有一派叫景教，在基督教的王国被认为是异端受到排挤。当时的基督教对异端教徒是要杀掉的，为了逃难向东移，先到波斯（伊朗），慢慢进入到中国。中国是包容的，你信奉天主，当时叫神，我们信奉的是德行和祖宗。但是没关系，给你一块地建寺庙，同时到别的城市也可以建寺庙，在中国传了两百年。到了唐末社会大乱，各种文化都受到摧残，景教逐渐消失。后来又经过几拨元代基督教徒再进来，传播到现在，天主教总体的人数大约才500万人，因为要入教就得改变自己的文化观念，难啊！我举佛教传入的例子是想指出整个形态适应是缓慢的；举基督教的例子是想指出一个人的观念文化的改变是艰难的。

中层文化既关系到人们的物质生活，如衣食住行方面，又关系到非物质的生活。例如宗教礼仪，关系到物质，是物质里承载着文化。清明节给自己的父母上坟，再节约总得带一枝花或者一束花，它是物质。以前是烧纸，但是容易引起山火，污染环境，所以现在就变了。非物质生活像文学艺术、礼仪宗教会作用于人们的心理。到了这一层为什么难变？因为各个民族都是有意地保护自己的传统，拒绝外来。例如艺术，固然像百老汇、巴西的狂欢我们也看，但是如果想要年年在上海的大街上举办，那还得若干年，为什么？不是有意的，就是老百姓不喜欢，看一遍两遍还好，再下去他就不来了。这不是政府行为，是群众行为。例如犹太教在中国也曾经存在过几百年，中国是保护的，犹太人社区里还出现过宋代的高官，做到四品，现在都有石碑文献的依据。但是本土人信奉犹太教的几乎没有，都是他们的后人。后来黄河决口把开封淹了，再加上金兵南下，宋朝连自己都顾不上，哪还顾得上犹太人的社区，于是犹太社区就散了。犹太人真了不起，他们在世界的社区只有在中国自然消失，只有在中国的犹太人后裔被同化了，剩下在世界各地都仍然保持自己的传统不被同化，他的文化的生命力在全世界是最强的。所以民族是有意保护中层文化的，因为这关系到民族的团结，以及国家一统和安定。

底层是精神文化，一般人是难以感知的，或者是知其然而不知其所以然。底层指的是宇宙观、伦理观、价值观和审美观。宇宙观是思考世界怎么来的，世界将来怎么样，世界怎么构成的。中国人认为自然它本来就是这样，找不到原因，过好了今天和明天最重要。西方人理解世界是神造的，你怎么知道是神造的？不需要证明，也无法证明，如果没神哪来的世界，循环论证，这是宇宙观。价值观、伦理观和审美观，特点是极难改变。

底层是要影响到中层和表层的，同时又受中层表层的反作用。若干年前我给美国400位中学校长和地方教育官员做过一次报告，给我出的题目是讲中国文化。中国文化博大精深、源远流长，让我两个小时讲清，这怎么讲。后来我想给外国人讲还要话语转换。于是我上来就问他们吃过中国菜没有，好不好吃，大家都说很好吃。我再问为什么的时候，就冷场了。接着我就举了几道在中国风行的菜肴，麻婆豆腐、宫保鸡丁、大馄饨等。因为你给他做本帮菜，做杭州的西湖醋鱼他未必喜欢，我就举宫保鸡丁，酸甜苦辣咸都有，厨师这个加一点，那个加一点，好吃！五味调和。

再展示几张画片，八月十五，一家人吃月饼，全场人都是喊出来的，我说中国人特别喜欢圆，月饼、元宵都是圆的。为什么中国喜欢圆？周边与圆心等距，大家一样；同时圆是无数的点构成的，没有死角。如果是方的有角，距离中心不一样。同时圆是最满的，同样的外边长度的最大面积就是圆，这就是为什么中国人追求什么都要圆，要团结，包括剪纸，双喜字也剪成圆的贴在上面。这个就是我们的审美观、伦理观和价值观在表层的映射。所以三层是这个关系。

二　中华文化的形成与定型

中华文化的形成是在夏商两代。夏商两代的特点在于他们的底层是对天的崇拜，虽然他把天和祖先合一，但是根本还是天。《说文解字》解释"天，巅也"。它的字形在甲骨文中是一个人的形象（右图）。上面是圆疙瘩代表头，下面是躯干和四肢，象征人的头指挥全身，这就是中国人的一种宇宙观，跟信仰和崇拜都有关系。其实那个时候各个部族诸侯信仰都不一样，后来周王朝灭殷之后，定都陕西，传说是周公治理，他希望让全天下的文化走向定型。为什么这个时候能够定型？当时出现了几个有利条件：

1. 社会条件，周王朝前300年社会稳定和谐，这是农耕生产的要求。同时讲继承，因为农耕社会是祖先和父辈开辟的土地不能随便舍弃，你的农具，把石头打造成了镰刀，把木头磨成个锥子，能随便不要吗？在农耕时代的人们需要和自己的土地，森林树木以及野兽、家禽、昆虫经常打交道，所以他就需要思考。农耕生产第一次给人类提供了除了即时消费之后的剩余。因此分出一部分人去搞手工业，分出一部分人去搞文化，古代的巫就是高级知识分子，会看病，会算卦，他是专职的；这时候一部分人开始悟道了。什么是"悟道"呢？就是思考宇宙的规律，今年的今天，午夜子时我看南方的正中是28宿的某一宿，明年这一天子时你再看它又来了，它是循环的。知道宇宙循环，同时发现它的一体，发现了天和季节的关系，和生产的关系。"天人合一"就是这么开始慢慢地运作。人生的规律，有生必有死，跟植物和昆虫是一样的。说将来到末日的时候，上帝恩典所有过去千百年的死人全活了，这是天主教的教义，中国人不信，"人死不能复生"这是中国古话。中国人没有彼岸，但是死可以不朽。什么叫不朽呢？《左传》给了回答，"立功、立德、立言"，也就是说你的业绩，你的学术成就，你的精神会永远流传下去。怎么流传呢？转世了，不是佛教的轮回转世，是我的精神传给我的学生，他再传给他的学生，这就是长期性、牢固性。

2. 定型还需要中央政权有权威性，而周的政权则极具权威性，同时还要有杰出的领导人和学者。杰出的领导人就是周公，杰出的学者就是孔子。周公从制度上保证治国建学校等一系列措施的推行，孔子从理念上继承了之后，整理形成了一套学说，比较完整地体现在《论语》这部书里。虽然《论语》短得只有12000多字，可是如果归拢起来深入研究，就会发现中华文化的要素都有了。

《论语》的主要内容是什么？

首先是"礼"。所谓"礼"是制约人际和天人之际关系的规范。《史记》上有两句话："究天人之际，通古今之变"，通古今之变是纵向的，究天人之际是横向的，要解决人和大自然的关系，这里天是自然的意思。这两个加在一起就是人文社会科学的全部。公元前2世纪司马迁说的话到现在适用于全世界所有的民族。

其次是"仁"。在儒家看来，人从来不是自主的主体。通俗地说我们每个人都有多种身份，这多种身份表现在多种关系中。对于父母来说我是儿子，对于子女来说我是父母，对于学生来说我是老师，对于老师来说我是学生，人在不同节点上接触不同关系。如果每一种关系都打架，我跟父母吵，跟子女吵，跟老师吵，这人还活不活了？因此讲究"和"，"和"的前提是包容，遇到问题要协商。这个完全是生活和生产决定的。孔子说"性相近习相远。"孩子什么都不懂的时候，小嘴到处找，把奶瓶一塞就不哭了，这有什么善恶？他为了自己的生存，这是本能。"和"是多么的重要，我自己要修养，胸怀要宽，对人要好，受点委屈没关系，但是这些道理需要学习，这就是儒家的基本。

另外，最可贵的是所谓"礼"和"仁"都是以人为本，所以，中国的人文主义在世界上是最早的。但是五四以后，我们要学习文艺复兴，殊不知文艺复兴的人文主义本身就是中国传过去的。文艺复兴的启蒙思想家发现原来东方有超过我们的智慧，就吸收了，后来我们把它翻译成人文主义。"仁"，就是爱人，有等差的爱，同时给这有等差的爱以不同的名称，对父母的爱就是"孝"，对兄弟与朋友的爱就是友，对更远的有某种关系的或者不相识的人的爱就是"义"，都是"以人为本"。为什么呢？不以人为本就是不以生存为本，不以人为本这个民族就要完蛋。如果一个人一个文化，一个人一个爱好，一个人一个行为肯定不行，社会得有共识。所以"礼"既是制约的，但是又给你空间让你发展。始终有一种理解，认为中国的礼治是扼杀了个性，我在研究中持怀疑态度。我和两位教授聊天，三个人研究方法不一样，但我们都得出"礼"约束人行为的同时提供相当的空间让你发展个性。

有一个事实很清楚，佛教的中国化就是中国人的创造。在"礼"和"仁"的这个领域里，孟子跟孔子无法比，但是孟子提出了"性"的问题，这就是开始带点形而上。然后到荀子；然后是董仲舒，虽然有些他创造的东西是荒谬的，但是社会和学术允许他这么做；然后到唐代，特别要提出的是柳宗元和李翱，李翱写过中国哲学史上很重要的一篇《复性书》，又创造了；到了宋代形成了礼学，也就是宋代的儒学。所以在帝制时代它是鼓励创造的，否则就不可能在明代的中期以前，中国的科技一直居于世界的首位。

礼的内容很丰富，包括山河一统，社会分级等。人多了必然是一层一层地管理。总统，国务卿，国防部长，联席会议的参谋长，各州州长，各市市长，是层级的，是网络的。我说的是现在，古代中国也是一样，皇帝，各省到各府的官员，讲个人的道德修养，让社会往前走的，是一个一个人的道德修养的汇集，同时允许个性。

仁的内容很难概括，用孔子的话就是"爱人"，体现在不同领域有不同的内容，后来又概括了"仁义礼智信"。这五个字当中"仁"是核心，"信"也就是内在的诚，是爱所必然派生的，比如对父母，对师长，对同学，用你真正的诚恳，一点虚的没有，所以前提是你要爱他。你不爱他，甚至讨厌他，你能对他诚吗？实际上信就是诚的外在表现，儒家特别强调诚，他指内在。我们今天谈的诚信，其实诚是内，信是外。

说了半天，你把"天"弄哪里去了？周公在治理的时候，规定祭天是天子的特权，诸侯只能祭领地里的山川，老百姓更不可祭天，也祭不起，这样一来似乎抬高了天子的地位，但是让广大民众距离天越来越远，也就不关心了。

儒家敬鬼神而远之，为什么对鬼神敬呢？百姓都信鬼神，我不能离他们太远，我心里也敬，适应当时的民俗，这就是中国人对于虚无缥缈的彼岸的态度的一个雏形。

由礼和仁再扩展就是大家所说的"修齐治平"。先是跟我关系最近的老婆、孩子、父母，古人说的齐家是指家族。再扩大就是"国"，国是指诸侯。"平天下"、平不是讨平、征伐，平就是和，所以现在说"和平"。中国人"天下"的观念是随着地理知识的扩大逐渐扩大的。孔夫子那时候的天下，不过就是中原地区加上今天的苏州如此而已，后来扩大为整个华夏。海运发达后，发现原来海外还有山，还有国。今天中国的天下已经包含了宇宙。但是在这当中要强调"修身"是无止境的，虽然在儒家嘴里有君子、贤人和圣人之分，但是边界是模糊的。"圣"，后来人们把"圣人"强加给孔子，我想他活着一定让人把他这个帽子给摘掉。"圣"是没有止境的，一代一代追求的最高境界。因此孔夫子告诉你就要做君子，不要做小人。

因为是"人化"，是渐近的、牢固的、渗透的，因此社会层级之间形成了凝聚力。为什么能凝聚呢？我个人认为是因为习惯，例如，嫁到台湾的大陆新娘，就有一点不习惯，甚至很痛苦，所以有的离异了，有的经常吵架。因为嫁过去之后，甭管你是不是博士毕业，早晨起来第一件事是沏茶端到婆婆面前，老太太可能根本不喝，说你去做别的事吧，这就批准你别来了。我们嫁过去的人首先对这个不适应。谁好谁坏我不评论，我想说换了一个生活习惯，不适应。

因为习惯所以就认同，湖南人见到湖南人特别亲，为什么？今天咱们可以多吃点辣椒；山东人见到山东人，咱们今天一起来大葱蘸酱，跟上海人一起就不敢吃大葱，嫌你口里有味道。这就是为什么认同。乃至你去留学，耳边响起中国话来，虽然不一定是你家乡的人，只要是中国人你就会很兴奋。认同之后产生凝聚，于是这个国土就是"超稳定"的，超稳定是引了英国历史学家汤因比的话，他经过研究世界的历史，最后得出结论说中华大地五千年来是"超稳定"的。

为什么？因为他用历史主义的方法，把中国放到整个世界的背景去比较，这是我开头所说的外国人在庐山外看庐山。

这样一来民族已经是一个文化的概念，例如，"中华民族"这个词是孙中山先生先提出来的，中华民族是多民族，因此中华民族这个词是文化的改革。民族也是一个凝聚的实体，靠的什么？靠习惯，靠人民。

三　中华文化与西方文化的对比

通过对比来认识我们文化的价值。西方文化的形成是在游牧时代，以游牧为主，也有一些农业，这个农业集中在巴勒斯坦地区。顺便提一下，把文化分"东西"这个本身就是欧洲的观点，例如巴勒斯坦在我们的西边，为什么被称为东方呢？因为它在西方的东边。西方文化用方向来命名是准确的，但应该界定一个范围。我所指的西方是希伯来—希腊·罗马——开国才二百年的美国不在这个范围，因为它是移植过去的。它的根基是希伯来，也就是犹太。

生活在巴勒斯坦这片土地上的人以游牧为主。人总要解决我来自哪里，要走向哪里；为什么我放着牛突然雷电来了；为什么去年我到这里草木茂盛，今年却这么荒芜；为什么又发生地震了这些问题。他要找原因，于是就假想一个神，本来犹太人信的是多神教，后来慢慢变成了一神。注意一神教这个"一"就不是"二"，就不能接受二，因此一神教天然的就是排他的。我要维持一个神怎么办？杀！同时这个神是我的神，你说你的是另一神，一山哪能有二虎呢？杀！后来基督教演变到中世纪，压迫太深，于是宗教改革了，创造了基督新教，就是现在的基督教。老教就是天主教，天主教当时是整个罗马帝国的国教。还有西罗马帝国和东罗马帝国产生纷争，东罗马帝国延续一千年，留在这里的教叫正教，就是现在的东正教。当时的基督教统治巴勒斯坦和阿拉伯人，阿拉伯人就开始反抗，创造了伊斯兰教。伊斯兰教吸取基督教的方法形成一神教，也是谁也没看见过那个真主，只有穆罕默德一个人听到了真主的声音，并且赶快记下来。它的教义和戒律几乎都是从《圣经》里抄来的。

一神教的基本教义是人有原罪，生来就有罪，罪可以遗传。亚当夏娃有罪，让你别受诱惑，你怎么就让蛇给诱惑了。本来应该是天下所有的东西由上帝来创造，结果你们乱伦，生出孩子来，你们创造了，所以孩子是非法出生。若要得救赎，第一条就是无限地信仰上帝，在社会上你就应该拼命地去工作，这是上帝的意思。到了资本主义初期，就是要拼命地赚钱，不择手段地赚钱。上帝又说只赚钱不行，你要过简朴的生活，你死的时候把剩余的钱交给社会，这就是救赎了。救赎的结果是什么呢？回到上帝的社会，而不下炼狱。而犹太民族是什么地位呢？是上帝特选的人民，选民从犹太跑到美国，因此美国天然地给老百姓一种自豪。上帝选民特权在哪里呢？领导全世界，大家都这么做，最后就能上天堂。

基督教有摩西十戒，《古兰经》有七戒，这些戒律都是引导人向善的。我把中西信仰对话引向伦理的对话，为什么？因为谈信仰谈不拢，外国学者都知道我是无神论。但伦理咱们强，不许奸淫，不许偷盗，不许说谎，中国社会的生活本身就不允许，我是自觉地遵守，而不是一个有形的手控制的。因此西方从罗马法发源到现代法，《古兰经》上面说偷了东西要砍手，但是社会上的罪是多种多样的，你这些戒与法不行的，就由社会的领袖解释。后代在文艺复兴提出的自由、平等、人权、民主都是从这里出来的。上帝告诉你们，我造的山川草木都是供我们的选民用的，所以你们去用吧，于是乱开发。平等当然平等，在西方祷告里称上帝为天父，父亲只有一个就是主，剩下大家都是兄弟。西方真正的父是主，简化了人权，人权是天赋的，天指的是上帝。而我们理解的"天"是自然生出来的，是大自然宇宙的赋予。

美国式思维特点，自以为是上帝选民，所以唯我独尊，他对世界的理解只是皮毛，甚至是物质的。他了解的都是他本国的事情，认为只要了解了自己就行，所以又是脱离现实的。另外因为利益的驱使，养成讲实用主义精神，讲实用主义就不顾他过去说过的话，过去做过的事情。倒是有一个好处，很坦率。人家不怕，为什么？因为实用主义。说中国人好面子，为什么？其中一个就因为不是实用主义。

这种思维方式形成的原因跟地理环境有关。现在面临一个问题：整个人类走到十字路口，甚至有的学者提出来照这样下去人类将要走向灭亡，因为人类的战争，环境的污染和资源的枯竭。一旦资源枯竭之后，大量我们没见过的病毒细菌就要蔓延，因此必须另寻出路。这时候西方的思想家就开始思考自己的转型，能不能从二元对立的环境观转变到整体论。同时，我们也要思考如何向西方学习，东西结合以解决我们自己生存的问题。但是西方文化如果要转型，就需要放弃一神论的信仰和由此形成的理念以及哲学，太难了！因为文化是一种生活方式，是一种习惯，"习惯的力量是最可怕的"，这是列宁的话。举个简单的例子，让咱们上交大的男生，以后上课全穿背心，咱们不说学校允许不允许，恐怕咱们自己都不习惯吧？就这样简单的习惯都难改变，你想转变思维方式和信仰，就更难了。与之相比，中华民族的转变会更直接而快捷，为什么？这就谈到传统文化在当代的价值，我们的四观是老祖宗教给我们的，而这正适合人类的发展，只要我们回忆起来，用来指导实践就可以了。当然我们还有一个重任，就是要学习西方，在解决物质世界的问题的时候，我们的整体论、二元论等这些思维方式不够用，还应该参考西方的分析论。举例子说，只有中医没有西医，解决不了中国人的健康和疾病问题，只靠西医不要中医也不行。恐怕就需要中西医结合。真是出现急性病得赶快送西医，出了慢性病你别上西医，你得找中医去。我这说的是表面，其实任何一个疾病都要中西医结合。现在很多大医院在癌症手术做了之后，很多大夫都嘱咐你出院之后用中药调理，这也是一个课题，还需要一段时间。因此整个观念的转变，对中华民族来说，不是扭转的问题，是回忆和升级的问题。

四　中华传统文化在当今时代的价值与意义

说到这里水已经自然流成了一条渠，我就做一个小结，中国传统文化在当代的价值，我想在伦理层面要大力强调仁。仁的思想应该讲究爱，但是我们又不是博爱，中国曾经出现过博爱的理论，这就是墨子的兼爱，对天下人的爱应该是一样的，但这违背了人性，也违背了中华民族的传统。但是不管怎么样，各家都共同讲仁爱。哲学层面，中国哲学讲一元论，整体论，中和论。所谓"中"，就是不走极端，不是非此即彼，应该参照多元取不偏不倚、不极端的做法。中庸之道的内涵比我说的"中"还要宽泛，"中"了之后还要"和"。

另外我们的目标是社会和谐，大同，天下和平，人民过上和谐富裕的生活。祖宗留下来的这些思想，我觉得在今天不仅仅有振兴中华的价值，而且有和一元论勾兑取得中和的作用。美国所有东方研究的开创者，前几年过世的著名汉学家也说过，中国的哲学更接近于当今自然的发现与成果。为什么？美国的医学发现要学中医的整体论；同时在研究宇宙的时候，什么大爆炸，黑洞都是假设，但是假设当中，有鉴于老子，他们已经意识到宇宙原来是混沌的，同时中国的各种事物之间是密不可分的，不能机械地切断，这个理论已经在多学科当中感受到了。因此从20世纪70年代开始西方提出交叉学科，复合型人才，跨学科研究，就是意识到了这点。但是一位著名学者跟我说，在西方跨学科相互渗透，复合型人才培养至今是个神话。而我们缺的是什么？我们还在拼命学习西方，到现在国学、儒学、中华文化学在我们学科里面是没有的，申请都通不过。我们研究的国学、儒学、诸子学等都是综合的，所以即使是方法论、思维方式论等中华民族的这些理论都可以给世界参考，为什么我们强调参考？因为我们不能唯我独尊，东西方文明各有各的好处，他适合他的社会那是最好的，我这个适合我，但是我可以介绍给你，你自己选择要不要。

我有一次驳斥西方所谓的威胁论、价值观输出论。我说你们国家的文化是一个店，经常出售给中国。中国这个店过去尘封已久，现在我把门面打扫了，抹上油漆，准备重新开张。我们中国这个店，允许不允许在屋外插上商品介绍牌？逛市场的人你看一看，你看着商品好，你买走；你看着不好，你上别的店去，这怎么叫价值观输出呢？虽然跟我对话的人并不是这个观点，最后也说，你说得完全对。所以我们要注意，我们不管在孔子学院上还是在哪儿，我只是介绍，只是讲述我们的故事，不是向你们推销。为什么非得推销呢？

从孔子时代到现在，中华民族始终存在着德与欲的搏斗。有些人问我，既然中国这么好，怎么中国历来有贪官，有荒淫呢？这就是二者在斗争，在一段时间里，可能欲还占了上风。五千年来，德一直在引导，其他的文明也是如此，现在西方人研究中国就是和他自己在比较。前几年我到欧洲，欧洲汉学联合会的会长跟我说，几十年来我们在欧洲研究汉学的人是孤儿，现在你们崛起，我们找到家了，这是现状。但是这背后为什么他能坚持汉学，就是在和他们的东西进行博弈。同时我们在考虑它的价值的时候，要把帝王的添加和民间的创造与儒家的本体区分开，例如"三纲五常"这不是儒家的，是汉代的皇帝强加的。又如裹小脚也不是儒家的，是民间的创造，这和法国的妇女缠腰是一回事。所以不要把这些陋习算在儒家里，而应该剔除掉。

因此，我认为德在历史的过程中，每时每刻都在起制衡的作用，也就是在天平上博弈，但是在博弈之中还应该看到人类一直是向着崇高、和睦、太平蹒跚前进。回过头观照中国的历史，你从理性到感性看得很清楚。未来的路程也将曲折坎坷，但是人类总是朝着和平幸福前进。

互动环节

问：请问中国传统文化该如何界定和理解？

许嘉璐：感谢这位老师提出这样一个很高级的问题，这不仅是这个老师的困惑，也可以说是整个中国的困惑。我想从两个角度说，第一个与马克思主义的中国化有关。辩证唯物主义和历史唯物主义这不仅是方法论，也是一种哲学，但是在实践中马克思主义和中华传统简化了，虽然不等同，马克思主义与儒学什么关系至今没有解决。人们的认识没有解决，实践没有解决，理论也没有解决。因此我从2010年开始思考这个问题，在心里酝酿，到2011年，我就以山东儒学高等研究院院长的身份向国家申报了一个课题，我准备研究四年，这个课题的题目就是马克思主义与儒学。我试图从历史上，从文献上，从实践中，从理论上，理论上又分哲学、伦理等这些方面，提出我的见解，现在这个项目正在进行。但是这只是我的一己的，我们一个小小的研究院的努力，更细的东西需要我们在实践中探索。这个是全民的，不是政府的领导。

第二，为了思考这个问题我前几年又把《毛泽东选集》三卷翻了一下，我发现在毛主席的论述和他在建立共和国的过程中，经过国民战争和抗战，他的一些理论成果的来源不是从马克思列宁的书上来的，而是来自中国传统。

例如为人民服务这个思想，至少在马克思那里没见到。为人民服务，人民就包括资本家，也就是今天我们的企业家，政府不为他们服务吗？银行不为他们服务吗？这是结合中国的情况，不能二元对立。在中国共产党中央机关里，特别有一个统一战线的工作，多交朋友，和谐民主，团结民主。一方是我们党和国家的决策领导全大陆，一端当初是日本帝国主义和国民党，谁能战胜对方呢？看谁团结的人多，这个思想是中国的。

所谓扣其两端，任何事物两端都是最小的，地球南北极才多大一块地方，更大的地方在中间。磁铁的两极就那一块，更多的是过度的灰色地带，这都是中国的思想。军事上"人不犯我，我不犯人；人若犯我，我必犯人"。中国的思想，辩证唯物主义是正负两方相互依存，没有天就没有地，没有男也就无所谓女，成蟑螂了。但是中国的哲学还有一个，我正可以变成负，负可以变成正，这是周易，这是老子。

改革开放后，小平同志有这样两句话。第一句是："一部分地区、一部分人可以先富起来，带动和帮助其他地区、其他的人，逐步达到共同富裕。"在西方哲学里，只有我为了赎罪而捐钱，比如比尔·盖茨全世界最大的资产家，拿出100亿来成立比尔·盖茨基金会，然后是拿着基金会去做软件办公系统，再去做别的又收益赚了钱，拿一部分利润再做慈善事业，剩下的钱又补充到他的基金里，钱是谁的？比尔·盖茨夫人的。这和我们说上海帮助援建新疆和云南表面看是一样的，但内核不一样，力度也不一样。

第二句话，"我是中华民族的儿子，我深深地爱着我的祖国和人民。"这不是马克思主义的原旨思想。再看，江泽民同志、胡锦涛同志、温家宝同志到美国耶鲁大学演讲，讲什么？全讲中国传统文化。概括地说，我们历代的人从李大钊开始一直到今天，就像我们在座的人一样，身上渗透着很强中国文化的基因，只不过我们没去反思，没去发现而已。我希望全国的思想家、党史专家都来思考马克思主义与儒学的问题，为什么说这些基因在我们每个人身上都有，我想在座的同学们没有一个不爱自己的爸爸妈妈。即使爸爸妈妈小时候打过你屁股，你都觉得今天我还希望他打我一下。每到节日都要给家长打电话，只不过我们都习惯了，没察觉这个东西。学一点中国理论就让你们走向理性。我相信大多数人都能背，"慈母手中线，游子身上衣，临行密密缝，意恐迟迟归"。这样的诗每个人都记得，当然记得更熟的是"床前明月光，疑是地上霜，举头望明月，低头思故乡"，这虽然很浅，但是大家都知道，这个是中华传统文化的基因。所以我希望大家给国家留下一些读书的种子，深入地研究中国的传统文化、儒学、语言学，等等。希望能够帮助大家，跟大家一起推动我们对文化的思考、文化的回忆和文化的回归。

（根据录音整理）

为民族文化的抢救、保护与建设做贡献※

民进中央对民族文化保护问题已经思考了很久，也做了一些调研。在这里，我把我们的想法和正在做以及将要做的事情向大家做个介绍。

在2001年1月份的主席会议上提出了中国民主促进会应该在我国大文化建设中做出自己独特的贡献。之所以提出这个问题，是国际国内形势的发展给了我们很大的激励和启发。从国际看，当前经济全球化、科技现代化以及政治多极化的趋势不可阻挡。通观第二次世界大战后，特别是柏林墙倒塌后的国际走势，我们深深感到，伴随着经济全球化、科技现代化、政治多极化的发展，应该有一个文化多元化的进程。但是与之相反，世界上有一些人极力地推行文化的单一化，世界文化出现了单一化的倾向。我们认为，这样一个逆历史规律而动的趋势，对人类来说是非常危险的。如果世界上的文化真的是单一的，人类的历史就停滞了，人类的文明也就要急速地衰落。从国内看，随着改革开放，随着外国的科学技术、管理经验以及商品的进入，异质文化也大量涌入。一个具有博大精

※ 2003年11月17日在民进民族文化保护研讨会上的讲话。

深的文化底蕴的中华民族，应该有这种气度、能力，主动地和异质文化接触、碰撞，通过接收异质文化那些优秀的、适宜于我们的因素，使自己固有的文化更加丰富，继续前进。但是在这过程中，出现了几个问题。第一个问题，在文化的领域，说到学习西方文化的时候，实际上指的仅仅是美国的文化。比如，我们进口的电影，最卖座的是好莱坞的影片；最能吸引年轻人的音乐，是从港台传来的却源于美国的流行音乐。再比如说，随着经济实力的增长，全国大小城市都在改造旧城，但改造后的城市一律都是高层建筑、玻璃幕墙。在很多城市，你走在街上，如果不看来往的行人，就会怀疑你是在旧金山或曼哈顿。换句话说，我们引进来的、弥漫于中国的，是一个没有深厚文化底蕴的国家的文化。文化是一个民族和个体的价值观的放大。长此以往，我们会失去自我，这不能不让人担忧。基于这样一个认识，会中央认为中国民主促进会作为中国多党合作制度中的一个参政党，应该在文化建设方面有所作为。

中华民族文化从来都是多元一体的文化。中华民族文化是一个完整的整体，如同长江，在昆仑山发源东流之后，百川归江，各个支流不断汇入长江的主体，水越来越大，最后浩浩荡荡奔向东海。在中华民族文化形成的过程当中，汉族文化是主体；汉族文化的主体是中原文化，自汉以后是儒文化。她不断吸收各个民族文化使自己丰富起来，越来越高尚，越来越精粹。比如，我们的民乐到维也纳金色大厅去演出，真正是属于原来中原的乐器没有几样，也就是编钟、竖箫、笙。多数是少数民族的，如胡琴、琵琶等，甚至还有西洋传入的，例如扬（洋）琴。中华民族有着博大的精神文化的底蕴，有着一种伟大的胸怀。在她繁衍发展的过程中，当和异质文化接触、碰撞时，凡是优秀的就拿来为我所用，丰富发展自己的文化。

与古代不同，现在我们懂得了民族的平等归根结底是文化的平等，民族早已不仅是一种血缘的概念，而是一种文化的概念。真正区分民族的是文化。我国的少数民族都有自己文化的特殊形式、特殊内容。我们吸收了历史上民族政策的经验教训，根据马克思主义的基本原理和政治理想，确定了各民族一律平等的政策，实行民族区域自治。这在世界上是独一无二的。五十多年来，我国各民族总体上说是和谐相处、共同发展。1989年以后，全世界国家或地区间，以及国家和地区内部的冲突不断发生，这些冲突绝大部分和民族问题有关，唯独中国民族之间相对稳定。这是因为我们有正确的科学的民族政策。人们说到民族平等经常想到的是经济平等、政治平等，忽略了文化平等。但是中国共产党的几代领导人对这个问题的认识是清醒的。比如在我国的宪法里就规定了中国各个民族的语言文字是平等的，各民族都有使用自己语言和文字的权利；规定了少数民族的语言文字是本民族地区的通用语言文字。从20世纪50年代开始，少数民族的文化艺术就被高度重视，政府派了大量的艺术家去挖掘整理，使少数民族文化活跃于全国各地的舞台。但并不是所有人都能充分重视少数民族文化，也不是所有的民族文化的形式内容都得到了重视。只有全方位的、全民族重视这个问题，才能真正做到文化上的平等。文化的问题就在我们身边。如果要体现中国共产党的宗旨，体现"三个代表"重要思想，就应该促进民族完整意义上的平等，文化上的平等。民进作为参政党，也应该把促进各民族文化平等作为自己的职责。今后中华民族文化的走向将依然是多元一体。如果由于经济建设的发展，综合国力的提高，汉族地区首先发达起来了，汉族文化又是强势文化、主体文化，而少数民族把自己的文化扔掉了，向主体文化靠拢，那么各个民族的特色文化没有了，中华文化的前进也就没有了源头，就要停滞，那将是中华民族的灾难。

文化的分类，从不同角度看有很多种。从地域来说有地域文化；从民族来说，有满族文化、回族文化等民族文化；从层次来说，有表层文化、中层文化、底层文化。我所划定的表层文化，指的是围绕着衣食住行、包含着底层文化内涵的那些形式，也就是物质、精神文化。中层文化指的是风俗、礼仪、艺术、制度、法律、宗教等等，是借助物质为表现形式，比较直接地体现底层文化的文化，也可以叫精神、物质文化。底层文化是指一个民族的伦理、道德、观念、审美意识和哲学的思考，都围绕着如何处理人和人（社会）的关系，人和自然的关系，现实和未来的关系。从流行情况说，有雅文化、俗文化。雅俗之分不是高低之分，雅俗文化之间也可以相互转换。雅文化一般发生并存在于中心地区，它有一定的辐射能力，当它辐射到广大地区被人民群众所接受，成为自己生活的一部分时，这种雅文化就变成了俗文化。俗文化自己要发展要创造，创造出来的新的好的东西集中起来被中心城市吸收、升华，就变成了雅文化，进而再影响周边地区。文化本身的发展是缓慢的。因此在俗文化中就留下了我们国家、民族所走过的漫长文化之旅的印迹。古语说，"礼失而求诸野"。礼也是一种文化，失去了，可以在民间找到。现在我们面临的就是这种情况。这就是冯骥才副主席多年呼吁并正在实施的民间文化遗产保护工程的意义所在。他所保护和抢救的不是一段唱词、一段野史、一台戏，而是在保留我们民族从远古走过来留下的足迹。如果不把这些足迹留下，我们的子孙就会不知道我们的文化是从哪里来的。不知道是从哪里来的，也就不知道要走向哪里。民进所要关注和研讨的，不管是少数民族文化还是汉文化，都要关照到各个层次、各个方面。换句话说，我们不仅仅着眼于某种艺术的形式，那是艺术家的事情；作为一个政党，我们所关注的必须是全面的、宏观的问题。这就是民进为什么这么重视研究文化建设问题，要在文化建设问题上建言献策的道理。

　　第二点我想讲讲中华民族的文化亟待加紧建设。由于我们还来不及在改革开放的同时在俗文化方面做好充分的准备，而人民群众又有文化生活的需要，于是美国的快餐文化就乘虚而入，其势头很有点像麦当劳占领中国快餐业。因为中国的烹饪没有给现代生活节奏快的人准备适宜的快餐，于是麦当劳乘虚而入，铺衍开来。在我国的大小城市，到处都有大 M。可快餐吃多了是要得病的。最近一项调查表明，美国的肥胖病人很多，这和吃薯条、汉堡、喝可乐有直接关系。文化问题也是这个道理。我并不反对现在流行的通俗的东西，比如流行歌曲，但是如果只有这种文化而无其他则将是危险的，就像吃多了麦当劳身体要得病一样。我们有文字记载的文化亟待建设。我们也能够建设好我们的文化。中华民族的文化在世界上是一流的。没有一个民族的文化能和中华民族的文化相比，几千年来绵延不断。我们的文化可以追溯到公元前两千、三千年，四五千年来的文化脉络非常清楚。同样，我们的少数民族文化更是亟待建设。我到新疆去，从伊犁到乌鲁木齐，我几乎看不到新疆女孩子穿民族服装，全是牛仔裤夹克衫。当然维族的服饰要改革，以适应现在的快节奏生活。可是我们完全可以吸收原有服饰的精华，创造适合今天的民族服饰推广开来，而不是将其全盘抛弃。少数民族文化如果不保护、不抢救、不提倡就有可能慢慢消失。如果这样，作为中华民族的主体——汉族要负历史责任。做这件事情需要很长的时间；但又是非常急迫的，需要马上动手。我们应该大声疾呼，唤起民族的文化自觉，让更多的人加入到保护民族民间文化的洪流中来。现在国际上的竞争主要体现在经济竞争上，经济的背后就是科技的竞争，科技的竞争关键是人才的竞争，而人才的竞争实质上是文化的竞争。中华民族要始终像江泽民同志所要求的那样保持创新能力，必须要有文化的自觉，必须加快建设中华民族的新文化。少数民族的文化建设尤其需要加快。国家每年投向少数民族地区的财政支持不少，但是现在很多少数民族地区的老百姓还没有富裕起来。除了自然环境的原因之外，恐怕还与那里的文化教育有关。所以我说中华民族文化亟待建设，特别是少数民族文化更亟待建设。

第三点，不管是着眼于民间传统文化，还是着眼于少数民族文化，都需要保护和抢救。保护和抢救的含义是什么？我想，不是仅仅让她原封不动地保留下来。民族民间传统文化也要与时俱进，以适应新的时代新的要求，这是文化发展的规律。所谓保护是指在现在经济大潮和快餐文化冲击下，民族民间文化正在迅速地流失、消失；我们需要抛弃什么、发展什么，哪些将来很可能进博物馆、进史册，哪些还在民族的生活中保留，哪些可能要有所改变，这些问题都需要研究。但要等到研究清楚了再行动，就来不及了，要先保护下来再说。因为如果现在不保护，将来这些东西都没有了，也就谈不到研究，更谈不到文化发展的前途。正是因为亟待建设发展，正是因为很多民间的东西、民族的东西正在迅速流失，所以要抢救。保护之后，就是认识保护对象的问题。我们民族是从哪里来的？按照社会发展规律，我们将往哪里去？正确地理解保护和抢救的含义很重要。在这里我举个例子。现在有一种论调，说中华民族文化有一个弱点，这就是创新能力弱，创新意识弱；虽然西方文化有很多糟粕，有庸俗的、没落的东西，但是他们创造的能力是我们所没有的。我不同意这种看法，我主张是要唤起中华民族已经陌生了的自身所存在的创新精神。如果我们认真研究中华民族的文化，就会认识到，我们56个民族始终是创新的民族。如果中华民族不是一个创新的民族，就不会有那么多发明创造。中国的发明创造绝不仅仅是四大发明，只是这四大发明是影响了人类历史的巨大变革而已。如果没有创新，我们就不可能从汉代到唐代，一直处于全世界科技最强国的地位；不可能到唐代我们的GDP占到世界总额的3/4；不可能直到明代中国仍然是世界最强的国家，明代中叶GDP还占世界的50%；甚至到雍乾时期，还占32%。所以不是我们没有创新能力，要从外面趸过来，而是要唤起我们民族自身的创新精神。这精神在哪里？如何显现出来？保护和抢救民族文化，从中开挖出民族精神，发扬光大，就可以唤起我们民族创新的精神。

第四点，民进具有在大文化建设上做出特殊贡献的优势。从民进的组成来说，民进是以教育文化出版为主的中高级知识分子的政治联盟。在文化建设方面有所作为，这是民进的优势所在，也是民进的前辈给我们的任务，我们理应把这个担子挑起来。只要整合我们全会的力量，我们是可以有所作为的。参加今天研讨会的，既有民族文化方面的专家，也有从事文化保护的实业家。受会议规模限制，今天到会的只是我们众多专家和实际工作者的一小部分。我们要把分散的、各有特长的智力资源组成一个紧密合作的整体，取长补短，形成合力，一定可以大有作为。"三个代表"重要思想的提出，给我们提供了极好的、空前的政治和文化的环境。文化工作从来是中共多条战线当中的一条，现在把它提高到立党之基、建国之本三条支柱中的一条，这是民族文化自觉的重要标志，是中华文化理论建设的里程碑。有这样的思想作指导，我们可以放开手来干。那么民进可以做些什么呢？我们总共只有八万七千人，大部分是其他界别的，我们也没有财政资金的来源。我想，我们应该做到从保护入手，着眼于发展，不是为保护而保护，而是为发展而保护；从文化的表层、中层入手，着眼于文化深厚的底层；从发挥参政党的优势、职能和点点滴滴的工作入手，着眼于唤起社会的文化自觉。

2004年对我们国家来说是重要的一年，民进中央正在计划明年的工作。明年我们要在以下几个方面开展工作：

第一，继续深化研讨，通过研讨提高我们在文化学上的修养，统一认识，协调行动。

第二，积极参与民间传统文化的保护与抢救，也就是参与"民间文化遗产保护工程"。同时也参与中华人民共和国民族民间传统保护法的制定。陈难先副主席在全国人大教科文卫委员会分管文化室，冯骥才副主席搞"民间文化遗产保护工程"，我们在这方面的条件是得天独厚的。我们要为我国的民族民间文化抢救与保护不断鼓与呼。

第三，到广东省开展文化调研，提出关于建设广东文化大省的建议。这是时任广东省委书记张德江同志邀请的，由于"非典"，当年没有成行。广东省今后的发展要更上一层楼，不落在江浙的后面，继续成为改革开放的排头兵，必须加紧文化的建设。如果广东省的文化工作做好了，后年或大后年，再组织一批专家到浙江去，帮助习近平同志做浙江省文化的调研，也给浙江留下一份浙江文化的"白皮书"。

第四，明年秋天在江苏省淮安市举办第二届"海峡两岸中华传统文化与现代化研讨会"。开这样一个研讨会，既可以深化我们对中华文化的研究，吸引会外的专家参加到民进的工作中来；又可以通过文化的纽带和台湾知识界加强交流。

第五，开展高校校园文化调研。文化的传承，我指的是关于文化的知识和底层文化的内核的传承、扩散，从来是以学校为主体，而高等教育又是学校系统的龙头。虽然它不像高考一样有具体的要求，但它的文化氛围和培养的人身上所带的文化因子，会迅速扩大到整个社会。但是，我们从改革开放开始，学校在传播文化过程当中，忽视了关于处理人和人的关系、人和自然的关系、现实和未来关系的教育内容，只教改造客观世界的知识和技能。在西方，从古罗马帝国一直到中世纪，无论是教会还是民间的学校，都是包含这两项内容的。孔子要教"六艺"，也包括人怎么对待社会，对待他人，处理现实和未来的关系的内容。

西方是从工业化时开始,我们则从改革开放开始,抛开了忽略了人文哲学这一个方面。西方是因为制度的局限,我们则是因为挽救即将崩溃的经济一时没顾上。从现在起要高度重视这个问题。大学生在很好的文化氛围中成长,走上社会,就会把文化带到企业、机关、中小学。我个人已经对高校校园文化调研两年了,明年我们要在上海开高校改革研讨会,之后我们可以开展高校校园文化调研,可以给高等学校、给我们的教育界、给党中央国务院建言献策,做点实实在在的贡献。

高校校园文化建设漫议[※]

一

二十多年前，邓小平同志就一再告诫我们，要两个文明一起抓，两手都要硬。"三个代表"重要思想的提出，《公民道德建设实施纲要》的颁布，宣传工作"三贴近"的渐见成效，青少年思想道德建设的加强……党中央一系列重要决策正在逐步改变在一段时间里曾经出现的精神文明建设"一手软"的状况。党中央、邓小平同志的英明就在于预见到：改革开放后，在地球变小、中国人民要走出去、客人要请进来的时刻，中华文化和异质文化必然发生接触、冲撞，这是发展中华文化的大好机遇，也是严峻的挑战。"代表中国先进文化的前进方向"这一命题的形成与提出，有着划时代的意义——它标志着中国共产党和中国人民对文化问题更加自觉，预示着中华文化发掘的方向更为明确，中华文化将在已经出现的文化建设高潮中获得新的活力，与整个民族同步崛起。

在中华民族建设先进文化的伟大工程中，在社会

[※] 原载《求是》2004年第18期。

主义精神文明建设的伟大实践中，大学校园文化占有极其重要的位置。现在认识到这一点的人越来越多了，这方面的议论也逐渐多了起来，实实在在地建设校园文化的大学也一个又一个出现，这的确是令人高兴的事。大学校园文化建设之所以重要，是因为这关系到一代又一代年轻人的成长，关系到我国能不能培养出千百万合格的社会主义现代化事业的建设者和接班人，关系到民族文化的现在和未来能不能始终朝着中国先进文化前进的方向发展。与此同时，大学校园文化的建设又十分急迫，因为随着经济全球化浪潮而来的拜金主义、享乐主义、极端个人主义等腐朽思想，乃至抹杀了人与兽之别的种种违背人类生存发展规律的意识也汹涌而至，干扰着使人与人之间和谐共济、追求崇高精神的先进民族文化建设，而首先受到影响和伤害的则是作为社会未来的栋梁、中华新文化创造与普及中介的大学的莘莘学子。言其急迫，还因为这个问题至今尚未引起所有人的惊醒、警觉。要更深刻地认识高校校园文化建设的重要性和急迫性，就要从两个方面思考：其一，什么是文化，文化的作用是什么；其二，高校校园文化有什么特点，它的任务和功能是什么。

二

文化是什么，在一般人看来似乎无须深究，而在学者的笔下，给出的定义却五花八门，据说世界上著名学者为"文化"所下的定义已经有几百种。在这里，我们撇开学术的精细界定，只就人们普遍公认的文化内涵和外延进行讨论：文化是人类所创造的物质和精神的总和；如果就窄一点儿的范围说，文化则可以专指精神方面的内容。我们姑且就后一种含义进行讨论。

文化是有层次的。其表层，是人的衣、食、住、行，也就是蕴含了一定精神的、人类生活所需要的物质形式；其中层，是借助物质以体现精神的风俗、礼仪、艺术、宗教、政治、法律、制度等；其底层，或曰核心，是世界观、人生观、价值观、审美观。这三个层次是相对的，并非泾渭分明；它们之间更不是绝缘的，而是相互渗透、彼此混杂。大体说来，底层映射中层、表层，中层、表层蕴含着底层。文化的内部是可以分类的。就说中华文化吧，按地域分，有不同地区的文化（如古代的齐鲁文化、吴楚文化、岭南文化等，今天的西南、西北、华北、江浙文化等）；按民族分，有汉、满、蒙古、回、藏、维吾尔等56个民族的文化；按行业分，有学校文化、军事文化、旅游文化、企业文化等；如果着眼于加工的粗细和享用者的多寡，还可以分为雅文化和俗文化。

那么，文化的作用是什么？从其发源说，从人脱离了动物界，成为"万物之灵"的那一刻起，文化就产生了，因而它是人之所以为人的重要标志。人是社会性动物，社会中人和人的关系、个体和群体的关系需要协调。人所依赖的生存条件是大自然，人与自然的关系也需要协调。人生短促，身后以及自己依存的社会未来应该如何、将要如何，自己在有生之年追求的最高目标是什么，这些必然成为人有了自我意识之后要思索的问题。经过一代代人的思考、实践，就形成了一个民族对人与人、人与自然、现实与未来的理解和共识，这就是文化传统，是文化的底蕴。文化的作用也就由此而生。既然文化是社会的产物，是一个社会的共识，因而就成了民族认同的标记，成为民族得以凝聚的巨大而无形的力量。例如，中华民族讲究和合、宽容、克己、自省、诚信、坚忍等，就是在长期的生产生活中体验总结而形成的，符合人类生存发展的规律，因而能够使中华民族始终凝为一体。

另外，文化与人类共生同在，凡有人群之处就有文化。民族文化的形成经过了漫长的积累，同时也经历了大自然的磨难和不同人群间的竞争，"优胜劣汰"的规则在一定意义上也适用于文化。根据19世纪以来考古学、人类学研究的成果我们知道，文化在其成长发展过程中有着这样一个普遍性规律：单靠其自身的内动力，发展演变缓慢，久而久之甚至要萎缩、停滞乃至消亡；如果在与异质文化接触过程中能够吸收自己没有而又适宜于本民族发展的成分，则其生命力将更为旺盛，最终将走向辉煌。在这一运动过程中，随着时代的变迁，适宜前一时代而不适宜当今的一些文化内容和形式将逐步退出社会生活，成为文化历史遗迹。例如，中华文化因农耕生活的局限，有重经验轻理论、重义务轻权利、难于舍旧图新、等级观念胜过平等观念等不适应工业社会的内容，需要在社会进步中逐步舍弃，而代之以新的习惯和观念。"吐故纳新"是文化的永恒趋势。这就是邓小平同志再三强调精神文明建设，江泽民同志提出"中国先进文化的前进方向"的历史依据。全人类的文化、各民族的文化都是多元的，但是"文化多元论"宣称的"各种文化没有高低和落后先进之分"的说法并不可取，因为它不符合文化的历史和现实的情况。

三

现在说到大学校园文化。大学校园文化的特点同大学在文化中的地位紧密相连。大学，是传承文化的主渠道之一，是创造新文化的基地，是接触异质文化的触角和通道。大学的产品主要是两类：学术成果和人才。学术成果应该包括学术方法的演进和自由探索的气氛，这将由大学扩散至全社会，推动社会的进步；大学所培养的人，一批批走到社会的各个角落，他们所带去的除了所学得的科学技术外，还有所受到的文化熏陶。因此，大学对社会文化的影响既是垂直型的（对教育系统），又是放射型的（对全社会）。在科技发展空前迅速、社会生活变化急剧的今天，大学的这项任务比过去更为突出、更为沉重了。

为什么说大学是"接触异质文化的触角和通道"？在人类历史上，不同文化的接触，除了短暂的战争和军事占领外，在人类历史中占最长时间的和平时期里，总是以有限的点和线的形式进行。例如，古代两河流域的文化传到埃及，主要是通过商业往来；佛教传入中国，主要是经过中印僧人的互动；中国陆路和海上丝绸之路更是著名的文化接触之路，同样是线型的。无论是点的接触还是线型的输出、输入，都主要靠"旅行者"完成。在农耕时代，能够到处活动的主要是商人和一部分文人，即使在工业化初期也是如此。到了工业化后期，由于交通和通信的发达，文化的传播和接触的途径已经不限于人和人面对面，也不限于书刊和书信往来，于是不同文化的接触开始带有全方位的趋势。即使如此，商旅和"文旅"的"文化使者"

的角色仍然没有改变。而商与文又不同，文人不仅在异质文化间传递信息，而且研究文化接触的规律，提出新的见解，也就是为文化接触提出指导性的见解。在现代，大学是文人群体之所在，自然承担着文化传播的重要任务。中国从19世纪末以来的实践正是这个规律的生动说明。

四

以中外历史的经验来衡量，我们的大学是不是已经承担起了它应有的重任？要说明这个问题，需要把话说得稍远一点儿。西方国家自文艺复兴到工业革命这段时间里，教育逐渐摆脱了教会的独霸，出现了现代意义上的学校。这种学校教育的主要目的，是为工业化生产培养懂得技术的劳动者。现代学校一方面促进了科学技术的发展，另一方面也丢掉了教育的传统——既授人以知识（教会则主要是传授宗教知识），也教人以文化传统，特别是应有的道德规范。在宗教国家，这一缺失后来往往由教会组织继续承担，而农村社区被工业化冲垮后，城市社区取而代之，二者补充了学校教育的不足。

我国自19世纪中后期兴办"洋学堂"直到现在，学校一直以传播知识和民族文化为己任。这期间，我们曾经经历过"文革"只抓精神灌输而抛弃知识和技能传授的曲折，结果是人民受损，事业受损，国家受损。现在我们的社会正在发生着深刻变革，从一个农业国转变为工业国，从计划经济体制转为社会主义市场经济体制，同时迎来了经济全球化和社会信息化。作为上层建筑的高校校园文化，当然应该与之相应。

但是，当人们把注意力集中在发展经济、获取急需的知识和技能时，往往容易忽略校园文化，即使意识到了，其建设速度也要比盖教学楼、修体育馆、铺光缆慢得多。在这一时期，外来的文化具有出奇的吸引力，特别是商业化了的快餐文化（里面不乏垃圾文化）、粗俗文化、兽性文化，因其适应快节奏的生活，借助于现代技术手段，很容易迎合"文化饥渴"的人群——主要是年轻人。包裹在这些文化产品中的文化底层物（如前所述，没有哪个文化不是这样的），也就无声而汹涌地涌入。在这样的浪潮里，高等学府也难以幸免，特别是当我们的大学没有达到文化自觉的时候，有可能还要为之推波助澜。近来渐渐浮出水面的种种令人痛心的现象，就是活生生的证明。总之，同时代变化的速度和程度相比，现在我们的大学校园文化无论从内容还是形式都显然跟不上社会的需要和期望。要使大学能够真正承担起创造新文化的重任，从现在起就要有意识地在高校校园建设适宜人才成长、民族发展，有利于探索人类未知领域的文化环境。

五

现在可以说到高校校园文化应该怎样建设的问题了。文化建设，无论是国家的、民族的还是学校的，都是一个复杂的过程。面对这样一个"系统工程"，首先需要大学的领导者具有文化的自觉。何谓文化自觉？说简单了，就是对文化的本质、规律和大学的文化职责有感性和理性相结合的认识，对本校校园文化建设有全面、系统、长远的考虑。现在不少学校在朝着"研究型、综合型、国际性"的国内或国际一流大学的方向努力，其他学校的提法虽然有所不同，但也都是着眼于学校学科类别、学术或教学地位，难免给人以雷同之感。什么型、什么性，都是必要的，是对过去重教轻研、专业过狭、相对封闭的否定。大学需要个性。学校的个性既体现为学科设置，更体现于校园文化。固然，校园文化的底层是相同的，但是如何实现民族的和本校的文化核心，其途径、形式和侧重点却可以并且应该结合自己的和周边的条件而各显其能，自展其"特"。大学缺乏个性，正是领导者还不够自觉的表现。大学校园文化应该是开放的。不但内容和形式是开放的——民族文化与异质文化兼收，校内资源与校外资源并蓄，而且校园文化的传播也应该是开放的，要让周边的人们也参加进来。从这个意义上说，目前学校图书馆限于本校师生使用，各种讲座报告外人谢绝入内的状况对建设新时代的校园文化是不利的，其弊病不仅仅是学校资源不能被充分利用。大学校园文化，除了能够提高学生和教师的民族文化修养，还是学术、思想创新的根本动力。业务课程所给予学生的仅仅是将来为社会服务的知识和技能，而一个人，只有当先进文化的底蕴深厚，同时又掌握了先进的科学知识和学术方法，才算较全面地具备了创新的条件。文化是无所不在的，校园文化也是如此，它浸透在全校师生员工的全部行为和人与人的关系当中。因此，校园文化的建设也必须着眼于校内全体人员，要形成人人议论、人人参与、人人引为自豪的气氛，而不能只是少数人关注、部分人满意，更不能只是领导集体取得共识。

　　校园文化也可以分为物质文化、行为文化、观念文化、制度文化，等等。优美而具有品位的校园环境设施，属于物质文化；处理人际关系、人与事的关系、学术流派关系、校内外关系、传统与创新关系的习惯与风气，属于行为文化；对于历史与现实的不断思索、观念的与时俱进，是大学观念文化的重要内容；校规校纪既是学校各种活动能够正常运行的保障，又是约束师生员工行为的契约，因而也是校园文化的体现。这种种形态的文化构成一个完美的整体，处处体现着民族的正气、时代的特征，所形成的是各个方面的和谐共进，因而也会为全校所珍惜。

就在我这篇文章即将完稿的时候，中共中央提出要加强和改进大学生思想政治教育。这一精神为校园文化建设进一步指明了方向，而校园文化建设又为贯彻这一精神提供了载体。以加强大学生思想政治教育为中心，不断推动校园文化的繁荣与发展。我们的大学将越建越好，中华文化朝着先进方向前进的步伐，也将越来越稳健、越来越快。

首善之区需要首善文化

北京，作为我们伟大祖国的首都，理应是全国的文化中心。这是文化发展的规律所决定的，也是我国进入全面建设小康社会、发展社会主义先进文化所需要的。

古今中外，文化都是由中心城市向周边、向全国扩散的。在农业社会，文化要直接为稳定社会、巩固政权服务，首都既然是全国的政治中心，自然也就是全国的文化中心；在工业化社会，市场经济的力量有时比政治还要大，如果一个国家的传统文化底蕴较强，情况就和过去没有什么两样，而传统文化底蕴较弱的，经济中心往往成为文化中心，例如美国的文化中心就并不在华盛顿。但是，经济中心成为文化中心或出现文化多中心，往往仅限于表层文化，有时也涉及中层文化，我们可以称之为显性中心；至于作为文化核心和灵魂的深层文化，则依然以首都为中心，只不过表现得不那么明显罢了，姑且称之为隐性中心。信息化时代虽然传输手段有了变化，但是这一规律并没有变。

中国人民早就懂得这个道理，所以大约从宋朝起，就把"首善"一词专指国都（如李靓的《安民策第三》），意思是国都文化水平最高，是全国的楷模。从表面上看，是因为国都积聚了国之英才，有规模最大、级别最高的学校（"太学"），其实最本质的原因是朝廷、中央机关集中于此，形成了政治中心。而封建农业社会的所谓政治，是包括伦理道德的，因而是文化的主干。首都成为全国文化中心之后对国家、对社会影响之巨，是无须多说的。

如果用传统的"首善"的标准来衡量，在过去的20年里，北京的文化中心的地位似乎有些旁落了。其表现形式为，人们误以为经济发达了，文化必然先进，于是紧跟经济最先发展起来的地方（例如广东）所盛行的文化形式和内容（其实有很多是经港台"翻译"过的经济先进国家——例如美国——的快餐），并形成了风气，甚至以能说或能模仿该地的方言为荣，大有方言北上，阻挡普通话普及之势；原来的文化中心北京，虽然不断推出有关文化的政策，也努力生产了不少很不错的文化产品，但是并没有成为自身的主流，起到向全国辐射的作用。北方的气流遇到了南方暖湿气流，出现了僵持状态。另外，什么是北京的主流文化？是按文化所包蕴的内涵看，还是按拥有的受众人数判定？按前者，自然是"五个一工程"得奖项目、各种汇报演出、内容丰富形式上乘的理论著作等是主流，但可惜这只是"自我感觉"；按后者，则无疑结论相反——数量是检验社会效益的标准之一。而文化的价值就在于它的社会性。还有一个问题值得重视，这就是这一时期雅文化与俗文化的隔离[①]。文化的所谓"雅"与"俗"是相对的，只是加工粗细、流行范围的区别，而不是高低之分。在正常情况下，"雅"与

---

① 请参看拙文《论民族文化的"雅"与"俗"》，《北京师范大学学报》（社会科学版）2003年第4期。

"俗"总是相互依存、相互促进、相互制约、相互转化的。雅文化的新收获，慢慢普及演变，可以成为俗文化；俗文化可以经再加工而提高，进入雅文化。二者相得益彰，共同前进。如果雅文化与俗文化之间如楚河汉界，出现了截然不同的情形，甚或其各自所拥有的群众在这方面彼此也难以沟通，这就是社会文化的断裂了。而文化的断裂，则是社会危机的信号。

　　北京的雅文化场所不可谓不活跃，京剧、交响乐、民族的和异国的歌舞、"五个一"获奖节目等等，集全国艺术学术之精华，美不胜收；各种博物馆、展览馆、电视频道、出版机构，无论是数量，还是规模，都是全国其他地方所无法与之比肩的。但是，与一千多万常住人口、几百万流动人口和每天数万外国游客相比，前去公共场所欣赏、参观的人数比例应该说是很低的；收看雅文化的电视转播或直播的又有多大比例？再看看俗文化市场，媒体上常用"火爆"来形容，实不为过，而且经久不衰。何以如此？原因当然很复杂。雅文化需时需力，生产者和消费者都等不得，饥不择食，即使顿顿是洋快餐，吃了会让人发胖、生病，也顾不得了，甚至误以为是绝好的时髦佳肴；另一方面，不少雅文化的生产者和传播者还不适应社会主义市场经济的环境和要求，捧着金饭碗等饭吃；还有一个影响巨大的原因是缺乏对文化建设，包括雅文化和俗文化建设的整体构想和规划，使文化市场的发展多少带有自发性；至于文化传播的主渠道—学校，和社会文化市场基本脱离（其原因又很复杂），没有充分引导学生们，这些文化的未来受众主体，在走入社会之前做好认识和享受雅文化和俗文化的准备，不能不说也是有影响的……这本是转型期常有的现象. 不足为怪。关键是要有科学的估价和正确的对策。

那么,什么是正确的对策?应该做些什么呢?

哪位学者都不是未来文化的设计师,真正的设计师是广大人民,是社会本身。北京应该展开有关首善文化建设的大讨论,集思广益,找到答案。这里不妨谈几条我所想到的问题。

(一) 要实现三个方面的"文化自觉"

所谓"文化自觉",指的是科学地把握文化发展的总规律,对自己民族文化的过去、现在和未来及其对社会发展的作用有清醒的认识。对文化过去的自觉,不仅是对已有文化遗产的盘点,而且是要研究祖先何以创造了那样的文化,以今日观之其长短何如,怎样让这些遗产作用于现在人们的心灵(直接的,显性的);对文化现在的自觉,是要站在世界和我国社会发展的前沿,根据文化发展的规律,科学地实施,有力地引导;对文化未来的自觉,是要对如何建设发展先进文化有总体、长期的预估和规划。

一个地区的文化是否发达,不能光靠过去的文化积存,重点是看它的现在,看人民的文化生活、社会风气怎样,特别是要看主流文化、中层文化建设得如何,地区的亚文化、次亚文化状况怎样。当一个地方的经济发展到一定水平时(例如比较富裕的小康),把本地建设成为"文化大省(市)"的课题就成为人民大众共同的急切愿望,成为关系到经济能否持续发展的主因。现在有些省(例如广东、浙江)已经提出了建设文化大省的目标,这是中华民族文化自觉在一个地区的反映。北京现在能不能算是文化大市?我们应该反思、自省,向兄弟省市学习一切有用的思想和做法,未雨绸缪。

（二）三个层面的文化都要抓

深层文化（观念、审美、哲学）是根本，是核心；它在表层（对物质利用的形态，如衣食住行）与中层文化（风俗、制度、法律、宗教、艺术等）中无所不在，同时又不能离开它们而独立生存，它与中层、表层文化是灵与肉的关系，是渗透与蕴含的关系[①]。文化建设需要从中层入手，自觉地体现深层，有力地影响表层。深层需要学者深入地研究，表层应该完全交给市场去运作，中层则需要政府研究、领导和指引。我们应该总结：学者、市场和政府是不是各尽其责了？怎样做得更好？

（三）三个重点文化都要管

第一个重点是学校文化，特别是高校校园文化。古今中外学校从来是文化传承的主渠道，概莫能外。高校则是这一渠道的龙头，靠着它的社会地位和影响，对整个教育系统、对全社会起着带头和示范作用。它的主要"产品"——源源不断走进社会的学生，把他们在校园里所受到的文化熏陶一波一波地带到社会的各个角落。高校又是民族文化自觉的先驱，是各类高级人才的集中地，是创造知识和文化的中心。北京是我国高校最集中、数量最多的地区。七八十所院校各具特色的校园文化建设好了，北京文化的格调和层次也就大体就绪了。高校和社会的联系紧密了，北京文化

[①] 有关三个层次文化的界定和分析，请参看拙文《关于文化》《中华文化漫谈》（在浙江大学人文学院的演讲），分别载于拙著《未了集》第231页、331页，贵州人民出版社2002年版。

就有了重要的文化发展的支撑。第二个重点是社区文化。社区是我国近20年来大中城市居民生活的新的组合方式，应该成为居民文化生活极为重要的场所。在实现工业化较早的国家和地区，社区在充实居民文化生活、沟通邻里关系、渗透民族价值观等方面起着其他组合所起不到的作用；我们刚刚从聚族而居的习惯中走出来不久，还没有充分发挥社区文化功能的经验，应该让他山之石与中国国情、北京市市情相结合，形成具有首都特色的社区文化，使之成为整个首都文化的基石，成为全国社区文化的楷模。现在，市民的这种诉求已经越来越强烈了，我们将如何应对？第三个重点是市场文化。狭义的市场文化带有浓重的商品性，需要运用市场机制进行调节，以满足社会多元的需求和其自身发展的条件。北京的文化市场管理是比较好的，在此基础上要使这个市场更加活跃起来，形成多层次、多类型的市场，不但"交易"红火，而且能刺激文化产品日益增多、质量越来越好。

（四）三个脱节要改善

当前，雅文化与俗文化脱节已经很严重了，情况已如上述；领导和群众的脱节似乎还没有引起足够的重视；而专家、艺术家与受众之间的脱节似乎已经成了习惯，在有些人看来是理所当然的。领导与群众的脱节表现在领导提倡的并不都是最广大群众所喜闻乐见的；受众已经追逐时代"风尚"了（不一定都是好的），领导还难以摆脱原有的思维定式，缺少新的招数；广大人民群众现在欣赏什么文化？需要什么样的文化？有哪些创造？还没有来得及作深入的调查分析。群众是真正的英雄，老百姓在这方面的创新想法，也难以上达。

专家、艺术家与受众的脱节也是很明显的。雅文化如何走进高校，走进社区，走进寻常百姓家？对文化现象的评论研究，专家除了要表达个人的好恶去取，要不要了解或参考受众的受与拒？受众怎样直接地、有效地参与对文化现象的评判？我国浩如烟海的民间传统文化和人民在现实生活中的创造，怎样进入专家和艺术家的视野？

中国的有些事情不能不让人着急，但是做起来又急不得。这除了社会转型需要时间这一原因之外，还因为文化建设不同于物质生产，文化的建设既需要民族传统文化的积累，更需要艺术家、评论家（包括民间的）的长期努力，还需要社会和市场提供它所需要的环境，这是一个逐步缓慢的成长过程，不能急功近利，不能做表面文章。急功近利和表面文章之不可取，是因为它从根本上违背了文化成长的规律。要给文化建设营造环境和条件，最重要的是适合文化成长的体制和机制。现在，在全社会弥漫着的浮躁病，不是北京一个城市能克服得了的；体制和机制中的许多问题也不是北京自己都能决定的。这是困难之所在，也是北京文化建设需要一个过程的原因。率先做点什么常常要冒一定的风险，但是，既有的状况总要先由少数人突破。在全国和世界上的地位决定了北京的文化建设应该走在全国的前头，必要时还要冒一点险。

传统节庆文化的重振及其现代价值※

我说一说我小时候的故事：我现在记得非常清楚，过春节的时候，当时家里也是经济不富裕，首先请出祖宗的牌位，是一个木制的木龛、木牌，上面写着什么因为当时幼小已经不记得了。不管上面有没有尘土，父母亲都要非常恭敬地把它擦拭一遍，恭恭敬敬地放在八仙桌最里面的正中供着。之后我们从大姐开始一个个过去磕头，拜完以后父母亲坐在八仙桌的左右，我们再给父母磕头。这时候平时慈祥的父母也变得严肃起来，要对每一个孩子说几句期望的话。虽然现在几乎过去了将近70年了，但是在我心里种下的种子始终就没有消失。

因此，在我的父母都过世了，甚至我的姐姐们都过世了之后，当我知道家乡的祖坟由于年久开始塌陷，一个远房的哥哥要把它重新修建。我得到信息以后，因为行动不便，就委托我的部下到那里去协助我的远房哥哥。但是今天我们不太提倡土葬，所以远房哥哥的后人就提出来，应该随着时代的变迁，重修之后不要起坟占耕地了，应该深埋，我表示支持。我让他转

※ 2010年6月16日在西安"中华民族七大传统节庆文化论坛"上的讲话。

达远房哥哥说：祖先在心里，不一定起一个坟，占一块地。我想我对这件事情的处理，就是由于幼小的时候在我心里种下了种子，后来明白了的四个字——"慎终追远"。这时候是过春节，也跟凌峰先生说的和台湾情况差不多，拜天拜地，还要拜祖先。

在我走进社会之后，我刚才盘算了一下，大概是多年的中秋节几乎都不是在家里度过的。因为大家都知道，在"十一"国庆节之前秋高气爽的时候，这正是出差开会的高潮，而且也是我率团出访的高潮，所以有几次的中秋节是在别的洲渡过的。清晰地记得的是前几年我率团访问外国，那天刚好是中秋节，我说也好，让我在高空中看一下中秋节的月亮。没有想到我在飞机上从窗户上往外看，看到的月亮，很小很小。因为它缺了大气层的折射和放大。大气层本身是一个凸面镜，所以中秋节的时候我们在地面上看到的圆月是放大的，真正到万里高空看，其实很小很小。当时在我脑子里蹦出来了"月是故乡明"这首诗。那个时候公务在身，我必须在这个时间出发，但是心里总有一丝丝惆怅之意。我想这就是中秋节，从古至今，在中华民族游子身上所唤起的感觉。

重阳节不是中国传统的节日，但后来慢慢地在民间形成，特别是近年来把它创造性地定为"老人节"，其实还不如称为"尊老节"。我在中国民主促进会接尊敬的前任主席雷洁琼先生的班之后，每年重阳节都要把民进中央的老人，当时都是80岁以上的，而雷洁琼先生已经过了90岁了，要请到高处。其中一次晚上请到了香山，老人们非常高兴，在这里向他们报告一下中国民主促进会的状况和工作，听听他们的意见，祝福他们健康长寿。后来由于老人们身体一年不比一年，在这样一个秋风之夕，再带他们到郊外去登高不合适了。记得有一次我提出到世贸大厦的旋转餐厅，这里也是高处。我当时提出这个建议的时候有一点出人意料，但是马上被我们领导积极接受了。我想这就是由我领头又重温了九九登高的传统，其结果完全符合民间赋予重阳节的意义。这些事情有很多很多我就不多说了，我用三个不太成为故事的故事开头，就是为给我下面说的几个问题做一个铺垫，也是自己在生活中的感悟。

作为一个学者，容易在文献中讨生活，这是必要的，是理性思考的基础。可是如果我们对这样的存在于广大民众生活之中，活在民族心理当中的活生生的一个事物，仅仅停留在文献的考据和论证上，还是不够的。所以，我想我在这样一个场合——文化促进会的论坛上，还是谈把理性和感性结合起来，把这个感悟渗透进去和大家交换。我讲三个问题：

第一个问题，"七节"在扩大传统节庆的社会意义在哪儿？

我非常赞同葛剑雄教授所说的，它实际上是中华民族核心的价值、信仰的一种解释。也就是说每一个节庆基础都是民族的基本理念，但是它的社会意义就在于用这些理念作为家庭（古代扩大到家族）、社群彼此认同、共同参与、相互沟通和融合的一个时机和场合。而经过历史演变，这些节最初的原始来源可能被人慢慢淡忘。昨天我也谈到，实际上文化与传统是三个系列，作为本土来说有雅的系列、有俗的系列。在雅的层面，也就是精英的层面，对它的原始来源有清醒的认识；到了俗的一面，往往接受的是形式和内容，而基础往往容易淡忘，但是淡忘并不等于丢失，只是百姓日用而不知而已。这是借助保存在广大民众中的节日来体现它的祈求。

现在地球变小了，华人遍布世界各地，因此我们对社群的认同应该从社会学的角度看。对于中华民族来说，最大的社群就是全世界的华人，包括台湾、香港、澳门以及欧美的唐人街，还有分散在唐人街之外的所有华人。因为社会生活是以家庭为单位，今天的社会人员流动也非常大，彼此都在一个城市生活但可能一生也接触不到，可是人的本质又是一种社会性的，他需要过群体生活，需要跟自己小的生活领域之外的人接触，那么用什么来接触呢？到超市去彼此见面，因为不认识连一个招呼都可以不打。而通过节庆走出家庭进入社群，可能在元宵节的灯下，在唐人街的舞狮狂欢中结识。特别是中华元素在国内也许体会不到，但如果到了国外，这个时间（端午节）集中体现中华元素的文化，所有参与的华人都有一种归宿感、一种欣慰，这其实都包含了求福求合的理念。我们的学者谈到"节庆是文化的一种符号或者是载体"等等都对，可是我不大用，因为一般老百姓理解不了符号学的意义。

第二个问题，中国节庆它的诞生、形成和传承的特点。

第一个特点，我们这些"七节"都形成于农耕时代。像刚才翁女士所说的，我们的节庆实际上暗含着春夏秋冬，我和她有一点不同的是我认为春节是冬天的节日，清明节是春天的节日，端午节是夏天的节日，中秋节是秋天的节日，也就是说我们节庆的周期刚好是农耕社会农耕生活的一个周期。从文字上说，"年"这个字本身就代表着农耕的收成，从甲骨文金文到小篆都体现了。因此在《春秋》上或者是《左传》上有"大有年",何为"大有年"?就是这一年是丰收。所以过年是庆丰收,预祝明年的丰收。"节"是节气的简称,二十四节气是互相间隔的,一节一气一节一气,因此准确地说我们有十二节十二气。中国的二十四节气是根据太阳定的,是阳历,但是现在我们把它当成是农历了,其实是根据阳历定的。二十四节气的制定出现完善大约是战国末期。为什么?因为这是根据一年的耕作,根据一年天象和气象的变化归纳出来的。古代的农民没有手表、没有日历,靠的是每年皇帝发出诏书,在皇宫前公布这一年的立法,规定哪一天是清明、哪一天是谷雨、哪一天是立夏,都给你定好了。农民就根据这个时间该播种的播种,该收割的收割。现在就用节气的"节"字来命名,我们后来称之为节,是很晚的事情,从前就叫做上祀、清明、中秋。中秋又叫重秋,因为夏历的七、八、九月是秋天,八月刚好是秋天当中的一个月,是中秋。"节"是辛亥革命以后才叫的,为什么叫节呢?我想 20 世纪的贤者们也很聪明,就用节气的一个"节"代表,"气"就不好了,"中秋气""清明气"就不好了。

那么在农耕时期什么最重要?吃最重要。像凌峰先生今天说的小时候穷,恐怕他的穷还比不过春秋战国时期,以至于两汉南北朝,在时而战乱时而平静耕作中间的苦。所以能够天天吃好的是不可能的,但是过节的时候奢侈一下吃点好的总是可以的。因此我们小时候也是,盼春节吃点好的,还有穿新鞋换新衣,常常一年的新衣服就是一次,要穿一年的。这些都围绕着衣食住行,这是农耕社会最起码的要求,也是相当奢侈的要求。

今天社会不一样了，仍然围绕着吃，对绝大多数中国人来说，包括海外的都不是问题了，没有了吸引力。但是我觉得过节的时候吃的元素不能丢，但是不要把它变成中心，变成主要的来提倡。为什么？我想注入一个内容，就是让人们不要忘记农，不要抛弃了我们祖先从农耕社会走过来的历史和足迹。我虽然不是一个文艺家，但是常常也有文艺家的狂想、遐想：我就希望将来春节也好，八月十五也好，提倡一种在这一天吃团圆菜的习俗，都吃老祖宗吃过的东西，不要吃鲍鱼、鱼翅、石斑鱼。石斑鱼是近代海业发达了之后才知道的，是海洋的东西，我们就吃农耕时代的东西，而且提倡以素为主。这样有利于健康，更重要的是让人们记住、怀念和敬畏农耕的时代。

　　为什么要这样？无工不富，无商不活。今天是一个工业化、商业化的时代，但是在人类的历史上，只有农耕社会人和人之间才最亲密，人和大自然才最亲密，只有农耕社会才创造了人类的最高智慧。为什么这么说？儒家的思想，也就是孔子继承的夏商文化，到周代明确提出了"仁"这个概念，"仁"的外在表现是"礼"，他的思想体系，他对人际、人天关系、现实和未来关系的教导，至今仍然在影响着、指导着所有中国人的生活。

　　释迦牟尼也是在印度进入农耕社会之后，要摆脱婆罗门教的制度，求众生平等而创造了佛教。他所提出的对客观世界的认识和对主观世界的认识，以及主观如何和客观协调，就解说为涅槃，至今仍然影响无数人的价值观和生活。希腊的哲学，至今影响着西方整个世界的理念，甚至影响到它的自然科学，至于哲学、文学、文艺就更不用说了。但单靠希腊的哲学是不行的，这时候在巴勒斯坦地区、迦南地区、加沙地区出现了犹太教，由犹太教派生了西方所有的宗教，包括基督教、天主教、东正教，乃至后来的伊斯兰教。基督教的思想和希腊哲学的结合，形成了后代所谓的西方文明，并且仍然指导着现代西方社会、西方人的生活。本来犹太人是游牧民，但是希腊进入城邦时代，已经是畜牧业和农业的结合，当二者结合的时候，两河流域，包括再扩大一点叙利亚、埃及、尼罗河周边地区已经进入到农业社会。

中国人的智慧同样是农业社会形成的，因为农业社会第一次生产了可以供当下消费之外的一点结余，因此有人有时间观察和沉思来创造文化。所以手工业的发达也是由于农业，因为腾出劳动力来了。农耕社会每一个生产环节，每一个生活内容无不与土地、天地有着密切的关系，稍一疏忽就可能造成农家或者一片农地的颗粒无收。例如至今还流传的"山戴帽雨滔滔"。山上一片晴空，突然来一片云雾把山都包住了，意味着这个地方要下大雨。如果这个你不懂，你在外面晒麦子，一夜之间就可能被泡，到手的就丢掉了。所以农耕社会和自然关系的密切就是这个，因此我们应该对农耕时代这段历史感恩。

昨天段市长在他发给我们的册子上，他的致辞里面有一个"敬畏"，我很欣赏这个词。我们对农耕社会所创造的智慧，农耕社会给我们历史所铺垫的道路，要怀着敬畏之心。现在是工业化时代，又说是信息社会、后工业化时代，就中国来说现在仍然是一个工业化时代。创造财富靠工业、农业乃至服务业，但是没了农业，第二产业、第三产业全会灰飞烟灭、无以生存。即使进入了工业社会，无论从人类的文化传承还是对人类智慧的追求，今天能生活下去，能创造我们的事业，能写我们的文章，都要对"农"字抱着一种感恩和敬畏的心情。这一点我相信只有在中华当下文化当中才能看出一点点的痕迹，在西方社会一点痕迹都没有了，这是很宝贵的。

第二个特点，我们的节庆出于生活，是生活经验的凝聚。比如过大年，没过15天就是元宵节，固然像我们《纪要》上所说的"这是新的一年里第一次月圆"，但是更重要的是后代赋予了它一个过年结束了，一切社会生活、家庭生活应该走进正常的意义。我记得小时候过年，母亲过年之前要做很多很多菜，大菜和小菜，要蒸很多很多的米饭，蒸很多很多的馒头，因为淮安南北交界也吃面食，那时候没有冰箱，就放到院子里的缸里冻上；正月十五之前不能动刀、不能动剪。大了我才明白，这种忌讳是什么意思呢？主妇劳累一年了，趁着这个阶段让她休息休息。至于考虑到餐馆的学徒回家探亲也是一个理由，但主要是为了家庭主妇妈妈们能够歇歇。它来自生活，但这也不能老是歇，所以划一个界限，元宵节就是过年结束，一切回归正常。

比如端午节，为什么小时候家门前挂艾草，甚至佩戴艾草，还有香包。我作为男孩子也学会了，缠丝线，弄一个小珠子挂在身上，里面弄一些香料。其实是原始的祛瘟免疫，因为夏天到了，中国这时候传染病容易流行、容易感染，同时从芒种开始，农耕就开始忙碌起来。端午之后不久就是夏至，在这之间是很劳累的过一个端午节，算是农忙当中暂时歇息。作为从前的大户人家、地主也得给雇农、佃农一点休息时间，为的是下一步的夏收，那可是要命的劳动，所以这些都是来自于生活。

还有中秋，中秋了应该是北方黄河流域庄稼要开始收获、入库了。明年一年生活的所需到手了，就要歇息一下，也要自己慰劳自己一下。同时农耕社会并不是没有人口的流动，特别是知识分子和商人，这个时候也到了收获季节，避免在外面过冬都要回家。因此，人们把这个节都作为一个团聚节，刚好月亮是圆的，家里也团聚，可是又回不来，因此八月十五的月亮最能引起当时诗人、文人的相思。所以在唐诗宋词里面都有，文人最怕秋天听到窗外捣地的声音，就是傍晚棒槌打石头。知道自己出来漂泊几个月了，天渐渐寒冷了，人家在家住有妻子到河边洗衣服，要换上暖衣、夹衣，而自己在外寒风瑟瑟的离家还有千里，这时候写的诗非常动情。所以进入丰收季节而祈祷明年的富足与家人团聚和不能团圆的思乡一起迸发，我想苏轼的"明月几时有，把酒问青天"就是一个很好的体现。但是他只是想到他的兄弟，由此可以放大从而看到一切文人望月思乡的感情。

再说清明节。在春秋战国一直到汉代，农民在春夏秋的时候是住在野外的，称为庐，就是今天所说的搭的草窝棚，到了秋天之后要回堡，就是城堡，在那里过冬，如果等到春天再来就再入庐，到自己的地头去。清明刚好就是大地复苏的时刻，需要入庐了，而庐离祖坟最近，要耕作，要忙起来不能再看老人家了，后来就形成了扫扫墓的传统，当然也有清明踏青，这都是后来形成的，踏青是跟扫墓走的。这里面也有误解，像"清明时节雨纷纷，路上行人欲断魂"，这跟扫墓没关系。"欲断魂"好像想到祖先了，不是的。古代说"行人"是走长路的，为什么"断魂"？天仍然寒冷，又雨蒙蒙，越是这种萧瑟的时候、寒冷的时候越能想到家的温暖，但是还要"行"，所以"断魂"。"借问酒家何处有"是为了取暖，"牧童遥指杏花村"也不是山西的杏花村。古代的村边种枣树和果树，而杏花恰好是这个时候开，所以是有杏花之村，有杏花就有人家，有人家就有卖老酒的。

重阳的时候天高气爽，为什么要登高？即使是欣赏秋景，也是感到万物的萧疏。已经被人们忘记的是这时候离天最近，是怀着对天的敬畏来登高的。所以，我想不必多举，这些都是来自生活，有着很明显的道理。离开中华民族这个领域，很多的洋节来自于神启，是上帝告诉你的，不是当时的人民从生活当中概括提取的，有的是来源不明，有的是明确在新旧约和圣徒所写的东西中有明确的记载。这一点就体现了葛先生说的我们的核心价值是什么呢？一切都是实事求是，从生活中总结，我们靠的不是上天摸不到看不见的东西，这是我们节庆的核心。因此它的信仰是唤起内心的德，是人应该追求的第一需求，精神的提升。

第三个特点，"七节"中的每一个节都深深地受着文化三大支柱的影响，就是儒释道的影响，都体现了核心价值和根本的信仰。为什么说受到儒释道的影响呢？例如我们过大年，腊月二十三是小年，要祭灶，"上天言好事，回宫降吉祥"。从前还要把以前的灶王爷像烧掉，重新请回一个新的。我不知道陕西是不是如此，一直到我们江北，好像江南也有，就是用麦芽糖，所以我小时候老盯着贡品。为什么是麦芽糖？用糖可以把灶王爷的嘴封住，想汇报坏事说不出来了。灶王爷是道教的神灵。至于说年前的扫房都是儒家的，在《礼记》上都有记载。所以，今天如果我们研究，不要拒绝这些，实际上在形成"七节"的过程中是有着佛道儒的深刻影响。

第三个问题，我认为现在的节庆文化，缩小到"七节"，都面临着严峻的挑战，这就是在农耕社会所形成的节日如何适应当前的社会。

第一点，当前尤其需要宣传、普及、深化"七节"在人们生活中的作用和影响。因为当前这个时代，自人类进入文明社会以后，也就是有文字记载的社会以后，是人与人、社群与社群之间最为疏离的时代。通信的发达人和人反而疏远了，这个时候虚拟的世界以及便捷的通信网络，不能代替面对面、手拉手的情谊，特别是城市现代化之后建立了新的社区、居民小区，大家都关在铁笼子里，彼此之间首先是防范的，而不是亲近与信任的。这个时候通过节庆发挥家庭和社群之间的认同、参与、沟通和融合非常重要。所以我一直提倡、呼吁重视社区文化，当然最大的社区，像北京市1700万人是一个大社区，我所说的社区是一个小的社区。因为过春节的时候北京即使有很多的庙会也形成不了社区。当一个社区一起过节的时候，在海外华人常常这样，彼此就沟通了。没有小社区的沟通和融合，就很难有跨社区的沟通和融合。在这一点上是西方优于我们，他们有很多的具有法人资格和没有法人资格的NGO，以及有教区，我们没有这两项。所以这个时候用节庆不乏是一种重要的补充和挽救。

第二点，当前的全球化和信息化，对各个民族的传统文化都有灭顶之灾的冲击，我们不能抗拒全球化，也不能拒绝信息化，应该主动迎上去投入到里面，为我所用。但如何让节庆能够成为在全球化、信息化过程中人的精神、信仰和心灵的丢失与追回之间的平衡，节庆可以起到很大的作用。

例如，现在清明节由于交通的问题，大家工作都很忙碌，开始出现了网祭，应该允许包容，应该对进行网祭的网民提供方便。但是亲自到墓地上去，或者停放骨灰的地方去擦拭一下、默思一下，这和在网上几秒、几分钟就献祭一下就完了还是不一样。我想网祭是不得已而为之的手段，至于其他也要逐步地出现新的形式替代节庆，都是靠网络。网络是一个好东西，但是在人与人真情的沟通、人与人心与心的契合上，恐怕还是有局限。但是到底怎么办？说老实话，我们现在也只能是提出问题，这个问题应该靠大家锲而不舍去研究的。文化促进会、陕西文化促进会都有这个责任，如何面对全球化和信息化，让我们的节庆做得更好。

第三点，要逐渐地引导和恢复中华民族的信仰内涵，注入新鲜的时代内容。很重要一点就是在节庆的时候我们要宣传，对于大自然，对于先哲、先圣，对于自己的祖先保持一种敬畏，要让年轻的人们知道没有这些就没有自己。刚才凌先生提到他拜祭的时候，祭天祭地祭人。天地人三才，过去曾经遭到过严厉的批判，现在又快变成了口头禅，但是我认为把"天地人"定为三才这个功劳应该归董仲舒，这是了不起的智慧，这个我就不展开了。天是无知的，地是无知的，但天和地是有生命的，无天无地就没有人，没有人就没有己。"宁静致远"，想的远一些，想的古一些，想的大一些，这个道理不难明白。所以要怀着一种敬畏之心，这是前提。如何在节庆里面注入这样的内容，既不能靠政府发布通告，也不能只靠我们学者大声呼吁，要不断地创新节庆的形式和内容。

第四点，在"七节"的形式和载体上能够不断地创新。再扩大一点说，节日也不是不可以创新。比如九九重阳后来定为老人节就是创新。再比如定的教师节，教师节是每年9月份的第二个星期天。当时我也是提倡教师节的参与者之一，但是主要是叶圣陶老先生他们那一代率先提出的。台湾的教师节就是孔子的诞生日，每年的9月28日，日子是传统的，定为教师节是人为的，不过更自然一些。不管两岸的节日能不能统一化，像这些已经被全民认可。现在就在那一天老师看病优先，坐汽车优惠。但是能不能变成"拜师节"，提倡曾经做过学生的人们尽可能地去拜望老师。这些都是可以敞开的，解放思想来创造。

再例如七夕，我曾经提出过建议。我曾经设想，现在每年可以从西南地区的深山里搜集到原生的红豆种子两万多颗，再加上人工培植的，因为现在用激光可以让坚如磐石的红豆发芽。我们就以"红豆生南国，春来发几枝。愿君多采撷，此物最相思"，王维的这首诗，再配上一些歌唱七夕，歌唱爱情的唐诗宋词，在全国报纸上公布之后征求，然后进行评比竞赛，找很好的歌手来唱，最后是创作大赛、演唱大赛。通过这个活动，"红豆生南国"选出一个上口的曲子，再用三四首爱情的歌曲在全国普及。现在不能离开商业，商业是可以促进节日发展的，只是别想从节日里面索取。

例如商家收购了红豆，我就用不锈钢打造一个胸针，到那一天卖，附上一个红豆的说明。年轻情侣买上一个送给你的情人，如果有人觉得我身价很高，买这个东西送人家要扔掉的。那好我用白金周围镶上细钻，里面就是一颗红豆，附上一个红豆曲子的光盘，一个非常好的朗诵家朗诵的诗，标价120万，中档的几百块、几千块，甚至可以做戒指，给女孩子佩戴上。到七夕的时候我们商家可以举行金婚的庆典、银婚的庆典，白发苍苍的夫妻上去讲述他们的爱情故事。再有年轻的情侣互赠红豆，大家一起"红豆生南国"，搞几年就深入人心了。虽然七夕是一种神话，但是是我们农耕社会祖先对美好生活的追求凝聚出的神话。我问过年轻人，你买玫瑰花这情人节是怎么来的？不知道，没有来由。自己老祖宗有来由的不过，我想不怪年轻人。人家有一个载体就是玫瑰花，必须有一个载体，有一种形式，让他的感觉在这里面得到释放和表达，他自己就把你当成节了。所以我想这些都是可以破除迷信的。

刚才我问段市长曲江有没有三月三，他说有踏青。围绕着踏青宣传古今的佳作诗，在这之前先让电视台、电台买节目、买时段。我插一句话，山东大学的校长某某先生，今年9月1日起新生入学以后，他在新建的一个26层的大楼上修了一个钟表，同时用高价买了一个低音的功率很大的播音器。他从9月1日起每天播放一曲世界名作音乐，每天播三次，365天播放不停。他说我让我的学生四年里在这里享受到一千多首世界名曲，什么话都不说，这四年过去了，这些孩子对文艺欣赏的水平提高了，我说你这是润物细无声。我们的节庆踏青节也可以，踏青还环保，但绝不能攀折柳枝，不要简单挂一个牌子，要告诉大家折柳是用来送别的，大学送别才折柳，"柳"和"留"是谐音的，这不是不吉利嘛，把这个一放就没有人折了，谁自找晦气。

我们的节庆必须在形式上要考虑到今天年轻人的需要，年轻人的爱好，对他们进行引导，必须要有一个载体，把诗作为唯一载体的时代已经过去了，继续在诗上做文章，在粽子、元宵、月饼上做文章，这个节庆会越做越暗淡，越做越离现代人的心越远。

第五点，也是一个倡议，希望文促会联合其他的社会团体和学者，不懈地争取把"七节"也可以连接上一些政治节日，像国庆、五一、教师节，尽快地能进入到小学课本正式地讲授。在他刚刚启蒙的时候种下对节庆的正确的理解，而且建议老师把春游、秋游和清明、中秋结合起来，在活动中讲述他曾经听过的关于节庆的课程内容。我想未来的孩子们也会像我、凌峰先生一样，这时候种下的种子到年纪大的时候会开花，最后结果。这个果就是葛剑雄先生所期盼的，在节庆中间重新唤起我们的价值观和信仰。

中国所特有的茶文化必将走向世界※

一　中华文化所特有

1. 茶原产于中国

众所周知，我国是茶的故乡。虽然1824年英国少校勃鲁士（R. bruce）在发现印度的古茶树后宣称茶是从印度起源的，但是经过各国专家研究，又经在中国不断发现多处野生古茶树，证明勃鲁士的结论是错误的。茶源于中国已经成为世界植物学界绝大多数人的共识。某个地方存在古茶树，并不能证明那里就是茶的起源地。最有力的证明，一是野生古茶树要有一定的量，这样可以排除家茶偶然野化的可能；二要看古茶是否有所变异；同时也要看该国的历史文献是否有相关的记载。这三个条件唯有中国都具备。我国野生古茶树众多，变异也最多，大叶、中叶、小叶均有。至于我国野茶驯化最早，文献记载丰富，历代茶的品种繁多，则是重要的旁证，这是尽人皆知的事实，无须我在此辞费。

今天我们在这里聚会研究茶文化，就应该探究一

※ 2008年11月25日在"中国茶文化国际交流协会成立大会"上的演讲。

下，为什么在五大洲近两百个国家中唯有中国茶的种植、炒制、饮用最早，最发达，品种最多，饮用的方式方法也最多姿多彩？

以我的认识，这是因为中国农耕发生最早的缘故。考古学的成果证明，我国进入比较成熟的农耕社会至少有一万年以上。农耕社会与此前的采集畜牧社会相比，有以下几点重要的差异。一是对周边的自然环境，包括山川土地、自然植被、气象天文观察细致入微。为了生存和改善生活，就要延续采集狩猎时代的习惯和经验，自觉地遍尝百草。几千年来"神农尝百草"的传说就是这一历史过程的反映。先民所尝试的"百草"中也包括了茶。《神农本草经》上所说的"神农尝百草，日遇七十二毒，得茶而解之"，即是文献上最早的证明。二是农耕社会筚路蓝缕、开垦农田、兴修水利、修筑房舍，极其不易，所需条件之一是居处稳定。这种稳定按现在的流行观点评价，也许是落后的，但是，它却是在人类历史上一个生活最为从容安详的阶段。因为有了稳定，才能够使得劳动的物质成果得以保存和延续，精神成果也才得以创造、积累和继承。在精神成果中，生产经验、知识积累和对大自然的观察思考占有重要的位置。这样，茶的独特功用也就在这一阶段被认识了。说到这里，我们不妨拿农耕社会之前的游牧社会和农耕时代之后的工业社会与之作一对照。游牧民族一般生活在温带广袤的草原，那里既不适宜种植茶树，流动不已的生产生活方式也不能够栽培改良作物，所以只能以畜牧产品换取农耕社会的茶叶。工业社会虽然富裕，但农业也全面进入集约化、产业化、科技化；占领全球市场的欲望、对利润的无止境追求和匆忙的生活节奏，都催促着社会对茶叶也要以工业化的高效率惯性对待，既罕有细细品茶、识得茶滋味的人群，也缺乏为发现、培养和改良新茶种的企业家。三是在人类历史上第一次有了劳动果实的积累，即当年生产的生活资料可以有所结余。这样，就可以渐渐出现种植茶树的专业化生产者。在我国长达万年的农耕时代，自然有条件不断培育新品种、驯化野生茶种了。

茶源于中国，只是为在中国形成特色独具的茶文化准备了物质条件，如果中华民族没有源远流长、博大精深的文化，没有包容一切的宽阔胸怀，也就不可能形成茶文化这一丰富多彩的文化分支。

2. 历代赋予茶以文化内涵

当饮茶从着眼于医治疾病转为人们鉴赏、品评的对象时，中华文化已经出现过至少三次文化发展的高峰：战国、汉和唐，因而很自然地茶文化就融汇到整体中华文化的汪洋大海之中。

有许多事物之所以得以在社会上广泛流行，是由于得到了社会上层有意或无意的提倡，从古代的玉器到现在的时装都是如此。茶应该是由劳动者发现和生产的，但从六朝（主要在南朝）起迅速成为人人乐道处处欢迎的饮品，则是由于当时的宫廷和著名文人欣赏的缘故。不过，似乎当时看重的主要是茶的医药作用。例如人们时常引用的西晋刘琨《与兄子南兖州刺史演书》中说："前得安州干茶二斤，姜一斤，桂一斤，皆所需也。吾体中烦闷，恒假真茶，汝可信致之"（《太平御览》引此文字略有不同）。当然，知道茶的妙处，专门买来饮用的事例，早在汉代即有记载，但大多语焉不详，这也反映了那时茶还没有得到广泛的重视，也没有成为上层社会须臾不可离、因而注入更多文化内容的东西。

中国人对茶之于人体、对心境作用的认识是逐渐丰富的，反过来，茶之成为民族文化的一个组成部分，也经历了一个较长的过程。在这个过程中，唐代，特别是中唐是个关键时期。陆羽的《茶经》出现了，这是一本划时代的著作，不仅标志着茶在中国人生活中的地位仅次于粮食作物，而且显示出那时制茶、煮茶、品茶已经成为一种艺术。《茶经》依次叙述了茶之源、之具、之选、之器、之煮、之饮、之事（历史上的一些记载和掌故）、之出（产地）、之略（类似"注意事项"）和之图（前所讲解以图示之）。从中可以看出，到中唐时，士大夫饮茶已经十分考究；这种考究的基础一是经过历代茶农的精心培育、养殖，茶已经呈现百花齐放、异彩纷呈的景象，二是经饮茶人的反复体验也已总结出了系统的经验。以《茶经》的问世为标志，从此中华茶文化就以前所未有的规模和速度在大江南北广泛地传播和深化了。《茶经》奠定了中国茶道在世界上的地位。后人尊陆羽为茶圣，是有道理的。

二　茶文化所体现的中华文化精神

中华文化博大精深，因而围绕着茶所表现出的文化内涵，也同样广博而深刻。以我的学养实在不足以用简洁的语言把茶文化的精髓讲清楚。下面冒昧地谈谈我的粗浅看法，以向各位专家请教。

1. 茶与养生

先民在从事原始耕作时生活条件之艰难几乎是现代人难以想象的。在这一阶段人们发现了茶树叶子的特点，当然谈不到"享受"，看重的是它对身体的调理功能，例如消除疲劳、提神清脾以及醒酒等。在几千年的使用摸索中，随着知识水平和物质条件的提高，人们对茶叶的医疗效用认识得越来越多，越来越深。古代基于经验知道饮茶的益处，因为没有深入的研究，所以常常有神乎其神的传说。例如清代崇安知县陆廷灿所著《续茶经》引《月令广义》记述蒙顶茶的神奇，说：

> 昔有僧病冷且久，尝遇老父询其病，僧具告之。父曰：何不饮茶？僧曰：本以茶冷，岂能止乎？父曰：是非常茶。仙家有所谓雷鸣者，而亦闻乎？僧曰：未也。父曰：蒙之中顶有茶，当以春分前后，多构人力，俟雷之发声，并手采摘，以多为贵，至三日乃止。若获一两，以本处水煎服，能祛宿疾；服二两，终身无病；服三两，可以换骨；服四两，即为地仙。但精洁治之，无不效者。僧因之中顶筑室以俟，及期获一两余，服未竟而并瘥，惜不能久住博求，而精健至八十余岁气力不衰。

在茶的养生功能被神化的背后，实际上包含着通过饮茶，人凭借着水、茶以及茶具等与天地山川合而为一的思想和经验。往昔的经验之谈有时在具有所谓先进医学知识的现代人看来是荒诞无稽的，再加上生活节奏快，咖啡、可乐等舶来的饮料走红，于是知道并相信茶有健身效果的人日见其少。可喜的是，近年来现代综合征铺天盖地而来，想起茶的好处的人又开始多了起来。

古人的经验是有道理的。经化验，茶里普遍有着黄酮醇类、杂链多醣类、咖啡因、丹宁、叶绿素、叶红素、维生素C、E以及镁、铁、锰、钾、碘、锌等。这些成分不但是人的身体，特别是现代人的酸性身体所必需的，而且有降低胆固醇、抗氧化、净化血液、防止肥胖、治疗便秘等功效。由此我想到，对待自古以来的许多经验，万不可轻易否定。现代的技术固然重要，但是世上的许多事物极其复杂，现代的理念和手段未必能够解开所有的谜团；再说，古人近万年的经验，难道就不如二百来年的积累？在茶的身上，就可以看到我们祖先的过人之处。

2. 茶与心性

茶自唐代起，即大行其道，而这时也正是儒学盛行，道教兴盛，佛教经过几百年与中国国情磨合，实现了中国化的时代。很自然地，这时兴盛起来的茶文化里就揉进了"三教"的内容。这里我仅就佛教与茶文化谈几句。

自古佛寺一般都建在林木葱郁、人迹罕至的地方，本来就适合种植茶树，历史上确有很多种茶就是僧人发现、培育的，例如大红袍，等等；出家人过午不食，唯有饮茶不限，正可权以疗饥；更重要的是，茶色多为清淡，逐渐普及为社会各阶层都可享用的一般之物，这和佛法，尤其是禅宗教义中的佛不外求，法即在平常的生活之中，有某种意义上的契合。例如与陆羽同时的高僧皎然曾作《饮茶歌诮崔石使君》诗云：

越人遗我剡溪茗，采得金芽爨金鼎。
素瓷雪色缥沫香，何似诸仙琼蕊浆。
一饮涤昏寐，情思爽朗满天地。
再饮清我神，忽如飞雨洒轻尘。

> 三饮便得道，何须苦心破烦恼。
> 此物清高世莫知，世人饮酒多自欺。
> 愁看毕卓瓮间夜，笑向陶潜篱下时。
> 崔侯啜之意不已，狂歌一曲惊人耳。
> 孰知茶道全尔真，唯有丹丘得如此。

诗中虽然佛道两家思想杂糅，但赋予茶以清高品格，饮之可以像佛教所追求的那种破除人生烦恼而得道的意思仍然属于佛教。

历代不但许多诗僧常常以茶入诗，诗人中在家修行者也离不开咏茶以寄志。例如宋代大诗人苏轼就写过不少涉及茶而暗含禅意的诗，其中有名的一首是《游诸佛舍，一日饮酽茶七盏，戏书勤师壁》：

> 示病维摩元不病，在家灵运已忘家。
> 何须魏帝一丸药，且尽卢仝七碗茶。

卢仝是唐代诗人，写过一首《走笔谢孟谏议寄新茶》，因为诗中把饮茶的好处说得透彻，所以后人经常引用。我也引在下面：

> 日高丈五睡正浓，军将打门惊周公。
> 口云谏议送书信，白绢斜封三道印。
> 开缄宛见谏议面，手阅月团三百片。
> 闻道新年入山里，蛰虫惊动春风起。
> 天子须尝阳羡茶，百草不敢先开花。
> 仁风暗结珠蓓蕾，先春抽出黄金芽。
> 摘鲜焙芳旋封裹，至精至好且不奢。
> 至尊之余合王公，何事便到山人家？
> 柴门反关无俗客，纱帽笼头自煎吃。

碧云引风吹不断，白花浮光凝碗面。
一碗喉吻润，二碗破孤闷。
三碗搜枯肠，惟有文字五千卷。
四碗发轻汗，平生不平事，尽向毛孔散。
五碗肌骨清，六碗通仙灵。
七碗吃不得也，唯觉两腋习习清风生。
蓬莱山，在何处？玉川子乘此清风欲归去。
山中群仙司下土，地位清高隔风雨。
安得知百万亿苍生命，堕在颠崖受辛苦！
便为谏议问苍生，到头合得苏息否？

卢仝讲只可饮七碗，茶可润喉、清神、活跃思维、平静情绪以及健身之妙处就已经显尽，所以"七碗"已经成为咏茶诗文常用的典故。例如赵朴老的《吃茶》：

七碗受至味，一壶得真趣。
空持百千偈，不如吃茶去。

这也是一首禅意很深的诗。"七碗"即尽情享受茶的种种益处的意思。后两句用了赵州和尚的典故，意思是领悟佛教真谛，不在于天天背诵佛典，关键是秉持教义在日常行住坐卧之中了悟自性。

茶与佛关系如此密切，与儒、道也同样密不可分，限于时间这里就不一一叙述了。要之，在中华文化中，人讲人品，茶论茶品，人品与茶品相合，所以唯有中国讲究"品茶"。品茶之时，人与自然已经浑然一体，所以有"两腋习习清风生"的感觉，进而沉思冥想，可以悟道。

古代文人遇到可喜、可说、可叹、可寄托胸中块垒之事，就要诉诸笔端，为文，吟诗，填词，作曲，撰联或绘画。历代咏茶、涉茶的文化艺术遗产丰富，恐亦为世界所独有的人文现象，更是茶融合于中华整体文化的生动记载。

茶之与文化，主要在于茶可养身，养心，历代形诸笔墨反映与茶有关内容的作品无不由此生发。若不只停留在欣赏其色其味上，饮到最佳处，身心之所获益，会有不可言说的感觉，那就达到高境界了。当然，饮茶也和社会生活中许多事物一样，因每个人经济、文化等方面的差异而有层次的不同。自唐至宋，茶迅速得到普及。现在大碗茶、瓶装茶、带到办公室和会场中的茶，都是为解渴而设，这是面积最广、最为实用的一层。随着希望与喧嚣、紧张、有物无心的生活保持距离，渴盼宁静、清幽、深沉的人越来越多，能够体味茶之妙处的人也会渐渐多起来，中华文化中的茶文化也必将进一步得到更多人的理解和弘扬。

三 茶文化走向世界与茶文化国际研究会的责任

茶从中国走向世界，已经有很长时间了。但是，以往所输出的，基本上只是作为商品、解渴之物，迄今除中国之外懂得并欣赏茶文化内涵的，寥若晨星，也就是说过去仅传其物矣而未传其魂。这是因为在农耕时代不同民族间的一般性交往很难深入到文化底层，往往以围绕衣食住行之所需进行。现在情况不同了。随着经济全球化趋势的加强，世界公民意识的逐渐普及，了解别的民族的文化已经成为越来越多的人的自觉追求。例如，到现在为止，在近80个国家建立的

305所孔子学院或课堂，就是应各国的迫切要求而建的。这是中国第一次在对方欢迎声中有组织、有计划、大规模地让汉语和文化走出去。当前，孔子学院还是以教学汉语为主要内容，但各国已纷纷向中国有关部门提出多介绍中华文化的要求。如果我们以见微知著的眼光观察，就可以预见，包括茶文化在内的中华文化从现在起就要成规模地走向世界了。我们的祖先把茶作为最佳饮料贡献给了世界，现在我们这些中华文化的传人就应该把寄于小小茶叶上的对人生、对自然、对身心的理解贡献给世界。这是促进中外友谊的需要，是促进世界和谐的需要。

现在，在孙会长、张会长倡议下，香港和内地这么多专家和茶爱好者成立了茶文化国际研究会，可谓恰逢其时。今后研究会作为国际研究与交流的平台一定会发挥出重要的作用。

我希望研究会组织活动或宣传时，能直切茶文化内涵，用灵活的方式方法在各项活动中体现茶文化在伦理、养生、审美等方面的独特之处。

为此，随着形式的创新，可以开展一些雅俗共赏的活动，吸引更多的人参加。我们的学会既然名为"国际"，当然与各国人士共赏共研是分内之事。我希望研讨的内容不要仅限于中国传统的、中国人所熟悉、所喜爱的范围，要与各国人士共同探究适合西方社会的品茶和了解中华茶文化的方式。其实不单是茶文化，在其他领域，诸如汉语、史学、哲学、文学，当我们介绍给各国人民时都有一个"话语转换"的问题，也就是突破我们所习惯的语言和模式，吸收他国的文化形式和表达方法。

在传播茶文化时，我们不能回避当前商业活动已经渗透到一切领域的现实，因此我们的研讨和活动也需要帮助商家探索新的经营模式。适当时候研究会将举办世界茶博会，我想，这也可以是其中的一项内容。我们所办的茶博会必将有别于过去类似的博览会，会是一届体现新的思路、充满文化内涵的茶博会，既是茶文化博览会，也是商家获益多多的商业博览会，茶文化的影响将随着活跃的交易而更快捷地从香港传播出去。

茶文化[※]

——中华文化之一翼

现在，中华文化正面临着对内振兴、发展，对外介绍、交流的双重机遇和挑战。无论是为了对内还是为了对外，都需要对中华文化的核心理念，即中华民族的宇宙观、价值观、伦理观和审美观作深入的研究和深刻的反思。对内，只有在正确地总结前人的研究成果，并在此基础上审视当今时代的社会特点和人民的需求，在诠释和展现时有所创新，才能为各族人民所理解和接受，对外，则更需要学会针对不同国别，运用适合当地人民喜闻乐见的话语和形式展现丰富多彩、厚重深邃的中华文化。

宇宙观、价值观、伦理观、审美观，属于西方哲学研究的范畴。但是世界上关注、熟悉和研究哲学的人是绝对少数，而且越来越少，在新兴国家尤其如此。——当下全世界的哲学，已经形成远远超过历来备受批评的"经院化"和"职业化"；其表达的话语已经越来越狭窄，越来越"专业化"，充斥着不必要的自造的新术语，让一般读者听者望而生畏。如果中华文化以这种语言和形式向中国人和外国人普及和介绍中

[※] 2014年5月9日在首届"两岸四地茶文化高峰论坛"闭幕式上的讲话。

华文化，其效应是正是负，自然不言而喻。

在这种语境下，基于以往和不同文明交往的体验，我们提出了"一体两翼"的传播观念。"体"，即上述的"四观"内涵；"翼"是使"体"能够飞起来的通道和形式；"两"者，一为中国医学，一为中国的茶文化。

为什么要以中医和茶文化为"翼"？这是因为，在中华文化无数文化形态中，最全面、最系统、最具体、最切身的，当属这两项。至于其他文化形态，诸如书法、绘画、戏曲、歌舞、工艺、武术、园林、文物等等，都在以其独特的魅力显现着中华民族的性情和品格，也都从某一角度、在某种程度上展现中华民族的心灵和追求。在我们看来，这些都是飞鸟身上的羽毛。鸟无翼固然无法起飞，但是如果没有羽毛也难翱翔，甚至无法成活。有体，有翅，有毛，就可以飞入寻常百姓家，也可以漂洋过海。因此我们可以说，中国茶文化传播至世界各地——让各国人民与中华民族共享茶之美妙——之日，即中华文化真正成功地"走出去"之时；在内广泛普及之时，方为中华文化全面复兴之日。

关于中国医学，知其原理者相对于了解茶之性理和茶文化者还要多些，当作另论。茶文化之所以有顺天遂人的特性，一靠中华民族对其生长规律的认知和联想，二靠人们对茶性及其与人体关系的深入了解和体悟。

茶之生，茶之育，茶之用，茶之效，是最容易观察体验到的。

人们饮茶的目的不一，若稍加考究，则什么样的体质，在什么季节，饮用何地何时所产、所采的何种茶，用什么样的器皿，怎样冲泡饮用，都是应该考虑的。在这基础上人们体验到茶汤摄入后渐渐产生了某种功效，于是在无意中实现了天——地——人之间的相应与和谐。

茶择地择时而生。春茶最佳，是人所共知的；而烂石、沙砾之地产茶胜于纯泥土地，则知者不多；知某种佳茗以某地所产为最，"野者上，园者次"，知之者就更少了；至于不同时空所产的茶各具不同的性能，则非长时间亲身体验则难以获得真知。茶之奥妙，此其一端；茶之为中华文化之缩影，于此可见。当然，在中国人注意到的植物择地而宜生的事实，比比皆是，如许多中药材、花果，以致小米、高粱、大豆等。而茶，若作为欣赏、品评的对象，则其与时空关系格外紧密的特性就更突显了。在对茶的这种观察中，无意间，我们的认识已经又向前跨了一步，进入天地合一的层面。

这样一个过程说明，我们对茶的认识，是在"知"与"行"中的切身体验和思考中逐渐获得的。

中华民族之所以对于茶能有此独特的感受和认知，和中华文化的主干儒释道所保存的人类童年所具有的纯真智慧有着极其密切的关系。

在这里，请允许我插进一段使我忽然感悟到我们祖先的胸怀和智慧的经历。

不久前，我再一次进入云南深山茶区，来到傣族、拉祜族、布朗族和佤族的千年古寨。那里是全世界的茶的祖源地。树龄两千七百年尚未发生异化的、树龄一千八百年至今仍可采摘饮用的古茶树，依然挺立在茂密的森林中。感谢那里的各民族百姓，他们世世代代坚守着从远古传承下来的质朴纯真的文化。我坐在他们中间，喝着他们亲手采下的茶，听着他们真情的歌，和他们一起起舞，仿佛进入到另一个世界，一个中原先民曾经经历而很久以前即已被忘却的世界。

万物有灵，是他们的信仰。茶树在他们心中是神，是祖，也是朋友。每当春天到来，即将开采新茶，各个寨子都要举寨而聚，拜祭茶祖，其虔诚、隆重、肃穆而激情，让我们这些来自"发达"地区的人们震撼、感动、深思和惭愧。在他们心目中，茶树和人以及能跑能跳的所有生物一样，有生命、有感觉、有性格，和他们心灵相通、生命相连。在他们那里，通过茶树，人与大地、与苍天成为了一体。

我有幸遇上了佤族在圣湖边山上举行的祭祖大典，和佤族男女老少一起把神圣的木鼓拉下山。卜卦，诵咒，祭祀，歌唱，见所未见，闻所未闻。那时，我犹如回到了中原地区夏商时代，听到了自己远祖的呼唤，感到了上天和大地对他的子孙的关爱和期盼，也让我想到佛陀所说的无情有性者亦可成佛，以及高僧所说郁郁黄花莫非佛法。原来，这个地区的人民对人和自然关系的理解以及其自身的精神，要比我们和一切发达地区和国家的人们先进得多，真实得多，直白得多。他们的"落后"只是在经济方面。但是，人类的前进的步伐，难道应该用，或者说只能用经济这根尺子衡量吗？人的价值应该，或者说只能用钞票来称量吗？

现在回到正题。我叙述的这段无法忘怀的访问，证明了，中华民族视茶为人与天、地相通合一的精神其来有自，若旁顾一下儒释道"三教"，则很容易从中找到和佤族、布朗等民族同样或相近的情怀。古今的人们通过长时间饮茶所获得的感悟，实际是对初民精神的反刍。后人由于种种主客体原因，在逐渐进步的社会中泯没了对祖宗精神的"记忆",而西南边陲的同胞则相当完整地保存着、遵循着那古老而先进的认识,让寻觅中华民族精神之源的人们能够借以追想五千年来我们所经过的路径。

使我们记忆丢失的"主客体原因",主要是指随着人类所造之物的增长与奢华,私心的狂妄与扩展,欲望的卑下与膨胀,于是以为凡宇宙中物皆应为"我"所独享,"人"成了一切的主宰,而"利"又成为"人"的主宰。自以为天下之主的迷雾遮住了理智的眼,忘记了列祖列宗的教诲。社会动荡,争斗、屠杀不已,莫不由于此。

人类是理智的动物。在繁闹不安中生活得久了,在人类自毁的一出出悲剧中首先醒悟的,是历代社会的智者。看似在偶然间,实则是必然地,有些人发现并关注了茶对人的重要。于是就有了茶圣"天育万物,皆有至妙;人之所工,但猎浅易"和"翼而飞,毛而走,呿而言,此三者俱生于天地间,饮啄以活,饮之时义远矣哉"的感慨。

我们不妨试作一简单的比较,方知陆羽这几句话的可贵。西方也有对自然之物有此感觉者。例如美国19世纪著名作家、哲学家梭罗就说:

> 世上没有一物是无机的。……大地是活生生的诗歌,像一株树的树叶,它先于花朵,先于果实——不是一个化石的地球,而是一个活生生的地球;和它一比较,一切动植物的生命都不过寄生在这个伟大的中心生命上。(《瓦尔登湖》,亦即《湖滨散记》,转引自[美]格雷厄姆·帕克斯《思想者的岩石,活着的石头》,2005年)

梭罗也许受到过中国哲学的影响而说出了这段话，而他主要是通过冥想和思辨而发出了近似中国人的声音。但是，他所抒发的不仅过于宏观而朦胧，而且是在中国人懂得个中奥妙的二十多个世纪之后，至少，后于陆羽千余年。

不容否认的是，在陆羽前后相当长一段时间，人们对茶与人与天的关系的认识，还停留在茶之生，茶之育，茶之器等这些"外在"，至于茶之效，也还限于"荡昏寐，饮之以茶"的阶段。后来，得品其深味者渐渐多起来，也主要是宫廷贵人和少数社会精英。长时间中，茶之所"寓"还不明了。

生、育、用、器等这些外在元素实际上已经进入文化领域，而且不分地区，不分民族，也不管社会的什么层次，认识和习惯是大体一样的。花茶、绿茶、红茶……三道茶、工夫茶、烤茶、奶茶、酥油茶、大碗茶……都对水、火的要求有自己独特的一套"规矩"。

其实，我们的先人对用茶——包括饮用不同类型的茶和用不同的器皿和方法——之"内在"已有所认识，只是落笔成文者寥寥。这说明，在这一层次仍属于自发性，尚未达至自觉、理性之境。古人植之矣，制之矣，好之矣，赞之矣，其所作为皆合"天人合一"之道，但综观历代茶典、茶书、涉茶诗文，大体皆叙种植、焙制、储藏、包装等技艺，列茶之清神、涤肠、明目等功能，鲜有论及其所以然者。

众所周知，国学至宋，形上之学臻于高峰，观照天人，工夫涵养，宏阔而入微，但其"格物"也鲜及于茶，遑论茶之内涵，这是很奇怪的。释、道二教对我国茶事的兴盛、传播，品茶格调的提高，厥功甚大，自然茶与禅茶与修炼的关系也就至为密切。但是综观教内外的禅诗，用来衬托或直寓禅意者，诸如钟磬琴鼓、清泉明月、松竹花草，乃至鬼神仙女、鱼鳖驴牛，往往而在，但是以茶寓意的却极少。唐代赵州和尚从谂留下的千古著名公案"吃茶去"，影响至巨。但细想一想，"庭前柏子树""洗钵去""七斤布衫"都是他的机锋，吃茶仅其一耳。这正如求法者常问的"如何是和尚家风"，确有法师答曰"饭后三碗茶"的，但更多的则是答以"有盐无醋""随处得自在""浑身不直五分钱""山前人不住，山后更茫茫"，等等，也很难说"三碗茶"与茶之深蕴有何关联。在从谂的《十二时歌》里虽然四五处提到茶，却都是与歌中所提到的蜀黍、馒头、粥米、莴苣、衣衫之类，仅为生活资料，也并不涉及茶与佛事佛法的深层关系。和从谂基本同时的仰山慧寂诗："滔滔不持戒，兀兀不坐禅；酽茶三两碗，意在镢头边。"也只能说明那时茶在佛家生活中的实际地位。由从谂等禅师那里可以知道，那时茶已经是，而且只是僧人与平民日常饮用之物，因此随时可以用来作方便法门，却还没有体味出或被赋予"禅茶一味"的深意。

　　对此，我曾萌生不少疑问。及至见前哲所云"茶最后出，至唐始遇知者""茶之晦于古，著于今，非好事也，势使然也"，忽有所悟。谓至唐"始遇知者"，大概就是指"遇"陆羽而世有《茶经》。这其实还是"士大夫史观"。世上凡属"雅"的物事，大抵都是先行于民间，待为文人发现，遂进入社会上层。"后出者"，后为文士所知耳。今世犹有其证：现在越来越多的人喜欢喝普洱茶，显然就是从茶马古道一线的民间而"普及"到城市的。所以应该说是"兴于古初草民，著于今世雅士"。说"势使然"是很对的，但其势为何？我想，除了生产力（含方式、工具）的发达，对天人关系认识的清晰、深入和系统化，恐怕也是个中要素。

大约到了宋代，古时朴素的天人合一思想，完成了提高到形而上高度的过程，这一境界的最著名概括就是张横渠（载）的名言"天地之塞，吾其体；天地之帅，吾其性。民，吾同胞；物，吾与也。"（至于更为著名的"为天地立心"云云，即所谓"四为"，则是在此基础上的再生发。）因此后来出现了王安石"山花落尽山长在，山水空流山自闲"、苏轼"不识庐山真面目，只缘身在此山中"这类大批洞观天地而又富有禅味的诗句。但是即使如此，深谙佛理如苏轼者，也把茶只呈作解渴消酒之物，所以写下了这样的诗句：苏轼《望江南》："休对故人思故国，且将新火试新茶，诗酒趁年华。"《浣溪沙》："酒困路长惟欲睡，日高人渴漫思茶，敲门试问野人家。"

自从茶和佛、道结缘，"三教"之人逐渐发现茶与人生、与自然、与佛法之间的相通处。例如饮茶，往往苦后回甘，这岂非人生常态？记得上小学时，在报上看到一幅漫画：一个小孩子把茶叶放在嘴里嚼，父亲问他这是干什么，他答，你不是告诉我"吃得苦中苦，方能人上人"吗？我看了，并没觉得可笑，因为年纪小，"肠胃弱"，父母不让我喝茶，我当然更不知道茶在没有冲泡时的味道。待到以后喝茶了，才慢慢体会到茶味如人生。又如，赵州和尚的一句"吃茶去"，确实很直接而形象地点破了佛法即在行住坐卧中、平常心是道的深刻道理。再如，品茶应观、闻、饮，环境应该或自然进入静而洁，独处时还应有所思，这岂不就是道家的性命双修所需备吗?

因此似乎可以说,茶之与中国固有宗教精神的深刻关系,是经过了比较长的由浅而深、自低至高的过程的,并且逐步超越了植、育、制、储的阶段——古今茶农茶商逐渐成为完成这一过程的主角;也越过了借茶发挥、通过联想而认定茶与精神的关系这一层面。这是因为,经过上千年的体验,人们切实地认识到,茶真正体现了中国的人文精神和哲学理念。近时的证据,是对茶树历史的考察研究,证明世界之茶的确起源于中国,诚可谓天之所赐。而原始的野生茶,需经过自然的变异和人工的转化,才成为后来可饮用的茶。这就是遵天之理、循物之性的结果。如果我们把茶放到乔木类里去比较,除了茶,还有哪些科、属的树,由野生而种植,进入寻常百姓家,为亿众日日不可离原生态的那些"树祖"不但依然健在,而且品质更高。

陆羽说"野者上,园者次",正是对"原生态"的赞扬。野生者树龄久长,高耸多枝,其根深壮,可以充分吸吮地下深处的多种营养;不同地区所生的茶,质量和特色有所不同,那是因为地底所蕴含的矿物质和土壤的成分各有特色;而园茶(台地茶)则多为人工培植,人工施肥,人工修剪,失去了不少天之所赐,故而"次"之。因为凡物,以各遂其性为上,这和人世间人才的成长不是一个道理吗?

"历史感"的增强,使得人们对来源久远的茶种茶树更为尊重。"过去要成为存在的,就必须有一个知道它的主体。""记忆是保存过去的自然力量,它把过去保存于恒久现在的领域中,将过去纳入现在知识的世界。""过去如同我们周围的景观在我们眼前展开。"(伊雷姆·托特:《哲学及其在西方精神空间中的地位——一种辩护》，2007年）茶之被追诉至神农，后人之尊陆羽为茶圣，都显示了中国人对"过去"的记忆和敬重，让过去构成在自己周围展开的景观，《老子》曰："执古之道，以语今之有。"（第14章）亦此理也。当然，人们同时也希望享受到没有受到工业化以来被严重毁坏的古老自然。这也是天人合一观念在茶身上的折射。多数西方哲学家，把"知道它的主体"归为超越而绝对的上帝（托特可能也是如此），而中国人则以人自身为主体，贯穿古今，沟通天地和万物。

由于茶的特性以及茶身上所留存的历史的记忆（文献、祖祖辈辈传承的习俗），给予历代观察、体验、思考、想象、发挥的多重启发和广阔空间，从而逐步形成了多姿多彩的饮茶之道。实际上，这期间多少有些"人造（赋予）"的对茶的文化阐释，其实就是"主体"对自身的期盼和要求。

姑无论中国大地上各个民族、各个地区、各个人群饮茶方式难以确估的数目和何以如此如彼喝茶的"道理"，就其大者而言之，日本茶道以"和，静，清，寂"为其精神；韩国则以"和，静，俭，真"，所重已有不同；至于中国，可谓百花齐放，谓"廉，美，和，敬"者，倡"理，敬，清，融"者，主"和，健，性，伦""和，俭，静，洁""和，静，怡，真"者，不一而足。括而审之，大体都是倡导者顺其地、其时情况而提出，都在秉承"道生之，德蓄之，物形之，势成之。""辅万物之自然而不敢为。"（《老子》第51章、64章）的精神而各有所重。在我看来，在未来相当长的时间里，这些不同的倡导难以统一，其实也无须统一。因为饮茶可以，或原本就应该是体验到什么就强调什么，对茶的内涵的开掘将永远因人而异，而且将因时地的改换而转化。不同的茶专家、茶店、茶社/茶室、茶沙龙，各有特色岂不更好？而这又正是"和"的体现。说"和"，就意味着存在不同；同则单一，何"和"之有？综观上述各国和各家对茶之精神的种种概括，绝大多数都把"和"列入其中，这不是没有道理的。从茶之生，茶之育，茶之制，茶之储，茶之水，茶之饮，以至茶之器、茶之火，岂不都包含着"和"的精神？赏茶，饮茶，能喝出"和"之味来，即可谓得茶之三味矣。大家把"和"作为核心，努力让灿烂的茶文化之花开遍全国各地，让世界越来越多的人和我们一起享受中国茶的美妙，到那时，中国茶和中医双翼齐鼓，中华文化这只大鹏就该抟扶摇而上九万里了。

2014年5月2日于日读一卷书屋
2014年5月9日改定于大红袍山庄

真实影像：中华文化传播之翼

——关于茶、茶人、茶文化的几次谈话

一　当前文化状况的问题和反思

现在，我们文化的状况，确切地说是文化深层的状况，实在让人担忧。我曾经说过：进入近代以后，我们在学习西方文化的很长一段时间里，由于对自己几千年文化传统研究得不深，更由于禁锢过久，面对西方强大的工业、武力，曾错误地认为自己的文化一无是处，应该彻底抛弃，于是大口大口地吞食西方文化食品。在这些西方文化食品中，既有丰富的营养，也有过量的激素，食之过久，浸透了我们文化肌体的每个器官，造成了文化肌体的"亚健康"。其主要表现是：在社会层面上表现为对科学技术的迷信，对物质享受的崇拜，对倒退文化的赞赏；在思想领域充斥着二元对立、工具理性、机械论。现在，我们所遇到的种种社会、环境、心理问题，弥漫在各个领域的"三浮"现象（浮躁、浮夸、浮浅），无不与这种激素在文化肌体里发生作用有着密切关系。这种"亚健康"的文化肌体，需要扶正祛邪，为此，必须下很大的力气，

费很长的时间。

那么，把我们的视线从中国延长开去，当今世界上的情况又如何呢？我们可以说，曾经给人类做出过巨大贡献的西方文化已基本走到了尽头，它对解放人类思想、推动科学技术发展、社会进步的贡献和推动力，以及它的再生机能，都已经枯竭，再也无法给人类智慧的提升做出新的贡献。人类未来的出路，在于各个民族和国家恢复被西方文化冲毁的自身传统，以多元文化交融代替一元独大。这一点已经成为西方思想界许多学者的共识。还有许多西方学者虽然在努力批判他们自己三百年来的文化传统，而且得出的结论逐渐接近中国文化的理念，但是由于不了解中华文化，所以还是在"隔山唱歌"，虽与中国有所呼应，但并不真切，更没有联起手来。因此可以说，中国制定和实施"文化强国"战略，既是我们自身的需要，也是世界未来的需要，文化的复兴是中华崛起不可或缺的一环。

中华传统文化中的确有促进世界和谐、人与自然和谐、人自身和谐的丰富内容，其体系之完整、论述之细密、人性之饱满，为世所罕见。但由于以前我们曾妄自菲薄，毁坏过重，因而传统文化中的这些优秀内容不为国人和世界所知。今天，我们思考文化战略，必须要有历史的眼光、世界的视野、自信的胸怀、创新的胆略。

二 中华文化传播的"体"和"翼"

现在，中华文化正面临着对内振兴发展，对外介绍、交流的双重机遇和挑战。无论是为了对内还是为了对外，都需要对中华文化的核心理念，即中华民族的宇宙观、价值观、伦理观和审美观作深入的研究和深刻的反思。对内，只有在正确地总结前人的研究成果，并在此基础上审视当今时代的社会特点和人民的需求，在诠释和展现时有所创新，才能为各族人民所理解和接受。对外，则更需要学会针对不同国别，运用适合当地人民喜闻乐见的话语和形式展现丰富多彩、厚重深邃的中华文化。

宇宙观、价值观、伦理观、审美观，属于西方哲学研究的范畴，这"四观"是构建一个民族、一个国家主体的最核心要素，是为主体文化之内核。但是世界上关注、熟悉和研究哲学的人是绝对少数，而且越来越少，在新兴国家尤其如此。——当下全世界的哲学已经形成远远超过历来备受批评的"经院化"和"职业化"；其表达的话语已经变得越来越狭窄的"专业化"，充斥着不必要的自造的新术语，让一般读者听者望而生畏。如果中华文化以这种语言和形式向中国人和外国人普及和介绍中华文化，其效应是正是负，自然不言而喻。

在这种语境下，基于以往和不同文明交往的体验，我们提出"一体两翼"的传播观念。"体"，即上述的"四观"内涵；"翼"是使"体"能够飞起来的内容和形式。就内容和形式的关系而言，两翼，一为包含中国医学、文化、书法、绘画等各种文化形态的内容之翼，一为包括汉语传播、戏剧、歌舞海外演出等走出去的活动，还需要把真实中国的影像传播出去，这些是形式之翼。如果我们从文化形态所包含的文化之"体"的系统深刻角度说，中医和茶文化则是中华文化飞出去的两"翼"。

中华文化的各种文化形态诸如中医、茶、书法、绘画、戏曲、歌舞、工艺、武术等等，都在以其独特的魅力显现着中华民族的性情和品格，也都从某一角度、在某种程度上展现着中华民族的性情和品格。鸟无翼固然无法起飞，但是如果没有羽毛也难翱翔，甚至无法成活。有体、有翅、有毛，就可以飞入寻常百姓家，也可以漂洋过海。

三 真实影像的传播之翼

需要进一步探讨的是传播的方式。在一些学者看来，当下已经进入深度的"读图时代"。这一看法无论对错，至少说明目前的传播媒介已从文字的一元主体进入到图文并重的多元媒介传播时代，在此语境下，传播的内容、形式、介质、渠道等都要发生深刻的变化。

影像传播已经成为发达国家文化战略极为重要的组成部分，突出的例子就是美国好莱坞，它不仅是一个全球影视创意中心、产业中心，更重要、也是更隐晦的，它是美国传播西方"四观"的文化战略中心。一方面，通过好莱坞生产的影片，把以美国为代表的西方世界观、价值观、伦理观、审美观巧妙而深入地渗透进去，向全世界播撒，另一方面，因其精良制作、强势产业化，又让全球观众趋之若鹜，在影像文化的播撒中你情我愿地完成了文化传播的"合谋"。

中国的影像文化产业正在飞速发展，在拿来主义中不断学习西方文化产业的运营方式，取得了一些成果，也产生了不少的问题。目前，纪录片正在兴起，越来越成为社会关注的文化产品，而且不少优秀的纪录片都把关注的目光放在了诸如茶、中医、丝绸之路等传统文化题材上，这是一个很好的现象。

纪录片被称为"一个国家的相册"，人们从中看到这个国家的过去、现在，并思考其未来。纪录片也被称为影视产品中最为高贵的类型，因为具有（或者至少是应该具有）"真实性"。"真实"让纪录片的所有功能和特征都有了发生的基础。因为纪录片的真实记录，真人真事，同时加入了创作人员的视角和思考，使得纪录片的真实是一种多元的真实，可阐释的真实。一方面，它比新闻更深入，另一方面，因其深入性和逐次展开推进，又使得它比短暂的、蒙太奇而成的新闻更富深层的真实感。历史类纪录片可以让现代人了解过去的历史，借鉴前人经验；社会现实类纪录片可以让人超越自己的生活范围，了解社会当下发生的真实动人的故事；自然类纪录片为我们打开通向自然的视窗，也让我们了解祖先创造伟大业绩是所处的环境和当下生态面临的问题；科技类纪录片更让我们获得超越感官所能获得的体验，更加深入理性地探索我们身处的世界。总之，纪录片可以构成一个关于人类文明的相对完整而真实的影像链条，让文明在影像中得到复刻、再现、传承和传播。

我曾经深度参与过多项纪录片项目，从中也学到了很多。例如汉办主导的《汉字五千年》，系统化地用影像勾勒了中国汉字文化的绵延传承，一经播出，取得非常良好的反响，国内，从最高层到普通小学生，国外，从美洲到非洲的男女老少，都在这部片子里各有所得。又如联合国地名组织与中国民政部合作主导的《千年古县》，迄今已经制作六十余集，在多家中央和地方媒体播出。这部纪录片系统整理了中国千年以上古县的历史、文化、民俗，在我看来，这是一项抢救性的工程，用影像的方式把正在不断消逝中的文化保留了下来，让人们对自己处身的这片土地有了更加深刻的认识。通过影像的传播，"千年古县"正在成为一个品牌。

目前我正在主导一部关于普洱的纪录片，这与我以往的切身体会息息相关。不久前，我再一次进入云南深山茶区，来到傣族、拉祜族、布朗族和佤族的千年古寨。那里是全世界的茶的祖源地。树龄两千七百年尚未异化的、一千八百年至今仍可采摘饮用的古茶树，依然挺立在茂密的森林中。感谢那里的各民族百姓，他们世世代代坚守着从远古传承下来的质朴纯真的文化。我坐在他们中间，喝着他们亲手采下的茶，听着他们真情的歌，仿佛进入到另一个世界，一个中原先民曾经经历而很久以前即已被忘却的世界。

万物有灵，是他们的信仰。茶树在他们心中是神，是祖，也是朋友。每当春天来到，即将开采新茶，各个寨子都要倾寨而聚，拜祭茶祖，其虔诚、隆重、肃穆而激情，让我们这些来自"发达"地区的人们震撼、感动、深思。那时，我犹如回到了中原地区夏商时代，听到了自己远祖的呼唤，感到了上天和大地对他的子孙的关爱和期盼。原来，这个地区的人民对人和自然关系的理解以及其自身的精神，要比我们和一切发达地区和国家的人们要先进得多，真实得多，直白得多。他们的"落后"只是在经济方面。但是，人类前进的步伐，难道应该用，或者说只能用经济这把尺子衡量么？人的价值应该用，或者说只能用钞票来衡量么？

受感染而深思的不光是我，所有同行之人，都被这样原生态的文化所深深打动。可是能去到这些地方的人毕竟是少数，怎样把这些可贵的、珍稀的，而且是正在消失的文化保存下来，传播出去？这是我一直在思考并践行的事情。我认为，通过纪录片的真实影像，可以最大化地保留和传播我们这些珍贵遗产。于是，人文纪录片《天赐普洱》项目启动了。就在我现在落笔之时，各组导演正深入到中国最基层的边陲村寨、人迹罕至的原始森林，用前沿的理念、先进的设备、现代的手法来纪录这些古老、原生、"落后"的对象。这本身就是一种让人感喟的对冲，这是对当地文化的深度记录，也是我们所有参与者一个深入的学习过程，更是对将来要观看到这部纪录片的广大观众的一次文化唤醒。文化，不等于都是阳春白雪；深刻，不等同于晦涩难懂；核心是意蕴的深沉，感情的醇厚。我们力图用人人喜爱看、看得懂的画面，揭示居住在"发达"地区的我们曾经经历过、本不该遗忘的淳朴信念：感恩、敬畏、友爱、善良。

四　跨文化对话之翼

在跨文化传播中，纪录片是一个很好的载体。我们要有中华本位，也要有普世思维；要有国家高度，也要有人本情怀；要有国际视野，也要有原生呈现。我始终相信一句老生常谈：民族的就是世界的。但这句话应该从更高的层次去理解，民族的不代表去搜寻那些几乎人类都会并都曾沾染的阴暗、灰色、"绝对"和封闭，而是要从人与自然的亲和，对崇高信仰的坚持，对社群和谐的追求这些最本真、最原生，同时也是最普世、最国际化的角度去发现和记录。我相信，一直困扰中国，也在困扰全世界的难题，应该从这些角度和对象中去寻找答案。

向国际上传播，实际上就是在和各国人民"对话"：中国和外国对话，历史和现实对话，片子里的人物、草木、山河在和各国观众对话。因此，一定要摒弃过分的阳春白雪和经院化倾向，要在微观的个人、事件中寻找到最"一般"的意义，要知道，跨文化传播的对象对中国的了解甚少或者是零，他们希望看到真实，获得感触，引起共鸣。反过来看，能让外国人引起兴趣、获得共鸣的人物和故事，也一定能让我们国人从中收获感动，引起思考。只要是真实的、普世的、原生的，就是最具传播力和穿透力的。

纪录片和真实影像所能影响的对象，不仅仅是广大的观众群体。我一直认为，文化的交流和传播可以分为三个层面：

第一个是政府间的交流，主要是因时、因地、因人（对象），围绕着国家间的利益进行。这种交流决定着国家间的政治关系。第二个是学者间的交流，这种交流学术性强，参与者寡，但却直插文化根底，接触彼此的价值观、世界观、伦理观，其影响久远。这种接触的成果可以观照文化的所有领域，真正了解对方的"心"和"根"。第三个是大众间的交流，也就是现在开始引起注意的"公共外交"。商贸、旅游、留学、演出、体育竞赛等都属此类。

这其中，我尤为看重的是学术交流层面。作为相对最不具功利性和政治性的交流空间，学界的交流可以超越政治和意识形态；上可以影响各自的决策者，下可以影响大众，在文化的根本上产生影响。相应的，纪录片所锁定的受众也呈现出高文化、高学历、高层次的"三高"特征。相对于好莱坞类型的影视文化，这些精英更加相信也更看重纪录片所呈现的真实，因真实是思考的基础，也是思考的终极目标。

跨文化交流需注意道、器之别。固化的文化形态、文化产品，从本质上看，都属于"器"的层面；我所说的"四观"则是"道"的层面；而在"道"与"器"之间，通过纪录片把人文化、普世化的中华文化之体——它一直活跃于学者的书斋和沙龙中——转化得更加具体而深刻，朴实而鲜活，这实际上是一个"植道入器"和"因器见道"的过程，就是"技近乎道"的过程。在中华文化复兴，文化走出去的征程中，纪录片真实影像作为其中推动之一翼，在跨文化传播中所能起到的作用，值得期待。

中国医学的哲学基础及与西方医学的互补※

——意大利波罗尼亚"中西医学与人类健康"论坛主旨讲演

自从联合国教科文组织总部提出到2000年实现人人享有卫生保健的目标以来，许多国家都采取了相应措施，中国可能是最为积极、并且取得效果最为显著的国家之一。这不仅是中国自己走向繁荣富强的需要，也是中国古老的文化传统自然延伸的结果。这一文化传统，既体现在孔子以人为本、珍惜生命的思想在建立全民医保体系的政策之中——这一政策已使得95%以上的人受益——也渗透在从政府到人民重视中国医学的实践之中。

在我看来，中国医学——包括藏医、蒙医、苗医等少数民族医学——在中国所有形态文化中最全面、最系统、最直接、最实用地体现了中华民族文化的核心与精髓。正因为如此，所以它深深地根植于社会生活中、人们的精神中。千百年来人们对中国医学的珍惜与呵护，并不是由于从儒家经典中获得教益而形成

※ 2012年5月10日参加意大利波恩项目"中医药文化与人类健康对话"活动的讲话。

的，而是在生活实践中，特别是在传染病、流行病频发，死亡时刻威胁着人的生命的农耕时代，中国医学一次次显示出神奇效力的过程中体验到的。

可以说，中医是中华文化活生生的完整的样板。为什么呢？因为在中国医学对人生、人体的认识，对人与环境关系的分析，对治疗方法和药剂搭配以及病后疗养的斟酌中，都浸透着、显现着中国的哲学。

构成中华五千年文化洪流的有三大支柱：儒家、佛教和道教。形成或建构中国哲学体系的主要是儒家和道家，在公元前5到8世纪时已经基本定型；佛教于公元1世纪传入中国，经历了六七百年，基本完成了"中国化"过程，到11世纪，中国哲学吸收佛教哲学的过程基本走完。（作为相向的运动，佛教也吸收了儒、道的哲学，包括伦理观。这就是其"中国化"的过程。）

为了说明中国医学是怎样浸透、显现中国哲学的，就需要粗略地分析中国的哲学体系。

中国哲学的核心或者说最精粹的是"和"的观念。

中国经历了万年以上的农耕时代。人们在原始耕作的艰难环境中，在和大自然交往、协调族群合作、观察万物生长、处理家庭事务时，体验到人类只有和自然和谐相处，族群与家庭和睦生活，对饲养的动物与种植的植物顺其本性，才能生存繁衍并获得幸福。进入文明时代，经过一代代地积累和智者的思考、总结，逐步形成了以下一些观念。

中国人认为宇宙是一个整体，无始无终，认为"它本来就是那个样子"（"自然"）；人是宇宙的一个组成部分，是宇宙之子，因此应该敬畏自然，珍惜、慎用自然；做事不能违背大自然的规律。中国人对追问宇宙"本体"和"第一因"缺乏兴趣，认为事物的推动力就是事物和自然本身，"种瓜得瓜，种豆得豆"，至今还是妇孺皆知的俗语。

由这样的宇宙观所派生的思维方式自然就带有自己的鲜明特色。西方学者于20世纪30年代提出，中国人思维的特点是"关联性"，这一论断至今为许多西方学者所赞同。这是一个很不错的看法，从经典文献和世俗事例中随处都可以找到确凿的证据。但是，单是一个"关联性"似乎并不全面，也还没有探究出更为深层的特点。在我看来，中国人的思维特点可以概括为：1. 整体性；2. 连续性；3. 灵活性；4. 模糊性；5. 形象性。在这里，我不可能也没有必要对这五个特点一一描述，但是应该说明的是，所谓"关联性"即在其中。这五个特点是在中国人的宇宙观里体现的，而且从中国人的伦理观、价值观，乃至审美观中都显现着，当然，在中医学里也始终贯彻着。

说到中国人的伦理观，"反求诸己"、"推己及人"（实际是以自身为伦理的出发点），以及关怀"人"和世界，是其两大原则。对父母和长辈亲属的"孝"是对所有人关怀的起点和基础。《论语》上说："孝弟为仁之本"，"本立而道生"。"本"是树根，树的枝叶、果实都是由树根萌发、生长的，"孝"既然是"根"，"道"即由此而生成；"道"指人生、社会、国家、天下所遵循的必由之路，是由"孝"衍生的结果。"孝"的实质是爱、敬和顺从。"孝"并不是遏制主见和个性，盲目地、无条件地赞同和服从长辈的意志，而是尊重、听取，不公开对立、争辩、冲突。因为孔子预设了"孝"的前提，即一代代本着"孝"去做，那么长辈就是身体力行、严格遵循伦理的模范，他们对后辈的爱是无私的，完全是为了后辈好。由"孝"延展开去，是对同辈兄弟姐妹的爱、对朋友的关心、对社会和国家的义务。中国人的爱（儒家用"仁"来表达）是有远近差别的。因为在中国人看来，生我育我，从我未出生直到长大一直无微不至关怀我的人自然而然地和我之间的感情最深。但是不能停留在只对自己长辈的爱，还要推己及人，对他人也应该爱。中国的战国时期（公元前475—前221）也曾出现过与西方文艺复兴时代提出的"博爱"相近的思潮，这就是许多西方朋友也知道的墨子（他用的是"兼爱"一词），但是由于不符合中国人的实际感受和思维特点很快就消沉下去了。为了区别远近不同的爱，孔子分别命名为弟（悌）、友、义、忠等。中国人认为，只有这样，家庭才能和睦，社会才能和谐，天下才能太平。

孔子认为，为了达到把爱（"仁"）无限地推广开去这一目标，就必须不断修养自己的德行（"修身"），于是逐渐形成了儒家把个人修养与天下和谐联系在一起的路径：修身—齐家—治国—平天下。两千多年来，中国人，特别是直接或间接受到过孔子思想熏陶的人，都是按照这一路径生活、成长的，其中也包括了古今无数治病救人的医生。

说到这里，我们可以谈谈中国的医学了。

首先，中国医学本着中国伦理，强调"以天下为己任""以天下苍生为念"，把医治人的病痛视为"济世"的手段和途径。因此"医乃仁术""养德为先"，一直是古今中国医生的座右铭。公元6世纪名医孙思邈说："凡大医治病，必当安神定志，无欲无求，先发大慈恻隐之心，誓愿普救含灵之苦。若有疾厄来求救者，不得问其贵贱贫富、长幼妍媸、怨亲善友、华夷愚智，普同一等，皆如至亲之想。"① 他的至理名言一直被后代医生们所遵循。

其次，中国医学对人体的认识也是与中国哲学的宇宙论一致的，认为人体是一个完整的网络系统，四肢和脏腑密切相连，而且和所处环境有着密不可分的关联。西方朋友比较熟悉的针灸、按摩，可能是显示天人合一理念最直接、最生动的例子。针灸和按摩依据的是与大自然紧紧相呼应的人体经络学说。经络，虽然近年来许多学者运用多种方法进行了论证，但是始终无法用现代仪器设备在实验室里进行验证；但是从接受治疗者的感觉和医治情况看，经络不但存在，而且确实有着明显的疗效。针灸不但常常"远端取穴"，而且有耳针，因为在小小的耳朵上布满了与脏器和肢体相应的穴位；按摩不止用于肢体主干，还可以只按摩足底部的穴位，同样可以达到治疗某些疾病的目的。中国俗语所说"牵一发动全身"，用以说明医学的这种现象，"一穴"犹如"一发"，刺激此一点，足可治疗他处之病。这里面还含有中国人对"一"和"多"的关系这一哲学上的老问题的看法，这里不再详述。

这些现象让我想到，对于"什么是科学"，似乎我们应该创新思考：是不是只有经过理性思维、经过实验室验证、可以重复实现的结论才是科学的？人体和宇宙一样，极其复杂，人类进步到现在，对人体和宇宙所知仍然甚少，仅凭人类的理性是不能作出全面解释的，恐怕还是需要尊重、领会并研究先民在无数岁月里亲身体验和观察的成果，尽管这成果还带有朴素、

---

① 孙思邈：《备急千金要方·大医精诚》。该注释为编者所加。

朦胧的特征，有时甚至是和现在人们的观念冲突的。

再次，中国医学在诊断和治疗过程中，同样处处贯穿着中国哲学。例如诊断时常用的望、闻、问、切四法，就是出于对人整体性的认识，其中包括了病人体内和表征、病人之"我"和医者之"他"：望，即观察病人的外形，行、住、坐、卧的姿势和神态；闻，即病人说话时的声音、语调和表情；问，即了解病人发病时内外部情况，包括时间、地点、气候、饮食、情绪、病史、自我感觉等；切，即医生手按病人手腕内侧所察觉的脉搏搏动状况。通过这"四法"，就可以把握疾病的情况。特别是"切"脉，往往令西方朋友惊奇。其实，在中国医学看来，西方医学检查血象是必要的，但更重要的是人全身血液流动的状况，而局部是可以显现全部的。其实人体许多外露部位都可以触到脉动，但手腕最方便、敏感。这种方法对于准确诊断心血管、肝脾等脏器以及妇科等病症最为有效。

中国治疗的方法种类很多，这里只就"方剂"一项说明中国医学中的天人合一理念和辩证的方法论。中药讲究产地、采摘时间、炮制方法，根据不同病人的诸种因素，开出不同的处方，同样的病，不同的人、季节和地点，药剂的搭配是不一样的；初次治疗和后续治疗是不一样的。处方中，各种药材相互搭配，使它们相生相克，以达到平衡。多种药材要一起煮，即各种药材混合为一，共同起到治疗的作用，而每种药又保持着自己的特性，这也是一种形象的"和而不同"。

在儒、释、道相互吸收、融合的过程中，和哲学、伦理一样，从西域传来的异域医术、道家的医学成就也逐步融进原有的医学传统之中。历代许多名医就是高僧、高道。

中国医学的有些话语也透露了隐藏于医学理论和临床施治中的理念。例如说打通经脉、扶正祛邪、血脉不周、应时顺气，等等，深究语义，中国哲学整体性、连续性、灵活性、模糊性、形象性的特点尽在其中。

说到这里我想提到，中国医学从一开始就是重视疾病预防的。俗话说："上医医未病之病，中医医欲病之病，下医医已病之病。"孙思邈《备急千金要方》"医未病"即兼有预防和养生。养生是中国医学的独特之处，因为"益寿延年"是人类的期望，也是中国医学的目标。和医病一样，中国医学的养生术同样着眼于人和环境的关系、身和心的关系，注意经络血脉、精神情绪、活动饮食，等等。养生的方法多样：服药、运动（例如练太极拳）、静坐调息、按摩等。

中国医学在交通不发达的农耕时代就已经为世界做出了贡献。例如预防曾经是人类巨大灾星的天花，中国在11世纪已经开始用移种人痘的办法，至迟到16世纪已经普行于全国。17世纪欧洲天花流行，死亡数千万人，公元1700年英国人获得中国治疗天花的信息，开始引进种痘法，挽救了无数生命；稍后，种痘法由中国传到日本、朝鲜半岛，传到俄罗斯，由俄罗斯又传到非洲。这恐怕是人类用疫苗预防和治疗疾病的开始吧。

中国文化历史悠久，积淀丰厚，是古代几大文明中唯一从没有中断过的。医学，只是这份遗产中的一个组成部分。在交通和信息空前发达的当今时代，中国医学应该为全世界人民的健康做出我们的贡献，应该让中国医学也成为世界的医学。

但是，中西文化的差异妨碍了中国医学为世界服务的步伐。对于生疏的、和自己风俗习惯不吻合的文化进入自己的生活产生自发的距离感，因而远离它，这是人之常情。例如，以下这些方面就会让许多人不敢接受中国医学的治疗：中国医学重功能，具有综合性，这和西方医学重结构，具有分析性，差别很大；就患者的感知而言，中国医学的模糊性和西方患者习惯了的精确性（例如化验数据、病灶详情）相比，似乎带有"神秘"色彩；习惯于西方医学无处不在的标准化的人，很难理解中国医学根据对病体局部诊察而得出的结论，以及因人、因时、因地而开出的"灵活"的药方；尤其不能接受的，是某些药材中含有一些重金属（矿物质本是中药的重要类别），而在中国医学看来，某些病就需要这些成分治疗，何况药材之间的相辅相克已经安排了对重金属的制约。这里还涉及西方医学对化验"阴性""阳性"的依赖和中国医学更注重生命和生活质量的维系和"带病生活"观念的差异。

究其根本，西方医学的原则是和西方哲学理念一致的。西方哲学起源于希伯来—希腊—罗马文化。其特点是注重本体论，而本体是绝对的、超越的、先验的，由此而形成了二元对立、线性发展、注重思辨的哲学传统。西方医学注重分析、还原、定量、介入，无不与这一传统有关。就像近三百年西方哲学至今仍带有宗教的影子一样，西方医学也没有脱离传统思维模式。

不同的哲学体系之间，没有正误、优劣之分，只有适合不适合时代和民族特色之别。但是，哲学体系和信仰紧紧相连，说它们是一个硬币的两面也不为过。这就造成理解并接受另一种哲学观念的困难。中国医学要与西方医学交流，要为各国人民服务，就需要正视这一问题，就西方医学而言，也是如此。

西方传统哲学，近三百年来极大地促进了科学技术的发展，包括医学的发展，改变了世界的面貌。任何医学，都建立于对生命和宇宙的认识基础之上，而生命和宇宙的复杂性和不断演变的动态性，决定了人类对它们的探索将是无止境的。在现代技术对宏观世界和微观世界了解得越来越深入的今天，我们如果超越技术具体成果层面回顾人类对生命机理及其与宇宙的关系的认识，似乎并没有多少进步，或者说这一进步的幅度远远落后于我们的求知欲和维护人类健康的需要。例如，SARS风波已经过去近十年了，至今对其发生、流行、遏制、消失的规律还没有给出现代医学的解释，即使是对症治疗，也并不理想。而中国医学家认为，SARS并没有超出传统"瘟病"理论的范围，并且据此研究了治疗方法，取得了死亡率大大低于世界平均水平的结果（据世界卫生组织统计，世界平均死亡率为11%；而中国香港为17%，新加坡为27%，中国因为部分地区用中西医结合方法治疗死亡率只有7%，而且接受治疗者的愈后也比较好）。这是不是可以给我们以这样的启示：中国医学和西方医学应该并可以互相学习、互相补充？

按照事物的固有规律，整体性和分析性、灵活性和规范性、模糊性和精确性、形象性和理智性本来就是互补的，不应该是对立的、不相容的。中西医各有侧重和偏长，如果各自能够超越自身，那将是人类之福。

这种深度的结合是可行的。中国几十年来一直在实行着中西医结合的方针，已经取得了在我们自己看来值得自豪的进步。现在实施的全民基本医保计划，也可以说是中西医结合的全面展现。

当今，整个世界都在经受着环境的、社会的、经济的、身心的折磨；许多新兴国家的人民还没有享受到起码的医疗保障；而交通的便利已经不能让任何一个国家"独善其身"而不受到万里之外某种疾病的影响。反过来说，任何一个国家医学研究和医疗事业的进步，也是对世界的贡献。按照中国哲学的理念，天下本是一家，全人类都是同父同母的兄弟，本应互相关心、互相学习、互相支持。构建和平幸福的地球，让我们从中西医携手并进开始！

体验现实 超越现实：中医养生与中国理想[※]

这次论坛可以说基本涵盖了中医养生的各个方面，将来应该逐步地走向升华、走向专门。我们初步设想先尝试办十届，希望通过这些活动能让这个论坛成为北京东城区的一个比较知名的论坛品牌，也可能给医药界一些启发，从而引发出一些产业型的机构。但是在这里要说明，作为主办单位的中国文化院和人文宗教高等研究院是非营利单位，只是付出不求回报，我所说的引发是催生社会上的产业。

的确如有的学者所说，现在社会上的养生产品，恐怕没有一位专家能说出来有多少种，又有多少厂家在生产，在产品丰富的同时也包含着乱象，在给人们以健康的同时也有误导。我们以高端的学术作引领，可以让它逐步走向规范，这是一种以学术的鞭子去整治乱象、打假的方法。但同时，我们的论坛要有别于媒体上的养生讲座，例如北京的《养生堂》，它在同类节目里是最成功的，据曹洪欣院长说现在收看这个节目的达到了6亿人。它的特点是就着具体的病症来请教

[※] 2013年9月14日在中医养生论坛闭幕式上的讲话。标题为编者所加。

专家，与专家互动，请专家给予正确的引导，因此它的实用性、适用性非常强，乃至医生给老年人介绍穿什么样的鞋子，吃什么样的蔬菜，蔬菜如何烹调。而我们则在关注应用和适用的同时，更要在学理性上着力。这是我想说的第一点。

第二点，通过这一天半的聆听，我想说现在中医（包括养生）正面临着空前的危机，虽然近十年来中医在中国社会上的地位眼见着在提高，特别是覆盖全国的基础医疗保障体系的建立，中医发挥了很大的作用。但是，一时的兴起并不等于危机已经过去。我所说的危机来自两个方面：

第一个方面，我们面临的是一个盲目地、疯狂地追求利益和金钱的世界，一个"钱"字就把亿万人搞得神魂颠倒，不知道自己是谁，也不知道自己要走向哪里。当社会上一个有"利"的课题提出来以后，后面马上就跟上无数的人，有的想从这里得身心之利，但是更多的人是想从中获得金钱之利。这也就是我们的本草药性衰退的原因，中成药不如过去的原因，也是养生领域里真品、假品、有效有害、无效无害的产品混杂于市场的原因，乃至假和尚、假道士、假医生、假博士、假神人不时冒出来的原因。

第二个方面，中医受到西方文化的冲击。西方在工业化过程中，也就是文艺复兴结束了神权统治以后，西方医学从修道院里分化出来，把宗教的理念与哲学有意无意地贯穿在医、药、诊、治整个领域。就像我在开幕式上说的，当面对物质世界时这种理念是很有效的，我们也要学习。例如，对人体细胞和基因的研究、对太空的观测、对电脑等物质世界的认识，都是需要的。可惜的是，整个西方医学体现的都是这种理念，于是一时有效的治疗方法造成了人类长久的灾难，例如抗生素，以及越来越精细的诊测手段。昨天有教授讲到，得癌症的病人有三分之一是被吓死的。拍CT，两毫米的异物都可以显现，患者本人知道了，在主观上、意识上垮掉了，一下子变成另外一个人。其实包括癌症在内，有三分之一的病症即使不进行任何治疗也是可以自愈的。拍CT本身不是治疗，却告诉你后续的是什么——三大法宝：化疗、放疗加手术，于是有三分之一的病人被治死了。特别是在中国，抗生素滥用。记得我在上大学的时候得了支气管炎，那时候给我打盘尼西林只打10万单位、20万单位，现在连小娃娃一注射点滴都要几百万单位。当用遍了所有的抗生素之后，病菌的抗药性产生，再用抗生素就无效了，只好眼见着死亡，于是又催生了新的抗生素，广普的抗生素越来越少。

但是，西医有一个好处，由于要排除异物，就用了异物注入身体，很快就能见效，这就吸引了很多人。为什么中国是点滴人均用量最大的国家，就因为效果来得快；但是世界上不是所有的事物都是越快越好的。这个冲击我们不得不重视，然而还不只这些，更大的冲击在于我们对中医的理解上。在中医药大学，学生入学之后所受的训练是西医的训练；由于中医的特殊性，现代的学院制度难以培养出名医、国医。例如望、闻、问、切的学习。单一个"望"字，需要学生望多少人才能从表征做出初步的判断；"问"本身是学问，有时候老中医、名中医问病人的时候，表面上言不及义，但是从病人的回答当中就可以判断他哪里不舒服，存在什么问题；"闻"，现在有的中医给病人看病的时候也带着大口罩，病人的体味闻不到，甚至怕闻；

"切",人的三指要经过特殊的训练才能足够敏感。从前老中医带学徒至少三年,老师切脉,接着让徒弟切脉,然后师徒讨论,最后老师做出结论,口述处方,徒弟写方。今天上大课,讲切的道理,讲脉象;脉象这东西光靠词典是无法解决的,需要感觉,需要悟性,左寸关尺、右寸关尺,每一个点都有十几种相对的脉象,都不是绝对的,例如浮与沉等。中医的传承,只能一人带一个,或者带几个,一个班五十人,合并上课一百人,望闻问切如何传?毕业以后行医,程序化地进行请坐、看看、问问、号脉的过程,一边说着话一边就开单子了,再让病人去做透视、拍照、验血相、做B超、CT,之后根据检查结果,脑子出现的可能是西医的病名,然后在成方中加一味、去一味,或者开成药了事。这实际上是以西医为基础来使用中药而已。这很危险,长此下去,人家何必绕这个圈子,干脆去找西医,中医也就快灭绝了。

中西医背后的哲学思想有不同之处。在西方哲学里,近几十年由于强调个人的自由、平等与人权,在哲学上有一个术语出现——每个人都是一个"自主的个体"。它违背大自然与人生的规律。作为个体的人,从来没有、也不可能有完全自主的个体。按佛家说是十二因缘,因缘构成了人,严格来说人是无自性的。从哲学上说,每个人不过就是社会上和人与自然之间极其复杂关系当中的一个节点,每个人从生出后就不是单纯的一种身份,包括在哺乳期的婴儿——他既是儿子或女儿,也是孙子或孙女,也是医院的病人,也是奶粉的消耗者。换句话说,没有了社会与自然的种种关系,人一刻也不能存在。这个最简单的道理中国人最明白,因此体现在方方面面。在中医中药领域,就不是单纯针对某种病症，而是要针对整个的人，而人就是社会关系的总和——不能不考虑家庭有没有遗传，不能不考虑居住的地点。例如在英国苏格兰生活，皮肤病和湿疹就多，那是气候决定的。又例如中国男人腰病多，欧洲男人颈椎病多，这都是大自然和人种的原因。但是西方在谈到自主个体的时候，无形中把主体与客体对立起来了。医生在面对病人的时候，就是主体、客体的对立，西医的对抗性治疗即由此而来。中医不是这样。刚才曹洪欣院长强调医德，对此我的体会是，医德最重要的就是视人如己、设身处地。当一个高明的医生在给病人诊病的时候，他不是把对方简单地当成自己的治疗对象，而是如同给自己家人治病一样，甚至给自己治病一样，人我同一。

在这次会上，几乎每一位教授都谈到了中国天人合一的哲学，我建议所有的听者，慢慢地通过自身去体验，而不是从声闻知识上获得，要体会到天人为什么合一、怎么合一。每个人生于自然，没有天地父母哪有我；我们的一切衣、食、住、行取之于自然，最后我们还要归于自然——不管是土葬还是火葬。因而中华文化特别讲设身处地，这就是体现在伦理上的"己所不欲、勿施于人"以及"推己及人"，更高的境界就是孔夫子说的"己欲立而立人，己欲达而达人"。但是，我们不是生活在九天之外，在想象的天宫中体验现实，应该是在现实中"体验"现实。中国人自古就不断地体验现实，做事务实。但是，中国人还要超越现实，努力朝着贤圣方向去做，知道永远达不到，但还是孜孜矻矻地不断前行，努力修养、提高。信佛的希望成佛，佛者悟也，即觉悟了的人，佛的境界也是无限的，但是他们认为走这条路才有价值。道家要成仙，不要把仙想象成神话里面的神，陈撄宁先生所说的仙道还是人，这些都是需要无限追求的。

刚才我提到，希望所有的听者，不管是学生还是社会上的朋友，了解了这个关系之后就要去体验。体验不外乎两种：当你坐在地铁里的时候观察周围的人，再反问自己的心：这时候怎么看待周围的人；君子慎独，当独处的时候，可以沏上一杯茶，在屋子里静静地去想，既想天也想地，既想自己也想他人，这"他人"指妻子、儿子、丈夫、婆母、朋友，等等。想一想自己与他们应该是什么关系，现在是什么关系，久而久之就会得到一种高出一般人的思想和境界。

刚才有一位先生建议中医养生的术语应该慢慢走向规范化，这是必要的。但是，所有的规范都是相对的，如果要做到绝对、精确，是不可能的，而且这实际上又掉进了西方思维的窠臼里了。这是个非常难的问题。涉及到人体、心灵、感觉以及形而上问题时，就很难界定了。这个问题将来我们可以进行专题研究。与此有关的是翻译问题。这在自然科学界几乎不存在，但是在人文社会科学领域极为严重。我多次提到，中华文化走出去面临一个翻译的困难。中医并非纯医学，也就是说并不等同于我所习惯称呼西医的那个医学，它是医药、环境、心理、卫生、动植物和矿物等等的综合体，因而有着大量西方没有的观念，翻译起来有很多困难。

本来我有一个设想，希望人文宗教高等研究院和文化院能够针对儒家经典当中的关键词逐个地开研讨会，但是我本人的精力和我们两院的精力顾不上。还好，后来在我担任院长的山东大学儒学高等研究院立了一个科研项目，由一位教授牵头，研究儒家经典的

100多个术语。中医将来也应该走这条道路。但是我再强调一遍,它是相对的规范,相对的规范就不精确,这个问题比较难。

现在大家的鼓励、激励给了我们信心,给我们开示了路径,同时我希望在研究中能够注意到中西医学背后的哲学差异,我更希望能够对中医摆脱目前的危机起到积极的作用。最重要的是,应该提倡学中医的人了解中国的哲学,不只是知识,而是让中国的哲学成为体验,成为奉行的理念。与此同时,也应该了解西哲,只有了解了他人,在对比中才能知道中国老祖宗留下的东西之可贵,否则就变成老师让我记,让我学。我曾经在中医药大学的一次校庆会上讲演,希望本科生的第一年用比较多的课时学《周易》、《老子》、《论语》,也就是中国传统的哲学与伦理学。我一说这两个词就又是西方思维了,我们的经学、儒学不分文学、史学、哲学、社会学、心理学,西方按照拆机器一样把一门学问给拆开了。现在就以书来代课,学《周易》、《老子》、《论语》,读透,一年级时形成一种思维方式,以后再去读中医和西医的东西。不明白中国的哲学就读不懂《黄帝内经》。

第三点,现在大家都在做中国梦,我把这个梦用奥运会的口号"同一个世界,同一个梦想"来表述。实际上中国梦翻译出去就是 China Dream,即中国理想。我的理想是跟中国、中医养生相结合的。

我有四个期望。

作为一个中国人,我希望自己的祖国富强。富不是每家都有几个亿的存款,都有二十套别墅,如果人人都如此,那中国就有二十分之十九的房子都空着,没有人来住了,那叫暴殄天物。富不是强,但是人们要过上富裕的生活。中国人造词是真有智慧，何为"富裕"？"富"者，最基本的就是够吃够穿，因为"富"字是宝盖下面一个"畐"，本来是指一个储备粮食的坛子，加一个宝盖，不过就是家里存着粮食。有一个证明，把宝盖去掉，旁边加一个"礻"旁，就是"福"。何为"福"？许慎的《说文》上说"备也"。什么叫"备"？就是生活所需齐备全有，父母健在，夫妇和谐，儿女健康，这就是"福"。加上一个"裕"，"裕"就是衣物多，也就是什么都有，还稍有富余，遇灾有备，遇事有储。这是第一个期望。

第二个期望是和谐。现在整天忙忙碌碌，从早到夜手脚不停，这种生活不幸福。

也许我在匆忙中生活得太久了，因此生出第三个期望：希望别人能够过平静的生活。所谓"平"就是很少波澜，"静"就是深沉，因为只有沉而静才能出思想，才能体味人生，才能够体验出大自然的伟大和自己的渺小。

第四个期望是安康。这就涉及到养生了。生老病死是必然的，我们要做的就是如何延续中间安康的这一段，这就是文化院、人文宗教高等研究院的同仁一道努力弘扬中华文化的主体儒、释、道的原因。中国的哲学，是先民对人生、宇宙及其关系的体验，存在于儒释道的学理之中，三家共同的一点就是追求安康。

之所以要以中医及其养生学为一翼，以茶文化为一翼，让这只大鹏抟扶摇而上九万里，是因为只有这样，我们才能够超越现实，上达形上；并且要把在九万里之上的领悟用来观察、构筑现实。这样，中华民族才可能在富的基础上强，让大鹏带着中华文化的一切成果飞向全世界，让世界人民共享。因为在中国人看来，天地为父母，所有的人类和生灵都是我们的兄弟和朋友。这就是我的人生观，也是我们办会的宗旨。

（根据录音整理）

科学养生，根植哲理※

各位专家，各位领导，各位来宾，各位同学：

欢迎大家聚集在天府之地，共同举办第二届中医养生论坛，欢迎各位来宾怀着莫大的兴趣和热情参与。这次论坛得到四川省中医药管理局和成华区等领导部门以及成都中医药大学等科研院所的大力支持。我谨代表与会专家和所有来宾对他们表示衷心感谢。会议由浩福实业有限公司承办，我们也应该感谢他们的远见与慷慨。

中国文化院和人文宗教高等研究院之所以连续邀请专家们研讨"中医与养生"这个专题，最根本的期盼是以此彰显深化和弘扬贯穿在中医中药中的中华民族的理念，即对人生、对宇宙、对主客观关系的认识。众所周知，这些是中华文化的核心和根本。当然，我们也期盼着从学术上，为中西医更深入广泛地结合增加一点助力。

当今社会，特别是城镇居民，越来越重视养生和健康问题，养生保健也随之形成了一个巨大的产业，这是国家经济和人民生活水平不断提高后的必然现象。

※ 第二届中医养生论坛开幕式上的讲话。

但是在以一味追逐利润为目标的市场上，鱼龙混杂、良莠难分、误导消费、真伪难辨的现象触目可见，这不但极大地损害了养生保健事业，还可能让人无病添病、小病变大病。解决这一问题虽然主要靠市场的规范化管理，但是引导社会更为科学地对待养生保健问题恐怕是更为根本的。无论是规范化管理还是引导消费者科学养生，都需要以学术研究成果为基础。如果我们的养生话题能够持续地讨论下去，影响逐渐增大，学术水平不断提高，那我们就会充分发挥中国传统医学优势，在形成具有原创性的养生保健科学和相关的产业方面尽一份责任。

中医从来是医疗与养生紧密结合的，这二者甚至可以说是不可分割的整体。在全世界多种医学中，中医具有独特的个性和优势，这种优势的根基是从它产生之日起就贯穿其中的中华民族哲理，即整体论、有机论、二元辩证论、天人合一论，以及与现代西方迥异的人生价值观、伦理观等。在中医看来，无论治疗还是养生，医患双方实际上已经形成了一个整体，需要紧密配合、积极互动。医者关爱，患者信赖；医者精诚，患者乐观——治身与治心统一，于是乎形神和健、疗效增倍。

在这次论坛上各位专家将就中医的独特风格、人体与环境、饮食保健和天人相应等综合理念发表宏论。这些内容几乎涵盖了中医养生的全部，我希望我们所坚持弘扬的中医"正知"能够逐渐响亮起来，论坛的成果能够引起社会的关注，对引导公众正确地养生与保健起到积极作用。

西医在一百多年前进入了积贫积弱、平民百姓无医无药的中国。因为它慈善行医、雪中送炭、疗效较快，也由于西医和宗教并行，知识精英盲目崇洋，再加上当时在中医界混杂了不少庸医、假医，中医社会声望下降，于是西医迅速成为中国医药领域的主流，中医沦为附属，主要活跃于农村地区。

百余年来，特别是近几十年，西医的快速发展其实不是西方医学的发展，而是声光电技术的发展速度为西医学所利用。但是不管怎么说，这种发展的速度大大超过了中医，更加剧了中医中药的危机。西医的优点是显然的，有的已经被中医所吸收；但是随着经济全球化的迅速发展，西医的局限性逐步显现，并且为越来越多的人了解。毋庸讳言，这些局限性也已经渗透到了中医药的教学、施治和种药制药等方面，甚至和其他领域一样，形成了范围甚为广泛的西方式固定理念，在养生保健领域当然也在所难免。

在我看来，中医与其养生保健，如果要在中国医疗事业中的地位逐渐上升，进而为世界做出贡献，就应该像我们的论坛这样以中国的哲理，即哲学理念作为根基（在这里我特别回避使用"哲学"二字），这是中医之为中医最可贵的地方。如果抛弃了这种理念，甚至从事中医药事业者也不了解这个理念，不能把这个理念化为自身的灵魂，那么就只是挂着中医的牌子卖洋货。同时，我们要不断地、努力地学习西方医学，从中汲取于我有益的营养，这是中医在21世纪能不能成为中华民族特色医疗体系和理念的关键。这一体系和理念的形成，才是真正意义上的中西医结合。我衷心希望中医养生论坛以其更贴近百姓日常生活的优势，在促进中医更好地发挥和普及方面尽到一点力量。

谢谢大家！

论民族文化的雅与俗※

本文所用的"俗"字有两个具有彼此包容关系的含义。当谈到与雅文化相对的俗时，指的是俗文化；当谈到与礼相对的俗时则指风俗。俗文化中包含着风俗。为了行文方便，有时我不得不舍去平时嘴里常说的"俗"，而反复用"俗文化"和"风俗"指称不同的对象。礼在封建王朝是一种特定的"成文法"，在现代社会，不需要，因而也没有对礼的硬性规定。而后世的法其实在一定程度上就相当于古代的礼。

雅文化与俗文化、礼与俗，都具有一定的超时空性——文化是不断传承、不断扩散，缓慢而不断发展、逐渐而连续积累的。文化的这种永恒动态，力量来自文化整体适应社会的程度和不同时期国家、民族综合实力的强弱。

对任何事物，研究其本体固然重要，而研究事物内部的种种关系更是不可少的，文化问题也是如此。本文主要是谈谈我对雅文化与俗文化、雅文化与礼、俗文化与风俗、礼与俗之间的复杂关系的看法。

※ 本文发表于《北京师范大学学报》2003年第4期，第1—10页。

一　民族文化的层次和雅与俗

（一）文化的层次性

自人类进入文明阶段，文化就出现了层次的差异。文化可以分为三个层次。表层文化又可以称之为物质文化，是人类对物质的利用的形态，通常体现在人的衣、食、住、行领域，因此也包括了生产力形式。中层文化又可以称之为精神文化，主要是以物质为媒介表现精神的形态，包括艺术、科学、宗教、制度、礼仪、风俗，等等。深层文化又可以称之为哲学文化，是渗透在前两层文化中的观念、意识和哲学。

深层文化是一个民族在长时间生存、繁衍、发展过程中逐渐形成、凝固下来的，它是保证民族凝聚、继续生存、繁衍发展的共同意识，是处理人际、天人之际以及现实与未来关系的原则。在各个层次的文化中，深层文化最为稳固，它渗透在表层和中层文化之中。反言之，中层文化和表层文化之为民族群体所接受，是因为其中贯穿着底层文化的精神。表层文化最易为人所感知，也最易演化，最易吸收异质文化中的成分。雅克·巴尔赞说："信仰中非核心的教义随着时间的推移而变化。"[1] 他虽然是就基督教而言的，其实用之于整个文化也是贴切的。与之相反，底层文化最为隐蔽，也最为稳固，极难为异质文化所动摇。

（二）民族文化的雅与俗

人类自劳动有了剩余，社会开始出现阶级和阶层，

---

[1] 雅克·巴尔赞：《从黎明到衰落》，世界知识出版社2002年版，第43页。

生产有了分工，因而需要文化有并且可以有相对的精细和粗糙之分，于是在同质文化的中层和表层遂有了雅、俗之别。表、中两层文化覆盖着并体现在一个民族全社会人们的日常生活中。文化有雅俗之分，正是文化来源于生活、依附于生活的自然结果。我们按照传统的习惯，把经过更多加工、比较细腻、涉及人较少的文化称之为雅文化；反之，称为俗文化。

文化的雅、俗并不等同于高、低，二者只是表现形式和内容深度的差异。雅文化与俗文化之间和文化的三个层次之间一样，并没有截然的界限，彼此也不是绝缘的。把二者联系在一起并且使它们的边界出现浑然状况的根本原因，是在正常条件下，它们都在民族文化的底层——共同的价值观、世界观，即民族精神——的笼罩之下。我们可以把雅文化和俗文化看成共存于民族文化中的两个对立统一体，无俗即无所谓雅，无雅也就无所谓俗，二者相互依存，彼此制约，并在一定条件下向对方转化，因而雅与俗之间的边界也是模糊的。

任何社会文化的雅与俗往往有一种向对方靠拢的本然倾向。社会上层（执政者和知识阶层）往往向社会底层强加自己的文化（雅文化），包括将自己的文化通俗化以扩大对全社会的影响；同时，出于猎奇或调节的目的而从俗文化中汲取营养。社会底层呢，往往出于仰慕而仿效雅文化，即所谓上行则下效，同时又以其质朴清新吸引社会上层，俗文化的有些部分逐渐被雅化。在中华民族几千年文明史中，这类例证不胜枚举，人们注意得比较多的文学形式的迭出，几乎就是从俗到雅，又由雅刺激了俗的蜕变与发展。例如在中国文学发展史上，几乎所有后人尊之为正宗的文学形式，无不是从俗文学形式上升而成的。在一种文学形式定型之后，高明的文学家还要不断地从俗文学中汲取营养，使之保持活力。而从俗文学脱胎出来的文学形式又为尔后的俗文学所模仿从而提升了俗文学的水平。当前，昔时的"御膳"流入里巷，而民间以为常食的"粗粮"瓜菜登上"大雅之堂"，也是明显的例证。这个问题在下文还要有所阐述。

二　雅文化与礼

（一）礼——传统雅文化的核心

在中国长期的阶级社会中，礼是为维护农业社会等级制度、保证政权统一和社会稳定而形成的关于人际关系的行为标准。"礼者，君之大柄也"。[①]"夫礼者，所以定亲疏、决嫌疑、别同异、明是非也"。[②]社会各个阶级和阶层都按照礼来生活。礼制和刑罚从来相辅而行：礼是强加给社会的个体生活规范的最高限，而刑罚则是最低限。不管是自发形成时期，还是人为制订时期，礼都是外在于而又约束社会成员的巨大力量。

礼一经确立，就给社会生活——包括家庭生活——画定了一个圈子。成文礼是由最高统治者制订和颁布的，首先实现于朝廷，于是都城就像是全国文化中心一样，成为全国礼的中心。

中国古代的礼制不仅仅是一些仪式，仪式只是礼的物化和外化，是加强它的手段。礼借助仪更加强了神圣化。在天、祖和君被神圣化的同时，实际上也把

[①]《礼记·礼运》。
[②]《礼记·曲礼上》。

相应的俗神圣化了。在礼的贯彻实施过程中，其中所包含的思想观念也因其具有神圣的意义而随之向四方扩散。礼既然有很强的继承性，有历时进行微调而无巨变的、体现和贯穿在礼中的观念意识，自然就成了民族文化的主导。礼属于中层文化，而且是体现底层文化最为充分、直接的部分。因此研究中国古代的文化而不研究其礼制，就只能停留在文化的表层，最多再稍稍涉足其中层的某些方面而已。

（二）礼——俗文化的升华

雅文化与礼并不对等，但在很大程度上是重合的；礼和俗文化之间不是绝缘的，但大多被雅形式掩盖了。这是因为，礼——即使是官定的礼——寻其初始源头几乎都是社会生活所必需的。三拜九叩来自史前时期战败者对胜者表示服从；"堂上接武，堂下布武，室中不翔"种种规定[①]，是古代居室条件所决定的[②]。所以摩尔根说："人类的主要制度是从少数原始思想的幼苗发展出来的。"[③] 生活所需（"俗"）一经成为礼仪，并被赋予特定的意义，其来源就渐渐晦暗了。

礼并非俗的简单移植，而是经过社会实践的检验、完善后，经过筛选而成；人为的礼则要从许许多多生活所需的"规矩"中，选择那些和维护社会既有秩序稳定有关的部分，加以规范（制定）和美化（文饰）。在选择时，要淘汰掉那些适合前于此时代而不适合此时代的东西，以保持其维护社会的功能。

[①] 《礼记·曲礼上》。
[②] 参看拙著《中国古代衣食住行》，北京出版社2002年版，第189页以降。
[③] 《古代社会》，中译本，商务印书馆1977年版，第16页。

（三）礼的演变与辐射

礼既然有着巨大的社会功能，社会又是在不断变化的，因而礼也不可能是一成不变的。这就是为什么中国的"正史"有许多部都要有"礼乐志"、"礼仪志"之类的缘故。"王者必因前王之礼，顺时施宜，有所损益，即民之心，稍稍制作，至太平而大备"。[1] 比较这些"志"的异同，研究其累积变革的情形，可看出文化继承发展的痕迹。

人类自进入文明阶段以来，城市就成了一个地区或一个国家的文化中心，因为城市是全国的政治中心，在农业社会，往往还是经济中心。政治和经济的辐射力和吸引力都最为巨大，于是文化就附着在政治和经济上，向周围扩散，城市就自然而然地成了加工生产地和输出地。

雅文化由城市而及农村，是波浪式地扩散的。在工业化过程中，商品和教育是扩散的主要载体；在漫长的农业社会，这载体主要是官方自上而下的教化（从振木铎以宣教到后来的官府传达朝廷谕旨）和设在农村的教育机构（包括公塾与家塾）[2]。孔子是懂得这个道理的，所以他说"君子之德风，小人之德草。草上之风必偃"。[3] 古人说"礼失而求诸野"，则是这种波浪式扩散的反证：在雅文化产生急剧转变之后，在城市中难觅的原有文化可能在远离文化波心的地方还保留着。

文化既然通常由城市而及农村，就和交通状况有

---

[1] 《汉书·礼乐志》。
[2] 《尚书·胤征》"每岁孟春，遒人以木铎徇于路"伪孔传："所以振文教。"
[3] 《论语·颜渊》。

了关系。夏、商时代的交通情况不太了然，周代由于诸侯分封，制度不一，车制不一，交通不便①，因而文化也存在较大差异，所谓"礼崩乐坏"就是对这一状况的哀叹，而"百家争鸣"则是中层乃至底层文化分裂的表象。这时各地俗文化的不同也是明显的，例如齐鲁与楚差异就很显著，郑卫之音备受责难也是俗之不同的反映。及至汉兴，才慢慢形成稳定而强大的雅文化，并逐步辐射民间。文化的相对统一，提高了国家的稳固性和文化品位，但是也在一定意义上扼杀了俗文化的多样化和成长。

三　俗文化

（一）俗文化的产生和性质

人类为适应生存环境逐步形成了社会普遍性习惯。例如农耕生产要求生产的基本单位——家庭、家族保持稳定和谐，注意生产资料和技能的传承，因而养成了一套处理父子、夫妻、兄弟（族内）和朋友（族外）等关系（即伦理）的习惯。这种习惯既具有普遍性，也就成为了"风气"，于是就称之为"风"俗。"俗，谓常所行与所恶也"。② 风俗来源于对生存环境的适应（对环境挑战的应对和为满足增长的需求而向大自然索取）。有的风俗来源于宗教（原始宗教和高级宗教），

---

① 关于周代道路的情况，不见于正式记录，《周礼》不可以为据。《左传》成公二年载晋要求齐"封内尽东其亩"，而齐驳以"今吾子疆理诸侯，而曰'尽东其亩'，唯吾子戎车是利"，可见各诸侯境内道路标准不一，不利于交通，这也就是为什么秦始皇统一全国伊始就实行"车同轨"的原因。

② 《礼记·曲礼上》"入国而问俗"，郑玄注。

而宗教的产生也是为适应生存环境而形成的，例如对大自然中万物和创造世界力量的想象与崇拜，最初都是为了祈求万物或造物主的佑护，或为我所用，以便自己能在现有的条件下生存下去。

只有群体性的习惯行为才能成为风俗。因此风俗属于社会学所说的"社会现象"。风俗既然是社会的、普遍的，因此对于个体而言则是"强加"的。与此相对比的是，个体或小群体（例如家庭）的习惯不能成为风俗。因此我们可以总结出这样一句：风俗是社会集体根据社会生产生活的需要而创造的、对社会个体和群体的无形约束。

（二）俗的力量的强大

俗从来是与人对自然、对自身认识的水平及其发展变化相应的。当人类没有能力把握大自然的规律，"差不多完全受着陌生的、对立的，不可理解的外部大自然的支配"时[①]，俗必然围绕着祖宗和上苍而产生、存在。后来发展到一神崇拜，则与各个民族或国家需要一元的统治相一致。

俗在初始期是有意识内涵的，即是有"理据"的；到"约定俗成"后，就只剩形式，人们不再了然、也不再关心其内涵——它成了一种惯性。例如祭祖，原意本于祖乃是天之所遣，祭之即达上天，获得佑助，同时通过祭祖维系家族统系。而后世则以纪念意义为主，而且演变为仪式，原始的目的早已淡漠。又如上古普遍流行抢婚，而昏夜最便于突袭抢劫，汉语汉字

[①] 恩格斯：《家庭、私有制和国家的起源》，《马克思恩格斯选集》第四卷，人民出版社1972年版，第94页。

的"婚"即其遗迹①，至今有的民族还习惯于黄昏举行婚礼，但其所以然则已鲜有人知。

正是因为俗作为一种不明其然的习惯存在于民族生活之中，成了人民生活的一个极其自然而又不可或缺的部分，同时又产生了自我强化的力量——无论任何人顺之则为社会所接受，逆之则被社会所拒绝——所以有着极其强大的生命力，往往社会早已变迁，俗产生时所依赖的社会生产生活条件已经不复存在，但是俗本身却延绵不断。例如我国封建社会的婚姻之礼，其最关键的要素是婚姻的当事人男女双方对自己的婚姻没有决定权，一切要听从"父母之命，媒妁之言"（在现代之前的西方也是同样的情形），还要请示上天的意旨，例如看双方"八字"即"纳吉"（男方占卜于庙以告女方）之礼所化成的古代俗的遗痕②。在封建社会的经济基础和礼制早已消除、新的礼以婚姻法的形式建立之后许多年，以媒人的介绍代替男女双方的自由选择、以父母意志代替本人意愿，选"吉日"、挑属相的现象依然大量存在着。一位社会学家说道：根据笔者于20世纪80年代后期在湖北农村做过的调查，直到那时，媒妁之言仍然是农村青年建立婚姻关系的主要形式，虽然不再是过去的包办，但是"经人介绍"和"父母同意"仍然是建立婚姻关系必需的程序，哪怕是自己认识的、相中的，也要有形式上的"媒人"，否则婚姻关系就不那么名正言顺。同一时期，根据一

---

① 《说文解字》："婚，妇家也。礼：妻妇以昏时。妇人，阴也，故曰婚。""妇家"显然是后起义；引《礼》以证得义之由，是以流释源，当然不确；认为"昏"是表示妇女之属阴，更不着边际。但是这一解释还是透露了"婚"字意义来源的一点消息。

② 详下。

项在北京、成都、广州的调查，由"自己做主"的婚姻也只占43.51%，"自己做主，父母同意"的婚姻还占28.68%。即使是21世纪的今天，在偏远的农村，"媒人"仍然是婚姻关系建立过程中不可少的中介。[①]

每个时代有每个时代的礼。礼既然基本上是由当代或前代的俗上升而成的，因此俗相对于其同时代的礼而言，总是滞后的。其根本原因就是礼制订于并首先实施于国家或民族的政治文化中心，然后向其他地区辐射。而俗则顽强地存在、根植于广大民间，特别是广大农村。上层建筑的滞后性、城市辐射的渐进性、长期性和俗与人们生活间的适应性，造成了俗的超级稳固性。

城市辐射作用的大小和速度与生产力发展水平相应，当这种辐射力不足以干扰或"驱散"原有的俗时，俗就会一直延续下去。改变俗的最大力量是社会生产力的发展和由此而带来的人们生活方式的改变。长期农业社会所形成的俗，在工业化到来之后由于打破了按地区划分人群的管辖体制，人们生活条件、工作条件发生了根本性改变，迫使俗也相应地发生变化。例如家族集体祭祖在工业化城市就已经绝迹。如果要寻觅其遗迹，或许现在时时可以见到的兄弟姐妹相约着一起为父母扫墓还有些影子。

俗（全部或局部）可以是文化（或其相应部分）的主流、主体，也可以是支流、辅体，甚至可以是反主流的，即俗与雅有时处于对立状态。《诗经·卫风》所显现的桑下之俗，恐怕就是卫国婚姻文化的主流，

[①] 邱泽奇：《社会学是什么》，北京大学出版社2002年版，第167页。

尽管周王朝制定了相关的礼①,但年轻人还是要追求自由的爱情生活,"现代意义上的爱情关系,在古代只是在官方社会以外才有"。②缓解这种对立的办法是三月解禁③。唐代自中宗起的崇佛之俗成为当时的信仰主流,虽然在长安、洛阳之外佛教未必风行。俗是不是文化的主流、主体,是着眼于对社会的引导力而言的,并不在乎人数的多寡。实际上,任何社会从俗者总是多数;在多数的个体身上,雅、俗并存,而且"不能免"的那部分"俗"也是他生活的主要部分。礼与俗存在于每一个个体身上的,往往都只是其某些部分。

(三) 从俗到礼

文化的根本性功能是调节人类在社会生活中的各种关系,包括人与人的关系,人与自然的关系、现世与未来的关系。俗文化往往是人类生活经验的总结,但却是"自在"的。社会组织形式脱离了部落、部族阶段有了国家以后④,执政者为了维护社会的完整和稳定,往往把有些俗文化加以整理、提炼,形成雅文化。礼及其仪式的规定就是最明显的事例。"为政之要,辨风正俗,最其上也"。⑤何以辨民风,正民俗?制定礼仪,并由此而推行雅文化,这就是"为政之要"。

雅文化是人为的,相对于俗的约定俗成,可以说是俗的"自觉"。雅文化中的礼从来是经由少数人制定

---

① 《周礼》为周公所著之说固然不可信,但其中也含有周代特别是成周所实行的礼。周代的礼应该从现有文献中窥得。
② 见恩格斯《家庭、私有制和国家的起源》,《马克思恩格斯选集》第四,第73页。
③ 《周礼·媒氏》:"中春之月,令会男女。于是时也,奔者不禁。"
④ 这里用了摩尔根的说法。
⑤ 《风俗通义·序》。

的，其"自觉"的性质更为显然。

《史记·礼书》："余至大行礼官，观三代损益，乃知缘人情而制礼，依人性而作仪，其所由来尚矣。"可见司马迁认为：1. 礼是根据人性情而制定的；2. 礼的制定已经很久，且经历代增删修改；3. 到汉时，即使像他这样的大学问家，也已经不大清楚礼的来源，需亲观实物实景才能领佰。而他所说的"所由来"还只是就礼制而言，至于礼是根据什么制定的，谁制定的，他却没有明确答案。班固则影影绰绰地归之于圣人："人函天地阴阳之气，有喜怒哀乐之情，天禀其性而不能节也，圣人能为之节而不能绝也，故象天地而制礼乐，所以通神明，立人伦，正性情，节万事者也。"①但是，是谁"象天地而制礼乐"的？似乎是不能确指的"圣人"。班固得出了这个结论，也还是就其流而言，而没有明确"礼"的源头。中国古代有一种思维定式：一说到圣人，就是事物的最后源头了，不必再去追索。既然认定礼是"圣人"制定的，并且这一观念成了社会的共识，也就妨碍了历代人们对"礼"之源头的探索、思考。这种思维方式是科学水平决定了的，因而是人类思维发展的规律。在西方也有同样的情形，只不过他们不把俗的源头归之于圣人，而是归结为神的意志，直到19世纪摩尔根之前，这是神圣不可怀疑的观念。②

《说文解字》根据《礼仪》《荀子》等书的解释把"礼"字定义为："礼，履也。所以事神致福也。"（这后一句有人认为是后代校者之语）用音训的方式以

---

① 《汉书·礼乐志》。
② 见恩格斯《家庭、私有制和国家的起源》第四版序言中对巴赫芬理论的分析，《马克思恩格斯选集》第四卷，第6—7页。

"履"释"礼",表明他认为礼的特征是实践。"事神"与"致福"是礼的目的。"礼"字原无"示"旁,后来加上了,说明到很晚时祭祀还是礼的主要应用场所;由此推想,礼的规定性品格首先体现于远古的祭祀,因为祭祀要肃穆,不可乱来,因此要规范——制定"礼"和"仪"。祭仪甚至成为部落、部族的象征和机密。

实则几乎所有的礼,不管是"通神明、立人伦、正性情"者,还是"节万事"者,也不管是新制定的,还是流传久远的,都来自社会生活。例如对天地、祖宗和尊长的祭拜,邦交人际的往来,家庭亲友间实行的礼仪,个人品德行为的标准,最初都是古初社会之所需。即如自古及今人们相见时所行的各式各样的礼,有的源于征战中负者表示服于胜者(如稽首、伏),有的源于向对方表示自己手中没有武器(如握手),有的源于不影响持械(如举手礼)。后代还有谁去追究这些呢?又如我国的婚姻制度,无论是先秦媵娣制(实际是更古老时代从群婚向对偶婚过渡过程的遗痕[①]),还是天下大一统之后出现的一夫多妻制,都与农业社会的相对稳定、家庭劳动力的需求和财产的继承有着直接关系。换言之,这些本来都是基于社会生产与生活的"俗","圣人"或"神"不过做了提升的工作而已。

礼实际上是作为雅文化中最集中、最仪式化部分出现的,是文化自觉的产物,是社会发展到高级阶段对民族文化的选择与升华,是对人们行为制度性的、有形的约束。这种约束也是社会的需要,其作用并不

---

① 参看拙作《先秦婚姻说略》(上),《文史知识》1986年第三期。

止于规范人们的行为,而且是人际交往的形式和工具。

(四) 礼与俗之间的相互影响

雅文化既然体现和贯穿在文化的各个层次之中,雅文化的核心——礼——自然也不可能脱离文化的表层和底层而存在。考察礼在表、中两个层次文化中的表现,最容易把握雅文化与俗文化的关系。

在任何存在剥削阶级和被剥削阶级的社会中,当政者都要对不同阶层的人所享用的物质和仪式的层次做出明确的规定,这就是礼;人民则在礼的规定范围内形成自己的风俗,并在其中生活。礼和宗教、制度、艺术等一起对社会和个人的影响最为巨大,所以历来为所有统治者所关注。礼是对所有社会成员的约束,而约束力是任何社会都需要的。例如《仪礼》,不管其作者是谁,也不管在先秦是否真的全部实行过,都反映了从先秦到汉代儒者对礼的本质的理解和建立严格礼制的理想;《仪礼》所记的具体仪节可能与现实有所出入,但渗透在其中的文化底层内容却实在地存在于统治集团的活动中,而且逐渐渗透在俗中,两千多年来延续不断。

礼和俗间的相互影响和雅文化与俗文化之间的情形一样,也是在其各自发展的动态过程中不断交叉融通、互制互动的。只不过礼有执政者颁布礼法作为其产生、定型、变更的时间标志,而俗则绝不会有不同阶段的明显界限。除了礼的初定明显地是从俗上升的,在后代文化发展历史中形成的有些俗也不断被提升到礼的范围之内;另一方面,礼也在不断影响着俗的吐故纳新。一个社会的俗有可能不但来源于前代的俗,也包含着前代的礼。旧俗的淘汰有的就是新礼代替旧礼的负效应；旧俗的保留并不意味着形式上丝毫不变；新俗的产生也有可能是旧俗之魂的再现。例如《仪礼·士昏礼》《礼记·昏义》中对婚嫁礼仪的大部分规定，如纳采、问名、纳吉、纳徵、请期、亲迎，几乎都可以看出狩猎风俗的遗痕；现在往往作为旅游观光内容的少数民族风俗"抢婚""串姑娘""走婚"等以及至今在内地农村仍然盛行着的送彩礼、城市里不知何时又恢复了的以新郎为首的迎亲大队等等，都不是从地底下冒出来的，而是古俗蜕变、新旧交融的结果。

在古代，礼只管到"士"阶层；"士"以下似乎比较自由些，即所谓"礼不下庶人"，[①] 实际庶人的范围就是俗的天下。

礼与俗的存在是相对的，而不是绝对的。在人类的初始文化中尚无礼俗之分，但无论是部族、胞族、部落还是氏族，其成员都要接受本群落礼俗的教育训练[②]。礼俗之分实际是进入文明阶段的标志之一。从这个角度看，礼的出现是人类文化进步到一定阶段的必然产物。社会有俗而无礼，将无以规范人们的行为；有俗而无礼，则社会将永远停留在野蛮阶段。人类进入文明阶段以后，礼慢慢浸润到寻常百姓家，人们或许并不知道这就是礼，而以为是俗，于是遵循不误。这时，礼和俗无论是在人的观念中还是在客观上，都是界限模糊的。任何社会，唯有从俗而生出礼，以礼引导俗，永远互动，永远新旧并存，社会文明才能不停地前进。

---

① 《礼记·曲礼上》。
② 参看《古代社会》。

（五）雅与俗、礼与俗的隔绝

在正常的社会环境中，雅与俗、礼与俗之间的互动互制是民族文化前进的内部动力。但是当社会环境出现异常时——通常是政权衰弱或腐败时——礼与俗的关系就将违背正常规律而相互远离，乃至隔绝，社会上层不再了解、欣赏、关心俗文化，社会底层也不再了解、欣赏、追踪、模仿雅文化。究其原因，是由于社会的上层与下层在价值观、世界观、审美观上已经分手，进而对立，以至不可调和，也就是通常所说的社会阶层严重对立。雅与俗的这种对立在许多文化形式中往往有着情绪化的反映，例如在民间文学中表现出激烈的反抗。如果出现这种情况，民族文化实际上已经处于分裂状态，这将是文化的灾难，并将进而演变成社会的灾难：民族文化的分裂必然导致文化的崩溃；民族文化的崩溃则是民族衰落的前兆。例如大约南宋以迄有清，关于男女间的"礼法"极为严酷，而在民间则"性解放"（在这里是借用词）早把种种束缚置之脑后，甚至有些过分。这从现在还可以看到的那时的性文物和《金瓶梅》中的有些描写可以想见。又如，在唐、宋、明诸王朝的晚期，诗、词之类文人文学的主流内容越来越空虚苍白，形式越来越精细，绝非没有经过长期而严格训练的人所能为；另一方面民间的俗文学忠实反映着人民群众的生活、感受和愿望，以极大的吸引力活跃于民间。民间文学中即使有杰出的成果，也为社会上层所拒绝。例如清王朝鼎盛时出现的不朽巨著《红楼梦》，采用的是并不为士大夫所承认、源于民间话本的小说体裁，写的是道学所不容许的青年男女之爱和反映社会状况中的执政者家庭生活的内幕,实际是俗文学的升华,因而雅文化的占有和维护者们诬以诲淫的恶名(当然偷偷摸摸地看的也不乏其人)。这其实是文化隔绝的表现,也是社会崩溃的先兆。果然,文化停滞了,社会衰退了,已然出现的资本主义的萌芽既得不到继续成长的环境,本应开始的工业化过程没有启动,与之相应的文化当然也不可能发展,中国在这样浑浑噩噩、混乱矛盾中过不了百年,民族空前的灾难就到来了。

隔绝并不仅限于精神文化领域,即使像中国古代的科学技术这种物质文明(按照一般的观念不属于本文所讨论的狭义文化范畴),也基本上创造、存在于民间,亦即俗的范围。在长期封建社会里,它与礼是相通的,这就是为什么"周官"六官"冬官"亡逸,后世以"考工记"充之。当雅、俗文化隔绝时,社会的上下层之间在物质文明领域也将断裂,常常表现为上层社会对"淫巧"之术的封杀——当然其态度也有两面性,一方面尽享其成,另一方面极尽诋毁之能事。而结果则是科学技术发展的延缓或中止。

文化的隔绝,是中外自古及今并不少见的现象。埃及法老文化,罗马帝国的文化,都有这类情形。这是人类应该汲取的教训。文化隔绝固然是危险的,但对文化隔绝了而不自觉或束手无策则是更可怕的。

四 现代社会的雅与俗

研究文化的雅与俗,对于分析对待现代社会的文化现象和建设有着直接的现实意义。

现在,经济全球化、科技现代化带来文化一体化的趋势。这在一些经济强势国家是有意的行动;相对弱势的国家则常常是无可奈何的现实。而所谓文化一体化，实际是世界文化的西方化，而今之所谓西方化，实则是某国化。强势国家的这种意图和文化自身的固有规律是背道而驰的。文化多元化，才能形成异"质"文化，也才有异质文化间的接触、互补、交融，促使各个文化沿着自己的道路向前发展，因而也才有人类文化的总体进步——文化的多元化是其自身不断向前演进的前提条件。

但是文化从来是以经济为基础的，异质文化间的作用，归根结底也以经济实力、物质生活水平为前导。这就是为什么表层文化最易接受异质文化的缘故。当今实行文化一体化策略的国家，既凭借经济强大、科技先进（相应地还有军事实力）构成文化先进的假象和神话，又以商业手段对文化产品进行包装，造成大量西方商业文化——以迎合世俗感官需求为"卖点"的文化产品。根据文化层次的理论，这种表层文化实际无不渗透着底层文化，久而久之，商业文化的接受者就会在不知不觉中受到与自己生活环境并不适应的价值观、世界观的影响。

在现代市场经济的社会中，必然产生并且需要商业文化，否则不能满足日益增长的人民对文化的需求。我国的市场经济还在起步阶段，长期的半封建半殖民地社会、几十年的计划经济，没有商业文化的基础（半殖民地的商业文化基本上只存在于占人口极小比例的特殊圈子里，没有形成大的气候），因而也没有任何准备。中华文化虽然经历过多次与异质文化的接触、冲撞，能够凭借其博大精深，不仅没有被吞噬，而且从异质文化中吸取营养，淘汰改造自身不适合时代的内容和形式，以愈益广阔丰厚的新面貌出现在世界上，但是这次是基于农业经济的文化遇到了后工业化社会的文化，个人义务大于权利的文化遇到了个人权利至上的文化，内向求和的文化遇到了习惯于外向和争斗的文化，且"来者不善"，其势凶猛。对此即使有所准备尚且难以招架（例如法国），何况中国。因此，如果在一个时期里，大中城市里的俗文化领域即使几乎被完全占领，也应是情理中事，无须大惊小怪。

关键是要有文化的"自觉"，知己知彼，认真应对。

外来的俗文化是在别人的土壤中生长的，先天地与产生中华文化的沃土不相适应，因此只能暂时生存于特定的人群，特别是还没有达到文化自觉的人群中。例如外来的一些文艺品种和形式，为少年、青年所钟爱，甚至如痴如醉；而当他们长到一定年龄，这种兴趣就悄然淡去。在这过程中，中华固有的文化品种和形式会从中吸取有用的东西，为我所用，也就是在与异质文化的接触和碰撞中获得更大的活力。

但是对外来商业俗文化在我国的流行也不可小觑。现在的商业俗文化是快餐文化，不仅粗糙，而且主要是诉诸感官，以刺激性强为特色，和中华文化（包括雅与俗）之力求诉诸人的灵魂不同。青少年正是身心成长的关键期，过于或长期沉溺其中，"快餐"就会按照文化的规律，由表及里，抵制和抵消中华文化底层的影响。同时，商业俗文化和人类所有文化一样，都离不开某种精神，在抵制、抵消民族文化影响的同时，实际是在灌输那些在许多方面与民族文化不能相容的观念、意识。

问题还有另外一面。经过革命和改革的巨变，完全建立起中华文化里雅文化的新系统需要较长时间，而一个表层、中层、底层缺乏有机联系并同步丰富发展的文化，是极易受到异质文化的冲击而难有还手之力的。像中华文化这样底蕴深厚者，在异质商业文化强大刺激下，经过一段时间的调整或者重构，一旦新的文化系统形成，就将以超越历史已有高度的面貌出现，这时外来的文化挑战不但不构成威胁，而且将对自己有所补充。

雅文化在没有来得及系统化的阶段，与俗文化（包括外来的俗文化）之间将缺乏联系，甚至隔绝。文化的发展、衰落的时间需以世纪计。因此在一段时间里，雅、俗隔绝还不至于造成民族文化的危机；但是如果在文化上不能及时悟到个中规律，并逐步对文化进行调整，那就是危险的了。归根结底，民族文化的力量来自于其三个层次都得到充分发展。

在中华民族全面振兴的伟大历程中，文化也将得到极大的发展。中华文化将是，也必须是先进的，将以人类最科学、最纯真、最善良、最适合中华民族成员心理的思想为核心，并且不停顿地自我完善，以适应永动的社会。这是一个伟大的工程，将和富强、民主、文明的现代化中国同时建成。

文化是人类最后的家园，是民族力量的根本源泉。没有丰富而深厚的文化——包括雅与俗、礼与俗——就不是真正的强大，至少不是能够持久的强大。一切物质文化都是可以摧毁的，而深厚的民族文化则与该民族共始终。

文化自觉，从来不是指民族全体成员对文化的理性思考并得出科学的结论，而是指民族的执政者和知识阶层的"先知先觉"。要做到文化自觉，需要有科学的理论指导，需要对民族文化的历史和现状有深入的了解，需要以从民族根本利益出发为根本动力。江泽民同志提出"先进文化的前进方向"和建设"面向现代化，面向世界，面向未来，科学的民族的大众的社会主义新文化"的命题，就是中华民族文化进入了自觉阶段的标志。

五　几点结论和余论

1. 民族平等，实际是文化平等，礼俗的平等；这种平等应该既体现在一个国家的内部，也应该体现在全世界范围之内。所有民族文化的发展、建设，只能遵循文化的总体规律和诸民族文化的特殊规律。和异质文化的接触不但是必然的，而且是必要的。只有不断地从异质文化中得到启发和有益成分，民族文化才能不断提高、前进[①]。当代出现了与这一过程形似而质异的现象，这就是上文所谈到的某些国家的商业文化在全世界的大规模泛滥。这是要引起各国人民警觉的。

2. 对民族文化，既不可只着眼于文化的某一或某些部分，只着眼于某一层次的文化，也不可只关注、研究文化的整体。微观上应该从民族、地域、行业等不同角度研究其各个组成部分，即研究亚文化及其各个品种；宏观上应该着重研究底层文化以及不同层次文化之间的关系。礼与俗就是应有的研究角度之一。

3. 要注意雅文化，特别要注意古代的礼、现代的法和德，注意雅文化随时代发展而必然产生的变化，并自觉地迎接、主导这种变化。对于俗，同样需要加以引导，有的还需要加以规范、提高。俗的主体是历

[①] 参看拙作《未了集——许嘉璐讲演录》中的《中华文化漫谈》，贵州人民出版社2002年版。

代人民的创造，是社会变化的反映。要从理论上研究人民的这些创造，其中有的可能就是未来雅文化的先驱，包括是法和德的萌芽。

4. 雅文化和俗文化、礼与俗，既然从来是相互促进、相互制约的，同时是在不断地向对方转化，既然与这一规律背道而驰的，是雅文化与俗文化、礼与俗的分离或隔绝，而这实际是民族衰败的原因和结果，因此任何时候都要自觉地为雅文化与俗文化、礼与俗按照其自身固有的互动规律进行沟通创造条件，并积极促进之。这是民族凝聚、延续、发展、壮大须臾不可缺少的，也是民族文化自觉最集中的表现。

深化认识，挖掘根源，寻找对策，标本兼治※

一、生态危机是当今世界人类生存危机之一部分，在和平时期，是关系到所有人生活质量、生命安全、社会持续发展的大事。

虽然近几十年没有发生像世界一战、二战那样惨绝人寰、势将毁灭人类的大屠杀，只有断断续续的冲突和战争，但是地球现在遇到的，是冰河期以来最严重的危机。当我们每天清晨醒来，面对的是人情冷漠、道德沦丧、分配不公、族群对立、资源枯竭、核武威胁，等等，不一而足。环境恶化则是其中之一。

二、生态环境对人体健康、民族体质的影响，已经几乎人所尽知，无须论证。现在要紧的是深化认识，挖掘根源，寻找对策，标本兼治。

所谓深化认识，就是要让生态问题对每一个体和国家、民族的重要性和迫切性的认识浸透到13亿人的心里，并且化入日常生活之中；所谓挖掘根源，就是在复杂的主客观情况中挖出决定性的因素，也就是准确地找到病根，只有这样才能对症下药；所谓寻找对

※ 在《生态文明贵州国际论坛（2014）》上的讲演（提纲）。

策，就是要摆脱仅仅着眼于技术手段，包括产业升级、转换生产、生活方式、创新发明。这些当然都是极为重要的，因而是需要持续努力的，但是比这更为重要的是，在从技术上解决燃眉之急的同时，更要解决社会问题、意识问题、伦理问题。没有这些问题的解决，各种技术、政策、法律等手段都将大打折扣或彻底流于形式，水过地皮湿。

大约十年前，我遇到联合国环境署的在华代表，我对她说：环境保护问题的根本在于文化，而不是技术；技术只是工具，工具是由人来使用的。她听了马上再次伸过手来和我握手，说：我从没有听到有人这样说，你说得太对了，我完全同意。我为什么那样说？因为无论中外，肆意毁坏自然，或是出于无知，或是明知故犯，都是把人类看作是宇宙、自然、地球的中心，况且都可以为人随意使用，都是目光短浅，为了产值、利润而抛弃了民族的经验和祖先的教诲，都是因为缺乏信仰。

三、的确，种种危机的根源就在于人忘了自己是谁，我从哪里来，将要走到哪里去，也就是丢失了作为人的本性。人已经成了物的奴隶，追求超出安全、健康、愉快生存之所需的欲望麻醉了大脑，障蔽了获得人生和宇宙真谛的所有器官，陷入了佛家所说的"无明"，贪嗔痴似乎成为了人生常态。

以分配不公问题为例，据联合国统计，2013年全世界的GDP约为73万亿美元，比2012年增加3%。这足以使全世界70亿人口人均达到1万美元，超过了当年包括中国在内的三分之二国家的国内生产总值。但是据世界银行估计，2010年全世界极度贫困人口还有12亿，每天的生活费不足1.25美元，预计到2015年也还要有9.7亿生活在极度贫困线以下。虽然近年来世界极度贫困人口绝对数字有较大降幅，但是如果把物价上升指数计算在内，则世行所说的极度贫困人口数还要加上百分之若干。而作为世界经济最大体量的发达国家，美国的人均GDP则达到了5.3万美元。

这说明了什么？"富者愈富，贫者愈贫"成了工业化和后工业化时代的铁律，它不会因为一次次金融危机而失效。因为金融危机归根结底也是超级财阀敛财的另一种手段，更加隐蔽的手段。就在6天前，刊物上转载了《洛杉矶时报》网站7月1日的一篇文章，介绍诺贝尔经济奖得主约瑟夫·施蒂格利茨的观点说，由于政治制度屈从于1%的人口，平等的支柱逐渐遭到破坏。20世纪四五十年代，在他长大的地方"大烟囱把毒物排放到空气中。周期性的解雇使许多家庭只能勉强糊口。虽然只是个孩子，我似乎也清楚，我们所知道的自由市场并不是保持繁荣、幸福和健康的社会的好办法。"贪婪催动着财富的集中，而财富集中和世界性的分配不公以及生态恶化，是孪生的兄弟，已经严重地威胁着五大洲的稳定与和平。

中国对生态曾经有过的忽视当然并不等同于新自由主义的美国。我们往往是为了生存，为了国家尽快发展，而不是为了1%或10%的利润。当然，我们逐渐愈来愈懂得不能不注意处理好发展、致富、民生和生态之间的密切关系。

四、生态的破坏，从为了杀人而把沉睡在地下几亿年的铀放出来、为了利润而滥砍滥伐原始森林，到化工、矿产、制造等行业突飞猛进的发展，已经有了超过三百年的历史。而中国真正大规模工业化建设不过三十多年，曾经盲目提出的改造自然的思想已经让我们承受了恩格斯所说的大自然的报复。作为积贫积弱，时刻被人盯着妄图颠覆的中华民族，几乎都是白手起家，在发展过程中来不及兼顾生态，缺乏自觉，这多少有些无可奈何。我们不必过于自责，及时补上环保课程就是了；倒是与此同时应该想一想，西方工业化早于我们几乎二百年，那时的节能减排技术远不如今，对生态的破坏应该远大于现在。今天人类遭到的大自然报复，他们有责无责？2014年6月7日美国趣味科学网站刊登了一篇题为《非洲最严重的干旱与西方污染有关》的文章，文中说："根据4月24日在《地球物理通讯》月刊上发表的研究结果，被称为悬浮颗粒的微小烟酸盐颗粒使得北半球大气冷却，热带降水区向南偏移，远离中非。"研究的共同作者、华盛顿大学气候学家达根·弗赖尔森说："很显然，除了温室气体之外，空气污染确实影响气候，且不仅是当地气候。美国和欧洲污染排放影响了全非洲的降雨量。"文章由此得出的结论是："20世纪全球最大的一场旱灾'萨赫勒旱灾'在20世纪70—90年代造成中非严重干旱。在此期间造成的严重饥荒导致数十万人丧生，引发全球关注。"具有讽刺意义的是，这样一篇带有歉意和批判性的文章只是由一个"趣味"网站提到，而且并没有引起各国的普遍关注！

　　中国人不会因为披露了西方发达国家不负责任的行为而揪住不放，或放弃自己的反思，相反，我们会把这类的历史事实看作是对自己的提醒：今天我们重视生态既是为自身的福祉考虑，也是为整个人类的持续生存、繁衍和发展着想，因为中非洲的悲剧生动地告诉了我们，中华大地的生态状况与邻居、与大洋那边息息相关。

当然这就又涉及到西方国家讳莫如深的意识形态问题，价值观问题。孔子说："己所不欲勿施于人"，佛经上说："在我所不喜不悦者，在人亦如是，我何能以己所不喜不悦加诸他人？"这是因为，在中国人的哲学里，正如庄子所说："夫明白于天地之德者，此之谓大本大宗，与天地合者也，所以均调天下与人合者也。与人合者谓之人乐，与天合者谓之天乐。"也如宋儒张载的名言："民吾同胞，物吾与也。"宋代人已经并不主要在对周边事务和可见的星空观察基础上进行冥思推理，在第二个千年开始时，中国人的世界知识已经超越了国土和肉眼所及。孔子说过："四海之内皆兄弟也。"张载所说的"民"，应该已经超出了孔子所说的"四海"，即大宋王朝的疆界。胸怀博大，以人为本，反求诸己，既冥思形而上，又始终关怀人生、关怀他者，这是中华文化高贵深沉的品格。

五、"心净则国土净。"佛经上的这句话，主要是指如果人的欲念纯净，按照慈悲喜舍去对待他人，则社会乱象会得到遏制，走向佛国。其实，用这句话来应对生态危机，同样适用。

但是，世上自古就存在着丧心病狂的人群，组成了大大小小、或隐或显的集团，无日不在制造着人与人、族群与族群、国家与国家的紧张和敌对；毁坏着美丽的地球，拒绝承担应尽的义务，却又在不断指责他人；他们还用极其巧妙的办法巧取豪夺，盘剥全人类，包括他们自己的同胞；无时无刻不在向全世界渗透着卑劣、无耻和野蛮。我们，中国人，至少到现在为止，还无力消除这些毒瘤。但是，我们坚信人类原始的善良，坚信先圣先哲的智慧和教诲；只要中国人坚持下去，联合世界一切善良的人们，把无缘大慈、同体大悲和终极关怀扩大到整个人类和一切无情有性的万物，不断地呼吁、揭露、抗争，人类的心灵和地球的洁净将终究会成为主流。

信仰决定一切。中国人既然讲究反求诸己，笃信人的能动性，对天地怀有无限敬畏，坚信天下为公、世界大同终究会实现，那么就让我们"从自身做起"，先把自己祖国的生态和社会建设得更加美好，让13亿人呼吸到最好的空气、喝到最纯净的水，让中国成为当下地球上的一片净土吧。

没有文化的经济无异于空中楼阁

关注文化体制改革，乃职责所在

记者： 您是著名的语言学家，始终关注中国的文化建设。放眼未来，您认为中国的文化建设和经济建设如何和谐共振？

许嘉璐： 没有文化的经济无异于空中楼阁。一位留美的中国学者跟我说过，没有文化的经济，再发达也是建在沙滩上的高楼大厦，一旦局面有暂时的变动，就会像脚底下的沙子一样流走。我觉得这个比喻比较贴切。真正强大的民族与国家，既要有经济、科技的实力，也要有文化的实力。

我们可以将"经济、科技层面的实力"视为"硬实力"，将"文化层面的实力"看作"软实力"。在一个开放的世界中，中国应当提高我们的"软实力"。这种实力不仅能为更多本国人、本民族的人所掌握，同时也能在中国与外国的交往中，为世界的和谐做出贡献。

记者： 去年春夏之交，您率领民进中央考察团赴

※ 原载《经济观察报》2007年3月19日。

浙江等地专题调研文化体制改革和文化产业，先后对杭州国家动漫产业基地、浙江横店影视产业实验区等17家文化单位进行实地考察。请问：今年两会，民进中央是否打算对文化体制改革发表意见？您本人如何看待文化体制改革？

许嘉璐：我本人是一个文化事业的参与者、受益者，我们民进中央是以文化教育出版界高中级知识分子为主的参政党，关注文化事业，看清文化的走向，对党中央和国务院提出意见和建议，是我和民进的十万多会员的职责所在。

改革开放三十多年了，我们初步建立了社会主义市场经济体制，经济发达了，文化却没有跟上，原有文化体制与现有经济基础之间的矛盾更突出了。党中央、国务院提出了文化体制改革，是更好地解放文化生产力的需要，也是文化安全的需要、人民生活的需要。

民进中央在今年的"两会"上建议：深化文化体制改革，一方面需要推进文化宏观管理体制的改革，另一方面要积极稳妥地推进文化企业、事业单位微观运行机制的改革。我想说四点。第一，要积极推进文化宏观管理体制改革，这是文化体制改革的关键。要搭建政策法律平台，把政府对文化的管理纳入法制化和规范化轨道。第二，要稳步推进文化企业、事业单位微观运行机制改革，这是文化体制改革的中心环节。改革成本可以分层次承担，建立有效的横向协调机制。第三，要加快形成新的文化产业和文化市场格局，这是深化文化体制改革的重要内容。第四，要加快培养与合理使用文化人才，这是深化文化体制改革的重要目标。

记者： 您提到文化体制改革对人才的要求，在这方面，民进中央有什么建议？

许嘉璐： 我们的同志——全国政协民进组，准备提交一个提案，继 MBA、MPA 之后，我们建议教育行政管理部门培养 MCA，也就是 Master of Culture Administration，翻译过来就是文化事业与文化产业管理硕士，创设国际上没有的 MCA 的先例，将具有文化专门技能、文化事业从业经验，且有志于文化管理的往届、应届毕业生，选拔培养为具有 MCA 学位的中高级人才。

过去，文化事业和文化产业方面的管理人员，通常都是以"业而优则仕"的方式选拔出来的。某一方面的专业技能有了突出表现，就会被层层提拔上来担任管理人员。这种做法有成功的先例，也有更多不成功的范例。一些专业有成就的文化人士不情愿地被调任到管理岗位上，或是专业人才的浪费，或是因为不懂管理而不能胜任，滞缓了事业的发展，也造成相应的损失。

文化管理硕士的提案，短期内实现的可能性不大。但我们需要呼吁，引起大家的重视。

记者： 文化体制改革，牵涉到知识产权。近两年来，中国知识产权方面的官司和国际贸易中的知识产权冲突越来越多。您说过："保护知识产权就是保护民族创新力，就是保护社会的生产力，就是保护知识产权所有者的人权，也是保护我们国家的主权。"那么，您如何评价目前我国知识产权保护的现状呢？

许嘉璐： 盗版是国际现象，说 70% 的盗版来自中国，这是丑化和妖魔化中国。打击盗版这么有力度的，只有我国，所以我们的海关人员受到表彰。

保护知识产权得有"度",这个"度"需要用法律秩序去调节。我们应该加强对外国人知识产权的保护,当然也包括对中国人的。文化遗产要登记,登记后就是中国所有了。迪斯尼想拍《西游记》就必须得到中国人的同意;好莱坞拍《花木兰》,也是如此。

记者: 动漫不仅是一种文化,也是一个大产业。您如何评价动漫文化和动漫产业?我们应该如何应对其发展中的机遇和挑战?

许嘉璐: 动漫是从日本过来的,受到孩子们的欢迎。动漫也是文化形式的一种,它也是一时的现象,但仍旧受到人们的喜欢。目前动漫产业的发展势头不错,中国的动漫产业还需要官方的引导,要保护动漫的知识产权。知识产权得不到保护,产业就无法良性地、滚动地发展。

记者: 有人说文化体制改革有助于精英文化与大众文化的融合。您在一次演讲中提到两者的融合,并批评学术研究中晦涩难懂的不良学风。那么,您认为晦涩难懂的学风产生的原因是什么?您如何看待精英文化?

许嘉璐: 晦涩难懂不是精英文化,是垃圾文化,晦涩难懂是因为肚里没货。这里的晦涩难懂和解构主义、后现代主义的晦涩难懂不是一回事,后者的晦涩难懂是因为思绪的复杂,它在表达的时候,自身充满了种种的矛盾。大学问家能把极深的东西普及,爱因斯坦也曾就狭义相对论做过通俗讲演。真正的精英是社会良心的代表,是社会意愿和社会风气的代表。如果写出的东西艰涩到连自己的导师、学生都看不懂,只在狭小的圈子里互相宣传,这不是社会的意愿,也不是社会的风气,这是应该排除在精英文化之外的。

精英文化也就是雅文化。雅文化和俗文化向来是不能隔绝的。我们的雅文化植根于俗文化，唐诗、宋词、元曲，比如四大名著，就是除《红楼梦》之外都是从市井说书人那里开始的。

现在的问题是雅文化衰落，同时又孤芳自赏；我们的俗文化大部分是舶来品，不是根植于本土的，很难提升。所以俗文化和雅文化断绝了。

文化是要创造的，一定要有新的艺术扩展起来。所以，我们在文化体制改革当中除了解放生产力，盘活我们的文化资源，搞好我们的配置外，还有就是要创造一个环境，鼓励我们文化的创造性，鼓励精英文化和俗文化的互动。既要俗文化的人抬头看天，向雅文化学习；又要雅文化的人低头看地，向俗文化学习，看看老百姓的需求。

记者： 去年韩国电视剧《大长今》在中国各大电视台热播，有人认为这是韩国文化对中国的殖民，有人认为这是对中国发展文化产业的启示。您如何看待这种争议？您认为中国的文化体制改革应该从何入手才能扩大中国文化在世界上的影响力？

许嘉璐： 《大长今》在中国的风行，反映了中国民众对自己文化的回归和怀念。因为《大长今》穿的是中国的衣服，整个人与人之间的关系全都是中华文化。

从操作层面看，《大长今》有政府支持，同时它是市场运作的，运用现代化的手法，比我们高明。韩国属于汉族文化圈，深受儒家文化的影响。人家是做了文化的战略分析后，有意进入我国的。

我们应该学习韩国的市场运作，目前中国的一些大片成不了经典。我们应该沉静下来，创造渗透着中华文化传统的产品，不仅仅奉献给中国人民，也让世界人民来享受。现在美国是文化产品最大的出口国，我们有五千年文化的底蕴，更应该有更多、更好的东西奉献给世界。中央已经决定对文化体制进行改革，试点的浙江与广东，主体工作已经完成，接下来就需要精雕细刻了。可是观念的改革和艺术的提升、文化根底的积淀，并不是短时间内能完成的。

中国正在形成有别于西方的现代化

记者：最近这几年关于中国现代化的道路选择问题存在很多争议，中国的现代化究竟是中国式、西方式抑或是两种方式的折中式？有人反对"中国式的现代化"，也不赞成"西方式的现代化"，主张将文化传统和政治制度分开，左手持中国式的文化传统，右手拿西方式的政治制度，并行不悖地行走在社会主义道路上。您同意这一观点吗？为什么？

许嘉璐：这是一个假命题。政治和文化是不可分的，政治制度本身就是文化的一部分。中国的文化传统没有提供实行西方式的政治制度的土壤。美国的政治制度就是美国文化的一部分，美国的历史学家、社会学家谈文化的时候都要谈到政治制度。

这个问题产生的原因是什么？我想，还是民族的反思，反思我们如何建设现代化的中国。西方人所说的现代起于17世纪末18世纪初工业革命开始的时候，一直到20世纪的中叶，这是他们所谓的现代社会。20世纪中叶，在传统的现代工业基础上又生出了信息技术，信息技术一出生就比工业化发展的速度快上许多倍。我们老一辈，像钱学森，当年留学美国的时候，坐轮船啊，要坐一两个月。现在从美国到中国乘坐波音飞机十几个小时就到了。人们只注意到波音飞机越来越发达，没注意到离开信息技术，波音飞机是没法飞的。信息技术把现代工业都升级了。于是在西方，首先是艺术家、美学家，然后是哲学家、历史学家，就开始宣布进入后现代了。工业化完成之后的社会，有人说是知识经济时代，有人说是信息化时代。在哲学上和社会学上，都称之为后现代。

西方的现代社会，核心是工业化生产，是从蒸汽机推动杠杆织布开始的。这种机器，我在爱丁堡的博物馆里看见过。

西方所谓的现代化，就是整个社会为了适应工业化生产而形成的一套社会架构、运行机制、思想观念、文学艺术，等等。

我们今天所要的现代化，不是西方的现代化。我们说的现代化，只是借用了西方已有的"现代化"这个名词而已。

记者： 为什么说我们的现代化区别于西方？

许嘉璐： 我们所要的现代化，不仅是西方社会已经实现了的工业化，我们还要超越蒸汽机推动杠杆织布的时代，我们要跨越式发展，不仅要电气化，还要把计算机也用上。20世纪90年代，纺织企业淘汰落后的生产力，很多企业把纱锭砸了，为的是一步跨入最现代的纺织业。为了适应现代化，我们的法律制度、经济制度、社会管理制度，连同我们的文化，包括人们的观念，都要跟着慢慢地发生改变。中国是一个社会主义国家，社会主义的本质即区别于资本主义的特征是解放生产力，一个公有，一个均富，一个公有为主体，最根本的就这几条。这样我们的文化的中层和底层也必须适应中国的生产力和生产关系，因此我们正在形成的现代化，是有别于西方的现代化的。

我们所要的现代化，肯定不是以工业生产为核心的现代化。这样的现代化，可以带来富足的生活。大家可以对比一下《雾都孤儿》和《未来战士》这两部电影。《雾都孤儿》的背景是19世纪最初年代的英国，那个时候的伦敦，比同时代的北京的生活不知差了多少倍，公爵、伯爵们穿着大麻布的衣服，在咱们看来都是乞丐穿的。可是20世纪90年代拍摄的《未来战士》就不同了，这个影片透露出的美国生活好得不得了。两者相差才一百来年，人类的物质生产就发生了翻天覆地的变化。

可是，发达的科技和工业生产给人类带来了什么？西方启蒙思想家呼唤自由、平等、民主、博爱，可是几百年过去了，无论是生活在发达国家的老百姓，还是生活在发展中国家的老百姓，是否真正享受到自由、平等、民主、博爱？世界自由了吗，平等了吗，博爱了吗？老百姓真正当家做主了吗？我在一些场合说过，当今世界上的生产力，供65亿人过上小康生活，有富余。但在埃塞俄比亚这样的第三世界国家，孩子们还是食不果腹。

不但如此，科技水平的提高还带来人类的自相残杀和环境污染。科学技术曾经最发达的德国挑起了两次世界大战。环境污染问题在今天的中国很突出，但是你恐怕不知道，20世纪60年代的日本，东京街头还到处摆着氧吧。

这些情景，难道就是我们想要的现代化吗？不是！

记者： 您认为我们的现代化道路该怎么走？

许嘉璐： 我们应该考察人类的历史、中国的历史，在这样一个横纵的交叉点，找到我们自己的定位。你说学习西方制度，可是哪个国家才是西方？中国的西边都叫西方，说起来一个欧洲一个美国。在欧洲，法国议会的政治制度不同于意大利，德国又不同于法国，比利时是德国与法国的结合物，也不同。瑞士又不同，它是中立国，有德语区、法语区，什么都公决。我们向谁学习？有些人认为学习西方的政治制度，就是学习美国，以美国代替西方。2006年法国学者索尔曼（Guy Sorman）写了一本书叫《美国制造：在文明与现实之间》，他在书中说：美国文化不是欧洲文化，欧洲应该跟它划清界限。

我们传统文化中的衣食住行、风俗礼仪、思想观念，一直到哲学，都是在农业社会漫长的历史中形成的，不同于西方政治制度产生的历史背景。所以，我们不是照搬人家的制度，而是基于中华民族的历史传承，学习外国的经验，蹚出自己的路来。我们不是学人家哪一部分，而是基于对自己历史的传承，以及13亿人的现状、共同的观念和追求，来打造这个社会。我们打开国门，什么东西都可以进来，然后大浪淘沙，淘剩下来的我们吸收，吸收后这些东西就不是原来的样子，就"中国化"了。

记者： 您认为，经济全球化的中国应该如何保持文化上的包容性与独立性？

许嘉璐： 是否能够保持文化的包容性和独立性，不是主观意志所能决定的——你让它包容，它就包容；你让它独立，它就独立。社会大自然有它自己的规律，人类社会学也有规律。而我们应该顺其规律进行引导和促进。我看文化可以分为表层、中层和底层三层。当两种文化相接触的时候，首先变化的是表层——衣、食、住、行，然后由表层就可以慢慢渗透到中层的风俗礼仪、制度法律、宗教艺术，久而久之影响到底层的道德伦理，但这个过程不是十年，也不是一百年就能完成的。文化传统实际上是代代相传的。比方说，孝顺父母的伦理观，千百年流传下来，迄今未变。

中国文化有万年的沉淀，博大精深。它本身的特征如下：第一有特色，第二有包容性。因为它有包容性，所以博大精深。我相信，今后的中华文化仍会保持它的独立性和包容性。

对外来文化的包容，并没有丢失中国特色。今年春节，我特别高兴。司机回乡下老家了，回来说，村里人都很高兴，农业税免了，孩子上学也不花钱了，还有各种补贴。老百姓的生活水平提高自然让我高兴，但是这不是春节的特征，它是平时提高的。我高兴的是，大家的高兴都在春节期间宣泄，而不是在情人节，不是在圣诞节，我高兴的是这个。

当年我看春节联欢晚会，听到《常回家看看》这首歌，我流泪了。这首歌表达的是中华民族的伦理，人与人之间的亲情。我小时候过年，夜里12点，哥哥、姐姐说给爸和妈拜年，就把父母按倒在太岁椅上，然后找个垫子，开始磕头，都很高兴。现在还磕头吗？这个礼仪在变。过团圆年，这本身是中华文化，但它又是现代化的中华文化。如今每逢春节，远在异国他乡的孩子都要赶回家过年。而在从前，"父母在，不远游"，子女都守在双亲身边。千百年来所沉淀下来的风俗礼仪，不会全丢，但是形式变了。

所以我总说，孩子们追求时尚，我不完全赞成，但我不反对。他们都是文化融合的试验品。到一定年龄，有的被他抛弃了，有的化为他的生活方式，这没什么不好。所以，我说的包容性和独立性有它的规律。

文化的影响是不能靠行政命令来实现的，你想扭，扭不了的，而是要因势利导。

中国正迎来一个百家争鸣的时代

记者：近来海外掀起了一股建立"孔子学院"的热潮，而儒学也进一步成为国际学术研讨的热门，国内学者也积极倡导复兴儒学，您如何看待儒学复兴这样一种现象？

许嘉璐："复兴"这个词不是太贴切。我在人民大学有一次讲演。我说，中国的儒学、中国的传统文化救不了中国。但是，我们需要把当年随着脏水泼出去的娃娃抱回来。脏水我们不回收，也回收不了。娃娃是什么？是千百年、上万年积累的、带有普适性的一些东西。过去我们太冷落儒学了，今天回过头来审视、反思，发现从孔子那个时代，一直到宋明儒学，其中有很多宝贝。

中国的传统文化是农耕社会形成的文化。传统文化经过农耕社会上千年的历史形成，一方面有普适性，一方面有时代性。时代性的内容会随着历史的变迁而慢慢被淘汰，但普适性的东西不会消失，比如农业社会最注重并追求人与自然、人与人之间的和谐，这些具有普适性的思想文化绵延不绝，流传至今。

我主张现在加强对儒学的研究。现在我们所处的环境容易使人追逐功利、显得浮躁，这是经济全球化造成的。再者，我们的传统学问断层太久，不仅仅是儒家，还有法家、墨家，都疏远太久。传统的学说是宝贝，虽然里面也有糟粕，但你必须读懂它，才能去除糟粕。

那次讲演的时候，日本早稻田大学的校长也在，他对我说，很高兴看到中国国学的复兴。我告诉他，这种情况并没有出现，目前仅在极少数的学刊上和学者中复兴了，我们对国学毁坏得太久了。我希望我们的学生不断努力，也许一百年以后，中国特色的社会主义现代文化才会真正形成。

记者：随着儒学复兴，又有人提出了"政治儒学"。新儒家政治的代表人物蒋庆先生去香港凤凰卫视做过演讲，他将"神圣天道的合法性""历史文化的合法性"以及"人心民意的合法性"归为"王道政治的三重合法性"。政治儒学是主张性恶的儒学，是着重于用制度来批判人性和政治的儒学，宣称抵抗人性之恶，需援以外在的政治法律、典章制度。您是如何看待新儒家以及政治儒学的政治主张的？

许嘉璐：我没有看过蒋先生的文章，也没有听过他的演讲，还不能做出评论。至于说神圣天道的合法性、历史文化的合法性、人心民意的合法性，这里的"合法性"，是西方政治学的用语，而不是儒家的。就新儒家而言，它是多元的，是百家当中的一家。我们应该承认人家的研究成果是经过深思熟虑的。新儒家的两位代表人物为什么出现在国外？第一，他们国学底子好；第二，他们对外国有了解。

今天我们是人民的政权，国家要走向民主，代替王道，谈王道政治不见得就合适。政治儒学是看到儒家的好东西，希望能为当前和今后的政治建言。政治儒学的术语能否建立也很难说，因为儒学是无所不包的。至于说这里包括"性恶""性善"的这样一个问题，这是自古以来就有的。争论了几千年的性善性恶论，到现在也没有结论。争鸣是一件好事，中国历史上就曾出现过百家争鸣。现在的中国，正迎来一个"百家争鸣"的局面。就目前这种状况，"鸣"得还不够。

为民着想，不能不考虑建言献策的可行性

记者：我们交流了这么久，您给我的感觉是一位地道的教授、儒雅的博士生导师，但您实际上还是一个政治家、一位国家领导人。您同时拥有学者及政治家这样两个身份，那么您是如何平衡这两个角色的呢？

许嘉璐：我认为知识分子应该有三个境界。第一，真才实学，不至于误人子弟；第二，不要只钻进象牙塔，要关注社会、关心民生；第三，有从政机会的时候，要建言献策，为国分忧，为民解难。对自己，我始终不放弃这样的要求。

我是一个坚持本色的人，有什么说什么。从我的内心深处，更喜欢自己是个教授，而不是政治家。作为教授，我属于社会精英的一分子。社会精英是社会良心的体现，只要我看到于国计民生，特别是于老百姓不利的事情我就要说，有利的事情我就要建议。但是在不同场合、对不同对象，说什么、怎么说以及说到什么分寸，是需要考虑的，有个"度"的问题，因为事物很复杂的，应当从可行性出发。

我不太相信双重性格，觉得双重性格的人都做作，一定有一面是假的。人只有一面，但可以有多重身份。做人做事的宗旨、风格不能变，具体做事的方式方法则可以视情况而定。这样做是为了取得最佳效果。这方面的例子太多了。比如关于免农业税，民进中央几年前就提出了建议，但直到去年中央才全部免掉。这

里有一个可行性的问题，要根据国家财政收入和开销的具体情况而定。建言献策的时候，看时间，看地点，看对象，为的是取得好的效果。讲究效果，为的是老百姓，而不是为自己。真正为老百姓着想，我就不能不考虑效果，不能不考虑可行性。

文化建设与经济发展

主持人：今晚见到许嘉璐副委员长，让我想起去年冬天在北京大学朗润园的情景。那天是北大中国经济研究中心新办公楼落成的日子，许副委员长盛情难却，应邀即席演讲。短短几分钟，许副委员长即以自己的学识和幽默赢得了那天庆典上最多的掌声，这给我留下非常深刻的印象。当时，我很羡慕林毅夫教授能把许副委员长请到。正是从那时起，我们把许副委员长的大名列入了"中外名家系列讲座"的"红名单"，并暗下决心一定要把他请来做演讲。今晚，我们终于如愿以偿。

许副委员长演讲的题目是《文化建设与经济发展》，请大家热烈欢迎！

在这个会场里，虽然我的年龄最大，却是班门弄斧。因为对于经济学，我是门外汉，更准确地说是"域外汉"。我的专业是训诂学，先师陆宗达先生是章太炎的再传弟子；我的第二个专业是研究计算机如何处理汉语汉字，而文化学则是我的业余，再加上文化与经济本来是两个领域的事，拉到一起谈则更困难。但我还是来了，一是被组织"中外名家系列讲座"的年轻朋友对事业的执着所感动，二是也确实想来兜售一点自己的"货色"，即对文化与经济问题的一些理解。

可以说，现代经济是个"怪物"，无论用传统经济学理论还是现代新经济理论，目前还没有哪一个经济学家或哪一门经济学流派能对当今世界扑朔迷离的经济现象作出令人满意的解释。而文化又是无所不在的混沌之物，任何事物都可冠之以文化。现在没有哪个企业不谈企业文化，许多企业不景气甚至倒闭的原因很多，但企业文化必定是其中之一。虽然文化建设和经济发展是两个完全不同的领域，在今天却同样成为人们普遍关注的问题。

一　文化的基本概念

文化是人类所创造的物质财富和精神财富的总和。首先，它必须是人类的活动，动物身上蘸了颜料使其在画布上滚出的所谓"作品"并非文化，但让动物"画"画儿这一行为本身是文化。第二，要有创造。婴儿拿着画笔玩并不是有意创造；用维纳斯像翻模子制出的雕像不是文化，但古罗马的维纳斯像是文化。第三，文化不仅是物质的，还包括精神的东西，有些文化现象是看不见摸不着的。正因为把文化定义为是人类所创造的物质财富和精神财富的总和，因此，凡是社会中的人都离不开文化。

文化可分三个层次：第一，表层文化，也叫物质文化，即在物质中体现一种文化内涵。它主要围绕人的衣、食、住、行、玩，但又不是纯粹物质的东西，而是在物质中含有一定精神因素。服装首饰、居室布置、汽车造型以及茶酒烹调都属于这一层次。例如中华美食文化享誉全球，"五昧调和"恰恰概括了其内涵。许多菜系都体现了这一特点，其中以淮扬菜系最为讲究。淮扬菜不以生猛海鲜或酸甜苦辣的某一味著称，而是将普通的菜精工细做，重在"和"字上做文章。同样的道理，"五音调和"则是对中华音乐文化的概括。音乐里有和声，成语里的"一唱一和"也是这个意思。这些都体现了中华民族自古以来追求的一种内在和谐精神。第二，中层文化，也叫制度文化。它主要通过社会形式表现出来，如宗教、制度、风俗、艺术等。这也是借助物质形式来体现精神，比如宗教里有寺观、庙宇、偶像、经书等。某些社会制度也需要一定的物质来体现，人民代表大会制就需要有一个大会堂，其文告也要印出来。艺术则更是如此，色彩艺术、形体艺术、音乐艺术也都要依靠物质形式体现。许多社会风俗则更是有意识地借助物质去体现某种精神，如有些地方至今流行婚嫁彩礼风俗，过去坐花轿，现在改坐高级轿车。第三，底层文化，也叫哲学文化。这主要从一个民族的意识形态和哲学层面体现出来。现实生活中的文化往往是三个层次彼此交叉，关系非常密切，因而很难区分。底层文化渗透在表层和中层文化之中，表层、中层文化也映射在底层文化里。

一个民族的文化有主体文化和非主体文化。中华文化融会了56个民族的文化，其主体文化是汉文化，其他民族的文化是非主体文化。就文化总体而言，各民族文化属于亚文化，56种亚文化中覆盖人口最多、历史最悠久、记录也最全面的文化就是主体文化。此外，还有地域文化，如南方与北方、东部与西部的文化就有一定差距。不同行业的文化也有所不同，行业文化再细分就是企业文化。

文化的历史可分三个阶段。第一，发生阶段。主要是指从人脱离猿成为智人到原始公社的形成这一漫长时期，其中以石器时代为代表，这是民族文化基因形成的阶段。第二，发展阶段。这是一个文化向前发展同时又不断丰富的过程，其间发生多种文化的接触、撞击及融会，同时出现文化的主体。第三，衰落阶段。文化作为一个客观存在的客体，有其产生、成长、高潮、消亡的过程。文化的衰落往往是由于文化的封闭导致萎缩，在异质文化的冲击下衰落乃至消亡。

二　中华文化的基本概念

中华文化的主体文化是汉文化，而汉文化中的主体文化是儒文化，其他各家及外来文化是非主体文化。儒文化产生于春秋战国时期，当时思想领域相当活跃，墨家、道家、法家、名家、农家、阴阳家等百家争鸣，儒家只是其中之一。儒文化的创始人孔子是春秋末年的一位思想家，在当时并不十分显赫。鲁迅先生曾说，"孔夫子是在身后才阔起来的"。那么，为什么他的学说能成体系地流传下来，而其他众多学者大多只留下只言片语呢？这是因为他总结了适合中国经济、地理、人文环境的规律性的东西，这些带有普遍性的规律可以超越时空。另一方面，中国作为一个统一的农业大国要求全社会有一个共同的指导思想，而儒家思想恰恰适合了这一需要。当然，战国中期的孟子对其思想的发扬光大，也是儒家思想得以流传的重要原因。孟子用"圣之时者也"来评价孔子，称他是圣人之中善于与时代结合的人。

在中国漫长的封建历史中，儒家思想的传承也经历了几番周折。秦始皇统一全国后，对六国残酷镇压，并焚书坑儒。包括儒家在内的诸子百家的书全都烧毁，只留下农业生产和方术一类的书。此后经过连年战乱，到汉朝统一后，农业、手工业得以恢复，城市得以发展，此时就需要提倡一种积极向上的学说来凝聚社会力量。于是，董仲舒在诸子百家中选择了适合温带地区农业社会环境的儒家思想，并被汉武帝采纳。从此"罢黜百家，独尊儒术"，孔子的学说才开始广泛发扬起来，孔子本人也被尊为"至圣先师"。

儒文化的产生有其人文环境和历史地理原因。中华文化发源于黄河中下游地区，这里气候温和，水源丰沛，远离古代人难以征服的大山大河。在世界历史上，中华民族是比较早进入农业生产的，河南殷墟一带在古代极为发达，就是因为那里适合农业耕种。农业社会和游牧社会的区别就在于农业要求稳定，生产资料、生产工具以及生产技能要有继承稳定使农业生产有空闲季节，于是手工业得以发展；农业受气候的影响，气象学、天文学开始发达起来；需要测量土地，数学也开始发达。因此，在农业社会里现代科学的很多雏芽已经成长起来。两三千年前的生产工具十分落后，这就要求生产合作，此时最好的合作方式就是家族。当家族出现私有制后，就有了小家庭。由于生产的剩余资料不多，人人都得尽自己的力量，因此，家庭就要和谐，每个成员都要对家庭尽义务，这就具备了儒文化形成的基础。

稳定性使农业社会出现了剩余产品，与游牧社会形成极大反差。游牧社会"逐水草而居"，要求流动。当看到农业社会的富足，到草丰马肥时就来掠夺，并不致力发展自己的文化。因此，游牧社会很难形成发达的文化。在此情况下，为抵御游牧民族的侵犯，汉民族开始修长城。秦代的一万公里长城恰是这两种文明的分界线，从山海关到嘉峪关的这条线恰是降雨量的等高线，长城以南是400毫米以上，适合农耕；长城以北是400毫米以下，适合游牧。

在农业社会环境发展起来的儒文化有如下几个特点：

第一，在伦理观念即在处理人与人之间的关系上重群体轻个体，重义务轻权利，这恰恰适合农业社会的生产条件。而工业社会则不同，工业化社会在重视群体的同时，对个体也不能轻视。因此说产生人权的土壤是工业社会，并非农业社会。

第二，在世界观即在处理人与自然及周边环境的关系上重和谐轻征服，通过对比可以看出中国文化的这一特征。比如两河流域从犹太教到基督教以及后来的天主教，其教义全是出征，是重征服轻和谐。英国的清教徒和一批囚犯跑到了北美，把印第安人斩尽杀绝，当初北美的英属殖民地大部分土地都是靠杀戮掠夺而来的。而在中国这块土地上没有发生过类似的事，春秋战国时期的征战也只是境内的战争。据一位欧洲学者统计，唐贞观年间中国的GDP是世界总量的3/4，明永乐年间是全世界的50%。18世纪，清代康、乾年间占全世界的33%，到1800年还占26.7%。而现在美国也只占26%。在我们是世界经济强国时期，我们的祖先也曾经到过朝鲜、越南等国，但从来都是作为宗主国接受朝贡，而非直接统治者。到了清末，由于朝廷的腐败无能，使莫名其妙的一股恐洋症如瘟疫一样传开。"风声鹤唳，草木皆兵"，洋鬼子刚一登陆，清兵就不战自溃。

第三，在人生观即今世与来世的关系上重人世轻鬼神。所有哲学、宗教都要研究现实与未来的关系，儒文化也是如此。可以说，儒文化是中华民族世界观和人生观的结合。孔子曾说："未知生，焉知死。"生的事情尚不知晓，何以谈死？"子不语怪、力、乱、神"。孔子绝不谈怪异、暴力、变乱及神鬼之事。儒家在其漫长的发展历程中也吸收了诸子百家的学说，但神鬼之说并未吸收。不管庙里的香火有多盛，但神的意志并未进入人们的世界观，于是才有求佛不灵就要骂佛的现象。可见并非真诚的信仰，这与宗教要求的虔信有很大不同。西方宗教认为一切都是神或主创造的，《圣经》中有"摩西十戒"，伊斯兰教里先知穆罕默德传达安拉的旨意，都在讲人不得奸淫、偷盗、说谎，人间的规矩是上帝的要求，谁犯了天条就要对神忏悔。由于在神面前人人都具有同样的权利，因而平等的思想在犹太教、基督教里很早就埋下了根。这与中国的农业文化重层次、讲等级形成了鲜明对比。

总之，重群体轻个体，重义务轻权利，重和谐轻征服，重人世轻鬼神的特征，表现出中华文化是一种注重功利性的文化。

农业社会的进步是缓慢的，在几千年的农业社会里，儒文化也在不断地调整自己，以适合社会的发展。中华文化由原始社会所产生的幼芽逐渐长成一棵大树，在这当中广泛地吸取本民族的其他学派和异族文化的营养。汉朝时曾把孔子神化，即把孔子奉为有形象、有性格的人格神，这就将儒学推到了极端。当人格神在人们的心目中一旦破灭，信仰就没有了，于是天下大乱。这就是西汉末年社会一片混乱的原因之一。到东汉光武帝刘秀宣布图谶于天下，而后来便进入反孔哲学阶段。这与当时把儒家推向极端，对孔子学说胡乱解释有直接关系。东汉之后，晋朝由于国力不强，没有统一的思想，其统治也是短暂的。到南北朝时期人们开始重新思考中华文化的出路，这一时期人们的思想又开始活跃起来了，不再把孔子神化了，也不再独尊儒术。所以，南北朝是中国历史上第二次百花齐放、百家争鸣的时期。在这个基础上儒学才比原来又进了一步。

中国文化重现世轻来世的传统，使中国人形成了种瓜得瓜、种豆得豆的朴实思维，因而很少有抽象、辩证的思维。而一个文化发展到高级阶段时，抽象、辩证的思维是必需的。隋、唐统一后，佛教对儒家学说形成一种冲击，使其又获得一次自省、汲取异质文化以丰富自己的机会。唐僧取经后创立了唯识宗，但过于琐碎，中国人不易接受。后来传说达摩来到中国，在嵩山面壁九年创立禅宗，三祖、四祖、五祖都未能得以弘扬，直到六祖慧能时才在广东一带发展起来。慧能提出人人皆有佛性，只不过被尘世阻碍了，只要去除障蔽，佛性会突然醒悟。而且修行不一定非要出家当和尚，在家里生儿育女、种地纺纱照样可以，这适合了农业社会的需要。但慧能当时所在的广东还是荒蛮之地，影响不大，后来七祖神会到洛阳辩论、宣法，打败了传统的佛学，于是禅宗大行天下。到现在，中国的寺庙里大部分是禅宗，在日本、韩国也很流行。其次就是净土宗，认为人心里都有块净土，慢慢修行就能成佛。修行手法也很简便，主要是念"阿弥陀佛"。

佛教为儒文化开了一个境界，又补充了不足，解决了现世与来世的问题。从唐代到宋代，儒、释、道三家是互通的，在唐代的著名诗人中，李白飘飘欲仙，带有道家色彩；杜甫沉郁悯世，带有儒家意味；而王维则干脆自称居士，于是这三人把儒、释、道三家全占了。三家之中尤以佛家的影响最为广泛，王维字摩诘，而"维摩诘"本身就是一部经的名字，他写的诗也大多带有禅意。宋代苏轼的一些诗词也是如此。

宋代程朱理学的产生，与佛教对儒家的启发有直接关系。理学注重思辨，以天理为宇宙之本，认为"万物一体，皆有此理"，追求的是终极理论。南宋陆九渊在此基础上提出"心即理"，"圣人之学，心学也"。理学发展到明朝干脆更进一步成为心性之学，反求诸己，要达到个人修养的最高境界。王阳明发展了陆九渊的学说，进而提出"知行合一"理论，认为人的"良知"是万物存在的根据。显然，随着农业社会的发展，儒文化也在不断地自我调整，特别是明朝出现了资本主义萌芽，那时的商人也是追求最大利润，儒家学者发现需要调整人们的道德观，提倡心性之学，提高自我修养。这些理论与《论语》相比已有很大变化，也有很大发展。

美国加州大学一位教授写了一本名为《儒教与中国的现代化》的书，认为中国按其古代哲学的发展是实现不了现代化的，中国的现代化必须由西方人送来。我不同意这个观点。因为一种文化的调整往往需要几百年，中国由于过去的闭关自守，夜郎自大，使国力日衰而不知，是西方资本主义的洋枪洋炮中断了中国文化的自我调整。当前，我们正处在经过萎缩、衰落之后的文化自省阶段，是在封闭保守之后，主动和异质文化接触、吸纳、融合以图奋起的阶段，现在需要把宋明时代没有调整完成的阶段延续下去。如果给中国以时间，随着中国经济新形势的发展，凭借中华文化几千年的经验，这种自我调整会顺利完成。这种文化必将与现代生活相适应，促进社会生产的发展，把中国推进到现代化。

三 文化建设与经济发展

(一) 文化与经济从来密不可分

文化与经济是人类所创造的财富中的整体与部分的关系，即文化是整体，是物质财富、经济财富的总和，经济只是其中之一。生产力越发达，经济与文化的关系就越密切。从这个角度说，今后的经济是文化经济。经济的竞争，归根结底是文化的竞争。如果中华民族在文化问题上变得自觉了，对中华文化的来龙去脉搞清楚了，并且把中华传统文化和现代化结合好，可以预见中华民族在未来世界中的经济地位一定是举足轻重的。从另一个角度说，只有发达的经济而没有先进的文化并非真正的强大；如果只谈经济，不谈文化，经济的发展也难以持久。就一个国家而言如此，就一个企业来说也如此。

实际上，文化经济的阶段已经开始了，只不过很多人在具体工作中还没意识到。美国的科技是依靠美国的文化发展起来的，而美国的文化则是将世界各国的移民文化兼容并蓄发展起来的。现在许多企业都在谈企业文化，但我至今尚未听哪个老总说，在录用员工时要考量其是否孝敬父母。中国有句俗话："忠臣出于孝子之门"，不敬父母的人怎能跟周围的职工和平相处呢？因为在中国人眼里，国家就是"家"。我没研究过世界所有国家的语言，起码拉丁语系里没有把"国"和"家"合起来称为"国家"的。只有中国把"国"和"家"合起来称"家"，家就是放大了的国，国就是缩小的家。如果我们的企业文化都能把家放大成企业，把企业缩小成家，我看企业和职工都会不一样。当然，企业老总要像爱护自己的弟妹或孩子一样爱护职工，这是相互的。

人可以创造物质，也可以将其毁掉，"9·11"就是一例。只有文化，特别是底层文化所涉及的人与人的关系、人与天的关系、现实与未来的关系等观念，是任何武器都摧不毁的。只要有人在，那些物质的东西完全可以复兴，以色列就是典型的例子。犹太人于公元前142年建立以色列国，到公元135年被灭，犹太人在1800年间没有祖国，后来遭受过德国、法国、波兰等多次大屠杀，第二次世界大战时希特勒对犹太人的大屠杀只不过是最后一次。1947年联合国决定同意以色列复国，很快就回去了两三百万人，以色列现在的人口是八百万，占全世界犹太人的三分之一。犹太人的人数虽少，却掌握了世界财富总量的相当比重，仅华尔街就有四分之三的财富掌握在犹太人手里。有希伯来文在，有犹太教教义在，有犹太社区文化在，犹太人就能在世界上顽强生存。反面的例子也有，匈奴、鲜卑也曾经很强大，但由于没有强大的文化，都消亡了。埃及法老文化也没了，现在的埃及是另一人种。古希腊、罗马都是如此。我曾经说过一句话："无科技，无以强国；无文化，足以亡种。"

（二）文化渗透于经济的全过程

从经济活动中的人到对经济活动的处理，从产品的设计、生产到产品的交换以及使用，无不渗透着文化，因为经济的全过程都是人的活动。马克思说，劳动首先是人和自然之间的过程，是人以自身的活动引起、调整和控制人和自然之间物质变换的过程。简单地说，就是人主动地采取一种行动，用它来改变人和物的关系。人与人的关系，归根结底也是在劳动当中产生的。现在，经济全球化和科技现代化风行世界，这既会给各国带来快速发展的经济和良好的效益，也有可能带来文化一体化的问题。有人看到了这一点，于是有计划地推广它的文化，即价值观。

当前，所谓文化一体化实际上就是西方化，其实是美国化。经济活动有其共性，不管哪个国家都得这么做。订了合同就必须履行合同，否则就要诉诸法律，这是规则；股票低价买进，高价抛出，这也是规则；顾客买东西也愿意到服务态度好的商店去。这些共性是人类智慧的结晶。而这些东西是和民族的特性混在一起的。如果抹杀了民族特性，经济肯定会萎缩。所谓与世界接轨本来讲的是经济问题，后来似乎成了什么都要接轨了。我不赞成什么都接轨，比如学校内部的操作机制就不能与国际接轨，发达国家的大学生暑期打工就够一学期的费用，我们的下岗职工还有这么多，大学生到哪儿打工？与世界接轨要分是什么问题，该接轨的赶快接轨，不该接轨的还要保持民族特色。这个问题在这一代年轻人身上表现得比较集中。一旦民族文化衰落、消亡了，民族也就名存实亡了。因此，文化自觉的问题在当代比历史上任何时候都更为重要而紧迫。

（三）资产阶级经济学家与马克思主义经济学家具有本质的区别

列宁曾经说过，资产阶级经济学家只看到物与物的关系，马克思经济理论则看到了人与物、人与人的关系。因为人与物，人与人的关系是人类社会的本质。马克思主义要揭示这一本质，而资产阶级或者是认识不到，或者有意掩盖。现在，我们谈经济时对文化注意不够是很危险的。中国经过三十几年的改革发展所取得的成就举世瞩目，最近世界银行行长沃尔芬森在世界银行理事会上很客观地称赞中国经济的发展，他看到那么多贫困人口得以脱贫，认为只要是领导集体坚强而能干，人类很多地方的脱贫是完全可以做到的。但他毕竟是资产阶级的经济学家，看不到深层的东西。实际上中央在决策过程和操作方法上渗透着丰富的中华文化，在思维方式里包含了很多中华文化，这些是外国人无法看到的。很重要的一点，就是因为我们不仅看到物与物、实际经济与虚拟经济的关系，更看到了中国社会人与物、人与人的关系。单就小平同志所说的"社会主义初级阶段"这几个字，就渗透着中华传统文化的丰富内涵。

目前的中国社会处在何种状况呢？如果说中国是个巨人，那么，她是一只脚已踩到了后工业化社会、数码经济、网络经济、电子商务时代，而另一只脚还踩在几千年前孔子时代的耕作方式上。全世界200多个国家中，只有中国有这么大的跨度。要想均衡发展，达到全面小康，如果不根据这种特殊的情况采取相应对策，制定相应的法律、法规，就会碰得头破血流。而所谓"休克疗法"，是美国为苏联和东欧的改革设计的方法，其效果怎么样，大家有目共睹。

（四）文化自觉之后应注意经济活动中的文化因素

当人们对文化有了自觉意识之后，就会注意经济活动中的文化因素，透视它，体现它。经济活动中的文化因素，应该包括文化的各个层次。人们通常所说的企业文化是亚文化中的一支。现在企业提倡的所谓文化，基本上只来自经济本身，甚至是企业本身的需要。这个问题比较普遍。比如"客户是上帝"，这个口号对不对暂不去追究，起码对于职工来说它是外贴的，是企业的决策层根据企业的发展定出来硬让员工接受的。包括"团结创新"一类的口号都是领导层定的，不是企业职工的心声。只有把民族文化传统和时代环境相结合，才是骨子里的文化。

中华文化的忠、孝、仁、义、信需要在现代发扬光大。如今我们所提倡的讲诚信，搞诚信体系，不是学西方的，这都是我们自己的"土产"。孔夫子说过："自古皆有死，人无信不立。"言外之意是不讲信用还不如死。"言而无信，不知其可也"，意思是一个人没有信用，我不知道他怎么站得住脚。讲求诚信本来是中国在农业社会埋下的基因，只不过这些年金钱把人们的头脑冲晕了，这是文化的脱落，现在需要自觉恢复。如果我们今天的企业能利用这个机会，给职工通俗地讲讲中国古代的传统、古代讲信用的故事，让他们自己得出一个理论，比贴几个标语要管用得多。外贴的是资本主义雇佣关系的文化，社会主义市场经济社会，人和人的关系要超越雇佣，骨子里的文化才能体现社会主义人与人之间的关系。现在提倡公民道德建设，在农村评五星级家庭、四星级家庭，其中就有孝敬父母，爱护兄弟姐妹，这都是中华传统文化与现代化结合的形式。

一个民族的文化自觉，并不要求（也做不到）这个民族所有的成员都自觉。人类历史经验表明，只要当政者和知识层有了自觉，就是整个民族的自觉。欧洲的文艺复兴在意大利的佛罗伦萨发生，却在法国、英国开花结果；而在法国、英国也是少数的精英和有产者自觉了，广大人民并无意识，各国都是如此。所以，只要当政者和知识层自觉了，就意味着民族文化复兴的开始。我们当前的情况证实了毛泽东同志当年的预言，在一个经济建设高潮到来之后，必将出现一个文化建设的高潮。目前，中国正处在一个文化建设高潮的前期。文化建设的高潮并不只是文化部搞多少台演出，培养多少演员，城市怎么搞规划，文化氛围多一些，而是方方面面不同层次、不同类别的文化一起繁荣起来。现在以经济建设为中心，在企业内部和企业与企业之间，也是文化建设的重要阵地。

现在我们已处在一个文化自觉的时期，千万个家庭已经根据自己的生活感受，体会到人和人之间的关系需要改善，青少年的成长、文化市场当中的垃圾问题都亟待解决。"三个代表"理论中关于先进文化前进方向问题的阐述，正适应了时代的需要，为文化的发展指明了方向，标志着中华民族的文化自觉。因此，可以这样预言，在人类最先进思想的引导下，中国传统文化与现代化的结合一定会产生有中国特色的社会主义文化，而这一文化的成熟之日，就是中华民族全面复兴之时。

问：你刚才讲到诚信是中华文化自古以来的经脉。在今天要建立一个良好的商品经济秩序，是依靠传统诚信文化的恢复和自觉，还是要靠经济体系和科学的结构来达到目的？

许嘉璐：良好的经济秩序和诚信的文化是并行不悖的。诚信作为一种理念，是中华民族固有的。《论语》上说到诚信的"信"字就有36次，说得最严厉的就是刚才我引述孔子的那两句话。但自从洋枪洋炮打开国门之后，中国一直处在战乱、一盘散沙的状态中。新中国成立才50多年，又经过多年极"左"思潮的影响，年纪稍长一点的可能还有印象，在"文化大革命"的漩涡里，一封8分钱的举报信或一张大字报就能让一个人进牛棚。我们是在这样一个废墟上挖掘诚信的基因来培育它。现在遇上了市场经济环境，就应该和当前的形势相结合，用法治的方法、信息的办法、经济的办法共同重新塑造中华民族的诚信。中华民族之所以成为中华民族就是因为讲诚信，因为我们是一个重然诺的民族。《论语》讲"言必信，行必果"，《史记·游侠列传》里用"其言必信，其行必果，已诺必诚，不爱（吝惜）其躯"来描写墨家后裔的侠客，这是司马迁对人的最高赞誉。概括为一句话，讲诚信的方法、形式要结合现代社会生活，但这不是外贴的，我们本民族根子上就有诚信。若如此，将来出国就不会再被人指着劣质的商品说："瞧瞧，这是你们的中国货。"

问：您刚才谈到文化中的宗教问题。请问许先生，中国文化当中是不是孕育着宗教？系列讲座的下一位主讲嘉宾任继愈先生认为儒家是中国的宗教，但很多学者不这样认为。不知您怎么看这个问题？您谈到中华民族正在实行文化自觉，这个问题很重要。您认为不一定是13亿人每个人都达到文化自觉，而首先是在当政的阶层和知识分子阶层。您怎样评价这两个阶层现在的文化自觉？

许：我不同意任继愈先生的说法。宗教有四个必备条件，即教义、教规、宗教活动场所、专业神职人员，这些儒家一个都没有。只有信奉，并不是宗教。扩而大之，中国是一个没有宗教的国家。土生土长的宗教只有道教，但从古至今影响不大。因为道教是逃避人世，"一人得道，鸡犬升天"，是完全为己的，与农业文明是相抵触的。基督教、天主教、伊斯兰教、佛教都是外来的，不是土生土长的。全民族13亿人中信教的总和只有1亿人，其中佛教徒的数量还有很大的弹性。而民间烧香拜佛、祭祖，往往带有原始宗教泛神论的特点，像供奉灶王爷、兔儿爷一类只是风俗，不能说是宗教。

关于第二个问题，虽然领导层和知识界的文化自觉已开始，但要完成文化自觉还需相当长的一段时间。文化自觉的标志是产生这个时代阐述文化的理论和权威性著作，这谈何容易！一个文化的兴起需要几个世纪，一个文化的衰落也需要几个世纪。虽然现代世界的发展步伐加快，不至于那么漫长，但也不是短时间内可以实现的。罗马帝国的衰落经过了几百年，古埃及的衰落将近一千年，中华文化的衰落也有四百年，"大英帝国"的衰落用了一个世纪。如今在世界上称王称霸的霸权主义者也日渐衰落，估计需要半个世纪。因此，我们的复兴也不是两三年的事。意识到这一点，我们就不怕时间长，中华民族熬得起！

问：许委员长给我们上了一堂生动而富有知识含量的课，您特别重视忠孝为本的传统文化内涵。您不仅是这样主张的，而且也是这样做的。我听说这样一件事，在您老师高龄的时候，老师想吃一碗红烧肉，您专门骑自行车到街上去买，而且看着老师吃下去。您诊断忠孝为本的传统文化的优秀内涵在现代文化中应占有什么位置？

许：你说的这件事有点偏差，不是红烧肉，而是羊肉泡馍。有一次我谈起西北的羊肉泡馍，先师陆先生想尝尝。虽然满足了他的要求，但羊肉熔点低，泡馍又硬，不好消化。先生那么大岁数，吃了以后停食怎么办？第二天我又打电话，知道太平无事才放心。这件事我本来忘了，老师为我做得太多，我却没为老师做什么。后来是陆先生的孙公子因撰文所需提起此事，我才想起来。

忠孝并不是中华传统文化的全部或重要的，我只是说是基础。我们都生活在一个家庭里，在封建社会，家庭与家庭的连接，老师与学生的连接，构成了整个国家的网络。过去说县长是父母官，称皇帝为皇帝老子，都是家庭概念的社会化。我们生活在这个国家，如果人人不尽责，国家岂不成了一盘散沙？一位美国教授曾对我说，美国有三种"癌症"：第一，个人主义，只讲权利，不讲义务；第二，毒品；第三，黑人。当然这里有种族歧视成分。而另一位教授也列举了三种"癌症"，但第三不是黑人，而是基础教育。不管他们的理论根据是什么，却都把只讲权利不讲义务看成是美国社会的致命伤痛。社会发展到今天，如果只讲个人主义，这个国家就要完了。我们通常讲"忠孝不能两全"，是提倡对家庭、对国家都有义务，当两者冲突，小家要顾大家。光这么讲还不够，还得讲信、讲和、讲仁。"二人为仁"，与人相处就要互相爱护，这就叫仁。"仁"字作为儒家伦理道德的原则，包括了恭、宽、信、智、勇、忠、恕、孝、悌等诸多内容，它们的适用面和产生的基础就是一个家和一个国，广大人民群众心目中所追求的也还是这些。老百姓对有些社会现象不满意，给政府提意见，归根结底他们希望的还是中华文化的美德。当然，年轻人有年轻人的追求，在他们没有文化自觉的时候，在文化底蕴差而分不清好坏的时候，就必然是多元进取。只要社会主体文化在前进，年轻人到了一定年龄，也会把杂质挤出去，留下精华。我相信，这些精华归根结底还是中华传统文化与时代结合的产物，它已超越唐、宋、明、清诸代，甚至超越我们现在。中华文化就像长江、黄河，不管发源在哪里，最终要百川汇合而成。现在的任务之一是还要增添新鲜的内涵，因为中华文化本来就是多民族文化融汇而成的。

问： 美国学者亨廷顿在《文明的冲突》中认为，以儒家为核心的中华文明与以基督教为主的西方文明将是未来世界冲突发生的根源。而您刚才说儒家是重和谐轻征服的，不知道您怎么看待亨廷顿的观点？怎么看待儒家文化的精髓？

许： 亨廷顿1996年发表了一篇题为《文明的冲突》的文章，在全世界引起轩然大波，各国知识界无不把批评的匕首向他投去。为此，他又写了本同名的书。两者我都及时"拜读"了，我不能不承认他是个学者，但他是个不完整的学者。从他的文章看，他对世界近代史的资料掌握很全，但对中华文化一窍不通，甚至连一知半解都没够着。不仅如此，对伊斯兰文化、佛教文化也是一窍不通。

他之所以遭到那么多人的反对，就是因为他在谈文明冲突时是一个蹩脚的学者。他的主要论点是，今后世界战争和冲突的分界线就是文明的分界线。首先是伊斯兰教与基督教的冲突，这就把从中亚、东南亚、中东一直到东非、北非的伊斯兰国家都划进去了。但他后来说这个冲突历史上早就有了，他也不回避十字军东征，也不排除阿拉伯人的西征、北征，认为这个冲突可以解决。他分析说，佛家文化和中华儒家文化不可能产生巨大冲突，但佛教文化和基督教文化会产生冲突，东印度公司就是冲突的例子，把印度当成殖民地，但这一冲突也可以解决。剩下的基督教文化和儒家文化的冲突难以解决，将来的世界大战就是基督教和儒家之间打。有一点很值得注意，他看到了中华文化是一个源远流长、根深蒂固的文化独立体，因为在当今世界上，能从三千年前按年代把事件记载下来的、从五千年前到现在没有中断过文化的只有中国，其他几大文化全中断了。从公元前三世纪开始，中国能把每个月的事情都排下来；到了最近的一千五百年几乎能把每天的事情排下来，而且有直接的文字记载，其牢不可破可想而知。而西方的伦理、道德、家庭、政府、政党、社区、学校等都是根据基督教教义发展下来的，也不会轻易放弃。于是，他做出上述的所谓推断。我认为在做出这个推断时，他是先有一个影影绰绰的"中国威胁论"的概念，然后到资料里找依据，而不是客观地依据材料分析然后得出结论。因此，"9·11"之后，美国开始攻打阿富汗，有记者问亨廷顿："现在是基督教和伊斯兰教开战，你看是不是文明的冲突？"他却矢口否认，说这种冲突可以引发文明的冲突，我们要尽量减少文明的冲突。他这是在为自己的著作补窟窿。

谈到亨廷顿的这本书，我想再推荐另一个人的著作，这就是英国历史学家汤恩比的《历史研究》。汤恩比对中华文化研究的深度远远超过亨廷顿。这部书是在1961年即中国三年困难时期开始写的，一直写到1972年"文化大革命"高潮的时候。此书得出的结论与亨廷顿恰恰相反。他说，按照西方的文化发展可以给人类带来急速膨胀的利益，但也会导致世界的毁灭。中华文化五千年超稳定，虽然也有战乱，但"合久必分，分久必合"，总体是稳定的，其中大有奥妙。中华文化本身就是一种稳定因素。如果世界各国在未来想和睦相处地生存下去，就要让西方爆炸文化和中华稳定文化相结合。他还说了这样一句话，"如果共产党中国奉献给世界历史这样一份礼物，人们不会感到惊奇"。汤恩比在这部书出版不久就去世了，因此他无法与亨廷顿论战。希望大家不妨读读汤恩比的著作。

主持人： 今晚的讲座别开生面。许副委员长以一个学者特有的视角分析了文化建设与经济发展的关系。从文化研究的角度来关注经济建设，使我们的视野得以丰富，这也正好显示了文化的力量和独特价值，也说明本系列讲座的结构安排，即不局限于请经济学家来谈经济是颇有意义的。

许副委员长的民族情怀、文化情怀对我们的感染是非常深的，对经济界、企业界来说会有很大启发。从实践来看，具有文化眼光的企业家，才是真正的企业家。许副委员长的演讲有助于我们深入了解文化的内涵，并对伪文化和假文化有所警觉。现在几乎只要是个企业就在讲企业文化，一到企业也会反复看到"团结、奋进、开拓、创新"一类的牌匾等。据说现在又时兴"顾客至上"、"诚信"、"追求卓越"等新一轮标语口号了。这些作为宣传动员未尝不可，但万勿简单地等同于企业文化。企业文化中有些是属于共性的东西，有中国整体文化的滋养，但它的表述无疑应当是最有个性的，因为它只能来自企业在市场经济中的长期历练，是在成功与失败的交互运动中甚至有可能用血与泪才能凝结出来的，并非是那种你有我有大家有的大路货。在加强宏大的中华文化建设的同时，每个企业都应追求自己的鲜明特色，我想这是许副委员长的演讲给予我们的最深刻启示。

经济 文化 富强[※]

——大国崛起与文化复兴

文化问题是非常难谈的，因为文化无边无际。当前，社会开始重视文化，什么都要贴上文化标签，弄得人们更加抓不住什么是文化。至今，全世界还没有一个人能把文化用简短的语言精确而清晰地描述出来。

我想就几个问题谈谈自己的想法。

一 文化是花钱的，不是赚钱的，经济是文化的基础

经济是文化的基础，是一切人类社会活动的物质保障。道理很简单，文化是花钱的，不是赚钱的。有的文化品种、文化形态是可以赚钱的，例如电影。但就文化整体而言，是赔钱的。现在有一种误解，一说发展文化，就觉得赚钱的机会来了。比如说教育，是文化的一部分，但我认为教育不能产业化，教育是一种公益。

"仓廪实而知礼节"。在文化初始阶段，人们吃不饱穿不暖，凭着有限的生命力向大自然攫取生活资料，

[※] 2013年4月16日在岳麓书院讲坛的演讲。

他们谈不上去追求文化。到了今天，对多数人来说，也是这样。

我所说的经济，并不是具象的，如农夫山泉或联想电脑，而是高度概括的抽象的生产力和生产关系。在经济领域里，生产力和生产关系具有决定性作用。在生产力和生产关系确定之后，稳定的生产方式对文化的发展变化有着巨大的贡献。中国的优秀传统文化，成长、定型、发展于农耕时期。无论是大家耳熟能详的和而不同，还是人们常说的仁义礼智信，乃至孔夫子所说的君君臣臣父父子子，无不和农耕这种生活方式紧密联系。因此，研究文化，无论是纵向的过往文化，还是横向的其他民族文化，都不能离开当时当地的经济，即生产力和生产关系以及与生产方式的关系。因此不能就文化谈文化，必须与社会和历史紧密联系在一起。

二 文化是社会发展的决定性因素

到底文化是什么？据有关的学术机构和专家统计，全世界关于文化的定义有500多种，比较知名的有200多种。其实在我看来，文化的定义是无限的。任何一个人写篇文章，都可以给文化下个定义。

我对文化不采取精确定义，而是用描述性语言。首先文化是人兽之别。宠物在经过训练之后，可以做一些让你感到高兴、发笑的动作，那是条件反射，有食物做诱饵，并不是它发自内心的一种创造。推而言之，大象画画、猴子画画、黑猩猩画画，画得再好，标价再高，那不是文化，那是兽画。人之为人，同禽兽分化，一个关键问题就是文化。文化就应该提升人性，而不应该把人性拉回到兽性上去。今天的文化领域里，有些文化就是让人性变回兽性。

文化是一种生活方式。文化是多元性的。即使是孪生兄弟、夫妻、慈父与孝子，两个人的生活方式都不可能完全相同。文化是体现人类对于自身及他人的好恶、是非、荣辱的判断。文化无所不在，从衣食住行到文学艺术、宗教礼仪，一直到法律，都是文化。贯穿于所有文化，体现人的好恶、是非与荣辱的红线是什么？我归纳为"四观"：人生观、价值观、伦理观和审美观。

四观体现在哪里？体现在人的心灵里。在日常生活中，体现在人和人、人和物发生关涉的时候，也就是人的交往过程中。文化在哪里？固然在屏幕上，在博物馆里，在舞台上；但是它和每个人关系更直接，因而更广泛存在在每个人心中，在每个家庭里，在每条街道上。如果我们国学研究蓬勃发展，硕果累累，出版物汗牛充栋，我们的舞台将会好戏不断、观众如潮。但是如果心里混乱了好恶、是非和荣辱；如果家庭不和睦；如果在街道上，彼此碰了一下，不能说声对不起，对方笑一笑挥手告别；那么花了无数资源的屏幕舞台，就都白费了。文化就是人化。所有的文艺、宗教和制度，都体现了我们的人生观、价值观、伦理观和审美观。

文化之力在哪里？很简单，人人养成了在一定文化当中的生活习惯。湖南人吃辣椒是生活环境决定的，成了一种生活方式。只要在饭桌上一吃辣椒，"你是哪里人？贵州人。你呢？湖南人。咱们都吃辣椒！"马上有亲和力。和生活习惯相同的人生活在一起就会觉得舒服。这就是为什么炎黄子孙走到世界各地，仍然保持着华人的生活习惯。习惯引出认同。最高级的认同，是信仰。到了寺庙之后，和居士接触，很可能一个来自东北，一个来自广东，但是由于共同的信仰，马上成为好朋友。信仰也是一种习惯。文化之力就在于此。一个民族如果没有共同的信仰，就没有凝聚力，就散了。如果一个民族或者一个国家内部彼此不认同，为了小利而争吵，文化就散了。

文化既然是社会发展的决定性因素，就要看到文化同社会凝聚力的关系。一个社会的凝聚力，首先要靠"德"的自律，同时要靠"法"的他律。"法"也是文化。当一个国家或社会完全靠成文法来对所有公民进行他律的时候，这个社会实质上已经散架了。只有一个民族所崇尚的"德"成为社会的共识，大家以此来进行自我约束，不仅是消极的约束，而且是一种高尚的追求、无止境的追求，然后用法律来保证社会的底线，这个民族才能永远立于不败之地。德是判断优劣的，法是判断有罪无罪的。德的自律比法的他律更应该得到关注。以德为基础执法，效率一定高。

三　中国崛起需要文化复兴，必须续接当前的文化断裂

首先应当看到，中国是世界的一部分。现在的文化危机是世界性的。无论环境问题、资源问题、社会差距问题，等等，其实就是与中华文化截然对立的另一种价值观侵蚀的结果，是对物的无限追求，或者说是贪婪。今天我们生活得很被动。强有力者用了很高明的工具，在引导价值观，改变原有价值观。什么工具？第一是科技，是军事科技用剩下的、过时解密的，

来变成民用，例如 IT、无线通信。第二是用刺激感官的办法，因此我说今天的消费经济，是广告经济、模特经济、时尚经济和虚荣经济。这是中国现象，也是全世界的现象。

中国现在遇到了两难选择。我们一方面需要快速发展，另一方面加快发展就犹如一辆高速行驶的汽车，后面扬起的尘霾，正是今天所出现的种种社会问题。

当前文化出现了几个断裂。一是文化传统和当今时代断裂。突出的是文脉的断裂。今天的时代，是不出现大师的时代。何时才能再出现像梁漱溟、冯友兰、牟宗三、钱穆这样的大师？二是研究与现实的断裂。学问既要在课堂上传播，更要在课堂外传播。学者的研究要和现实挂钩。因此我认为，研究汉学的人，要关注当下、关注世界、关注未来。三是宣传与心灵的断裂。其后果是主流与非主流的倒置。咱们当前的重大危机，是十三亿四千九百万人缺精神、缺信仰。精神与信仰，是 softpower 最重要的东西。一个没有信仰的人，是可怕的人；一个没有信仰的民族，是可怕的民族。

怎么办？最重要的是要自觉了解和把握文化发展规律，坦诚地承认文化发展现状，反思危机在什么地方；然后研究如何建设自己的文化。第一要重新建设文化的社区，让所有人生活在一个和谐温馨的环境中。第二是在教育系统中贯穿优秀传统文化和时代精神的结合。第三是要善于利用宗教，利用它引人向善的一面。这样才能实现文化的复兴。中国崛起本应该包括文化复兴，因为只有文化复兴，才能真正强大。持续发展最重要的、永恒的动力是文化，也就是凝聚力。只有在物质基础上精神丰富了，才是真正的富而强。

既然有三个断裂，就必须要接续。因此学者要关注人心、关注家庭、关注街道。这需要整个民族，特别是社会精英和执政者反思。